U0903517

海外现行版权法译丛

# 世界版权条约

张大伟 / 主编

王智丽　杨丽娟 / 编

中国出版集团　東方出版中心

**图书在版编目(CIP)数据**

世界版权条约 / 张大伟主编. —上海：东方出版中心，2019.6

(海外现行版权法译丛)

ISBN 978-7-5473-1192-9

Ⅰ.①世… Ⅱ.①张… Ⅲ.①知识产权法—世界 Ⅳ.①D913

中国版本图书馆 CIP 数据核字(2017)第 244312 号

**世界版权条约**

**出版发行**：东方出版中心

**地　　址**：上海市仙霞路 345 号

**电　　话**：(021)62417400

**邮政编码**：200336

**印　　刷**：上海盛通时代印刷有限公司

**开　　本**：710mm×1000mm　1/16

**字　　数**：666 千字

**印　　张**：43.5

**版　　次**：2019 年 6 月第 1 版第 1 次印刷

ISBN 978-7-5473-1192-9

**定　　价**：149.00 元

# 序 言

20 世纪 80 年代以来，随着数字技术、信息技术、通信技术的迅速发展，原有的著作权法（即版权法）体系已不适应技术进步和社会发展的需要，如何建立一套与新技术相适应的利益均衡的版权法体系，是社会与实践的需求，也是促进相关新兴产业（如新媒体产业和文化创意产业）发展的关键和基础。世界知识产权组织、美国、欧盟、德国、法国等国际组织和发达国家为适应网络信息的传播以及为解决著作权使用与保护等过程中所产生的一系列问题，完善其著作权法体系：或出台数字版权国际公约，或出台适应该国的数字版权法，或不断修订现有的著作权法。如：1996 年，世界知识产权组织出台的《世界知识产权组织版权条约》（WCT）、《世界知识产权组织表演和录音制品条约》（WPPT）；1998 年，美国出台《美国数字千年版权法案》（DMCA）；2000 年，欧盟出台了《著作权欧盟指令》；2003～2013 年，德国先后出台了《信息社会版权制度法》《规范信息社会著作权法》和《附属版权法案》；2009 年，法国出台了《促进互联网创造保护及传播法》，并成立了互联网作品传播及权利保护高级公署，出台了著名的互联网“三振出局”法则。在数字时代构建利益平衡的著作权法体系，这些国际著作权法律资源理应受到我们的重视和借鉴。

改革开放 40 年，中国取得了辉煌的发展成就，也越来越多地融入世界产业的竞争体系。在传统制造业得以迅猛发展之后，中国制造的“人口红利”迅速消退，无论是“中国制造 2025”，还是“大众创业、万众创新”，都预示着中国必须以前所未有的程度重视创新和创造，并通过智力成果推动经济社会进步。版权是文化创意产业的战略性、基础性资源，建构利益均衡的、符合中国文化创意产业发展需求的、与国际接轨的著作权法体系势在必行。

与发达国家动辄七八百页的版权法典相比，中国的版权法仍然处于初级阶段。我国现行的著作权法是1990年全国人大通过，1991年正式实施的。这是一部基本适合我国当时实际情况并与我国加入的国际条约基本衔接的法案。但是，我国的著作权法出台以后，在近30年期间，只进行过两次微小的局部修订。由于数字技术和互联网的快速发展，以及在这部法律实施中不断产生的新情况、新问题，这部法律已经不能完全适应我国在面向"两个一百年"宏伟目标的新时代的要求了。我们在推进修订著作权法，建立符合中国发展实际又与国际规则相衔接的知识产权制度过程中，需要参考和借鉴其他国家的著作权立法的经验及其实践。

张大伟先生和其团队翻译完成的《海外现行版权法译丛》(第一辑)恰逢其时。该译丛是第一套系统地、大规模地介绍国外版权法现状的译著，也是这个团队深耕于数字传播与版权制度领域的研究成果。他们在研究中深刻感受到合理的版权法律体系对于新闻出版业、文化创意产业、新媒体产业发展的重要性，自2009年以来开始编译《海外现行版权法译丛》，力图借"他山之石"，给我国现行著作权法的修改以启迪以借鉴。在翻译文字不再作为大学考评指标的当下，其拳拳之心值得称许。

本套译丛从选择和编辑的角度来看，有着以下几个特点：

一是系统性。本译丛第一辑编译了美国、英国、欧盟、世界知识产权组织现行的主要知识产权法、知识产权公约及实施细则。为了体现知识产权法体系的完整性，还补充翻译了对现行版权法的修改文件或补充性法规，总计翻译文字200多万字。目前，国内对于相关著作权法的翻译存在两点不足：一是只选择法律文本的正文进行翻译，却不翻译附录，无法体现系统性，其实，附录往往比法律正文更有法学意义和借鉴价值；二是有些翻译文本因为时间关系，在原著作权法已经进行了修改的情况下，没有翻译修订版。在本套译丛中，译者对美国版权法的翻译，不仅翻译了版权法正文和《数字千年版权法》这两部法律典籍，而且翻译了八个核心附录文件；对英国版权法的翻译，不仅翻译了主要法律文本，而且也翻译了为应对技术挑战而作的历次修改；对欧盟版权相关文件的翻译以时间为顺序，不仅翻译了相关文件，也翻译了实施细则；世界知识产权组织颁布的互联网版权公约(WCT、WPPT)等，国内大多已有较好的单独的翻译文本，但文本之间法律用词的规范缺乏统一性，因而本套译丛在编辑整理基础上，尽量统一了用词。

二是针对性。英、美是国际著作权体系中最具代表性的两个国家，在数字时代，其版权体系和具体条文都对新兴产业形态和权力边界进行了新的界定，这对完善我国数字时代的版权法体系有重要的启示意义。欧盟在面对数字化和一体化进程挑战时，其在知识产权领域所思考的问题、解决问题的思路以及对具体法律条文的规定，都对我国思考如何建立适应数字时代的知识产权体系有重要的借鉴意义。世界知识产权组织管辖的多部工业产权和版权公约，是缔约国和成员国关于各国知识产权法的"最大公约数"，亦有重要的参考价值。可以说，本套译丛从不同角度为完善中国著作权体系提供了可供参考的"蓝本"。

三是适用性。在新时代，伴随着智力成果的创造与运用，我国的知识产权问题特别是版权的矛盾、诉讼与纠纷激增，可以预料，在当前和今后相当长时期，矛盾、诉讼与纠纷将更加凸显。在此背景下，了解和熟知贸易对象国的知识产权法律规定，是保障贸易公正、避免贸易摩擦、保护自身合法利益的基本和有效的方式之一。本套丛书的出版，有助于知识产权行政管理与司法部门、教学与研究机构、相关产业以及相关从业者全面了解国际知识产权体系以及相关法律、条文，从而更加科学地分析、判断形势并作出选择。

任何一项符合国情和技术要求的制度建构，既需要深刻的现实体验，也需要借鉴人类已有的经验。在数字时代构建利益均衡的、公正的、符合中国国情的著作权体系，仍然需要相关部门、业界、研究者付出更加艰辛的努力。从这个意义上看，此套译丛的出版，或许能给这一领域的管理者、研究者和从业者带来更多的思考和启示。

阎晓宏

（阎晓宏，全国政协文化文史和学习委员会副主任，曾任国家新闻出版广电总局副局长、国家版权局副局长）

# 总　目

# 保护工业产权巴黎公约

1883 年 3 月 20 日签订，1900 年 12 月 14 日在布鲁塞尔修订，1911 年 6 月 2 日在华盛顿修订，1925 年 11 月 6 日在海牙修订，1934 年 6 月 2 日在伦敦修订，1958 年 10 月 31 日在里斯本修订，1967 年 7 月 14 日在斯德哥尔摩修订，并于 1979 年 9 月 28 日通过修正案。

## 目　　录*



* 本目录是为了方便读者阅读而加，它并没有出现在公约的签字本之中。

## 第 1 条

[本联盟的建立;工业产权的范围][①]

(1) 适用本公约的国家组成联盟,以保护工业产权。

(2) 工业产权的保护对象有专利、实用新型、工业品外观设计、商标、服务标记、厂商名称、货源标记或原产地名称,和制止不正当竞争。

(3) 对工业产权应作最广义的理解,它不仅应适用于工业和商业本身,而且也应同样适用于农业和采掘业,适用于一切制成品或天然产品,例如:酒类、谷物、烟叶、水果、牲畜、矿产品、矿泉水、啤酒、花卉和谷类的粉。

(4) 专利应包括本联盟国家的法律所承认的各种工业专利,如输入专利、改进专利、增补专利和增补证书等。

## 第 2 条

[本联盟各国国民的国民待遇]

(1) 本联盟任何国家的国民,在保护工业产权方面,在本联盟所有其他国家内应享有各该国法律现在授予或今后可能授予国民的各种利益;一切都不应损害本公约特别规定的权利。因此,他们应和国民享有同样的保护,对他们权利的任何侵犯享有同样的法律上的救济手段,但以遵守对国民规定的条件和手续为限。

① 为了便于识别各条的内容,特增加了标题。(法语)签字本中无此标题。

(2) 但是,对于本联盟国家的国民不得规定在其要求保护的国家须有住所或营业场所才能享有工业产权。

(3) 本联盟每一国家法律中关于司法和行政程序管辖权,以及指定送达地址或委派代理人的规定,工业产权法律中可能有要求的,均明确地予以保留。

## 第3条

[与本联盟国家享有同样国民待遇的人]

本联盟以外各国的国民,在本联盟一个国家的领土内设有住所或有真实和有效的工商业营业场所的,应享有与本联盟国家国民同样的待遇。

## 第4条

[A. 至 I. 专利、实用新型、外观设计、商标、发明人证书:优先权。G. 专利:申请的分案]

A.

(1) 已经在本联盟的一个国家正式提出专利、实用新型注册、外观设计注册或商标注册的申请的任何人,或其权利继受人,为了在其他国家提出申请,在以下规定的期间内应享有优先权。

(2) 依照本联盟任何国家的本国立法,或依照本联盟各国之间缔结的双边或多边条约,与正规的国家申请相当的任何申请,应被承认为产生优先权。

(3) 正规的国家申请是指在有关国家中足以确定提出申请日期的任何申请,而不问该申请以后的结局如何。

B. 因此,在上述期间届满前在本联盟的任何其他国家后来提出的任何申请,不应由于在这期间完成的任何行为,特别是另外一项申请的提出、发明的公布或利用、外观设计复制品的出售,或商标的使用而成为无效,而且这些行为不能产生任何第三人的权利或个人占有的任何权利。第三人在作为优先权基础的第一次申请的日期以前所取得的权利,依照本联盟每一国家的国内法予以保留。

C.

（1）上述优先权的期间，对于专利和实用新型应为十二个月，对于外观设计和商标应为六个月。

（2）这些期间应自第一次申请的申请日开始；申请日不应计入期间之内。

（3）如果期间的最后一日在请求保护地国家是法定假日或者是主管局不接受申请的日子，期间应延至其后的第一个工作日。

（4）在本联盟同一国家内上述就第（2）项所称的以前第一次申请同样的主题所提出的后一申请，如果在提出该申请时前一申请已被撤回、放弃或拒绝，没有提供公众阅览，也没有遗留任何权利，而且如果前一申请还没有成为要求优先权的基础，应认为是第一次申请，其申请日应为优先权期间的开始日。在这以后，前一申请不得作为要求优先权的基础。

D.

（1）任何人希望利用以前提出的一项申请的优先权的，需要作出声明，说明提出该申请的日期和受理该申请的国家。每一国家应确定必须作出该项声明的最后日期。

（2）这些事项应在主管机关的出版物中，特别是应在专利和有关专利的说明书中予以载明。

（3）本联盟国家可以要求作出优先权声明的任何人提交以前提出的申请（说明书、附图等）的副本。该副本应经原受理申请的机关证实无误，不需要任何认证，并且无论如何可以在提出后一申请后三个月内随时提交，不需缴纳费用。本联盟国家可以要求该副本附有上述机关出具的载明申请日的证明书和译文。

（4）对提出申请时要求优先权的声明不得规定其他的手续。本联盟每一国家应确定不遵守本条约规定的手续的后果，但这种后果决不能超过优先权的丧失。

（5）以后，可以要求提供进一步的证明。

任何人利用以前提出的一项申请的优先权的，必须写明该申请的号码；该号码应依照上述第（2）项的规定予以公布。

E.

(1) 依靠以实用新型申请为基础的优先权而在一个国家提出工业品外观设计申请的，优先权的期间应与对工业品外观设计规定的优先权期间一样。

(2) 而且，依靠以专利申请为基础的优先权而在一个国家提出实用新型的申请是许可的，反之亦一样。

F. 一本联盟的任何国家不得由于申请人要求多项优先权(即使这些优先权产生于不同的国家)，或者由于要求一项或几项优先权的申请中有一个或几个要素没有包括在作为优先权基础的申请中，而拒绝给予优先权或拒绝专利申请，但以在上述两种情况都有该国法律所规定的发明单一性为限。

关于作为优先权基础的申请中所没有包括的要素，以后提出的申请应该按照通常条件产生优先权。

G.

(1) 如果审查发现一项专利申请包含一个以上的发明，申请人可以将该申请分成若干分案申请，保留第一次申请的日期为各该分案申请的日期，如果有优先权，并保有优先权的利益。

(2) 申请人也可以主动将一项专利申请分案，保留第一次申请的日期为各该分案申请的日期，如果有优先权，并保有优先权的利益。本联盟各国有权决定允许这种分案的条件。

H. 一不得以要求优先权的发明中的某些要素没有包含在原属国申请列举的权利要求中为理由，而拒绝给予优先权，但以申请文件从全体看来已经明确地写明这些要素为限。

I.

(1) 在申请人有权自行选择申请专利或发明人证书的国家提出发明人证书的申请，应产生本条规定的优先权，其条件和效力与专利的申请一样。

(2) 在申请人有权自行选择申请专利或发明人证书的国家，发明人证书的申请人，根据本条关于专利申请的规定，应享有以专利、实用新型或发明人证书的申请为基础的优先权。

## 第4条之2

［专利：在不同国家就同一发明取得的专利是相互独立的］

（1）本联盟国家的国民向本联盟各国申请的专利，与在其他国家，不论是否本联盟的成员国，就同一发明所取得的专利是相互独立的。

（2）上述规定，应从不受限制的意义来理解，特别是指在优先权期间内申请的各项专利，就其无效和丧失权利的理由以及其正常的期间而立，是相互独立的。

（3）本规定应适用于在其开始生效时已经存在的一切专利。

（4）在有新国家加入的情况下，本规定应同样适用于加入时两方面已经存在的专利。

（5）在本联盟各国，因享有优先权的利益而取得的专利的期限，与没有优先权的利益而申请或授予的专利的期限相同。

## 第4条之3

［专利：在专利上记载发明人］

发明人有在专利中被记载为发明人的权利。

## 第4条之4

［专利：在法律禁止销售情况下的专利性］

不得以专利产品的销售或依专利方法制造的产品的销售受到本国法律的禁止或限制为理由，而拒绝授予专利或使专利无效。

## 第5条

［A. 专利：物品的进口；不实施或不充分实施：强制许可。B. 工业品外观设计：不实施；物品的进口。C. 商标：不使用；不同的形式；共有人的使用。D. 专利、实用新型、商标、工业品外观设计：标记］

A.

(1) 专利权人将在本联盟任何国家内制造的物品进口到对该物品授予专利的国家的,不应导致该项专利的取消。

(2) 本联盟各国都有权采取立法措施规定授予强制许可,以防止由于行使专利所赋予的专有权而可能产生的滥用,例如:不实施。

(3) 除强制许可的授予不足以防止上述滥用外,不应规定专利的取消。自授予第一个强制许可之日起两年届满前不得提起取消或撤销专利的诉讼。

(4) 自提出专利申请之日起四年届满以前,或自授予专利之日起三年届满以前,以后满期的期间为准,不得以不实施或不充分实施为理由申请强制许可;如果专利权人的不作为有正当理由,应拒绝强制许可。这种强制许可是非独占性的,而且除与利用该许可的部分企业或商誉一起转让外,不得转让,甚至以授予分许可证的形式也包括在内。

(5) 上述各项规定应适用于实用新型。

B.

对工业品外观设计的保护,在任何情况下,都不得以不实施或以进口物品与受保护的外观设计相同为理由而予以取消。

C.

(1) 如果在任何国家,注册商标的使用是强制的,只有经过适当的一段时期,而且只有当事人不能证明其不使用有正当理由,才可以撤销注册。

(2) 商标所有人使用的商标,在形式上与其在本联盟国家之一所注册的商标形式只有一些要素不同,而并未改变其显著性的,不应导致注册无效,也不应减少对商标所给予的保护。

(3) 根据请求保护地国家的本国法认为商标共同所有人的几个工商企业,在相同或类似商品上同时使用同一商标,在本联盟任何国家内不应拒绝注册,也不应以任何方式减少对该商标所给予的保护,但以这种使用并未导致公众产生误解,而且不违反公共利益为限。

D. 不应要求在商品上标志或载明专利、实用新型、商标注册或工业品外观设计保存,作为承认取得保护权利的条件。

## 第5条之2

［一切工业产权：缴纳权利维持费的宽限期；专利：恢复］

(1) 关于规定的工业产权维持费的缴纳，应给予不少于六个月的宽限期，但是如果本国法律有规定，应缴纳附加费。

(2) 本联盟各国对因未缴费而终止的专利有权规定予以恢复。

## 第5条之3

［专利：构成船舶、飞机或陆上车辆一部分的专利器械］

在本联盟任何国家内，下列情况不应认为是侵犯专利权人的权利：

1. 本联盟其他国家的船舶暂时或偶然地进入上述国家的领水时，在该船的船身、机器、船具、装备及其他附件上使用构成专利对象的器械，但以专为该船的需要而使用这些器械为限；

2. 本联盟其他国家的飞机或陆上车辆暂时或偶然地进入上述国家时，在该飞机或陆上车辆的构造或操作中，或者在该飞机或陆上车辆附件的构造或操作中使用构成专利对象的器械。

## 第5条之4

［专利：利用进口国的专利方法制造产品的进口］

一种产品进口到对该产品的制造方法有专利保护的本联盟国家时，专利权人对该进口产品，应享有按照进口国法律对在该国依照专利方法制造的产品所享有的一切权利。

## 第5条之5

［工业品外观设计］

外观设计在本联盟所有国家均应受到保护。

## 第6条

［商标：注册条件；同一商标在不同国家所受保护的独立性］

（1）商标的申请和注册条件，在本联盟各国由其本国法律决定。

（2）但本联盟任何国家对本联盟国家的国民提出的商标注册申请，不得因未在原属国申请、注册或续展为理由而予以拒绝，也不得使注册无效。

（3）在本联盟一个国家正式注册的商标，与在联盟其他国家注册的商标，包括在原属国注册的商标在内，应认为是相互独立的。

## 第6条之2

［商标：驰名商标］

（1）本联盟各国承诺，如本国法律允许，应依职权，或依利益相关方的请求，对商标注册国或使用国主管机关认为在该国已经驰名，属于有权享受本公约利益的人所有、并且用于相同或类似商品的商标构成复制、仿制或翻译，易于产生混淆的商标，拒绝或撤销注册，并禁止使用。这些规定，在商标的主要部分构成对上述驰名商标的复制或仿制，易于产生混淆时，也应适用。

（2）自注册之日起至少五年的期间内，应允许提出撤销这种商标的请求。本联盟各国可以规定一个期间，在这期间内必须提出禁止使用的请求。

（3）对于依恶意取得注册或使用的商标提出撤销注册或禁止使用的请求，不应规定时间限制。

## 第6条之3

［商标：关于国徽、官方检验印章和政府间组织徽记的禁例］

（1）

（a）本联盟各国同意，对未经主管机关许可，而将本联盟国家的国徽、国旗和其他的国家徽记、各国用以表明监督和保证的官方符号和检验印章，以及从徽章学的观点看来的任何仿制用作商标或商标的组成部分，拒绝注册或使其注册无效，并采取适当措施禁止使用。

(b) 上述第(a)目规定应同样适用于本联盟一个或一个以上国家参加的政府间国际组织的徽章、旗帜、其他徽记、缩写和名称,但已成为保证予以保护的现行国际协定的对象的徽章、旗帜、其他徽记、缩写和名称除外。

(c) 本联盟任何国家无须适用上述第(b)目规定,而损害本公约在该国生效前善意取得的权利的所有人。在上述第(a)目所指的商标的使用或注册性质上不会使公众理解为有关组织与这种徽章、旗帜、徽记、缩写和名称有联系时,或者如果这种使用或注册性质上大概不会使公众误解为使用人与该组织有联系时,本联盟国家无须适用该项规定。

(2) 关于禁止使用表明监督、保证的官方符号和检验印章的规定,应该只适用于在相同或类似商品上使用包含该符号或印章的商标的情况。

(3)

(a) 为了实施这些规定,本联盟国家同意,将它们希望或今后可能希望完全或在一定限度内受本条保护的国家徽记与表明监督保证的官方符号和检验印章清单,以及以后对该项清单的一切修改,经由国际局居间通知。本联盟各国应在适当的时候使公众可以得到用这样方法通知的清单。

但是,就国旗而言,这种居间通知并不是强制性的。

(b) 本条第(1)项第(b)目的规定,仅适用于政府间国际组织经由国际局通过本联盟国家的徽章、旗帜、其他徽记、缩写和名称。

(4) 本联盟任何国家如有异议,可以在收到通知后十二个月内经由国际局向有关国家或政府间国际组织提出。

(5) 关于国旗,上述第(1)项规定的措施仅适用于 1925 年 11 月 6 日以后注册的商标。

(6) 关于本联盟国家以外的国家徽记、官方符号和标志,以及关于政府间国际组织的徽章、旗帜、其他徽记、缩写和名称,这些规定仅适用于接到上面第(3)项规定的通知超过两个月后所注册的商标。

(7) 在有恶意的情况下,各国有权撤销即使是在 1925 年 11 月 6 日以前注册的含有国家徽记、符号和检验印章的商标。

(8) 任何国家的国民经批准使用其本国的国家徽记、符号和检验印章者,即使与其他国家的国家徽记、符号和检验印章相类似,仍可使用。

(9) 本联盟各国承诺，如有人未经批准而在商业中使用本联盟其他国家的国徽，具有使人对商品的原产地产生误解的性质时，应禁止其使用。

(10) 上述各项规定不应妨碍各国行使第 6 条之 5，第 B 款第(3)项所规定的权利，即对未经批准而含有本联盟国家所采用的国徽、国旗、其他国家徽记，或官方符号和检验印章，以及上述第(1)项所述的政府间国际组织显著符号的商标，拒绝予以注册或使其注册无效。

## 第 6 条之 4

［商标：商标的转让］

(1) 根据本联盟国家的法律，商标的转让只有在与其所属商业或商誉同时移转均为有效时，如该商业或依附于该国的商誉连同在该国制造或销售标有被转让商标的商品的专有权一起移转予受让人，即足以承认其转让为有效。

(2) 如果受让人使用受让的商标事实上会具有使公众对使用该商标的商品的原产地、性质或基本品质发生误解的性质，上述规定并不使联盟国家负有承认该项商标转让为有效的义务。

## 第 6 条之 5

［商标：在本联盟一个国家注册的商标
在本联盟其他国家所受的保护］

A.

(1) 在原属国正规注册的每一商标，根据本条规定，本联盟其他国家应与在原属国注册那样接受申请和给予保护。各该国家在确定注册前可以要求提供原属国主管机关发给的注册证书。该项证书无须认证。

(2) 原属国系指申请人设有真实、有效的工商业营业所的本联盟国家；或者如果申请人在本联盟内没有这样的营业所，则指他设有住所的本联盟国家；或者如果申请人在本联盟内没有住所，但是他是本联盟国家的国民，则指他有国籍的国家。

B.

除下列情况外，对本条所适用的商标既不得拒绝注册也不得使注册无效：

1. 在其要求保护的国家，商标具有侵犯第三人的既得权利的性质；

2. 商标缺乏显著特征，或者完全是由商业中用以表示商品的种类、质量、数量、用途、价值、原产地或生产时间的符号或标记所组成，或者在要求给予保护的国家的现代语言中或在善意和公认的商务实践中已经成为惯用；

3. 商标违反道德或公共秩序，尤其是具有欺骗公众的性质。这一点应理解为不得仅仅因为商标不符合商标立法的规定，即认为该商标违反公共秩序，除非该规定本身同公共秩序有关。

但是，本规定在符合适用第10条之2的条件下，也可以适用。

C.

(1) 决定一个商标是否符合受保护的条件，必须考虑一切实际情况，特别是商标已经使用时间的长短。

(2) 商标中有些要素与在原属国受保护的商标有所不同，但并未改变其显著特征，亦不影响其与原属国注册的商标形式上的同一性的，本联盟其他国家不得仅仅以此为理由而予以拒绝。

D. 任何人要求保护的商标，如果未在原属国注册，不得享受本条各规定的利益。

E. 但商标注册在原属国续展，在任何情况下决不包含在该商标已经注册的本联盟其他国家续展注册的义务。

F. 在第四条规定的期间内提出商标注册的申请，即使原属国在该期间届满后才进行注册，其优先权利益也不受影响。

## 第6条之6

[商标：服务标记]

本联盟各国承诺保护服务标记不应要求它们对该项标记的注册作出规定。

## 第6条之7

[商标：未经所有人授权而以代理人或代表人名义注册]

(1) 如果本联盟一个国家的商标所有人的代理人或代表人，未经该所有人授权而以自己的名义向本联盟一个或一个以上的回家申请该商标的注册，该所有人有权反对所申请的注册或要求取消注册，或者，如该国法律允许，该所有人可以要求将该项注册转让给自己，除非该代理人或代表人证明其行为是正当的。

(2) 商标所有人如未授权使用，以符合上述第(1)项的规定为条件，有权反对其代理人或代表人使用其商标。

(3) 各国立法可以规定商标所有人行使本条规定的权利的合理期限。

## 第7条

[商标：使用商标的商品的性质]

使用商标的商品的性质决不应成为该商标注册的障碍。

## 第7条之2

[商标：集体商标]

(1) 如果社团的存在不违反其原属国的法律，即使该社团没有工商业营业所，本联盟各国也承诺受理申请，并保护属于该社团的集体商标。

(2) 各国应自行审定关于保护集体商标的特别条件，如果商标违反公共利益，可以拒绝给予保护。

(3) 如果社团的存在不违反原属国的法律，不得以该社团在其要求保护的国家没有营业所，或不是根据该国的法律所组成为理由，拒绝对该社团的这些商标给予保护。

## 第8条

[厂商名称]

厂商名称应在本联盟一切国家内受到保护，没有申请或注册的义务，也不论其是否为商标的一部分。

## 第9条

[商标、厂商名称：对非法标有商标或
厂商名称的商品在进口时予以扣押]

(1) 一切非法标有商标或厂商名称的商品，在进口到该项商标或厂商名称有权受到法律保护的本联盟国家时，应予以扣押。

（2）在发生非法黏附上述标记的国家或在该商品已进口的国家，扣押应同样予以执行。

（3）扣押应依检察官或其他主管机关或利害关系人（无论为自然人或法人）的请求，按照各该国本国法律规定进行。

（4）各机关对于过境商品没有执行扣押的义务。

（5）如果一国法律不准许在进口时扣押，应代之以禁止进口或在国内扣押。

（6）如果一国法律既不准许在进口时扣押，也不准许禁止进口或在国内扣押，则在法律作出相应修改以前，应代之以该国国民在此种情况下按该国法律可以采取的诉讼和救济手段。

## 第10条

［虚伪标记：对标有虚伪的原产地或
生产者标记的商品在进口时予以扣押］

（1）前条各款规定应适用于直接或间接使用虚伪的商品原产地、生产者、制造者或商人的标记的情况。

（2）凡从事此项商品的生产、制造或销售的生产者，制造者或商人，无论为自然人或法人，其营业所设在被虚伪标为商品原产的地方、该地所在的地区，或在虚伪标为原产的国家、或在使用该虚伪原产地标记的国家者，无论如何均应视为利害关系人。

## 第10条之2

［不正当竞争］

（1）本联盟国家有义务对各该国国民保证给予制止不正当竞争的有效保护。

（2）凡在工商业事务中违反诚实的习惯做法的竞争行为构成不正当竞争的行为。

（3）下列各项特别应予以禁止：

具有采用任何手段对竞争者的营业场所、商品或工商业活动产生混淆性质的一切行为；

在经营商业中，具有损害竞争者的营业场所、商品或工商业活动的信用性质的虚伪说法；

在经营商业中使用会使公众对商品的性质、制造方法、特点、用途或数量易于产生误解的表示或说法。

## 第10条之3

［商标、厂商名称、虚伪标记、不正当竞争：救济手段，起诉权］

(1) 本联盟国家承诺保证本联盟其他国家的国民获得有效地制止第9条、第10条和第10条之2所述一切行为的适当的法律上的救济手段。

(2) 本联盟国家承担，并进一步承诺规则措施，准许不违反其本国法律而存在的联合会和社团，代表有利害关系的工业家、生产者或商人，在其要求保护的国家法律允许该国的联合会和社团提出控诉的范围内，为了制止第9条、第10条和第10条之2所述的行为，向法院或行政机关提出控诉。

## 第11条

［发明、实用新型、工业品外观设计、商标：在某些国际展览会中的临时保护］

(1) 本联盟国家应按其本国法律对在本联盟任何国家领土内举办的官方的或经官方承认的国际展览会展出的商品中可以取得专利的发明、实用新型、工业品外观设计和商标，给予临时保护。

(2) 该项临时保护不应延长第4条规定的期间。如以后要求优先权，任何国家的主管机关可以规定其期间应自该商品在展览会展出之日开始。

(3) 每一个国家认为必要时可以要求提供证明文件，证实展出的物品及其在展览会展出的日期。

## 第12条
［国家工业产权专门机构］

（1）本联盟各国承诺设立工业产权专门机构和向公众传递专利、实用新型、外观设计和商标的中央机构。

（2）该专门机构定期出版正式的期刊，并按时公布：

（a）被授予专利的人的姓名和取得专利的发明的概要；

（b）注册商标的复制品。

## 第13条
［本联盟大会］

（1）

（a）本联盟设大会，由本联盟中受第13条至第17条约束的国家组成。

（b）每一国政府应有一名代表，该代表可以由副代表、顾问和专家辅助。

（c）各代表团的费用由委派该代表团的政府负担。

（2）

（a）大会的职权如下：

（i）处理有关维持和发展本联盟及执行本公约的一切事项；

（ii）对建立世界知识产权组织（以下简称“本组织”）公约中所述的知识产权国际局（以下简称“国际局”）作关于筹备修订会议的指示，但应适当考虑本联盟国家中不受第13条至第17条约束的国家所提的意见；

（iii）审查和批准本组织总干事有关本联盟的报告和活动，并就本联盟权限内的事项对总干事作一切必要的指示；

（iv）选举大会执行委员会的委员；

（v）审查和批准执行委员会的报告和活动，并对该委员会作指示；

（vi）决定本联盟计划和通过二年预算，并批准决算；

（vii）通过本联盟的财务规则；

（viii）为实现本联盟的目的，成立适当的专家委员会和工作组；

（ix）决定接受哪些非本联盟成员国的国家以及哪些政府间组织和非政府

间国际组织以观察员身份参加本联盟会议；

(x) 通过第 13 条至第 17 条的修改；

(xi) 采取旨在促进实现本联盟目标的任何其他的适当行动；

(xii) 履行按照本公约是适当的其他职责；

(xiii) 行使建立本组织公约中授予并经本联盟接受的权利。

(b) 关于对本组织管理的其他联盟也有利害关系的事项，大会在听取本组织协调委员会的意见后作出决议。

(3)

(a) 除适用第(b)目规定的情况外，一名代表仅能代表一个国家。

(b) 本联盟一些国家根据一项专门协定的条款组成一个共同的、对各该国家具有第 12 条所述的国家工业产权专门机构性质的机构的，在讨论时，可以由这些国家中的一国作为共同代表。

(4)

(a) 大会每一成员国应有一个投票权。

(b) 大会成员国的半数构成开会的法定人数。

(c) 尽管有第(b)目的规定，如任何一次会议出席的国家不足大会成员国的半数，但达到三分之一或三分之一以上时，大会可以作出决议，但是，除有关其本身的议事程序的决议外，所有其他决议只有符合下述条件才能生效。国际局应将这些决议通知未出席的大会成员国，请其在通知之日起三个月的期间内以书面表示其投票或弃权。在该期间届满时，如这些表示投票或弃权的国家数目，达到会议本身开会的法定人数所缺少的国家数目，只要同时也取得了规定的多数票，这些决议应有效。

(d) 除适用第 17 条第(2)项规定的情况外，大会决议需有所投票数的三分之二票。

(e) 弃权不应认为是投票。

(5)

(a) 除适用第(b)目规定的情况外，一名代表只能以一国名义投票。

(b) 第(3)项第(b)目所指的本联盟国家，一般应尽量派遣本国的代表团出席大会的会议。然而，如其中任何国家由于特殊原因不能派出本国代表团时，可以授权上述国家中其他国家代表团以其名义投票，但每一代表团只能为一个国家代理投票。代理投票的权限应由国家元首或主管部长签署的文件授予。

(6) 非大会成员国的本联盟国家应被允许作为观察员出席大会的会议。

(7)

(a) 大会通常每隔两年召开一次会议，由总干事召集，如无特殊情况，在本组织总会议的同一时间和同一地点召开。

(b) 大会临时会议由总干事应执行委员会或占四分之一的大会成员国的要求召开。

(8) 大会应通过其本身的议事规程。

## 第14条

[执行委员会]

(1) 大会设执行委员会。

(2)

(a) 执行委员会由大会成员国中选出的国家组成。此外，本组织总部所在地国家，除适用第16条第(7)项第(b)目规定的情况外，在该委员会中应有当然的席位。

(b) 执行委员会各成员国政府应有一名代表，该代表可以由副代表、顾问和专家辅助。

(c) 各代表团的费用应由委派该代表团的政府负担。

(3) 执行委员会成员国的数目应相当于大会成员国的四分之一。在确定席位数目时，用四除后余数不计。

(4) 选举执行委员会委员时，大会应适当注意公平的地理分配，以及组成执行委员会的国家中有与本联盟有关系的专门协定的缔约国的必要性。

(5)

(a) 执行委员会委员的任期，应自选出委员会的大会会期终了开始，直到下届通常会议会期终了为止。

(b) 执行委员会委员可以连选连任，但其数目最多不得超过委员的三分之二。

(c) 大会应制定有关执行委员会委员选举和可能连选的详细规则。

（6）

（a）执行委员会的职权如下：

（i）拟定大会议事日程草案；

（ii）就总干事拟订的本联盟计划草案和两年预算向大会提出建议；

（iii）将总干事的定期报告和年度会计检查报告，附具适当的意见，提交大会；

（iv）根据大会决议，并考虑大会两届通常会议中间发生的情况，采取一切必要措施保证总干事执行本联盟的计划；

（v）执行本公约所规定的其他职责。

（b）关于对本组织管理的其他联盟也有利害关系的事项，执行委员会应在听取本组织协调委员会的意见后作出决议。

（7）

（a）执行委员会每年举行一次通常会议，由总干事召集，最好和本组织协调委员会同时间同地点召开。

（b）执行委员会临时会议应由总干事依其本人倡议或应委员会主席或四分之一委员的要求而召开。

（8）

（a）执行委员会每一成员国应有一个投票权。

（b）执行委员会委员的半数构成开会的法定人数。

（c）决议需有所投票数的简单多数。

（d）弃权不应认为是投票。

（e）一名代表权能代表一个国家，并以一个国家名义投票。

（9）非执行委员会委员的本联盟国家可以派观察员出席执行委员会的会议。

（10）执行委员会应通过其本身的议事规程。

## 第15条

[国际局]

（1）

（a）有关本联盟的行政工作应由国际局执行。国际局是由本联盟局和保护文学艺术作品国际公约所建立的联盟局联合确立。

(b) 国际局特别应执行本联盟各机构的秘书处的职务。

(c) 本组织总干事为本联盟最高行政官员,并代表本联盟。

(2) 国际局汇集有关工业产权的情报并予以公布。本联盟各成员国应迅速将一切有关保护工业产权的新法律和正式文本送交国际局;此外,还应向国际局提供其工业产权机构发表的保护工业产权直接有关并对该工作有用的出版物。

(3) 国际局应出版月刊。

(4) 国际局应依请求向本联盟任何国家提供有关保护工业产权问题的情报。

(5) 国际局应进行研究,并提供服务,以促进对工业产权的保护。

(6) 总干事及其指定的人员应参加大会、执行委员会以及任何其他专家委员会或工作组的一切会议,但无投票权。总干事或其指定人员为这些机构的当然秘书。

(7)

(a) 国际局应按照大会的指示,与执行委员会合作,筹备对本公约第 13 条至第 17 条以外的其他条款的修订会议。

(b) 国际局可以就修订会议的筹备工作与政府间组织和非政府间国际组织协商。

(c) 总干事及其指定的人员应参加这些会议的讨论,但无投票权。

(8) 国际局应执行指定由其执行的任何其他任务。

## 第 16 条

[财 务]

(1)

(a) 本联盟应制定预算。

(b) 本联盟的预算应包括本联盟本身的收入和支出,对各联盟共同经费预算的摊款,以及需要时对本组织成员国会议预算提供的款项。

(c) 不是专属于本联盟,而且也属于本组织所管理的其他一个或一个以上联盟的经费，应认为各联盟的共同经费。本联盟在该项共同经费中的摊款应与本联盟在其中所享的利益成比例。

（2）本联盟预算的制定应适当考虑到与本组织管理的其他联盟预算相协调的需要。

（3）本联盟预算的财政来源如下：

（i）本联盟国家的会费；

（ii）国际局提供有关联盟的服务所得到的费用或收款；

（iii）国际局有关本联盟出版物的售款或版税；

（iv）捐款、遗赠和补助金；

（v）租金、利息和其他杂项收入。

（4）

（a）为了确定对预算应缴的会费，本联盟每一个国家应属于下列的一个等级，并以所属等级的单位数为基础缴纳年度会费：

等级Ⅰ ……………………………… 25

等级Ⅱ ……………………………… 20

等级Ⅲ ……………………………… 15

等级Ⅳ ……………………………… 10

等级Ⅴ ………………………………… 5

等级Ⅵ ………………………………… 3

等级Ⅶ ………………………………… 1

（b）除已经指定等级外，每一国家应在交存批准书或加入书的同时，表明自己愿属哪一等级。任何国家都可以改变其等级。如果选择较低的等级，必须在大会的一届通常会议上声明。这种改变应在该届会议的下一日历年开始时生效。

（c）每一国家的年度会费的数额在所有国家向本联盟预算缴纳的会费总额中所占的比例，应与该国的单位数额在所有缴纳会费国家的单位总数中所占的比例相同。

（d）会费应于每年一月一日缴纳。

（e）一个国家欠缴的会费数额等于或超过其前两个整年的会费数额的，

不得在本联盟的任何机构(该国为其成员)内行使投票权。但是如果证实该国延迟缴费系由于特殊的和不可避免的情况,则在这样的时期内本联盟的任何机构可以允许该国在该机构继续行使其投票权。

(f) 如预算在新的财政年度开始前尚未通过,按财务规则的规定,预算应与上一年度预算的水平相同。

(5) 国际局提供有关本联盟的服务应得的费用或收款的数额由总干事确定,并报告大会和执行委员会。

(6)

(a) 本联盟应设工作基金,由本联盟每一国家一次缴纳的款项组成,如基金不足,大会应决定予以增加。

(b) 每一国家向上述基金初次缴纳的数额或在基金增加时分担的数额,应与建立基金或决定增加基金的一年该国缴纳的会费成比例。

(c) 缴款的比例和条件应由大会根据总干事的建议,并听取本组织协调委员会的建议后规定。

(7)

(a) 在本组织与其总部所在地国家缔结的总部协定中应规定,工作基金不足时该国应给予垫款。每次垫款的数额和条件应由本组织和该国签订单独的协定。该国在承担垫款义务期间,应在执行委员会中有当然席位。

(b) (a) 项所指的国家和本组织都各自有权以书面通知废除垫款的义务。废除应于发出通知当年年底起三年后生效。

(8) 账目的会计检查工作应按财务规则的规定,由本联盟一个或一个以上国家或由外界审计师进行。他们应由大会在征得其同意后予以指定。

## 第17条

[第13条至第17条的修正]

(1) 修正第13、14、15、16条和本条的提案,可以由大会任何一个成员国、执行委员会或总干事提出。这类提案应由总干事至少在提交大会审议六个月前通知大会成员国。

(2) 对第(1)项所述各条的修正案须由大会通过。通过需要有所投票数的四分之三票，但第 13 条和本项的修正案需要有所投票数的五分之四票。

(3) 上述第(1)项所述各条的修正案，在总干事收到大会通过修正案时四分之三的大会成员国依照各该国宪法程序接受修正案的书面通知一个月后产生效力。各该条的修正案在经接受后，对修正案生效时大会成员国以及以后成为大会成员国的所有国家都有约束力，但有关增加本联盟国家的财政义务的修正案，仅对通知接受该修正案的国家有约束力。

## 第 18 条

[第 1 条至第 12 条和第 18 条至第 30 条的修订]

(1) 本公约应交付修订，以便采用一些旨在改善本联盟制度的修正案。

(2) 为此目的，将陆续在本联盟国家之一举行本联盟国家代表会议。

(3) 对第 13 条至第 17 条的修正应按照第 17 条的规定办理。

## 第 19 条

[专门协定]

不言而喻，本联盟国家在与本公约的规定不相抵触的范围内，保留有相互间分别签订关于保护工业产权的专门协定的权利。

## 第 20 条

[本联盟国家的批准或加入；生效]

(1)

(a) 本联盟任何国家已在本议定书上签字者，可以批准本议定书，未签字者可以加入本议定书。批准书和加入书应递交总干事保存。

(b) 本联盟任何国家可以在其批准书或加入书中声明其批准或加入不适用于：

(i) 第 1 条至第 12 条，或

(ii) 第 13 条至第 17 条。

(c) 本联盟任何国家根据第(b)目的规定声明其批准或加入的效力不适用于该项所述的两组条文之一者，以后可以随时声明将其批准或加入的效力扩大至该组条文。该项声明书应递交总干事保存。

(2)

(a) 第1条至第12条,对于最早递交批准书或加入书而未作上述第(1)项第(b)目第(i)段所允许的声明的本联盟十个国家,在递交第十份批准书或加入书三个月后,产生效力。

(b) 第13条至第17条,对于最早递交批准书或加入书而未作上述第(1)项第(b)目第(ii)段所允许的声明的本联盟十个国家,在递交第十份批准书或加入书三个月后,产生效力。

(c) 以第(1)项第(b)目第(i)段和第(ii)段所述的两组条文按照第(a)目和第(b)目的规定每一组开始生效为条件,以及以适用第(1)项第(b)目规定为条件,第1条至第17条,对于第(a)目和第(b)目所述的递交批准书或加入书的国家以外的、或按第(1)项第(c)目递交声明的任何国家以外的本联盟任何国家,在总干事就该项递交发出通知之日三个月后产生效力,除非所递交的批准书、加入书或声明已经指定以后的日期。在后一情况下,本议定书对该国应在其指定的日期产生效力。

(3) 第18条至第30条,对递交批准书或加入书的本联盟任何国家,应在第(1)项第(b)目所述的两组条文中任何一组条文,按照第(2)项第(a)目、第(b)目或第(c)目对该国生效的日期中比较早的那一日产生效力。

## 第21条

[本联盟以外国家的加入;生效]

(1) 本联盟以外的任何国家都可以加入本议定书,成为本联盟的成员国。加入书递交总干事保存。

(2)

(a) 本联盟以外的任何国家在议定书的任何规定产生效力前一个月或一个月以上递交加入书的,本议定书应在该规定按照第20条第(2)项第(a)目或第(b)目最先产生效力之日对该国产生效力,除非该加入书已经指定以后的日期;但应遵守下列条件:

(i) 如第1条至第12条在上述日期尚未产生效力,在这些规定产生效力

以前的过渡期间,作为代替,该国应受里斯本议定书第 1 条至第 12 条的约束;

(ii) 如第 13 条至第 17 条在上述日期尚未产生效力,在这些规定产生效力以前的过渡期间,作为代替,该国应受里斯本议定书第 13 条、第 14 条第(3)项、第(4)项和第(5)项的约束。

如果该国在其加入书中指定了以后的日期,本议定书应在其指定的日期对该国产生效力。

(b) 本联盟以外的任何国家递交加入书的日期是在本议定书的一组条文产生效力之后,或产生效力前一个月内的,除适用第(a)目规定的情况外,本议定书应在总干事就该国加入发出通知之日起三个月后对该国产生效力,除非该加入书已经指定以后的日期。在后一情况下,本议定书应在其指定的日期对该国产生效力。

(3) 本联盟以外的任何国家在本议定书全部产生效力后或产生效力前一个月内递交加入书的,本议定书应在总干事就该国加入发出通知之日起三个月后对该国产生效力,除非该加入书已经指定以后的日期。在后一种情况下,本议定书应在其指定的日期对该国产生效力。

## 第 22 条

[批准或加入的结果]

除适用第 20 条第(1)项第(b)目和第 28 条第(2)项的规定可能有例外,批准或加入应自动导致接受本议定书的全部条款并享受本议定书的全部利益。

## 第 23 条

[加入以前的议定书]

在本议定书全部产生效力以后,各国不得加入本公约以前的议定书。

## 第 24 条

[领　地]

(1) 任何国家可以在其批准书或加入书中声明,或在以后任何时候以书面通知总干事，本公约适用于该国的声明或通知中所指定的由该国负责其对外关系的全部或部分领地。

(2) 任何国家已经作出上述声明或提出上述通知的，可以在任何时候通知总干事，本公约停止适用于上述的全部或部分领地。

(3)

(a) 根据第(1)项提出的声明，应与包括该项声明的批准书或加入书同时产生效力；根据该款提出的通知应在总干事通知此事后三个月产生效力。

(b) 根据第(2)项提出的通知，应在总干事收到此项通知十二个月后产生效力。

## 第25条

[在国内执行本公约]

(1) 本公约的缔约国承诺，根据其宪法，采取保证本公约适用的必要措施。

(2) 不言而喻，各国在递交其批准书或加入书时将能根据其本国法律实施本公约的规定。

## 第26条

[退　约]

(1) 本公约无限期地有效。

(2) 任何国家可以通知总干事退出本议定书。该项退约也构成退出本公约以前的一切议定书。退约仅对通知退出的国家产生效力，本公约对本联盟其他国家仍完全有效。

(3) 自总干事收到退约通知之日起一年后，退约产生效力。

(4) 任何国家在成为本联盟成员国之日起五年届满以前，不得行使本条所规定的退约权利。

## 第27条

[以前议定书的适用]

(1) 关于适用本议定书的国家之间的关系，并且在其适用的范围内，本议定书取代 1883 年 3 月 20 日的巴黎公约和以后修订的议定书。

(2)

(a) 对于不适用或不全部适用本议定书，但适用 1958 年 10 月 31 日的里斯本议定书的国家，里斯本议定书仍全部有效，或在按第(1)项的规定本议定书并未取代该议定书的范围内有效。

(b) 同样，对于既不适用本议定书或其一部分，也不适用里斯本议定书的国家，1934 年 6 月 2 日的伦敦议定书仍全部有效，或在按第(1)项的规定本议定书并未取代该议定书的范围内有效。

(c) 同样，对于既不适用本议定书或其一部分，也不适用里斯本议定书，也不适用伦敦议定书的国家，1925 年 11 月 6 日的海牙议定书仍全部有效，或在按第(1)项的规定本议定书并未取代该议定书的范围内有效。

(3) 本联盟以外的各国成为本议定书的缔约国的，对非本议定书的缔约国或者虽然是本议定书的缔约国但按照第 20 条第(1)项第(b)目第(i)段提出声明的本联盟任何国家，应适用本议定书。各该国承认，上述本联盟国家在其与各该国的关系中，可以适用该联盟国家所参加的最近议定书的规定。

## 第 28 条

［争　议］

(1) 本联盟两个或两个以上国家之间对本公约的解释或适用有争议不能谈判解决时，有关国家之一可以按照国际法院规约将争议提交该法院，除非有关国家就某一其他解决办法达成协议。将争议提交该法院的国家应通知国际局；国际局应将此事提请本联盟其他国家注意。

(2) 每一国家在本议定书上签字或递交批准书或加入书时，可以声明它认为自己不受第(1)项规定的约束。关于该国与本联盟任何其他国家之间的任何争议，上述第(1)项的规定概不适用。

(3) 根据上述第(2)项规定提出声明的任何国家可以在任何时候通知总干事撤回其声明。

## 第29条

［签字、语言、保存职责］

（1）

（a）本议定书的签字本为一份，用法语写成，由瑞典政府保存。

（b）总干事与有关政府协商后，应制定英语、德语、意大利语、葡萄牙语、俄语、西班牙语以及大会指定的其他语言的正式文本。

（c）如对各种文本的解释有不同意见，应以法语本为准。

（2）本议定书在1968年1月13日以前在斯德哥尔摩开放签字。

（3）总干事应将经瑞典政府证明的本议定书签字文本二份分送本联盟所有国家政府，并根据请求，送给任何其他国家政府。

（4）总干事应将本议定书交联合国秘书处登记。

（5）总干事应将签字、批准书或加入书的交存和各该文件中包括的或按第20条第(1)项第(c)目提出的声明，本议定书任何规定的生效、退出的通知以及按照第24条提出的通知等，通知本联盟所有国家政府。

## 第30条

［过渡条款］

（1）直至第一任总干事就职为止，本议定书所指本组织国际局或总干事应分别视为指本联盟的局或其局长。

（2）凡不受第13条至第17条约束的本联盟国家，直到建立本组织公约生效以后的五年期间内，可以随其自愿行使本议定书第13条至第17条规定的权利，如同各该国受这些条文约束一样。愿意行使该项权利的国家应以书面通知总干事；该通知自其收到之日起产生效力。直至该项期间届满为止，这些国家应视为大会的成员国。

（3）只要本联盟所有国家没有全部成为本组织的成员国，本组织国际局也应行使本联盟的局的职责，总干事也应行使该局局长的职责。

（4）本联盟所有国家一旦都成为本组织成员国以后，本联盟的局的权利、义务和财产均应移交给本组织国际局。

# 伯尔尼保护文学和艺术作品公约

1886 年 9 月 9 日签订,1896 年 5 月 4 日在巴黎补充完备,1908 年 11 月 13 日在柏林修订,1914 年 3 月 20 日在伯尔尼补充完备,1928 年 6 月 2 日在罗马修订,1948 年 6 月 26 日在布鲁塞尔修订,1967 年 7 月 14 日在斯德哥尔摩修订,1971 年 7 月 24 日在巴黎修订,1979 年 9 月 28 日修改。

## 目　　录*



* 本目录是为了方便读者阅读而加,它并没有出现在公约的签字本之中。

4. 对于摄影作品和应用艺术作品;5. 计算起始日期;6. 更长期限;7. 更短期限;8. 适用的法律;术语的“对比”

第 7 条之 2 合作作者作品的保护期限

第 8 条 翻译的权利

第 9 条 复制的权利:1. 总论;2. 可能的例外;3. 录音和录像

第 10 条 作品的某些自由使用:1. 引用;2. 教学阐释;3. 指明来源和作者

第 10 条之 2 作品进一步可能的自由使用;1. 某些作品和广播作品;2. 与时事有关的视听作品

第 11 条 戏剧和音乐作品的某些权利:1. 公开表演和演奏的权利;2. 有关翻译

第 11 条之 2 广播和相关权利:1. 广播和其他无线传播,通过有线或转播进行公开传播,通过扬声器或类似装置广播的公开传播;2. 责任许可;3. 短暂记录

第 11 条之 3 文学作品的某些权利:1. 公开朗诵和公开播送的权利;2. 有关翻译

第 12 条 改编、音乐改编和其他变动的权利

第 13 条 音乐作品及歌词录音的权利的可能限定:1. 责任许可;2. 过渡措施;3. 未经作者许可之进口的扣押

第 14 条 电影和相关权利:1. 电影改编和复制;发行;公开表演、演奏经过如此改编或复制的作品;2. 电影作品的改编;3. 没有责任许可

第 14 条之 2 有关电影作品的特殊条款

第 14 条之 3 在艺术和手稿作品中的追续权”:1. 出售作品获益的权利;2. 适用的法律;3. 程序

第 15 条 执行保护权利的权利:1. 指明作者姓名或假名不影响确认作者身份;2. 在电影作品的情况下;3. 在匿名和假名作品的情况下;4. 未知作者的未出版作品的某些情况下

第 16 条 侵权:1. 扣押;2. 进口的扣押;3. 适用的法律

第 17 条 控制发行、演出和展出的可能

第 18 条　公约生效时存在的作品：1. 在起源国受保护尚未过期；2. 起源国保护期限已满；3. 这些原则的适用；4. 特殊情况

第 19 条　比公约提供更广泛的保护

第 20 条　在联盟成员之间的特殊协定

第 21 条　关于发展中国家的特殊条款：1. 参照附录；2. 本法的附录部分

第 22 条　大会：1. 成员和构成；2. 任务；3 法定人数，投票，观察员；4. 召集；5. 议事规则

第 23 条　执行委员会：1. 成员；2. 构成；3. 成员数目；4. 地理分布；特别协定；5. 期限；重新当选的限制，选举规则；6. 任务；7. 召集；8. 法定人数，投票；9. 观察员；10. 议事规则

第 24 条　国际局：1. 任务总论，总干事；2. 一般信息；3. 期刊；4. 对于国家的信息；5. 研究和服务；6. 参加会议；7. 修订会议；8. 其他任务

第 25 条　财务：1. 预算；2. 与其他联盟协调；3. 资源；4. 会费；以前预算的可能扩展；5. 费用和收费；6. 周转基金；7. 东道国的推进；8. 会计审核

第 26 条　修正：1. 大会认为需要修订的条款；提议；2. 采纳；3. 实施生效

第 27 条　修订：1. 目的；2. 会议；3. 采纳

第 28 条　联盟成员国的加入和生效：1. 批准和加入；排除某些条款的可能性；排除的撤回；2. 条款 1 至 21 生效及附录；3. 条款 22 至 38 生效

第 29 条　非联盟成员国的加入和生效：1. 加入；2. 生效

第 29 条之 2

第 30 条　保留条款：1. 保留的可能限定；2. 之前的保留；翻译权的保留；保留的撤回

第 31 条　某些领土的适用：1. 申明；2. 撤回申明；3. 有效期；4. 接受事实而非暗示情况

第 32 条　本法案和之前法案的适用：1. 在联盟成员国之间；2. 在正在加入的成员国与其他成员国之间；3. 在某些关系下附录的适用

第 33 条　争议：1. 国际法院的司法权；2. 这些司法权的保留；3. 保留的

撤回

第 34 条　一些之前条款的终止：1. 之前的法案；2. 斯德哥尔摩协定

第 35 条　公约的期限；废止：1. 无限期；2. 废止的可能性；3. 废止的生效期；4. 废止暂行

第 36 条　公约的适用：1. 采取必要措施的职责；2. 职责存在的时间

第 37 条　最后条款：1. 法案的语言；2. 签名；3. 授权复制；4. 注册；5. 通知

第 38 条　过渡条款：1. "5 年优先权"的实施；2. 联盟局，联盟局局长；3. 联盟局的继承

## 附录　关于发展中国家的特别条款

第 1 条　向发展中国家开放的权限：1. 可适用的权限；声明；2. 声明的有效期；3. 发展中国家状态的终止；4. 复制品现有存货；5. 关于领土的声明；6. 互惠的限制

第 2 条　翻译权的限制：1. 主管当局颁发的许可证；2. 至 4. 颁发许可证的条件；5. 颁发许可证的目的；6. 许可证的撤销；7. 主要由图画组成的作品；8. 不再发行的作品；9. 颁发给广播机构的许可证

第 3 条　复制权的限制：1. 主管当局颁发的许可证；2 至 5. 颁发许可证的条件；6. 许可证的撤销；7. 适用本条的作品

第 4 条　与附件第Ⅱ条和第Ⅲ条所指许可证相同的条款：1 和 2. 程序；3. 表明作者身份和作品名称；4. 复制品的出口；5. 通知；6. 报酬/补偿金

第 5 条　翻译权限制的可供选择的可能性：1. 1886 法案和 1896 法案中规定的国家；2. 根据第Ⅱ条不可变更国家；3. 可供选择的可能性的时间限制

第 6 条

本联盟各成员国，共同受到尽可能有效、尽可能一致地保护作者对其文学和艺术作品所享权利的愿望的鼓舞，承认 1967 年在斯德哥尔摩举行的修订会议工作的重要性，决定修订斯德哥尔摩会议通过的公约文本但不更动该公约文本第 1 至 20 条和第 22 至 26 条。

下列签字的全权代表经交验全权证书认为妥善后，兹协议如下：

## 第1条

［联盟的建立］

适用本公约的国家为保护作者对其文学和艺术作品所享权利结成一个联盟。

## 第2条

［受到保护的作品：1．“文学和艺术作品”；2．“可能的必要保护”；3．衍生作品；4．官方文件；5．汇编；6．保护的义务；保护的受益；7．应用艺术和工业设计；8．新闻］

（1）“文学和艺术作品”一词包括文学、科学和艺术领域内的一切成果，不论其表现形式或方式如何，诸如书籍、小册子和其他文字作品；讲课、演讲、讲道和其他同类性质作品；戏剧或音乐戏剧作品；舞蹈艺术作品和哑剧；配词或未配词的乐曲；电影作品和以类似摄制电影的方法表现的作品；图画、油画、建筑、雕塑、雕刻和版画作品；摄影作品和以类似摄影的方法表现的作品；实用艺术作品；与地理、地形、建筑或科学有关的插图、地图、设计图、草图和立体作品。

（2）本联盟各成员国应通过国内立法规定所有作品或任何特定种类的作品如果未以某种物质形式固定下来便不受保护。

（3）翻译、文学改编、乐曲改编以及对文学或艺术作品的其他变动应得到与原作同等的保护，但不应损害原作的版权。

（4）本联盟各成员国对立法、行政或司法性质的官方文件以及这些文件的正式译本的保护由其国内立法确定。

（5）文学或艺术作品的汇编，诸如百科全书和选集，凡由于对材料的选择和编排而构成智力创作的，应得到相应的保护，但不应损害汇编作品内每一作品的版权。

（6）本条所提到的作品在本联盟所有成员国内享受保护。此种保护系为作者及其权利继承人的利益而行使。

(7) 在遵守本公约第 7 条第(4)项规定的前提下，本联盟各成员国应通过国内立法规定其法律在何种程度上适用于实用艺术作品以及工业品平面和立体设计，以及此种作品和平面与立体设计受保护的条件。在起源国仅仅作为平面与立体设计受到保护的作品，在本联盟其他成员国只享受各该国给予平面和立体设计的那种专门保护；但如在该国并不给予这种专门保护，则这些作品将作为艺术作品得到保护。

(8) 本公约的保护不适用于日常新闻或纯属报刊消息性质的社会新闻。

## 第 2 条之 2

［某些作品保护的可能局限：1. 某些演说；
2. 授课、演说的某些用途；3. 汇编这些作品的权利］

(1) 政治演说和诉讼过程中发表的言论是否全部或部分地排除于上条提供的保护之外，属于本联盟各成员国国内立法的范围。

(2) 公开发表的讲课、演说或其他同类性质的作品，如为新闻报道的目的有此需要，在什么条件下可由报刊登载，进行广播或向公众传播，以及以第 11 条之 2 第(1)项的方式公开传播，也属于本联盟各成员国国内立法的范围。

(3) 然而，作者享有将上述两项提到的作品汇编的专有权利。

## 第 3 条

［保护资格的标准：1. 作者的国籍；作品出版地；
2. 作者的居住地点；3. 已出版作品；4. “同时出版的”作品］

(1) 根据本公约，

(a) 作者为本联盟任何成员国的国民者，其作品无论是否已经出版，都受到保护；

(b) 作者为非本联盟任何成员国的国民者，其作品首次在本联盟一个成员国出版，或在一个非本联盟成员国和一个联盟成员国同时出版的都受到保护。

(2) 非本联盟任何成员国的国民但其惯常住所在一个成员国国内的作者，为实施本公约享有该成员国国民的待遇。

(3)“已出版作品”一词指得到作者同意后出版的作品,而不论其复制件的制作方式如何,只要从这部作品的性质来看,复制件的发行方式能满足公众的合理需要。戏剧、音乐戏剧或电影作品的表演,音乐作品的演奏,文学作品的公开朗诵,文学或艺术作品的有线传播或广播,美术作品的展出和建筑作品的建造不构成出版。

(4)一部作品在首次出版后三十天内在两个或两个以上国家内出版,则该作品应视为同时在几个国家内出版。

## 第4条

[电影作品,建筑作品和某些艺术作品保护资格的标准]

下列作者,即使不具备第3条规定的条件,仍然适用本公约的保护:

(a)制片人的总部或惯常住所在本联盟某一成员国内的电影作品的作者;

(b)建造在本联盟某一成员国内的建筑作品或构成本联盟某一成员国内建筑物一部分的平面和立体艺术作品的作者。

## 第5条

[保证的权利:1. 和;2. 在起源国之外;3. 在起源国;4.“起源国”]

(1)就享有本公约保护的作品而论,作者在作品起源国以外的本联盟成员国中享有各该国法律现在给予和今后可能给予其国民的权利,以及本公约特别授予的权利。

(2)享有和行使这些权利不需要履行任何手续,也不论作品起源国是否存在保护。因此,除本公约条款外,保护的程度以及为保护作者权利而向其提供的补救方法完全由被要求给予保护的国家的法律规定。

(3)起源国的保护由该国法律规定。如作者不是起源国的国民,但其作品受公约保护,该作者在该国仍享有同本国作者相同的权利。

(4)起源国指的是:

(a)对于首次在本联盟某一成员国出版的作品,以该国家为起源国;对于在分别给予不同保护期的几个本联盟成员国同时出版的作品,以立法给予最短保护期的国家为起源国；

(b) 对于同时在非本联盟成员国和本联盟成员国出版的作品，以后者为起源国；

(c) 对于未出版的作品或首次在非本联盟成员国出版而未同时在本联盟成员国出版的作品，以作者为其国民的本联盟成员国为起源国，然而

(i) 对于制片人总部或惯常住所在本联盟一成员国内的电影作品，以该国为起源国。

(ii) 对于建造在本联盟一成员国内的建筑作品或构成本联盟某一成员国建筑物一部分的平面和立体艺术作品，以该国为起源国。

## 第6条

[某些非成员国国民的某些作品的保护的可能限定：
1. 在首次出版国和在其他国家；2. 没有互惠行为；3. 通知]

(1) 任何非本联盟成员国如未能充分保护本联盟某一成员国国民作者的作品，成员国可对首次出版时系该非联盟成员国国民而又不在成员国内有惯常住所的作者的作品的保护加以限制。如首次出版国利用这种权利，则本联盟其他成员国对由此而受到特殊待遇的作品也无须给予比首次出版国所给予的更广泛的保护。

(2) 前项所规定的任何限制均不影响在此种限制实施之前作者在本联盟任一成员国出版的作品已经获得的权利。

(3) 根据本条对版权之保护施加限制的本联盟成员国应以书面声明通知世界知识产权组织总干事(以下称总干事)，说明保护受到限制的国家以及这些国家国民的作者的权利所受的限制。总干事应立即向本联盟所有成员国通报该项声明。

## 第6条之2

[名誉权：1. 著者权；反对某些更改和其他损害行为权；
2. 在作者去世后；3. 补救方法]

(1) 不受作者经济权利的影响，甚至在上述经济权利转让之后，作者仍保

有要求其作品作者身份的权利，并有权反对对其作品的任何有损其声誉的歪曲、割裂或其他更改，或其他损害行为。

(2) 根据以上第(1)项给予作者的权利，在其死后应至少保留到作者经济权利期满为止，并由被求给予保护的国家本国法所授权的人或机构行使之。但在批准或加入本公约文本时其法律中未包括有保证在作者死后保护以上第(1)项承认的全部权利的各国，有权规定对这些权利中某些权利在作者死后不予保留。

(3) 为保障本条所承认的权利而采取的补救方法由被要求给予保护的国家的法律规定。

## 第7条

[保护期限：1. 总论；2. 对于电影作品；3. 对于匿名和假名作品；4. 对于摄影作品和应用艺术作品；5. 计算起始日期；6. 更长期限；7. 更短期限；8. 适用的法律；术语的“对比”]

(1) 本公约给予保护的期限为作者有生之年及其死后五十年。

(2) 但就电影作品而言，本联盟成员国有权规定保护期在作者同意下自作品公之于众后五十年期满，如自作品完成后五十年内尚未公之于众，则自作品完成后五十年期满。

(3) 至于不具名作品和假名作品，本公约给予的保护期自其合法公之于众之日起五十年内有效。但根据作者采用的假名可以毫无疑问地确定作者身份时，该保护期则为第一款所规定的期限。如不具名作品或假名作品的作者在上述期间内公开其身份，所适用的保护期为第一款所规定的保护期限。本联盟成员国没有义务保护有充分理由推定其作者已死去五十年的不具名作品或假名作品。

(4) 摄影作品和作为艺术作品保护的实用艺术作品的保护期限由本联盟各成员国的法律规定；但这一期限不应少于自该作品完成之后算起的二十五年。

(5) 作者死后的保护期和以上第(2)项、第(3)项、第(4)项所规定的期限从其死亡或上述各款提及事件发生之时开始，但这种期限应从死亡或所述事件发生之后次年的一月一日开始计算。

(6) 本联盟成员国有权给予比前述各款规定更长的保护期。

(7) 受本公约罗马文本约束并在此公约文本签署时有效的本国法律中规定了短于前述各款期限的保护期的本联盟成员国，有权在加入或批准此公约文本时维持这种期限。

(8) 无论如何，期限将由被要求给予保护的国家的法律加以规定；但是，除该国家的法律另有规定者外，这种期限不得超过作品起源国规定的期限。

## 第7条之2

［合作作者作品的保护期限］

前条的规定同样适用于版权为合作作者共有的作品，但作者死后的保护期应从最后死亡的作者死亡之时算起。

## 第8条

［翻译的权利］

受本公约保护的文学艺术作品的作者，在对原作享有权利的整个保护期内，享有翻译和授权翻译其作品的专有权利。

## 第9条

［复制的权利：1. 总论；2. 可能的例外；3. 录音和录像］

(1) 受本公约保护的文学艺术作品的作者，享有授权以任何方式和采取任何形式复制这些作品的专有权利。

(2) 本联盟成员国法律应允许在某些特殊情况下复制上述作品，只要这种复制不损害作品的正常使用也不致无故侵害作者的合法利益。

(3) 所有录音或录像均应视为本公约所指的复制。

## 第10条

［作品的某些自由使用：1. 引用；2. 教学阐释；3. 指明来源和作者］

(1) 从一部合法公之于众的作品中摘出引文，包括以报刊提要形式引用报纸期刊的文章，只要符合合理使用，在为达到目的的正当需要范围内，就属合法。

（2）本联盟成员国法律以及成员国之间现有或将要签订的特别协议应规定，可以合法地通过出版物、无线电广播或录音录像使用文学艺术作品作为教学的解说的权利，只要是在为达到目的的正当需要范围内使用，并符合合理使用。

（3）前面各项提到的摘引和使用应说明出处，如原出处有作者姓名，也应同时说明。

## 第10条之2

［作品进一步可能的自由使用；1. 某些作品和
广播作品；2. 与时事有关的视听作品］

（1）本联盟各成员国的法律应允许通过报刊、广播或对公众有线传播，复制发表在报纸、期刊上的讨论经济、政治或宗教的时事性文章，或具有同样性质的已经广播的作品，但以对这种复制、广播或有线传播并未明确予以保留的为限。然而，均应明确说明出处；对违反这一义务的法律责任由被要求给予保护的国家的法律确定。

（2）在用摄影或电影手段，或通过广播或对公众有线传播报道时事新闻时，在事件过程中看到或听到的文学艺术作品在为报道目的正当需要范围内予以复制和公之于众的条件，也由本联盟各成员国的法律规定。

## 第11条

［戏剧和音乐作品的某些权利：
1. 公开表演和演奏的权利；2. 有关翻译］

（1）戏剧作品、音乐戏剧作品和音乐作品的作者享有下列专有权利：

（i）授权公开表演和演奏其作品，包括用各种手段和方式公开表演和演奏；

（ii）授权用各种手段公开播送其作品的表演和演奏。

（2）戏剧作品或音乐戏剧作品的作者，在享有对其原作的权利的整个期间应享有对其作品的译作的同等权利。

## 第11条之2

[广播和相关权利：1. 广播和其他无线传播，通过有线或转播进行公开传播，通过扬声器或类似装置广播的公开传播；2. 责任许可；3. 短暂记录]

(1) 文学艺术作品的作者享有下列专有权利：

(i) 授权广播其作品或以任何其他无线传送符号、声音或图像的方法向公众传播其作品；

(ii) 授权由原广播机构以外的另一机构通过有线传播或转播的方式向公众传播广播的作品；

(iii) 授权通过扩音器或其他任何传送符号、声音或图像的类似工具向公众传播广播的作品。

(2) 行使前项所指的权利的条件由本联盟成员国的法律规定，但这些条件的效力严格限于对此作出规定的国家。在任何情况下，这些条件均不应有损于作者的精神权利，也不应有损于作者获得合理报酬的权利，该报酬在没有协议情况下应由主管当局规定。

(3) 除另有规定外，根据本条第(1)项的授权，不意味着授权利用录音或录像设备录制广播的作品。但本联盟成员国法律得确定一个广播机构使用自己的设备并为自己播送之用而进行临时录制的规章。本联盟成员国法律也可以由于这些录制品具有特殊文献性质而批准由国家档案馆保存。

## 第11条之3

[文学作品的某些权利：1. 公开朗诵和公开播送的权利；2. 有关翻译]

(1) 文学作品的作者享有下列专有权利：

(i) 授权公开朗诵其作品，包括用各种手段或方式公开朗诵；

(ii) 授权用各种手段公开播送其作品的朗诵。

(2) 文学作品作者在对其原作享有权利的整个期间，应对其作品的译作享有同等的权利。

## 第12条

［改编、音乐改编和其他变动的权利］

文学艺术作品的作者享有授权对其作品进行改编、音乐改编和其他变动的专有权利。

## 第13条

［音乐作品及歌词录音的权利的可能限定：1. 责任许可；2. 过渡措施；3. 未经作者许可之进口的扣押］

(1) 本联盟每一成员国可就其本国情况，对音乐作品作者及允许其歌词与音乐作品一道录音的歌词作者授权对上述音乐作品以及有歌词的音乐作品进行录音的专有权利规定保留及条件；但这类保留及条件之效力严格限于对此作出规定的国家，而且在任何情况下均不得损害作者获得在没有协议情况下由主管当局规定的合理报酬的权利。

(2) 根据1928年6月2日在罗马和1948年6月26日在布鲁塞尔签订的公约第13条第(3)项在本联盟成员国内录制的音乐作品的录音，自该国受本文本约束之日起的两年期限以内，可以不经音乐作品的作者同意在该国进行复制。

(3) 根据本条第(1)项、第(2)项制作的录音制品，如未经有关方面批准进口，视此种录音为侵权录音制品的国家，可予扣押。

## 第14条

［电影和相关权利：1. 电影改编和复制；发行；公开表演、演奏经过如此改编或复制的作品；2. 电影作品的改编；3. 没有责任许可］

(1) 文学艺术作品的作者享有下列专有权利：

(i) 授权将这类作品改编和复制成电影以及发行经过如此改编或复制的作品；

(ii) 授权公开表演、演奏以及向公众有线传播经过如此改编或复制的作品。

(2) 根据文学或艺术作品制作的电影作品以任何其他艺术形式改编，在不妨碍电影作品作者授权的情况下，仍须经原作作者授权。

(3) 第13条第(1)项的规定应不适用(于电影)。

## 第14条之2

[有关电影作品的特殊条款]

(1) 在不损害已被改编或复制的作品的版权的情况下，电影作品应作为原作受到保护。电影作品版权所有者享有与原作作者同等的权利，包括前一条提到的权利。

(2)

(a) 确定电影作品版权的所有者，属于被要求给予保护的国家法律规定的范围。

(b) 然而，在其法律承认参加电影作品制作的作者应属于版权所有者的本联盟成员国内，这些作者，如果应允参加此项工作，除非有相反或特别的规定，不能反对对电影作品的复制、发行、公开表演、演奏、向公众有线传播、广播、公开传播、配制字幕和配音。

(c) 为适用本项第(b)目，上面提到的应允形式是否应是一项书面合同或一项相当的文书，这一问题应由电影制片人总部或惯常住所所在的本联盟成员国的法律加以规定。然而被要求给予保护的本联盟成员国的法律的规定这一应允应以书面合同或相当的文书的形式。法律作出此种规定的国家应以书面声明通知总干事，并由后者将这一声明立即通知本联盟所有其他成员国。

(d) “相反或特别的规定”指与上述应允有关的任何限制性条件。

(3) 除非本国法律另有规定，本条第(2)项第(b)目之规定不适用于为电影作品创作的剧本、台词和音乐作品的作者，也不适用于电影作品的主要导演。但本联盟成员国中其法律并未规定对电影导演适用本条第(2)项第(b)目者，应以书面声明通知总干事，总干事应将此声明立即转达本联盟所有其他成员国。

## 第14条之3

［在艺术和手稿作品中的追续权”：
1. 出售作品获益的权利；2. 适用的法律；3. 程序］

(1) 对于艺术作品原作和作家与作曲家的手稿，作者或作者死后由国家法律所授权的人或机构享有不可剥夺的权利，在作者第一次转让作品之后对作品进行的任何出售中分享利益。

(2) 只有在作者本国法律承认这种保护的情况下，才可在本联盟的成员国内要求前项中规定的保护，而且保护的程度应限于被要求给予保护的国家的法律所允许的程度。

(3) 分享利益之方式和比例由各国法律确定。

## 第15条

［执行保护权利的权利：1. 指明作者姓名或假名不影响确认作者身份；2. 在电影作品的情况下；3. 在匿名和假名作品的情况下；4. 未知作者的未出版作品的某些情况下］

(1) 受本公约保护的文学艺术作品的作者，只要其名字以通常方式出现在该作品上，在没有相反证据的情况下，即视为该作品的作者并有权在本联盟成员国中对侵犯其权利的人提起诉讼。即使作者采用的是假名，只要根据作者的假名可以毫无疑问地确定作者的身份，本项也同样适用。

(2) 以通常方式在电影作品上署名的自然人或法人，除非有相反的证据，即推定为该作品的制片人。

(3) 对于不具名作品和以上第(1)项所述情况以外的假名作品，如果出版者的名字出现在作品上，在没有相反证据的情况下，该出版者即视为作者的代表，并以此资格有权维护和行使作者的权利。当作者公开其身份并证实其为作者时，本款的规定即停止适用。

(4)

(a) 对作者的身份不明，但有充分理由推定该作品是本联盟某一成员国国民的未出版的作品，该国法律得指定主管当局代表该作者并有权维护和行使作者在本联盟成员国国内之权利。

(b) 根据本规定而指定主管当局的本联盟成员国应以书面声明将此事通知总干事,声明中写明被指定的当局全部有关情况。总干事应将此声明立即通知本联盟所有其他成员国。

## 第16条

[侵权:1. 扣押;2. 进口的扣押;3. 适用的法律]

(1) 对作品的侵权复制品,在作品受法律保护的本联盟成员国应予扣押。

(2) 前述规定同样适用于来自对某作品不予保护或停止保护的国家的复制品。

(3) 扣押应按各国法律实行。

## 第17条

[控制发行、演出和展出的可能]

如果本联盟任何成员国的主管当局认为有必要对于任何作品或制品的发行、演出、展出,通过法律或条例行使许可、监督或禁止的权力,本公约的条款绝不应妨碍本联盟各成员国政府的这种权力。

## 第18条

[公约生效时存在的作品:1. 在起源国受保护尚未过期;
2. 起源国保护期限已满;3. 这些原则的适用;4. 特殊情况]

(1) 本公约适用于所有在本公约开始生效时尚未因保护期满而在其起源国进入公有领域的作品。

(2) 但是,如果作品因原来规定的保护期已满而在被要求给予保护的国家已进入公有领域,则该作品不再重新受到保护。

(3) 本原则应按照本联盟成员国之间现有的或将要缔结的有关特别公约所规定的条款实行。在没有这种条款的情况下,各国分别规定实行上述原则的条件。

(4) 新加入本联盟时以及因实行第七条或放弃保留而扩大保护范围时,

以上规定也同样适用。

## 第19条

［比公约提供更广泛的保护］

如果本联盟成员国的本国法律提供更广泛的保护，本公约条款不妨碍要求适用这种规定。

## 第20条

［在联盟成员之间的特殊协定］

本联盟各成员国政府保留在它们之间签订给予作者比本公约所规定的更多的权利，或者包括不违反本公约的其他条款的特别协议的权利。凡符合上述条件的现有协议的条款仍然适用。

## 第21条

［关于发展中国家的特殊条款：1. 参照附录；2. 本法的附录部分］

(1) 有关发展中国家的特别条款载于附件。

(2) 在符合第28条第(1)项第(b)目规定的前提下，附件构成本文本的组成部分。

## 第22条

［大会：1. 成员和构成；2. 任务；3 法定人数，
投票，观察员；4. 召集；5. 议事规则］

(1)

(a) 本联盟设一大会，由受第22至26条约束的本联盟成员国组成。

(b) 每一国家的政府由一名代表作为其代表，并可由若干名副代表、顾问及专家协助之。

(c) 每个代表团的费用由指派它的政府负担。

(2)

(a) 大会：

(i) 处理有关维持及发展本联盟以及实施本公约的一切问题;

(ii) 在适当考虑到不受第 22 至 23 条约束的本联盟成员国的意见的情况下,向成立世界知识产权组织(以下称"产权组织")的公约中提到的国际知识产权局(以下称"国际局")发出有关筹备修订会议的指示;

(iii) 审查和批准产权组织总干事有关本联盟的报告及活动,向其发出有关本联盟主管问题的必要指示;

(iv) 选举大会执行委员会成员;

(v) 审查和批准执行委员会的报告及活动,并向它发出指示;

(vi) 制订计划,通过本联盟两年期预算和批准其决算;

(vii) 通过本联盟财务条例;

(viii) 设立为实现联盟目标而需要的专家委员会和工作组;

(ix) 决定哪些非本联盟成员国和政府间组织及非政府间国际性组织以观察员身份参加它的会议;

(x) 通过对第 22 至 26 条的修改;

(xi) 为实现本联盟目标而采取其他适宜行动;

(xii) 履行本公约所包含的其他所有任务;

(xiii) 行使成立产权组织的公约所赋予它的并为它所接受的权利。

(b) 对于还涉及产权组织管理的其他联盟的问题,大会在了解到产权组织协调委员会的意见后作出决定。

(3)

(a) 大会每一成员国有一票。

(b) 大会成员国的半数构成法定人数。

(c) 尽管有第(b)目的规定,如开会时出席国家不足半数,但相当或多于大会成员国三分之一,则可作出决定。除有关大会程序之决定外,大会的决定须具备下列条件方可执行:国际局将上述决定通知未出席大会的成员国,请它们在上述通知之日起三个月内用书面投票或弃权。如果在期满时,用这样方式投票或弃权的国家的数目达到开会时法定人数的欠缺数目,同时已获得必要的多数,上述决定即可执行。

(d) 除第 26 条第(2)项规定的情况外,大会的决定以投票数三分之二的多数通过。

(e) 弃权不视为投票。

(f) 一名代表只能代表一国,也只能以该国名义投票。

(g) 非大会成员国的本联盟成员国以观察员身份参加会议。

(4)

(a) 大会每隔两年举行一届常会,由总干事召集,除特殊情况外,与产权组织的全体大会在同一时间和同一地点召开。

(b) 大会在执行委员会的要求下或大会成员国四分之一的国家的要求下,应由总干事召集举行特别会议。

(5) 大会通过其议事规则。

## 第23条

[执行委员会:1. 成员;2. 构成;3. 成员数目;4. 地理分布;特别协定;5. 期限;重新当选的限制,选举规则;6. 任务;7. 召集;8. 法定人数,投票;9. 观察员;10. 议事规则]

(1) 大会设执行委员会。

(2)

(a) 执委会由大会在其成员国中选出的国家组成。此外,产权组织所在地的国家除第25条第(7)项第(b)目的情况外,在执委会中有一当然席位。

(b) 执委会每一成员国政府有一名代表作为其代表,可由若干名副代表、顾问及专家协助之。

(c) 每个代表团的费用由指派它的政府负担。

(3) 执委会成员国数目为大会成员国数目的四分之一。在计算席位时,以四相除剩下的余数不计算。

(4) 在选举执委会成员国时,大会要适当考虑按地区公平分配和保证使可能签订有关本联盟的特别协议的国家参加执委会的必要性。

(5)

(a) 执委会成员国的任期自它们当选的该届大会闭会时起至大会下届常

会闭会时止。

(b) 执委会的成员国重新当选的数目最多不得超过三分之二。

(c) 大会制定执委会成员国选举和可能重新当选的程序。

(6)

(a) 执行委员会：

(i) 拟定大会议程草案；

(ii) 向大会提交有关总干事草拟的本联盟的计划草案和二年期预算草案的建议；

(iii)（取消）；

(iv) 向大会提交总干事的定期报告和年度财务审计报告，并附以必要的评论意见；

(v) 根据大会决定并考虑到大会两届常会之间出现的情况，采取有利于总干事执行本联盟计划的一切措施；

(vi) 履行在本公约范围内赋予它的其他一切任务。

(b) 对于还涉及产权组织管理的其他联盟的问题，执行委员会在了解到产权组织协调委员会的意见后作出决定。

(7)

(a) 执委会在总干事的召集下，每年举行一届常会，尽可能与产权组织协调委员会同时同地举行。

(b) 执委会在总干事倡议下，或是应执委会主席或四分之一成员国的要求，由总干事召集举行特别会议。

(8)

(a) 执委会每一成员国有一票。

(b) 执委会成员国的半数构成法定人数。

(c) 决议以投票数中简单多数票作出。

(d) 弃权不视为投票。

(e) 一名代表只能代表一国，也只能以该国名义投票。

(9) 非执委会成员国的本联盟成员国以观察员身份参加其会议。

(10) 执行委员会通过其议事规则。

## 第24条

[国际局：1. 任务总论，总干事；2. 一般信息；
3. 期刊；4. 对于国家的信息；5. 研究和服务；
6. 参加会议；7. 修订会议；8. 其他任务]

(1)

(a) 本联盟的行政工作由国际局负责，该局接替与保护工业产权国际公约设立的联盟局合并的本联盟局的工作。

(b) 国际局负担本联盟各机构的秘书处的工作。

(c) 产权组织总干事是本联盟最高官员并代表本联盟。

(2) 国际局汇集并出版有关保护版权的资料，本联盟每一成员国应尽快将有关保护版权的所有新法律及官方文件通知国际局。

(3) 国际局出版一种月刊。

(4) 国际局应本联盟各成员国之请求，向它们提供有关保护版权问题的资料。

(5) 国际局从事各项研究并提供有利于保护版权的服务。

(6) 总干事及由他指派的任何工作人员均可出席大会、执委会、其他各种专家委员会或工作组的会议，但无表决权。总干事或由他指派的一名工作人员为这些机构的当然秘书。

(7)

(a) 国际局根据大会指示和与执委会合作，筹备修订除第22至26条外的公约条款的会议。

(b) 国际局可就筹备修订会议征询政府间组织和非政府间国际性组织的意见。

(c) 总干事和由他指派的人员可参加这些会议的审议，但无表决权。

(8) 国际局执行交付给它的所有其他工作。

## 第25条

［财务：1. 预算；2. 与其他联盟协调；3. 资源；4. 会费；以前预算的可能扩展；5. 费用和收费；6. 周转基金；7. 东道国的推进；8. 会计审核］

（1）

（a）本联盟有自己的预算。

（b）本联盟的预算包括本联盟本身的收入及支出，它对各联盟共同开支预算的缴款，以及在情况需要时，交给产权组织会议预算支配的款项。

（c）不专属本联盟而同样属于产权组织管理的其他一个或几个联盟的开支，视为各联盟的共同开支。本联盟在共同开支中所占份额视这些开支与它的关系而定。

（2）本联盟预算的确定须考虑到与其他由产权组织管理的联盟的预算相协调的要求。

（3）本联盟预算的经费来源如下：

（i）本联盟成员国的会费；

（ii）国际局代表本联盟提供服务的收入；

（iii）销售国际局有关本联盟的出版物的所得以及这些出版物的版税；

（iv）捐款、遗赠及补助金；

（v）租金、利息及其他杂项收入。

（4）

（a）为确定成员国在预算中缴纳的份额，本联盟的每个成员国分别归入各级并根据下列所定数量单位缴纳每年的会费：

等级Ⅰ …………………………… 25

等级Ⅱ …………………………… 20

等级Ⅲ …………………………… 15

等级Ⅳ …………………………… 10

等级Ⅴ …………………………… 5

等级Ⅵ …………………………… 3

等级Ⅶ………………………………… 1

(b) 除以前已经指明者外，每个国家在交存其批准书或加入书时，须说明它希望被列入哪一级。也可以改变级别。如果某一成员国希望降低其级别，它应在某一届常会期间将此事通知大会。这一变动自该届会议后的那一日历年开始时生效。

(c) 每个国家每年会费数额在所有国家每年向本联盟交付的会费总数中所占比例，与它所在的那一级的单位数在全部国家的单位总数中所占比例相同。

(d) 会费应于每年 1 月 1 日支付。

(e) 逾期未缴纳会费的国家，如拖欠总数达到或超过过去整整两年内它应缴纳的会费数，则不得行使它在本联盟任何机构中的表决权。但如该机构认为这种拖欠系由于非常及不可避免之情况，则可允许该国保留行使其表决权。

(f) 如在新的会计年度开始前还未通过预算，则可按照财务条例规定将前一年的预算延期实行。

(5) 国际局代表本联盟提供的服务应得收入的数额由总干事确定，总干事向大会和执委会就此提出报告。

(6)

(a) 本联盟拥有一笔由每一成员国一次付款组成的周转基金。如基金不足，由大会决定增加。

(b) 每个国家对上述基金的首次付款数以及追加数应按基金成立或决定增加当年该国缴纳会费数的比例。

(c) 付款的比例及方式由大会根据总干事的提议并征求产权组织协调委员会意见后决定。

(7)

(a) 与产权组织所在地的国家签订的会址协定规定，如周转基金不足，可由该国垫款。垫款数和垫款条件由该国和产权组织每次分别签订协定。在该国承诺垫付款项期间，该国在执委会中占有一席当然席位。

(b) 第(a)目所指国家和产权组织均有权以书面通知方式废止提供垫款的保证。这种废止自通知提出那一年底起三年后生效。

(8) 根据财务条例规定的方式，账目审计由大会同意指派的一个或几个本联盟成员国或外聘审计员担任。

## 第26条

［修正：1. 大会认为需要修订的条款；
提议；2. 采纳；3. 实施生效］

(1) 所有大会成员国，执委会或总干事均可提出修改第22条、第23条、第24条、第25条及本条的建议。这些建议由总干事在提交大会审查前至少六个月通知大会成员国。

(2) 上述第(1)项所指的各条的修改应由大会通过，通过需要投票数的四分之三；但对第22条及本项的任何修改需经投票数的五分之四通过。

(3) 上述第(1)项所提各条的任何修改，至少要在总干事收到在修改通过时为大会成员国的四分之三国家根据它们各自的宪法批准修改的书面通知一个月后才能生效。以这种方式接受的这些条款的修改对修改生效时为大会成员国的所有国家或其后成为成员国的国家具有约束力；但任何增加本联盟成员国财务义务的修改只对那些已通知表示接受这类修改的国家有约束力。

## 第27条

［修订：1. 目的；2. 会议；3. 采纳］

(1) 本公约可进行修订，以便使之得到改善，从而使本联盟体制臻于完善。

(2) 为此目的，可相继在本联盟一个成员国内举行联盟成员国代表的会议。

(3) 除第26条有关修改第22至26条的规定外，所有对本文本的修订，包括附件的修订，均需投票数全体一致通过。

## 第28条

［联盟成员国的加入和生效：1. 批准和加入；排除
某些条款的可能性；排除的撤回；2. 条款1至21
生效及附录；3. 条款22至38生效］

(1)

(a) 凡签署此公约文本的任何本联盟成员国均可批准此公约文本，如尚未签署,则可加入本公约。批准书或加入书交存总干事处。

(b) 本联盟任何成员国在其批准书或加入书中均可声明其批准或加入不适用第 1 条至第 21 条及附件;但如该国已根据附件第Ⅵ条第(1)项作出声明,则它在上述文件中可只声明其批准或加入不适用于第 1 条至第 20 条。

(c) 凡根据第(b)目已声明其批准或加入对该项所提到的条款不产生效力的本联盟任何成员国可在其后任何时候声明将其批准或加入的效力扩大到这些条款。这一声明交存总干事处。

(2)

(a) 第 1 条至第 21 条及附件在实现下述两个条件后三个月生效:

(i) 至少有五个本联盟成员国批准或加入此公约文本而未按照第(1)项第(b)目作过声明;

(ii) 法国、西班牙、大不列颠及北爱尔兰联合王国、美利坚合众国已受到 1971 年 7 月 24 日在巴黎修订过的《世界版权公约》的约束。

(b) 第(a)目提到的生效,对于至少在生效前三个月交存批准书或加入书但未按第(1)项第(b)目作过声明的本联盟成员国具有效力。

(c) 就第(b)目对之不适用的已批准或加入此公约文本而未按照第(1)项第(b)目作过声明的所有本联盟成员国而言,第 1 条至第 21 条及附件在总干事通知该批准书或加入书交存之日后三个月生效,除非交存文件中注明有更晚的日期。在后一情况下,第 1 条至第 21 条及附件则在注明的日期对该国生效。

(d) 第(a)目至第(c)目的规定不影响附件第Ⅵ条的适用。

(3) 对不管是否按照第(1)项第(b)目作过声明而批准或加入此公约文本的任何本联盟成员国,第 22 条至第 38 条在总干事通知已交存批准书或加入书之日后三个月生效,除非交存文件中注明有更晚的日期。在后一情况下,第 22 条至第 38 条则在注明的日期对该国生效。

## 第 29 条

[非联盟成员国的加入和生效:1. 加入;2. 生效]

(1) 非本联盟成员国可加入本公约成为本公约的缔约国和本联盟成员

国。加入书交存总干事处。

(2)

(a) 除第(b)目规定的情况外，对所有非本联盟成员国，本公约在总干事通知其加入书交存之日后三个月生效，除非交存文件中注明有更晚的日期。在后一情况下，本公约则在注明的日期对该国生效。

(b) 如适用第(a)目的生效先于适用第28条第(2)项第(a)目的第1条至第21条及附件的生效，则在此间隔期间，上述国家将受本公约布鲁塞尔文本第1条至第20条的约束，以代替第1条至第21条及附件的约束。

## 第29条之2

不受本公约斯德哥尔摩文本第22条至第38条约束的任何国家，为适用建立产权组织公约第14条第(2)项的唯一目的，其批准或加入此公约文本即等于批准或加入斯德哥尔摩文本，但受该文本第28条第(1)项第(b)目第(i)段的限制。

## 第30条

[保留条款：1. 保留的可能限定；2. 之前的保留；翻译权的保留；保留的撤回]

(1) 除本条第(2)项，第28条第(1)项第(b)目、第33条第(2)项以及附件所允许的例外以外，批准或加入当然意味着接受本公约的一切条款并享有本公约规定的一切利益。

(2)

(a) 凡批准或加入此公约文本的本联盟成员国，除附件第V条第(2)项规定的情况外，可保有它原来作出的保留的利益，条件是在交存其批准书或加入书时作出这项声明。

(b) 所有非本联盟成员国在加入本公约并在不违反附件第V条第(2)项的情况下，可以声明它准备以1896年在巴黎补充完备的本联盟1886年公约第5条的规定至少临时代替此公约文本有关翻译权的第8条，条件是这些规定仅指译成该国通用语言的翻译。在不违反附件第Ⅰ条第(6)项第(b)目的情况下,任何国家对于使用持此保留条件的国家为其起源国的作品的翻译权,有权实行与后一国提供的相同的保护。

(c) 任何国家可随时通知总干事,撤回这类保留。

## 第31条

[某些领土的适用:1. 申明;2. 撤回申明;
3. 有效期;4. 接受事实而非暗示情况]

(1) 任何国家可在其批准书或加入书中声明,或在以后随时书面通知总干事,本公约适用于在声明或通知中指明的其对外关系由该国负责的全部或部分领土。

(2) 任何已作出这种声明或通知的国家可随时通知总干事本公约不再适用于这些领土的全部或一部分。

(3)

(a) 按照第(1)项作出的任何声明和载有该声明的文件中的批准或加入同时生效,按照该项作出的任何通知在总干事发出通知三个月后生效。

(b) 按照第(2)项作出的通知在总干事收到该通知十二个月后生效。

(4) 本条不得解释为意指本联盟任何成员国承认或默许本联盟另一成员国根据适用第(1)项作出的声明而使本公约对之适用的任何领土的事实状态。

## 第32条

[本法案和之前法案的适用:1. 在联盟成员国之间;2. 在正在加入的
成员国与其他成员国之间;3. 在某些关系下附录的适用]

(1) 此公约文本在本联盟各成员国之间的关系方面和在它适用的限度内,代替1886年9月9日的《伯尔尼公约》及其以后的修订文本。在与未批准或未加入此公约文本的本联盟成员国的关系方面,以前生效的文本全部保持其适用性,或在此公约文本不能根据前句规定代替以前文本的限度内保持其适用性。

(2) 成为此公约文本缔约国的非本联盟成员国,在除第(3)项规定的情况外，对于不受此公约文本约束或虽受其约束但已作过第28条第(1)项第(b)目规定的声明的本联盟任何成员国，适用此公约文本。上述国家承认，本联盟该成员国，在同它们的关系上：

(i) 适用它受其约束的最近文本的规定，并且

(ii) 在不违反附件第Ⅰ条第(6)项规定的情况下，有权使保护与此公约文本规定的水平相适应。

(3) 援用附件规定的任何权利的任何国家在同不受此公约文本约束的本联盟其他任何成员国的关系上，可以适用附件中有关它援用的一种或多种权利的规定，但以该其他成员国已接受适用上述规定为条件。

## 第33条

[争议：1. 国际法院的司法权；
2. 这些司法权的保留；3. 保留的撤回]

(1) 两个或两个以上本联盟成员国在解释或适用本公约方面发生的争端，经谈判不能解决时，如果有关国家不能就其他解决办法达成协议，则其中任何一方均可按国际法院规约的方式通过起诉将争端提交国际法院。将争端提交国际法院的起诉国应通知国际局，国际局应将此事告知本联盟其他成员国。

(2) 任何国家在签署此公约文本或交存其批准书或加入书时，可声明它不受第(1)项规定的约束。在有关该国和本联盟其他任何成员国间的任何争端方面，不适用第(1)项的规定。

(3) 任何按照第(2)项规定作出声明的国家，可随时通知总干事撤回其声明。

## 第34条

[一些之前条款的终止：1. 之前的法案；2. 斯德哥尔摩协定]

(1) 在遵守第29条之2规定的情况下，任何国家在第1条至第21条及附件生效后，不得批准或加入本公约以前的各次文本。

(2) 在第1条至第21条及附件生效后，任何国家不得根据附在斯德哥尔摩文本后的有关发展中国家的议定书第5条发表声明。

## 第35条

［公约的期限；废止：1. 无限期；2. 废止的可能性；
3. 废止的生效期；4. 废止暂行］

（1）本公约无限期生效。

（2）任何国家可通知总干事废止此公约文本。这一废止也连带废止以前的所有文本，并只对废止的该国有效，而对本联盟其他成员国，本公约继续有效和继续执行。

（3）废止自总干事收到通知之日起一年后生效。

（4）任何国家自成为本联盟成员国之日算起未满五年者，不得行使本条规定之废止权。

## 第36条

［公约的适用：1. 采取必要措施的职责；2. 职责存在的时间］

（1）本公约的所有缔约国家承诺根据其宪法采取必要措施保证本公约的实施。

（2）不言而喻，一国在受到本公约约束时，应按照其本国法律使本公约的规定付诸实施。

## 第37条

［最后条款：1. 法案的语言；2. 签名；
3. 授权复制；4. 注册；5. 通知］

（1）

（a）本公约文本在以英法两种语言写成的单一文本上签署，除第（2）项规定的情况外，此公约文本由总干事保存。

（b）总干事在与有关政府协商后，制订德语、阿拉伯语、西班牙语、意大利语和葡萄牙语以及大会指定的其他语言的正式文本。

（c）在对不同语言文本的解释发生争议时，以法文本为准。

（2）此公约文本开放供签署直到1972年1月31日为止。在此日期以前，第（1）项第（a）目提到的文本交由法兰西共和国政府保存。

(3) 总干事应将签字的此公约文本的两份副本核证无误后转送本联盟所有成员国政府，并可根据请求，转送任何其他国家的政府。

(4) 本文本由总干事送请联合国秘书处登记。

(5) 总干事将下列情况通知本联盟所有成员国政府：签署情况，批准书或加入书的交存，包括在这些文件中的或适用第 28 条第(1)项第(c)目、第 30 条第(2)项第(a)目和第(b)目和第 33 条第(2)项而作出的声明的交存，此公约文本全部规定的生效情况，废止的通知和适用第 30 条第(2)项第(c)目、第 31 条第(1)项和第(2)项、第 33 条第(3)项和第 38 条第(1)项的通知以及附件中提到的通知。

### 第 38 条

[过渡条款：1. “5 年优先权”的实施；
2. 联盟局，联盟局局长；3. 联盟局的继承]

(1) 凡未批准或加入此公约文本以及不受《斯德哥尔摩文本》第 22 条至第 26 条约束的本联盟成员国，如果愿意，均可在 1975 年 4 月 26 日前，行使上述各条规定的权利，就像受它们约束的那样。任何愿意行使上述权利的国家均可为此目的向总干事交存一份书面通知，该通知自收到之日起生效。直到上述日期为止，这些国家应视为大会成员国。

(2) 在本联盟成员国尚未全部成为产权组织成员国之前，产权组织国际局同时作为本联盟的局进行工作，总干事即该局局长。

(3) 在本联盟所有成员国均成为产权组织成员国时，本联盟局的权利、义务和财产即归属产权组织国际局。

## 附录　关于发展中国家的特别条款

### 第 1 条

[向发展中国家开放的权限：1. 可适用的权限；声明；
2. 声明的有效期；3. 发展中国家状态的终止；4. 复
制品现有存货；5. 关于领土的声明；6. 互惠的限制]

(1) 根据联合国大会惯例被视为发展中国家的任何国家，凡已批准或已加入由本附件作为其组成部分的此公约文本，但由于其经济情况及社会或文化需要而又不能在当前作出安排以确保对此公约文本规定的全部权利进行保护者，可在其交存批准书或加入书的同时，或在不违反附件第Ⅴ条第(1)项第(c)目的条件下，在以后任何日期，在向总干事提交的通知中声明，它将援用附件第Ⅱ条所规定的权利或第Ⅲ条所规定的权利，或这两项所规定的权利。它可以按照附件第Ⅴ条第(1)项第(a)目的规定作出声明，以代替援用附件第Ⅱ条所规定的权利。

(2)

(a) 任何按照第(1)项规定作出并在第1条至第21条及本附件依第28条第(2)项规定生效之日算起十年期限期满以前通知的声明，直到这一期限期满前都有效。

通过在现行十年期限期满前最多十五个月最少三个月向总干事提交通知。该声明可以全部或部分地每十年顺延一次。

(b) 按照第(1)项规定作出并在第1条至第21条及本附件依第28条第(2)项规定生效之日算起十年期满以后作出的任何声明，直到现行十年期满前都有效。该声明可以按照第(a)目第二句的规定延期。

(3) 任何不再被认为是第(1)项所指的发展中国家的本联盟成员国，不再有资格像第(2)项所规定的那样延长其声明，不论它是否正式撤回其声明，该国在现行十年期限期满时，或在停止被视为发展中国家三年后即失去援用第(1)项所指的权利的可能性，两项时限以较晚到期的时限为准。

(4) 在按照第(1)项或第(2)项规定作出的声明停止生效时，如果根据本附件规定发给的许可证制作的复制品尚有存货时，这些复制品可以继续发行直到售完为止。

(5) 受此公约文本规定约束并根据第31条第(1)项就此公约文本适用于其情况可能类似第(1)项所指国家的情况的特定领土而提交声明或通知的任何国家，可就此领土作出第(1)项所指的声明或第(2)项所指的延期通知。在这种声明或通知有效期间本附件的规定应适用于它所指的领土。

(6)

(a) 一国援用第(1)项所指的任何一种权利这一事实，不应使另一国给予起源国为前一国家的作品低于根据第 1 条至第 20 条所应给予的保护。

(b) 第 30 条第(2)项第(b)目规定的对等权利,在根据附件第Ⅰ条第(3)项的适用期限期满前,不得用于其起源国为根据附件第Ⅴ条第(1)项第(a)目作出声明的国家的作品。

## 第 2 条

[翻译权的限制:1. 主管当局颁发的许可证;2. 至 4. 颁发许可证的条件;5. 颁发许可证的目的;6. 许可证的撤销;7. 主要由图画组成的作品;8. 不再发行的作品;9. 颁发给广播机构的许可证]

(1) 任何声明援用本条规定的权利的国家,就以印刷形式或其他任何类似的复制形式出版的作品而言,均有权以由主管当局根据附件第Ⅳ条在下述条件下发给非专有和不可转让的许可证来代替第 8 条规定的专有翻译权。

(2)

(a) 除第(3)项的情况外,如果一部作品自首次出版算起三年或根据该国本国法律规定更长的时间期满而翻译权所有者或在其授权下尚未以该国通用语言出版译本,该国任何国民都可得到用该国通用语言翻译该作品并以印刷形式或其他任何类似的复制形式出版该译本的许可证。

(b) 如果以有关语言出版的译文的所有版本均已售完,也可根据本条发给许可证。

(3)

(a) 如果译文不是本联盟一个或数个发达国家中通用的语言,则用一年期限来代替第(2)项第(a)目规定的三年期限。

(b) 在通用同一种语言的本联盟发达国家的一致协议下,如果要译成这种语言,第(1)项所提到的所有国家都可以根据该协议规定的更短期限来代替第(2)项第(a)目规定的三年期限,但不得少于一年。尽管如此,如涉及的语言为英语、法语或西班牙语,上述的规定仍不适用。所有这方面的协议应由缔约国政府通知总干事。

(4)

(a) 根据本条规定需要经过三年期限才能取得的许可证,需要经过六个

月的补充期限才能颁发；而需经过一年期限才能取得的许可证，则需经过九个月的补充期限，此期限

(i) 自申请人履行附件第Ⅳ条第(1)项规定的手续之日算起；

(ii) 如翻译权所有者的身份或地址不详，则自申请人根据附件第Ⅳ条第(2)项的规定将其向发给许可证的主管当局提交的申请书副本寄出之日算起。

(b) 如果在上述六个月或九个月的期限未满期间，由翻译权所有者或经其授权用申请使用的语言将译本出版，则不得根据本条发给许可证。

(5) 本条所指任何许可证之颁发只限于教学、学习或研究之用。

(6) 如果翻译权所有者或经其授权出版的一个译本的价格同在有关国家内同类作品通行的价格相似，这个译本的语言和基本内容又同根据许可证出版的译本的语言和内容相同，则应撤销根据本条发给的许可证。在撤销许可证前已制作的作品复制品可一直发行到售完为止。

(7) 对主要由图画组成的作品，其文字的翻译出版与图画的复制出版的许可证只有在附件第Ⅲ条规定的条件也得到履行的情况下才能颁发。

(8) 在作者停止其作品的全部复制品的发行时，则不得根据本条颁发任何许可证。

(9)

(a) 对翻译一部已以印刷形式或其他任何类似的复制形式出版的作品颁发的许可证，也可根据广播机构向第(1)项所指国家主管当局提出的要求，发给总部设在该国的广播机构，但必须符合下列全部条件：

(i) 译文是根据该国法律制作并获得的复制品翻译的；

(ii) 译文只能用于教学广播或向特定专业的专家传播专门技术或科学研究成果的广播；

(iii) 译文专门为第(ii)段所指目的使用，并通过对该国境内听众的合法广播进行，其中包括专为此项广播目的而通过录音或录像手段合法录制的广播；

(iv) 所有对译文的使用均无任何营利性质。

(b) 广播机构根据本项发给的许可证制作的译文的录音或录像也可以为

第(a)目规定的目的和条件,并经上述广播机构同意,为设在发给许可证的主管当局所在国内的任何其他广播机构使用。

(c) 只要符合第(a)目列举的所有准则和条件,也可对广播机构颁发许可证以翻译专为大、中、小学使用而制作与出版的视听教材中的所有课文。

(d) 在不违反第(a)目到第(c)目规定的情况下,前面的规定适用于本项规定的所有许可证的颁发与使用。

## 第3条

[复制权的限制:1. 主管当局颁发的许可证;2至5. 颁发许可证的条件;6. 许可证的撤销;7. 适用本条的作品]

(1) 任何声明援用本条规定的权利的国家,均有权以由主管当局依下述条件并根据附件第Ⅳ条发给非专有和不可转让的许可证来代替第9条规定的专有复制权。

(2)

(a) 关于根据第(7)项而适用本条的作品,当

(i) 自该作品特定版本首次出版之日算起的第(3)项规定的期限期满时,或

(ii) 第(1)项所指的国家法律规定的并自同一日期算起的更长的期限期满时,若该版的作品复制品尚未有复制权所有者或在其授权下,以与同类作品在该国通行的价格相似的价格在该国出售,以满足广大公众或大、中、小学教学之需要,则该国任何国民都可得到许可证,以此种价格或更低价格复制和出版该版本供大、中、小学教学之用。

(b) 根据本条规定的条件,也可对复制及出版第(a)目所述已发行的版本发给许可证,如果在适用的期限期满后,该版经授权的版本在有关国家已脱销六个月,而无法以同该国内对同类作品要求的价格相似的价格供应广大公众供系统教学之用。

(3) 第(2)项第(a)目第(i)段所指的期限为五年。但

(i) 对有关数学和自然科学以及技术的作品,则为三年;

(ii) 小说、诗歌、戏剧和音乐作品以及美术书籍,则为七年。

(4)

(a) 根据本条规定在三年后可取得的许可证,需等六个月期限期满后才能颁发,此期限

(i) 自申请人履行附件第Ⅳ条第(1)项规定的手续之日起算;或

(ii) 如复制权所有者的身份或地址不详,则自申请人根据附件第Ⅳ条第(2)项的规定将其向发给许可证的主管当局提交的申请书副本寄出之日算起。

(b) 在其他情况下及适用附件第Ⅳ条第(2)项时,许可证不得在寄出申请书副本后三个月期满以前发给。

(c) 如果在第(a)目和第(b)目规定的六个月或三个月期间,出现第(2)项第(a)目提到的出售情况,则不得根据本条发给任何许可证。

(d) 在作者已停止为进行复制及出版而申请许可证的该版的全部作品复制品的发行时,不得发给任何许可证。

(5) 在下列情况下不得根据本条发给复制和出版一部作品的译本许可证:

(i) 所涉及的译本并非由翻译权所有者或在其授权下出版,或

(ii) 译本所用的不是申请许可证所在国的通用语言。

(6) 如果某一作品某版的复制品是由复制权所有者或经其授权,以同该国同类作品相似的价格,为供应广大公众或为大、中、小学教学之用而在第(1)项所指的国内出售,而该版的语言和基本内容又同根据许可证出版的版本语言和内容相同,则应撤销根据本条发给的所有许可证。在撤销许可证前制作的复制品可一直发行到售完为止。

(7)

(a) 除第(b)目规定的情况外,本条适用的作品只限于以印刷的形式或任何其他类似的复制形式出版的作品。

(b) 本条同样适用于以视听形式复制的受保护作品或包含受保护作品的视听资料,以及用许可证申请国通用语言翻译的该视听资料中的文字部分的译本,条件是所涉及的视听资料的制作和出版限大、中、小学教学使用的唯一目的。

## 第4条

［与附件第Ⅱ条和第Ⅲ条所指许可证相同的条款：1和2. 程序；3. 表明作者身份和作品名称；4. 复制品的出口；5. 通知；6. 报酬/补偿金］

（1）附件第Ⅱ条或第Ⅲ条所指的任何许可证的颁发，须经申请人按照有关国家现行规定，证明他根据不同情况已向权利所有者提出翻译和出版译本，或复制和出版该版本的要求，而又未能得到授权，或经过相当努力仍未能找到权利所有者。在向权利所有者提出这一要求的同时，申请人还必须将这一申请通知第(2)项提到的任何国内或国际情报中心。

（2）如申请人无法找到权利所有者，即应通过挂号航邮将向发给许可证的主管当局提交的申请书的副本，寄给该作品上列有名称的出版者和据信为出版者主要业务中心所在国的政府为此目的向总干事递交的通知中所指定的任何国内或国际情报中心。

（3）在根据附件第Ⅱ条和第Ⅲ条发给的许可证出版的译本或复制本的所有复制品上都应列出作者姓名。在所有复制品上应有作品名称。如系译本，原作名称在任何情况下应列于所有复制品上。

（4）

（a）任何根据附件第Ⅱ条或第Ⅲ条发给的许可证不得扩大到复制品的出口，许可证只适用于在申请许可证的该国领土内根据情况出版译本或复制品。

（b）为适用第(a)目规定，凡从任何领土向根据第Ⅰ条第(5)项规定代表该领土作过声明的国家运寄复制品应视为出口。

（c）当根据附件第Ⅱ条就译成英语、西班牙语或法语以外语言的译本发给许可证的一国政府机构或任何其他公共机构将根据该许可证出版的译本的复制品运寄到另一国时，为了第(a)目的目的，这一寄送不作为出口看待，但需符合以下所有条件：

（i）收件人需为发给许可证的主管当局所属国的国民个人或由这些国民组成的组织；

（ii）复制品只供教学、学习或研究使用；

(iii) 复制品寄给收件人及其进一步分发均无任何营利性质;而且

(iv) 复制品寄往的国家与其主管当局发给许可证的国家订有协议,批准这种复制品的接收或发行或两者同时批准,后一国家政府已将该协议通知总干事。

(5) 所有根据附件第Ⅱ条或第Ⅲ条发给许可证出版的复制品均需载有有关语言的通知,说明该复制品只能在该许可证适用的国家或领土内发行。

(6)

(a) 在国家范围内做出适当的规定,以保证

(i) 许可证之发给应根据不同情况给翻译权或复制权所有者一笔合理的报酬,此种报酬应符合有关两国个人之间自由谈判的许可证通常支付版税的标准;而且

(ii) 保证这笔报酬的支付和转递;如果存在着国家对外汇的管制,则主管当局应通过国际机构,尽一切努力保证使这笔报酬以国际上可兑换的货币或其等值货币转递。

(b) 应通过国家法律采取适当措施,以保证在不同情况下作品的正确翻译或精确复制。

## 第5条

[翻译权限制的可供选择的可能性:1. 1886法案和1896法案中规定的国家;2. 根据第Ⅱ条不可变更国家;3. 可供选择的可能性的时间限制]

(1)

(a) 任何有权声明援用附件第Ⅱ条规定的权利的国家,在批准或加入此公约文本时可不作这一声明,而代之以下述声明:

(i) 如果它是第30条第(2)项第(a)目适用的国家,则代之以按照该条款有关翻译权的规定作一声明;

(ii) 如果它是第30条第(2)项第(a)目所不适用的国家,即使是本联盟成员国,则代之以按照第30条第(2)项第(b)目第一句的规定作一声明。

(b) 在一国已不再被认为是附件第Ⅰ条第(1)项所指的发展中国家的情

况下，根据本款所作的声明继续有效。直到按照附件第Ⅰ条第(3)项规定的适用期限期满之日为止。

(c) 所有按照本款作出声明的国家以后不得使用附件第Ⅱ条规定的权利，即使撤回该声明后也不得援用。

(2) 除第(3)项的情况外，所有已援用附件第Ⅱ条规定的权利的国家以后均不得根据第一款作出声明。

(3) 不再被视为附件第Ⅰ条第(1)项所指的发展中国家的任何国家，最迟可以在附件第Ⅰ(3)条的适用期限期满前两年，可以按照第30条第(2)项第(b)目的第一句作出声明，即使它已是联盟成员国。这一声明将在根据附件第Ⅰ条第(3)项的适用期限期满之日生效。

## 第6条

(1) 本联盟任何成员国，自此公约文本日期起和在受到第1条至第21条及本附件的约束以前的任何时候都可以作以下声明：

(i) 对于一旦受第1条至第21条和本附件约束，即有权援用附件第Ⅰ条第(1)项提到的权利的国家，它将对其起源国为如下国家的作品适用附件第Ⅱ条或第Ⅲ条或同时适用两条的规定，这一国家在适用以下第(ii)段时，同意将上述两条适用于这类作品，或者这一国家受第1条至第21条及本附件的约束；这一声明可以提到附件第5条而不是第2条；

(ii) 它同意根据以上第(i)段作过声明或根据附件第Ⅰ条发出过通知的国家对它作为起源国的作品适用本附件。

(2) 所有按第(1)项作出的声明均以书面形式作出并交存总干事。声明自交存之日起生效。

# 制止商品产地虚假或欺骗性标记马德里协定

1891年4月14日

## 目　　录*

### Ⅰ



### Ⅱ　1967年7月14日《斯德哥尔摩附加议定书》



---

* 本目录是为了方便读者阅读而加，它并没有出现在公约的签字本之中。

第7条 过渡条款

# I

1911年6月2日在华盛顿修订,1925年11月6日在海牙修订,1934年6月2日在伦敦修订,1958年10月31日在里斯本修订。

## 第1条

(1) 凡带有虚假或欺骗性标志的商品,其标志系将本协定所适用的国家之一或其中一国的某地直接或间接地标作原产国或原产地的,上述各国应在进口时予以扣押。

(2) 在使用虚假或欺骗性产地标志的国家或者在已进口带有虚假或欺骗性产地标志的商品的国家也应实行扣押。

(3) 如果某国法律不允许进口时扣押,应代之以禁止进口。

(4) 如果某国法律既不允许进口时扣押,也不禁止进口,也不允许在国内扣押,则在法律作出相应修改之前,代之以该国法律在相同情况下给予其国民的诉讼权利和补救手续。

(5) 如果对制止虚假或欺骗性产地标志未设专门的制裁,则应适用有关商标或厂商名称的法律条款规定的制裁。

## 第2条

(1) 扣押须应海关当局提议进行。海关当局应即刻通知有关当事人(自然人或法人),使其可依自己意愿采取适当步骤以完备假扣押手续。但检查机关或其他主管机关可以应受害方的请求或自行决定提请扣押,届时则依正常扣押程序。

(2) 商品转口时,上述部门不应进行扣押。

## 第3条

上述规定不应妨碍销售商在来自销售国之外的国家的商品上标明其名称

或地址。在此种情况下,地址或名称应附有字体清晰的制造或生产国家或者地区的确切标志,或附有可以避免误认商品真实产地的其他标志。

## 第3条之2

适用本协定的国家也承诺,在销售、陈列和推销商品时,禁止在招牌、广告、发票、葡萄酒单、商业信函或票据以及其他任何商业信息传递中使用具有广告性质并且可能使公众误认商品来源的任何标志。

## 第4条

各国法院应确定由于其通用性质而不适用本协定条款的名称。葡萄产品的地区性产地名称不在本条款特别保留之限。

## 第5条

(1) 凡未参加协定的保护工业产权联盟成员国,可按照总公约第16条规定的形式,经申请准予加入本协定。

(2) 总公约第16条之2和第17条之2的规定适用本协定。

## 第6条

(1) 本议定书最迟应于1963年5月5日获得批准并将其批准书存放在伯尔尼。本议定书自该日起一个月之后,在批准国之间生效。但如果在此日之前已获至少六个国家批准,则本议定书应于瑞士联盟政府通知的第六份批准书存放之日一个月后在这些国家之间生效。对于在此之后批准的国家,本议定书于每份批准书通知一个月后生效。

(2) 未在前款规定期限内交存批准书的国家,应按总公约第16条规定准其加入本议定书。

(3) 在适用本协定的国家之间的关系中,本议定书取代1891年4月14日在马德里签署的协定以及随后修订的各议定书。

(4) 对不适用本议定书但适用1934年在伦敦修订的《马德里协定》的国家,该修订本继续有效。

(5) 与此相同,对既不适用本议定书,也不适用《马德里协定》(伦敦修订本)的国家,1925 年在海牙修订的《马德里协定》继续有效。

(6) 与此相同,对既不适用本议定书、《马德里协定》(伦敦修订本),也不适用《马德里协定》(海牙修订本)的国家,1911 年在华盛顿修订的《马德里协定》继续有效。

## Ⅱ 1967 年 7 月 14 日《斯德哥尔摩附加议定书》

### 第 1 条

[《马德里协定》保存人职能的转移]

1891 年 4 月 14 日《制止商品产地虚假或欺骗性标记马德里协定》(以下称“《马德里协定》”),并于 1911 年 6 月 2 日在华盛顿修订、1925 年 11 月 6 日在海牙修订、1934 年 6 月 2 日在伦敦修订,1958 年 10 月 31 日在里斯本修订(以下称“《里斯本议定书》”)者的加入书应递交世界知识产权组织总干事(以下称“总干事”)保存,总干事应将其通知本协定各成员国。

### 第 2 条

[在《马德里协定》中援引《巴黎公约》的某些条款]

《里斯本议定书》第 5 条和第 6 条第(2)项中援引的总公约第 16 条、第 16 条之 2 和第 17 条之 2,应视为援引保护工业产权《巴黎公约斯德哥尔摩议定书》的相应条款。

### 第 3 条

[签署和批准以及加入附加议定书]

(1)《马德里协定》各成员国可以签署本附加议定书;已批准或加入《里斯本议定书》的国家可以批准或加入本附加议定书。

(2) 批准书或加入书交存总干事。

## 第4条

［加入《里斯本议定书》的国家自动接受第1条和第2条］

凡未批准或未加入《里斯本议定书》的国家，自其加入《里斯本议定书》生效之日起，也将受本附加议定书第1条和第2条的约束，但在此日期本附加议定书尚未依据第(5)条第(1)项未生效者不在此限，那么，该国将自本附加议定书依据第5条第(1)项生效之日起，受本附加议定书第1条和第2条的约束。

## 第5条

［附加议定书的生效］

(1) 本附加议定书于《建立世界知识产权组织的1967年7月14日斯德哥尔摩公约》生效之日开始生效。但如果此时交存的本附加议定书的批准书或加入书不足两份，则本附加议定书将于交存两份批准书或两份加入书之日开始生效。

(2) 对于在本附加议定书依据前款生效之日以后交存批准书或加入书的国家，本附加议定书将于总干事通知其批准书或加入书之日3个月后生效。

## 第6条

［附加议定书的签署及其他］

(1) 本附加议定书签署法文版一份，交瑞士政府保存。

(2) 本附加议定书至依据第5条第(1)项生效之日止在斯德哥尔摩开放签署。

(3) 总干事应将经瑞典政府确认的本附加议定书签署原本的副本两份转交给《马德里协定》的所有成员国政府并可应请求转交给其他任何国家的政府。

(4) 总干事应将本附加议定书报联合国秘书处登记。

(5) 总干事应将签字、批准书或加入书的交存、生效以及其他必要的通知，通知《马德里协定》的所有成员国。

## 第7条

［过渡条款］

直至第一任总干事就职，本附加议定书中提及的总干事指保护知识产权联合国际局的总干事。

附注：《制止商品产地虚假或欺骗性标记马德里协定》到 1989 年 3 月 1 日，有下列 32 个国家参加：阿尔及利亚、巴西、保加利亚、古巴、捷克斯洛伐克、多米尼加共和国、埃及、法国、德意志民主共和国、德意志联邦共和国、匈牙利、爱尔兰、以色列、意大利、日本、黎巴嫩、列支敦士登、摩纳哥、摩洛哥、新西兰、波兰、葡萄牙、圣马力诺、西班牙、斯里兰卡、瑞典、瑞士、叙利亚、突尼斯、土耳其、英国、越南。

# 商标国际注册马德里协定

1891年4月14日签订，1900年12月14日在布鲁塞尔修订，1911年6月2日在华盛顿修订，1925年11月6日在海牙修订，1934年6月2日在伦敦修订，1957年6月15日在尼斯修订，1967年7月14日在斯德哥尔摩修订，1979年9月28日修改。

## 目　　录

## 第 1 条

[成立特别联盟;向国际局申请商标注册;原属国的定义]

(1) 本协定所适用的国家组成商标国际注册特别联盟。

(2) 各缔约国的国民,可通过其原属国主管机关,向《成立世界知识产权组织(以下称“本组织”)公约》所指的知识产权国际局(以下称“国际局”)申请商标注册,以在本协定所有其他成员国取得对其已在原属国注册用于商品或服务的商标的保护。

(3) 原属国是指申请人设有真实有效的工商营业所的特别联盟国家;在特别联盟国家中没有此类营业所的,系指其住所所在的特别联盟国家;在特别联盟境内没有住所,但为特别联盟国家国民的,则指其国籍所在的国家。

## 第 2 条

[关于《巴黎公约》第 3 条
(给予某类人以本联盟国民的同等待遇)]

未加入本协定的国家的国民,在依照本协定组成的特别联盟领土内,符合《保护工业产权巴黎公约》第 3 条规定的条件的,与缔约国国民同等对待。

## 第3条

［国际注册申请的内容］

（1）国际注册申请应按实施细则所规定的格式提出，商标原属国的主管机关应证明该申请的内容与国家注册簿中的内容相符，并注明该商标在原属国的申请和注册的日期和号码以及国际注册的申请日期。

（2）申请人应指明为之申请商标保护的商品或服务，如果可能，还应根据《商标注册用商品和服务国际分类尼斯协定》制定的分类，指明相应的类别。申请人未指明类别的，国际局应将有关商品或服务划分到该分类的相应类别。申请人指出的分类须经国际局会同该国家主管机关审查。国家主管机关和国际局意见有分歧的，以国际局的意见为准。

（3）申请人要求将颜色作为其商标显著成分保护的，应当

（i）声明要求该项保护，并在申请书中注明要求保护的颜色或颜色组合；

（ii）在申请中附送该商标的彩色图样，该图样应附在国际局发出的通知中。图样的份数由实施细则规定。

（4）国际局应立即注册根据第1条申请注册的商标。注册日期为在原属国申请国际注册的日期，条件是国际局于此日起两个月期限内收到该申请；未在此期限内收到的申请，国际局则以其收到申请的日期登记该申请。国际局应立即将该项注册通知有关主管机关。注册商标应按注册申请的内容在国际局出版的期刊上公告。对于含有图形要素和特殊字体的商标，由实施细则规定申请人是否应提供底片一份。

（5）为了在所有的缔约国公告注册商标，根据《保护工业产权巴黎公约》第16条第（4）项第（a）目规定的单位数和实施细则规定的条件，每个主管机关应从国际局按比例收到一定数量的赠阅本及减价本刊物。在所有缔约国内该公告应被视为是完全充分的，而且申请人不得要求任何其他公告。

## 第3条之2

［“领土限制”］

（1）各缔约国可随时书面通知本组织总干事（以下称：“总干事”），通过国

际注册取得的保护只有经商标注册人专门请求,才能延伸至该国。

(2) 该通知只能于总干事将之通告其他缔约国之日起六个月后生效。

## 第3条之3

[“领土延伸”申请]

(1) 申请将通过国际注册取得的保护延伸至某个享有第3条之2规定的权利的国家的,应在第3条第(1)项所指的申请中特别注明。

(2) 在国际注册后提出的领土延伸申请,应按实施细则规定的格式,通过原属国主管机关提出。国际局应立即注册领土延伸申请,随即将之通知有关主管机关。领土延伸在国际局出版的期刊上公告。领土延伸于在国际注册簿登记之日起生效,于有关商标国际注册期满时失效。

## 第4条

[国际注册的效力]

(1) 自按照第3条及第3条之3的规定在国际局进行注册起,商标在各有关缔约国的保护,应与此商标在该国直接注册相同。第3条规定的商品和服务的分类,不在确定商标保护范围方面约束缔约国。

(2) 每个申请国际注册的商标,享有《保护工业产权巴黎公约》第4条规定的优先权,不须履行该条第D款规定的各项手续。

## 第4条之2

[以国际注册代替在先国家注册]

(1) 当一个已在某个或多个缔约国申请注册的商标,而后又以同一注册人或其权利继承人的名义由国际局注册时,该国际注册应视为代替在先的国家注册,并不影响通过在先的国家注册取得的权利。

(2) 国家主管机关应依请求在其注册簿中登记该国际注册。

## 第5条

［国家主管机关的驳回］

（1）在本国法律允许的国家内，被国际局通知商标注册或根据第3条之3提出的延伸保护申请的国家主管机关有权声明，在其领土内不能给予该商标以保护。根据《保护工业产权巴黎公约》的规定，只能以适用于申请国家注册商标的条件提出此类驳回。但是，不得仅以国家法只准许在一定数目的类别或者一定数量的商品或服务上注册为唯一理由，驳回保护，即便是部分驳回保护。

（2）欲行使这项权利的主管机关，应在国家法规定的期限内，并最迟于自商标国际注册或根据第3条之3提出延伸保护申请起一年结束之前，将其驳回通知国际局，同时说明全部理由。

（3）国际局应立即将收到的驳回声明一份转给原属国主管机关和商标注册人，如该主管机关已向国际局指明商标注册人的代理人的，或者转给其代理人。如同当事人向驳回保护的国家直接申请商标注册那样，他应具有同样的申诉手段。

（4）国际局应依任何当事人的请求，向其通告某商标的驳回理由。

（5）在上述一年最宽期限内，主管机关未将关于商标注册或延伸保护申请的任何临时或最终驳回决定通知国际局的，即丧失有关商标享有本条第（1）项规定的权利。

（6）未能使商标注册人及时行使其权利的，主管机关不得宣布国际商标无效。无效应通知国际局。

## 第5条之2

［合法使用商标某些成分的证明文件］

各缔约国主管机关可能要求就商标的某些成分，如纹章、徽章、肖像、勋章、称号、厂商名称或非申请人姓氏或者类似说明，所提供的合法性使用的证明文件，除原属国主管机关确认之外，应免除一切认证和证明。

## 第5条之3

［国际注册簿登记事项的副本；预先查询；国际注册簿摘录］

(1) 国际局应依任何人请求并征收实施细则规定的费用，向其提供某商标在注册簿登记事项的副本。

(2) 国际局亦可收费办理国际商标的预先查询。

(3) 为在某缔约国复制之需而索要的国际注册簿摘录应免除一切认证。

## 第6条

［国际注册的有效期；国际注册的独立性；原属国保护的中止］

(1) 在国际局注册商标以二十年为期进行，并可以第7条规定的条件续展。

(2) 自国际注册之日起五年期满后，国际注册即与原属国在先注册的国家商标相独立，下款的规定除外。

(3) 自国际注册之日起五年内，根据第1条在原属国在先注册的国家商标在该国已全部或部分不再享受法律保护的，那么，无论国际注册是否已经转让，都不得再全部或部分要求国际注册给予的保护。对于因在五年期限届满前提起的诉讼而后中止法律保护的，情形亦是如此。

(4) 自愿或自行注销的，原属国主管机关应向国际局申请注销商标，国际局应予注销商标。遇法律诉讼时，上述主管机关应自行或经原告请求，将起诉书或其他证明起诉的文件副本以及终审判决寄交国际局，国际局将之在国际注册簿上登记。

## 第7条

［国际注册的续展］

(1) 注册可自上一期届满起以二十年为一期不断地续展，仅需缴纳基本费，必要时缴纳第8条第(2)项规定的附加费和补充费。

(2) 续展不得对上一期注册的最后状况进行任何更改。

(3) 根据1957年6月15日尼斯文本或本文本规定进行的首次续展，应指明与该注册相关的国际分类类别。

(4) 保护期满前六个月,国际局通过寄送非正式通知,提醒商标注册人和其代理人期满的确切日期。

(5) 缴纳实施细则规定的额外费的,应给予国际注册续展一个六个月的宽展期。

## 第8条

[国家规费;国际规费;收入盈余;附加费和补充费的分配]

(1) 原属国主管机关有权自行规定并向申请国际注册或续展的商标注册人收取国家规费。

(2) 在国际局注册商标应预交国际规费,包括:

(a) 基本费;

(b) 商标适用的商品或服务所属的类别超过国际分类三类的,每超过一类的附加费;

(c) 用于每项符合第3条之3延伸保护申请的补充费。

(3) 但是,商品或服务类别数目是由国际局确定或提出过不同意见的,应于实施细则规定的期限内缴纳第(2)项第(b)目规定的附加费,并不影响注册日期。在上述期限届满时,申请人尚未缴纳附加费或未对商品或服务表进行必要的删减的,国际注册申请则视同被放弃。

(4) 国际注册各项收费的年收入,除第(2)项第(b)目和第(c)目规定的以外,经扣除执行本文本所需的各项费用开支,应由国际局负责在本文本参加国之间平均分配。在本文本生效时尚未批准或加入本文本的国家,在批准或加入生效之前,有权分得按其适用的先前文本计算的一份收入盈余。

(5) 第(2)项第(b)目规定的附加费的收入,于每年年终时,根据上年度在各国申请保护的商标的数目,按比例在本文本参加国或1957年6月15日尼斯文本参加国之间分配;对进行预先审查的国家,该数目受实施细则规定的系数的影响。在本议定书生效时尚未批准或加入本文本的国家,在其批准或加入生效之前,有权分得按尼斯文本计算的份额。

(6) 第(2)项第(c)目规定的补充费的收入,应根据第(5)项在采用第3条之 2 规定权利的国家间进行分配。本文本生效时尚未批准或加入本文本的国家，在其批准或加入生效之前，有权分得按尼斯文本计算的份额。

## 第 8 条之 2

［在一国或多国放弃保护］

国际注册注册人，可通过本国主管机关向国际局递交一份声明，随时放弃在一个或多个缔约国的保护。国际局将该声明通知放弃保护所涉及的国家。放弃保护不需要任何费用。

## 第 9 条

［影响国际注册的国家注册簿变更；删减、增加、
替换国际注册簿中在录的商品和服务］

（1）变更影响国际注册的，商标注册人本国主管机关亦应将对本国注册簿中商标登记所作的注销、撤销、放弃、转让和其他变更通知国际局。

（2）国际局应将这些变更在国际注册簿中登记，通知各缔约国主管机关，并在其刊物上公告。

（3）国际注册注册人申请删减该项注册适用的商品或服务的，可比照办理。

（4）办理此类事宜可能要缴纳实施细则规定的费用。

（5）注册后增加新商品或服务的，可通过按第 3 条的规定提出的新的注册申请取得。

（6）以一项商品或服务替换另一项的，视同增加一项。

## 第 9 条之 2

［国际商标转让引起的注册人国家变更］

（1）将国际注册簿中登记的商标转让给一个设立在国际注册注册人国家以外的某缔约国的人的，这个国家的主管机关应将该转让通知国际局。国际局将该转让登记，通知其他主管机关，并在其刊物上公告。转让在国际注册起五年内进行的，国际局应征得新注册人国家主管机关的同意，并且如可能的

话，公告该商标在新注册人国家的注册日期和注册号。

(2) 将国际注册簿中登记的商标转让给无权申请国际商标的人的，不予登记。

(3) 由于新注册人国家拒绝同意，或因转让由一个无权申请国际注册的人提出，而不能在国际注册簿上登记转让的，原注册人国家主管机关有权要求国际局在其注册簿上注销该商标。

## 第9条之3

［仅就部分注册商标或服务或仅就部分缔约国转让国际商标；关于《巴黎公约》第6条之4(商标的转让)］

(1) 国际局收到仅就部分注册商品或服务转让国际商标的通知时，应在注册簿中予以登记。所转让部分包含的商品或服务与仍以转让人名义注册的商标的商品和服务相类似的，各缔约国均有权拒绝承认该转让的效力。

(2) 国际局同样登记只就一个或多个缔约国进行的国际商标转让。

(3) 在上述情况中，发生注册人国家变更的，并且国际商标是在自国际注册起五年内被转让的，新注册人国家的主管机关应根据第9条之2予以同意。

(4) 上述各款的规定仅在保留《保护工业产权巴黎公约》第6条之4的条件下适用。

## 第9条之4

［几个缔约国的共同主管机关；几个缔约国要求按一个国家对待］

(1) 如果本特别联盟的几个国家同意统一其国家商标法的，可以通知总干事。

(a) 以共同的主管机关代替其各自的国家主管机关。

(b) 在完全或部分适用本条以前各项规定方面，其各国领土的总和视为一个国家。

(2) 此项通知只能在总干事通告其他缔约国之日起六个月后生效。

## 第10条

［本特别联盟大会］

(1)(a)本特别联盟设立由批准或加入本文本国家所组成的大会。

(b)各国政府应有一名代表,该代表可由若干副代表、顾问及专家辅助。

(c)各代表团的费用,除各成员国一位代表的旅费及生活津贴由本特别联盟负担外,均由委派该代表团的政府负担。

(2)(a)大会:

(i)处理有关维持和发展本特别联盟以及实施本协定的一切事宜;

(ii)在适当考虑未批准或未加入本文本的本特别联盟成员国的意见后,就修订会议的筹备工作向国际局作出指示;

(iii)修改实施细则和确定第8条第(2)项提到的规费以及国际注册其他费用的数额;

(iv)审查和批准总干事关于本特别联盟的报告和活动,并就关于本特别联盟的权限问题向总干事作出各种必要的指示;

(v)制定计划,通过本特别联盟两年一度的预算,并批准其决算;

(vi)通过本特别联盟的财务规则;

(vii)为了实现本特别联盟的宗旨,成立大会认为必要的专家委员会和工作组;

(viii)决定接纳哪些非本特别联盟成员的国家以及政府间组织和非政府间国际组织,作为观察员参加会议;

(ix)通过对第10条至第13条的修改;

(x)为实现本特别联盟的宗旨,进行其他任何适当的活动;

(xi)履行本协定规定的其他职责。

(b)对于也涉及本组织所辖其他联盟的问题,大会应在听取本组织协调委员会的意见后作出决定。

(3)(a)大会各成员国享有一票表决权。

(b)大会成员国的半数构成法定人数。

(c)除第(b)目的规定外,在任何一次会议上,出席会议的国家数目不及大会成员国一半,但达到或超过三分之一时,大会可以作出决议。然而,除涉及其自身程序的决议外,大会的决议只有符合下列条件才能生效。国际局应将所述决议通告未出席的大会成员国,请其于所述通告之日起三个月内以书面形式表决或弃权。在该期限届满时,如此类表决或弃权的国家的数目至少等于会议自身所需法定人数的差额,只有同时达到必要的多数,所述决议才能生效。

(d) 除第 13 条第(2)项的规定外,大会决议需要三分之二的多数表决才能作出。

(e) 弃权不视为表决。

(f) 一位代表只能代表一个国家并只能以该国的名义表决。

(g) 非大会成员的本特别联盟国家应作为观察员出席大会的会议。

(4) (a) 大会每两年由总干事召集举行一次例会,除特殊情况外与本组织大会同期、同地举行。

(b) 大会经四分之一大会成员国的请求,由总干事召集举行特别会议。

(c) 每次会议的日程由总干事制定。

(5) 大会通过自己的内部规则。

## 第 11 条

[国际局]

(1) (a) 国际局办理国际注册并处理本特别联盟担负的其他行政工作。

(b) 国际局特别应筹备大会的会议,并为大会以及可能成立的专家委员会和工作组提供秘书处。

(c) 总干事是特别联盟的最高官员,并代表本特别联盟。

(2) 总干事及其指定的任何人员应参加大会及大会设立的专家委员会和工作组的所有会议,但没有表决权。总干事或其指定的人员为这些机构的当然秘书。

(3) (a) 国际局应按照大会的指示,筹备修订本协定除第 10 至第 13 条以外其他条款的会议。

(b) 国际局可就修订会议的筹备工作与政府间组织和非政府间国际组织进行协商。

(c) 总干事及其指定的人员应参加这些会议的讨论,但没有表决权。

(4) 国际局应执行交给它的任何其他任务。

## 第12条

[财　务]

(1) (a) 本特别联盟应有预算。

(b) 本特别联盟的预算包括本特别联盟本身的收入和开支,各联盟共同支出预算的摊款以及必要时用作本组织成员国会议预算的款项。

(c) 对于不属专门拨给本特别联盟,同时也拨给本组织所辖一个或多个其他联盟的支出,视为各联盟的共同支出。本特别联盟在该共同支出中的摊款,与该项支出给其带来的利益成比例。

(2) 根据与本组织所辖其他联盟预算相协调的需要,制定本特别联盟的预算。

(3) 本特别联盟预算的资金来源如下:

(i) 国际注册的规费和其他收费以及国际局以本特别联盟的名义提供其他服务收取的费用和款项;

(ii) 与本特别联盟有关的国际局出版物售款或其版税;

(iii) 捐款、遗赠和补助金;

(iv) 房租、利息和其他杂项收入;

(4) (a) 第8条第(2)项所指的规费及其他有关国际注册的收费数额经总干事提议,由大会确定。

(b) 除第8条第(2)项第(b)目和第(c)目所指的附加费和补充费之外,确定的规费数额,应至少能使本特别联盟规费、收费和其他来源资金的总收入与国际局有关本特别联盟的支出收支相抵。

(c) 预算在新的财政年度开始前尚未通过的,应按财务规则规定的方式继续执行上年度预算。

(5) 国际局以本特别联盟名义提供其他服务收取的费用和款项的数额,

除第(4)项第(a)目规定的以外,由总干事确定并报告大会。

(6)(a)本特别联盟设有周转基金,由本特别联盟各国一次付款组成。基金不足时,大会应决定增加基金。

(b)各国对上述基金首次付款或其在基金增加时摊款的数额,应与该国作为保护工业产权巴黎联盟成员国于设立基金或决定增加基金的当年对巴黎联盟预算付款的份额成比例。

(c)付款的比例和形式由大会根据总干事的提议并听取本组织协调委员会的意见后确定。

(d)只要大会批准使用本特别联盟的储备金作为周转基金,大会就可以暂缓执行第(a)目、第(b)目、第(c)目的规定。

(7)(a)在与本组织所在地国家达成的总部协议中规定,当周转基金不足时,该国家应予贷款。提供贷款的数额与条件由该国和本组织间逐次分别签署协议。

(b)第(a)目所指的国家及本组织均有权以书面通知废止提供贷款的承诺。该废止应于发出通知当年年底起三年后生效。

(8)账目的审核应按照财务规则规定的形式,由本特别联盟一国或多国或者由外部的审计师进行。审计师由大会在征得本人同意后指定。

## 第13条

[对第10条至第13条的修改]

(1)修改第10条、第11条、第12条及本条的提案,可由大会的任何成员国或总干事提出。此类提议至少应于提交大会审议前六个月由总干事转交大会成员国。

(2)对第(1)项所述条文的任何修改,须经大会通过。通过需要表决票数的四分之三。但对第10条及本项的修改,则需表决票数的五分之四。

(3)对第(1)项所述条文的任何修改,应于总干事收到通过该修改之时的四分之三的大会成员国根据各自宪法的规定提出的书面接受通知起一个月后生效。由此通过的对所述条文的任何修改,对于修改生效之时或此后加入的所有成员国具有约束力。

## 第14条

［批准和加入；生效；加入在先文本；关于《巴黎公约》第24条（领土）］

（1）本特别联盟成员国已签署本文本的，可批准本文本；尚未签署的，可加入本文本。

（2）（a）非本特别联盟的国家，若为《保护工业产权巴黎公约》成员的，均可加入本文本，并由此成为本特别联盟的成员。

（b）国际局一旦接到某此类国家已加入本文本的通知，应根据第3条规定向该国主管机关寄送此时享受国际保护的商标的汇总通知。

（c）该通知本身应保证这些商标在所述国家的领土内享受先前规定的利益，并开始一年的期限。有关主管机关可以在此期间提出第5条所规定的声明。

（d）然而，上述国家在加入本文本时可以声明，除非在此之前国际商标已在该国在先进行了相同的国家注册并且依然有效，经有关当事人请求即可得到承认之外，本文本仅适用于该国加入生效之日起注册的商标。

（e）此项声明应使国际局免发上述汇总通知。在新国家加入起一年内，国际局仅就其收到的要求适用第（d）目中例外规定并附有必要说明的申请所涉及的商标发出通知。

（f）对在加入本文本时声明请求适用第3条之2所规定权利的国家，国际局不发汇总通知。另外，此类国家亦可同时声明，本文本仅适用于自其加入生效之日起注册的商标；但这种限制不得影响已先在此类国家取得相同国家注册并可导致根据第3条之3、第8条第（2）项第（c）目进行和通知领土延伸申请的国际商标。

（g）本款规定的通知中的商标注册，应视为代替在新缔约国加入生效日之前在该国的直接注册。

（3）批准书和加入书应递交总干事保存。

（4）（a）对于五个最初递交批准书或加入书的国家，本文本自第五份文件交存起三个月后生效。

（b）对于其他任何国家，本文本自总干事就该国的批准或加入发出通知之日起三个月后生效，除非在批准书或加入书中指定了一个之后的日期。对于后一种情况，本文本自该指定之日起在该国生效。

(5) 批准或加入即当然接受本文本的所有条款并享受本文本的所有利益。

(6) 本文本生效后，一个国家只有同时批准或加入本文本，才可以参加1957年6月15日的尼斯文本。即使是同时批准或加入本文本，也不允许加入尼斯文本以前的文本。

(7)《保护工业产权巴黎公约》第24条的规定适用于本协定。

## 第15条

[退　约]

(1) 本协定无限期地有效。

(2) 任何国家均可通知总干事声明退出本文本。这种退约亦指退出所有在先的文本，并仅对退约国有效，协定对本特别联盟的其他国家继续有效和适用。

(3) 退约于总干事收到通知之日起一年后生效。

(4) 一个国家在其成为本特别联盟成员之日起五年期限届满前，不得行使本条所规定的退约权。

(5) 在退约生效之日前注册的国际商标，并且在第5条所规定的一年内未被驳回的，应在国际保护期内如同在该退约国直接注册的商标，继续享有同等的保护。

## 第16条

[先前文本的适用]

(1) (a) 在已经批准或加入本文本的特别联盟成员国家间，本文本自对之生效之日起，即代替1891年《马德里协定》在本文本之前的其他文本。

(b) 但已批准或加入本文本的特别联盟各国，如未根据1957年6月15日尼斯文本第12条第(4)项的规定退出先前文本，在其与未批准或加入本文本国家的关系中，应继续适用先前文本。

(2) 非本特别联盟成员国加入本文本的,通过未加入本文本的任一本特别联盟国家的主管机关向国际局办理国际注册的,应适用本文本,条件是对于所述国家该注册符合本文本规定的条件。通过已加入本文本的非本特别联盟成员国的国家主管机关向国际局办理国际注册的,这些国家应同意上述国家可要求该申请符合其加入的最新文本规定的条件。

## 第 17 条

[签字;语言;保存人职责]

(1) (a) 本文本用法语签署一份文本,交存于瑞典政府。

(b) 大会所指定其他语种的正式文本,由总干事经与有关政府协商后制定。

(2) 本文本直至 1968 年 1 月 13 日止在斯德哥尔摩开放签字。

(3) 总干事将经瑞典政府认证的本文本签字本副本两份交与本特别联盟所有国家的政府,并应请求交与任何国家的政府。

(4) 总干事将本文本在联合国秘书处登记。

(5) 总干事应将签字、批准书或加入书及其中的声明的交存、本文本各条款的生效、退约通知以及按照第 3 条之 2、第 9 条之 4、第 13 条、第 14 条第(7)项、第 15 条第(2)项所作的通知,通告本特别联盟所有国家的政府。

## 第 18 条

[过渡条款]

(1) 直至第一任总干事就职为止,本文本所指的本组织国际局或总干事应分别视为《保护工业产权巴黎公约》所成立的联盟局或总干事。

(2) 在成立本组织的公约生效后五年内,未批准或加入本文本的本特别联盟国家,如果愿意,可以行使本文本第 10 条至第 13 条所规定的权利的,视同它们已接受这些条款的约束。任何国家希望行使这种权利,应就此书面通知总干事。该通知于接到之日起生效。直到所述期限届满为止,这类国家被视为大会成员国。

# 《商标国际注册马德里协定》有关议定书

1989年6月27日在马德里通过,并于2006年10月3日和2007年11月12日修正。

## 目　　录

## 第1条

[属于马德里联盟]

参加本议定书的国家(以下称"缔约国"),即便未加入1967年修订于斯德哥尔摩并于1979年修改的《商标国际注册马德里协定》(以下称《马德里协定》(斯德哥尔摩)),以及本议定书第14条第(1)项第(b)目所指的参加本议定书的组织(以下称"缔约组织"),与加入《马德里协定》(斯德哥尔摩)的国家均属同一联盟的成员。在本议定书中,"缔约方"一词既指缔约国,亦指缔约组织。

## 第2条

[通过国际注册取得的保护]

(1) 当一项商标注册申请已提交某缔约方局,或一个商标已在某缔约方局注册簿注册时,该项申请(以下称"基础申请")的申请人或该项注册(以下称"基础注册")的注册人,可依照本议定书的规定通过在世界知识产权组织国际局的注册簿(以下分别称"国际注册"、"国际注册簿"、"国际局"和"组织")获准注册该商标,以取得其商标在缔约方领土内的保护,条件是

(i) 当基础申请已向某缔约国局提出或基础注册已在该局进行时,该申请的申请人或该注册的注册人系该缔约国的国民,或者在该缔约国内居住或设有真实有效的工业或商业营业所;

(ii) 当基础申请已向某缔约组织局提出或基础注册已在该局进行时,该

申请的申请人或该注册的注册人系该缔约组织一成员国的国民或居民，或者在该缔约组织领土内设有真实有效的工业或商业营业所。

（2）国际注册申请(以下称“国际申请”)应根据情况通过向其提出基础申请的局或进行基础注册的局(以下称“原属局”)向国际局提出。

（3）在本议定书中，“局”或“缔约方局”系指负责为某缔约方注册商标的局；“商标”一词既指商品商标，亦指服务商标。

（4）在本议定书中，当缔约方为一个国家时，“缔约方领土”系指该国领土；当缔约方为一政府间组织时，缔约方领土系指缔结该政府间组织条约所适用的领土。

## 第3条

［国际申请］

（1）凡依照本议定书提出的国际申请，均应以实施细则规定的格式提交。原属局应证明国际申请中的内容于证明之时分别与基础申请或基础注册中的内容相符合。此外，所述局应指明，

（i）属基础申请的，该申请的日期和号码；

（ii）属基础注册的，该注册的日期和号码以及该基础注册的申请日期和号码。原属局亦应指出国际申请的日期。

（2）申请人应指明要求保护商标的商品和服务，可能的话，并根据依照《商标注册用商品和服务尼斯协定》制定的分类指明相应的类别。申请人未指明类别的，国际局应将商品和服务划分到所述分类的相应类别。国际局应会同原属局对申请人提出的类别进行审核。该局与国际局意见分歧时，应以国际局的意见为准。

（3）申请人请求将颜色作为其商标的显著成分予以保护的，应当

（i）声明该请求并在其国际注册申请中注明要求予以保护的颜色或颜色的组合；

（ii）在其国际申请中附上若干彩色商标，用以附在国际局发出的通告中；商标的份数应由实施细则确定。

（4）国际局应立即注册依照本议定书第2条申请的商标。国际注册的日

期应为原属国收到国际申请的日期，条件是国际局在该日起两个月内收到国际申请。在此期限内未收到国际申请的，国际注册的日期应为国际局收到所述国际申请的日期。国际局应随即将国际注册通告有关局。在国际注册簿注册的商标应根据其国际申请所包含的内容，在一份国际局出版的定期公告上公告。

(5) 为了公告在国际注册簿注册的商标，按照第10条所指大会(以下称"大会")确定的条件，各局应从国际局收到一定数量的免费公告和减价公告。对于一切缔约方，该公告应被视为是充分的，并且国际注册的注册人不得要求任何其他公告。

## 第3条之2

[领土效力]

通过国际注册取得的保护只有经过提出国际申请的人或国际注册的注册人的请求，才可延伸至某缔约方。然而，这种请求不得向其为原属局的缔约方提出。

## 第3条之3

["领土延伸"请求]

(1) 所有将通过国际注册取得的保护延伸至某一缔约方的请求，应当在国际申请中特别说明。

(2) 领土延伸请求亦可于国际注册之后提出。此项请求应以实施细则规定的书式提出。国际局应即刻将之登记，随即应将该登记通告某个或一切有关局。该登记应在国际局的定期公告上公告。此种领土延伸应于在国际注册簿登记之日起生效；该领土延伸应于其相关国际注册期满时失效。

## 第4条

[国际注册的效力]

(1) (a) 自根据第3条和第3条之3之规定所进行的注册或登记之日起，商标在各有关缔约方的保护与在该缔约方直接提交此商标申请所取得的保护应是相同的。如果没有根据第5条第(1)项和第(2)项将任何驳回通知寄到国际局或根据该条所通知的驳回后被撤回的,自所述之日起,商标在有关缔约方的保护与该商标为该缔约国所注册的保护应是相同的。

(b) 第3条规定的对商品和服务类别的指定不得在确定商标保护范围方面约束缔约方。

(2) 凡国际注册均应享有《保护工业产权巴黎公约》第4条规定的优先权,无须履行该条第D款规定的手续。

## 第4条之2

[以一项国际注册代替一项国家或地区注册]

(1) 当一个在某缔约方局进行了国家或地区注册的商标也进行了国际注册并且两项注册均以同一人的名义登记时,国际注册则视为代替国家或地区注册,并不影响国家或地区注册的既得权利,条件是

(i) 根据第3条之3第(1)项或第(2)项通过国际注册取得的保护延伸到所述缔约方,

(ii) 国家或地区注册中所列的所有商品和服务同样就所述缔约方列在国际注册中,

(iii) 上述延伸于国家或地区注册之日后生效。

(2) 第(1)项所指的局应依请求在其注册簿中记录国际注册。

## 第5条

[对于某些缔约方驳回国际注册及宣布其无效]

(1) 如果所适用的法律允许,国际局根据第3条之3第(1)项或第(2)项通知在该缔约方延伸一项国际注册的保护的缔约方局有权在一份驳回通知中声明,不能给予该延伸商标在所述缔约方以保护。依照《保护工业产权巴黎公约》的规定,只能以对于在通知驳回的局直接申请的商标所适用的理由,提出此类驳回。但是,不得以所适用的法律只准许在一定数量类别的商品或一定类别的服务范围内进行注册为唯一理由,而驳回保护,即便是部分驳回保护。

(2) (a) 凡欲行使此权利的局应在所适用的法律规定的期限内并最迟于国际局通知其第(1)项规定的延伸之日起一年期限届满前,将其驳回通知国际局,并说明全部理由,第(b)目和第(c)目另有规定的除外。

(b) 尽管第(a)目有所规定,任何缔约方可以声明,对于根据议定书进行的国际注册,第(a)目规定的一年期限由十八个月代替。

(c) 此外,该声明还可明确指出,当对给予保护而提出的异议可以导致驳回时,驳回可以由该缔约方局于十八个月期限届满后通知国际局。对于某项国际注册,此类局可在十八个月期限届满后通知驳回,只要

(i) 已在十八个月期满前通知国际局有可能在十八个月期满后提出异议,并且

(ii) 基于异议的驳回通知,是在异议期届满起一个月期限内,以及在任何情况下不晚于异议期开始之日起七个月之内发出的。

(d) 根据第(b)目和第(c)目所作的任何声明,可以用第 14 条第(2)项规定的书式提出,并且声明的生效日期应为议定书对于所作声明的国家或组织生效的同一日期。对于与声明生效日期相同或此日之后的国际注册,此类声明也可以在以后提出。在此情况下,声明应于组织总干事(以下称总干事)收到声明三个月后或于声明中指定的任何于后日期生效。

(e) 自本议定书生效起十年期限届满时,大会应对根据第(a)目至第(d)目所建立的体系的运转进行审核。此后,可由大会一致决定修改前述第(a)目至第(d)目。①

(3) 国际局应随即将驳回通知一份转给国际注册注册人。就像其直接向通知驳回的局申请注册商标一样,该注册人应具有同样的救济手段。国际局收到第(2)项第(c)目第(i)段所规定的通知后,应随即将该通知转给国际注册注册人。

(4) 国际局应依请求将驳回某商标的理由提供给有关人士。

(5) 任何局凡未按照第(1)项和第(2)项的规定将对某项国际注册的临时

---

① 马德里联盟大会通过的解释性说明:
"议定书第 5 条第(2)项第(e)目应理解为允许大会对第(a)目至第(d)目所建立的体系的运转进行审核,但不言而喻,对各该段规定作出任何修改应需要大会作出协商一致的决定。"

或最终驳回通知国际局的，对此项国际注册而言，则丧失享用第(1)项规定的权利。

(6) 未及时给国际注册注册人提供机会行使其权利的，缔约方的主管机关不得宣布某项国际注册在该缔约方领土内无效。无效应通知国际局。

## 第5条之2

［合法使用商标某些成分的证明文件］

各缔约方局可能要求就商标的某些成分，如纹章、徽章、肖像、勋章、称号、厂商名称或非申请人的姓氏、或者其他类似说明，所提供的合法性使用的证明文件，除原属局确认之外，应免除一切认证和证明。

## 第5条之3

［国际注册簿登记事项的副本；预先查询；国际注册簿摘录］

(1) 国际局应依任何人请求并征收实施细则规定的费用，向其提供某商标在国际注册簿登记事项的副本。

(2) 国际局亦可收费办理国际注册商标间的预先查询。

(3) 为在某缔约国复制之需而索要的国际注册簿摘录应免除一切认证。

## 第6条

［国际注册的有效期；国际注册的依附和独立］

(1) 在国际局注册商标以十年为期进行，并可以第7条规定的条件续展。

(2) 自国际注册之日起五年期满后，国际注册即分别与基础申请或由之产生的注册，或者基础注册相独立。如下另有规定的除外。

(3) 在注册之日起五年期满前，如果基础申请或由之产生的注册或者基础注册分别就全部或部分国际注册中所列的商品和服务被撤回、过期、被放弃、最终驳回、注销或被宣布无效，无论其是否已被转让，都不得再要求国际注册给予的保护。情形亦是如此，如果

(i) 一项对驳回基础申请的决定提起的上诉，

(ii) 一项旨在撤回基础申请或注销、撤销由基础申请产生的注册或基础

注册，或者宣布此类注册无效的诉讼，或

(iii) 一项对基础申请提出的异议

于五年期限届满后，导致驳回、撤销或宣布无效的终局决定，或者分别要求撤回基础申请或由之产生的注册或者基础注册，条件是有关上诉、诉讼或异议于该期限届满前开始。这同样适用于在五年期满后被撤回的基础申请或被撤销的由基础申请产生的注册，条件是撤回或放弃时，所述申请或注册正处于第(i)段、第(ii)段或第(iii)段提及的程序中，并且该程序开始于所述期限届满前。

(4) 如实施细则所规定的，原属局将符合第(3)项的相应事实和决定通知国际局。国际局按照实施细则的规定通知一切有关方面，进行相应的公告。必要时，原属局应向国际局申请适当地撤销国际注册，国际局则对该申请进行相应的处理。

## 第7条

[国际注册的续展]

(1) 任何国际注册可自上期届满起以十年为一期续展，只需缴纳基本费和第8条第(2)项规定的附加费和补充费。第8条第(7)项另有规定的除外。

(2) 续展不得对国际注册的最后状况进行任何更改。

(3) 保护期满前六个月，国际局应通过寄送非正式通知，提醒国际注册的注册人期满的确切日期，必要时也提醒其代理人。

(4) 缴纳实施细则规定的额外费的，应给予国际注册续展一个六个月的宽展期。

## 第8条

[国际申请费和国际注册费]

(1) 原属局有权自行规定于提交国际申请或续展国际注册之时，向申请人或国际注册的注册人收取自己的规费。

(2) 除第(7)项第(a)目的规定外，在国际局注册商标应预交国际规费，这包括

(i) 基本费；

(ii) 商标适用的商品或服务所属的类别超过国际分类三类的,所超每一类的附加费;

(iii) 用于每项符合第 3 条之 3 的延伸保护申请的补充费。

(3) 但是,商品或服务类别的数目是由国际局确定或提出过不同意见的,应于实施细则规定的期限内缴纳第(2)项第(ii)段规定的附加费,并不影响国际注册的日期。在上述期限届满时,申请人尚未缴纳附加费或未对商品或服务表进行必要的删减,国际申请则视同被放弃。

(4) 国际注册各项收费的年收入,除来源于第(2)项第(ii)段和第(iii)段所指的费用收入外,经扣除执行本议定书所需的各项费用开支,应由国际局负责在本议定书参加方之间平均分配。

(5) 第(2)项第(ii)段规定的附加费所得款项,应于每年年终时,根据上年度在各方申请保护的商标的数目,按比例在有关缔约国之间分配;对于进行审查的缔约方,该数目受实施细则规定的系数的影响。

(6) 第(2)项第(iii)段规定的补充费的收入,应根据第(5)项规定的同等原则进行分配。

(7) (a) 各缔约方可以声明,对于根据第 3 条之 3 指定它的每项国际注册以及此类国际注册的续展,要收取声明中所指数额的规费(以下称“单独规费”)以代替来源于附加费和补充费的一份收入。该规费的数额可于以后的声明中调整,但不得超过该缔约方局有权向申请人在该局注册簿中进行十年期商标注册,或向注册人在该局注册簿中进行十年期注册续展,所收取费用的同等数额,其中应扣除因国际程序而节省的开支。应缴纳单独规费的,

(i) 当只有按本段作出声明的缔约方根据第 3 条之 3 被指定时,无须缴纳第(2)项第(ii)段规定的任何附加费,并且

(ii) 无须就按本段作出声明的缔约方缴纳第(2)项第(iii)段规定的任何补充费。

(b) (a)段所规定的声明可以第 14 条第(2)项规定的书件提出。声明的生效日期应为本议定书就声明的国家或政府间组织生效的同一日期。此声明还可以在以后提出。对此,就声明生效日期同日或此日之后的国际注册而言,声明应于总干事收到此声明三个月后,或于声明中指定的以后的任何日期

生效。

## 第9条

［登记国际注册注册人的变更］

经以其名义登记国际注册的人士申请或有关局自行或应一当事人的请求提出的申请，国际局应就在其领土内有效的全部或部分缔约方，并就该项注册中所列的全部或部分商品和服务，在国际注册簿登记该注册注册人的任何变更，条件是按照第2条第(1)项的规定新的注册人是具有提出国际申请的资格的人。

## 第9条之2

［有关国际注册的某些登记］

国际局应在国际注册簿中登记

(i) 有关国际注册注册人姓名或地址的任何变更；

(ii) 设立国际注册注册人的代理人以及与该代理人直接有关的其他情况；

(iii) 就全部或部分缔约方对国际注册中所列商品和服务的任何删减；

(iv) 就全部或部分缔约方对国际注册的任何放弃、撤销或宣布无效；

(v) 实施细则中规定的与国际注册商标权直接有关的任何其他内容。

## 第9条之3

［某些登记的费用］

凡根据第9条或第9条之2进行的登记可能需要缴纳费用。

## 第9条之4

［一些缔约国的共同局］

(1) 如果几个缔约国同意统一其国家商标法的，可以通知总干事

(i) 以一个共同局代替其各自的国家局，并且

(ii) 在完全或部分适用本条以前各项规定以及第9条之5和第9条之6

的规定方面,其各国领土的总和视为一个国家。

(2) 此项通知只能在总干事通告其他缔约方之日起三个月后生效。

## 第9条之5

[将一项国际注册转变为若干国家或地区申请]

应原属局根据第6条第(4)项提出的请求,当一项国际注册就其中所列的全部或部分商品和服务被撤销时,曾为国际注册的注册人向其国际注册曾有效的领土所属的某缔约方局提交同一商标的注册申请时,该申请应作为在符合第3条第(4)项的国际注册之日或按照第3条之3第(2)项登记领土伸延之日提交的申请处理,并且如果该项国际注册曾享有优先权,此申请亦应享有同样的优先权,条件是

(i) 此申请于国际注册被撤销之日起三个月内提交,

(ii) 对于有关缔约方而言,申请中所列的商品和服务实际包括在国际注册的商品和服务表中,并且

(iii) 所述申请符合所适用法律的一切规定,包括费用的规定。

## 第9条之6

[既参加本议定书又参加《马德里协定》(斯德哥尔摩)的各国之间的相互关系]

(1) (a) 既参加本议定书又参加《马德里协定》(斯德哥尔摩)的各国,在其相互关系中只适用本议定书。

(b) 尽管有本项第(a)目的规定,既参加本议定书又参加《马德里协定》(斯德哥尔摩)的一国依本议定书第5条第(2)项第(b)目、第5条第(2)项第(c)目或第8条第(7)项所作的声明,对其与另一个既参加本议定书又参加《马德里协定》(斯德哥尔摩)的国家之间的关系不产生任何效力。

(2) 大会应自2008年9月1日起三年期满后,对本条第(1)项第(b)目的适用情况进行审议,并可以在随后任何时间,以四分之三的多数废止该条规定或缩小其范围。在大会表决中,只有既参加《马德里协定》(斯德哥尔摩)又参加本议定书的国家才有权参加。

## 第10条

［大 会］

(1) (a) 缔约方和《马德里协定》(斯德哥尔摩)成员国属于同一大会的成员。

(b) 在大会中,各缔约方应有一名代表,该代表可由若干副代表、顾问及专家辅助。

(c) 各代表团的费用,除各缔约方一位代表的旅费及生活津贴由联盟负担外,均由委派该代表团的缔约方负担。

(2) 除《马德里协定》(斯德哥尔摩)赋予的职责外,大会还

(i) 处理实施本议定书的一切事宜;

(ii) 在适当考虑未参加本议定书的本联盟成员国的意见后,就修订本议定书会议的筹备工作向国际局作出指示;

(iii) 通过和修改关于执行本议定书实施细则的一切条款;

(iv) 履行本议定书规定的其他职责。

(3) (a) 各缔约方在大会享有一票表决权。对于仅涉及《马德里协定》(斯德哥尔摩)成员国的问题,未参加所述协定的缔约方没有表决权。至于仅涉及缔约方的问题,只有这些缔约方有权表决。

(b) 有权就某一问题表决的大会成员的半数构成表决这个议题的法定人数。

(c) 除第(b)目的规定外,在任何一次会议上,有权表决某议题的大会成员的出席数目不足有表决权的大会成员国的半数,但达到或超过三分之一时,大会可以作出决议。然而,除涉及其自身程序的决议外,大会的决议只有符合下列条件才能生效。国际局应将所述决议通告未出席会议的有表决权的大会成员,请其于自所述通告之日起三个月内以书面形式表决或弃权。在该期限届满时,如此表决或弃权的成员的数目至少等于会议自身所需法定人数的差额,只有同时达到必要的多数,所述决议才能生效。

(d) 除第5条第(2)项第(c)目、第9条之6第(2)项、第12条和第13条第

(2)项的规定外,大会决议需要三分之二的多数表决才能作出。

(e) 弃权不视为表决。

(f) 一名代表只能代表大会的一个成员并只能以该成员的名义表决。

(4) 在根据《马德里协定》(斯德哥尔摩)召集的一般会议和特别会议之外,大会经对会议议事日程的内容有表决权的四分之一大会成员的请求,由总干事召集举行特别会议。由总干事制定此特别会议的议事日程。

## 第11条

[国际局]

(1) 国际局根据本议定书办理国际注册并处理有关本议定书的其他行政工作。

(2) (a) 国际局根据大会的指示,筹备修订本议定书的会议。

(b) 国际局可就所述修订会议的筹备工作与政府间组织和非政府间国际组织进行协商。

(c) 总干事及其指定的人员参加所述修订会议的辩论,但没有表决权。

(3) 国际局执行本议定书赋予的其他任何任务。

## 第12条

[财　务]

对于缔约方而言,联盟的财务应遵照与《马德里协定》(斯德哥尔摩)第12条相同的规定办理。任何援引所述协定第8条同样视为援引本议定书第8条。此外,为所述协定第12条第(6)项第(b)目之需要,缔约组织视为属于《保护工业产权巴黎公约》会费第一等级,大会有一致相反决议的除外。

## 第13条

[议定书某些条款的修改]

(1) 修改第10条、第11条、第12条及本条的提案,可由任何缔约方或总干事提出。此类提案至少于提交大会审议前六个月由总干事转交所有缔约方。

(2) 对第(1)项所述条文的任何修改,需经大会通过。通过需要表决票数的四分之三。但对第 10 条及本款的任何修改,则需表决票数的五分之四。

(3) 对第(1)项所述条文的任何修改于总干事收到来自修改通过之时有表决权的大会成员中四分之三的国家和政府间组织,依照各自宪法的原则所作出的书面接受通知起一个月后生效。由此通过的对所述条文的任何修改,对于修改生效之时或此后是缔约方的所有国家和政府间组织具有约束力。

## 第14条

[成为议定书成员的形式;生效]

(1) (a) 凡《保护工业产权巴黎公约》的成员国均可加入本议定书。

(b) 此外,当符合下述条件时,政府间组织也可加入本议定书:

(i) 至少该组织有一个成员国是《保护工业产权巴黎公约》的成员;

(ii) 所述组织设有以注册在其领土内有效的商标为目的的地方局,除非该局不在按第 9 条之 4 的通知之列。

(2) 凡第(1)项规定的国家或组织可签署本议定书。凡第(1)项规定的国家或组织已签署本议定书的,可递交本议定书批准书、接受书或同意书或者,未签署本议定书的,可以递交本议定书的加入书。

(3) 第(2)项提及的书件递交总干事保存。

(4) (a) 本议定书于递交四份批准书、接受书、同意书或加入书三个月后生效,条件是至少其中一份书件由一《马德里协定》(斯德哥尔摩)成员国递交,并且至少其中有另一份由一非《马德里协定》(斯德哥尔摩)成员国或第(1)项第(b)目提及的组织之一递交。

(b) 对于第(1)项所指的任何其他国家或组织,本议定书于总干事通告其批准、接受、同意或加入之日起三个月后生效。

(5) 凡第(1)项所述的国家或组织,在递交本议定书的批准书、接受书或同意书,或者本议定书的加入书时,可以声明在本议定书对其生效之日以前根据本议定书进行国际注册取得的保护不得向其延伸。

## 第15条

［退　约］

（1）本议定书无限期地有效。

（2）任何缔约方均可通知总干事退出本议定书。

（3）退约于总干事收到通知之日起一年后生效。

（4）缔约方在自本议定书对其生效之日起五年内不得行使本条规定的退约权。

（5）（a）一个在退出本议定书的国家或政府间组织内有效的国际注册商标，在退约生效之日，该注册的注册人可在所述国家或组织局提出同一商标的注册申请。该申请视同在按第3条第（4）项的规定进行国际注册之日或者按第3条之3第（2）项的规定登记领土延伸之日提交的申请，并且该注册曾享有优先权的，此申请亦应享有同样的优先权，条件是

（i）此申请于退约实际生效之日起两年内提交，

（ii）对于退出本议定书的国家或政府间组织而言，申请中所列的商品和服务实际包括在国际注册的商品和服务表中，并且

（iii）所述申请符合所适用法律的一切规定，包括费用的规定。

（b）第（a）目的规定同样适用于退约生效之日在退出本议定书的国家或政府间组织以外任何缔约方内有效的任何国际注册商标，并且由于退约该注册的注册人不再有权按照第2条第（1）项提出国际申请。

## 第16条

［签字；语言；存放人的职责］

（1）（a）本议定书以法语、英语和西班牙语签署一份，于不再在马德里开放签字之时，交总干事存放。三种语言文本具有同等效力。

（b）本议定书的其他正式文本，由总干事与有关政府和组织协商，以德语、阿拉伯语、汉语、意大利语、日语、葡萄牙语和俄语，以及大会可能指定的其他语言文字制定。

（2）本议定书直至1989年12月31日在马德里开放签字。

(3) 总干事将经西班牙政府认证的本议定书签字本副本两份交与可以成为本议定书成员的所有国家和政府间组织。

(4) 总干事将本议定书在联合国秘书处登记。

(5) 总干事将批准书、接受书、同意书或加入书的签署和递交，以及本议定书及其任何修改的生效、本议定书中规定的任何退约通知和声明，通告所有可以成为或已成为本议定书成员的国家和国际组织。

# 适用《商标国际注册马德里协定及该协定有关议定书》的行政规程

于2008年1月1日生效

## 目　　录

## 第一部分 定 义

### 第 1 条

［缩略语］

(a) 在本行政规程中：

(i)“实施细则”指《商标国际注册马德里协定及该协定有关议定书的共同实施细则》；

(ii)“细则第……条”指实施细则第……条。

(b) 在本行政规程中，凡用语是细则第 1 条所述的，其意义与实施细则中的相同。

## 第二部分　表　　格

### 第2条

［规定表格］

凡《共同实施细则》规定必须使用表格办理的程序，国际局应为之制定表格。

### 第3条

［任选表格］

对于须按《共同实施细则》办理的除第2条所述以外的程序，国际局可以制定任选表格。

### 第4条

［表格的公布］

本规程第2条和第3条所述的一切现有规定表格和任选表格的完整清单，应在每一期《公告》中予以公布。

### 第5条

［表格的提供］

国际局应在其网站上，并承索以纸件形式，提供本规程第2条和第3条所述的一切规定表格和任选表格。

## 第三部分　与国际局的通信；签字

### 第6条

［书面通信；同一信封中寄送数份文件］

(a) 除本规程第11条第(a)目规定的情况外，与国际局的通信应以书面形式进行,使用打字机或其他机器打印,并需签字。

(b) 如果在同一信封中寄送数份文件,应附一份清单对各份文件加以说明。

## 第7条

[签　字]

签字应为手写、印刷或戳记;亦可加盖印章代替。对于本规程第11条第(a)目第(i)段所述的电子通信,可以使用国际局与有关主管局商定的识别方式代替签字。对于本规程第11条第(a)目第(ii)段所述的电子通信,可以使用国际局确定的识别方式代替签字。

## 第8条

[传真通信]

任何通信均可通过传真传给国际局,但条件是,当通信必须采用正式表格时,传真通信中使用了该正式表格。

## 第9条

[一份或多份商标图样的原件]

(a) 如果国际申请系由原属局通过传真传给国际局,应将含有一份或多份商标图样、由原属局签字并包含足以识别其所相关的国际申请标记的正式表格的原件寄给国际局。

(b) 如果国际申请系通过传真传给国际局,国际局应于下列时间开始对该国际申请是否符合可适用的要求进行审查:

(i) 原件系在收到传真通信之日起一个月内收到的,于收到该原件之时,或

(ii) 国际局在本项第(i)段所指的一个月期限内未收到所述原件的,于该期限届满之时。

## 第10条

［国际局收到传真的回执和日期］

(a) 只要能识别发送人并可通过传真与之取得联系，国际局应立即通过传真通知传真通信发送人已收到该通信；当所收到的传真通信不完整或不清晰时，亦应如实向其通知。

(b) 如果通过传真传送通信，而因通信传送地与日内瓦之间的时差致使传送起始的日期与国际局收到完整通信的日期不一致的，两者中在先的日期应被视为国际局收到的日期。

## 第11条

［电子通信；国际局收到电子传送件的回执和日期］

(a)

(i) 主管局与国际局之间的通信，包括提交国际申请，如果该主管局要求采用电子方式，应按国际局与该有关主管局商定的办法采用电子方式进行。

(ii) 国际局与申请人和注册人之间的通信，可以按国际局确定的时间、办法和格式采用电子方式进行，关于时间、办法和格式的细节，应在《公告》中予以公布。

(b) 只要能识别始发人并可与之取得联系，国际局应立即通过电子传送方式通知电子传送件始发人已收到该传送件；当所收到的电子传送件不完整或由于其他原因不能使用时，亦应如实向其通知。

(c) 如果通过电子方式发送通信，而因通信发送地与日内瓦之间的时差致使发送的起始日期与国际局收到完整通信的日期不一致的，两者中在先的日期应被视为国际局收到的日期。

# 第四部分 有关名称和地址的要求

## 第12条

［名称和地址］

(a) 就自然人的名称而言，应指明该自然人的姓氏和名字。

(b) 就法人的名称而言,应指明该法人的正式全称。

(c) 就使用非拉丁文字的名称而言,应按国际申请所用语言的发音方法以音译成拉丁字母的形式指明该名称;就使用非拉丁文字名称的法人而言,所述形式的音译可由译成国际申请所用语言的译文代替。

(d) 地址应以方便邮政迅速投递所要求的常规形式书写,并应至少包含直至包括门牌号(如有门牌号的话)在内的所有有关的行政单位;此外,还可写明电话和传真号码、电子邮件地址以及一个不同的通信地址。

### 第13条

[通信地址]

如果两个或多个申请人、新注册人或被许可人有不同地址,应指明一个统一的通信地址;如果未指明该统一地址,则排名在先者的地址即被视为通信地址。

## 第五部分 临时驳回通知

### 第14条

[临时驳回通知的发送日期]

对于通过邮局寄发的临时驳回通知,发送日期应以邮戳为准。如果邮戳不清楚或没有邮戳,国际局应将此种通知视作于其收到之日前 20 天寄发。但如果以此种方式确定的发送日期早于宣布驳回的任何日期或通知中提及的发送日期,则国际局应将此种通知视作于在后的日期寄发。对于通过投递公司发送的驳回通知,发送日期应以该投递公司根据其所作的邮件记录所提供的说明为准。

### 第15条

[依据异议的临时驳回通知的内容]

(a) 依据异议的临时驳回通知应以细则第 17 条第(2)项和第(3)项中规

定的内容为限。根据细则第 17 条第(2)项第(iv)段指明临时驳回所依据的理由时,除说明驳回系依据异议作出以外,还应简要说明异议的理由(例如:与在先商标或其他权利发生冲突、缺乏显著性特征)。如果异议系依据与除注册商标或提出注册申请的商标以外的一项在先权发生冲突作出的,应尽可能简要地指明该项权利,最好指明该项权利的持有人。通知中不得附备忘录或证据。

(b) 通知中所附的任何文件,凡未使用单独的 A4 纸张的,或在其他方面不适于扫描的,以及样品或包装等任何非文件性物品,均不予登记,并将由国际局任意处置。

## 第六部分　国际注册的编号

### 第 16 条

[部分变更所有权之后的编号]

(a) 仅就部分商品和服务或仅对部分被指定缔约方进行的国际注册的转让或其他移转,应以被部分转让或被以其他方式部分移转的国际注册的注册号登记在国际注册簿上。

(b) 任何被转让或以其他方式移转的部分,应在上述国际注册的注册号下撤销,并应作为单独的国际注册予以登记。该单独的国际注册应使用被部分转让或被以其他方式部分移转的国际注册的注册号,并加上一大写字母。

### 第 17 条

[国际注册合并之后的编号]

根据细则第 27 条第(3)项合并后的国际注册,应使用被部分转让或被以其他方式部分移转的国际注册的注册号,并在可适用的情况下,加上一大写字母。

### 第18条

［作出宣布所有权变更无效的声明之后的编号］

根据细则第27条第(4)项第(e)目登记在国际注册簿上的单独的国际注册，应使用被部分转让或被以其他方式部分移转的国际注册的注册号，并加上一大写字母。

## 第七部分　规费的缴纳

### 第19条

［缴付方式］

规费可以按下列方式向国际局缴付：

(i) 从在国际局开设的往来账户中支取，

(ii) 向国际局的瑞士邮政账户或向其任何指定的银行账户缴付，

(iii) 对于本规程第11条规定的电子通信，凡国际局已提供在线支付电子界面的，以信用卡缴付。

# 商标注册用商品和服务国际分类尼斯协定

1957年6月15日签订，1967年7月14日在斯德哥尔摩修订，1977年5月13日在日内瓦修订，1979年9月28日在日内瓦修正。

## 目　　录



### 第1条

［建立特别联盟；采用国际分类；商品和服务分类的说明和语言］

(1) 本协定所适用的国家组成特别联盟，采用共同的商标注册用商品和服务分类(以下简称“商品和服务分类”)。

(2) 商品和服务分类包括:

(i) 类别表,并根据情况附加注释;

(ii) 按字母顺序排列的商品和服务表(以下简称“字母顺序表”),每项商品或服务均标明所属的类。

(3) 商品和服务分类由以下组成:

(i)《建立世界知识产权组织公约》中所述的知识产权国际局(以下简称“国际局”)于1971年公布的分类,但谅解是,公布的类别表中所附的注释,在第3条所指的专家委员会制定类别表的注释之前,应视为临时性的,且应视为建议;

(ii) 在本文本生效以前,依据1957年6月15日《尼斯协定》和该协定1967年7月14日斯德哥尔摩文本第4条第(1)项,已经生效的修正和增补;

(iii) 按照本文本第3条所作的并依据本文本第4条第(1)项生效的任何修改。

(4) 商品和服务分类使用英语和法语,两种文本同等效力。

(5) (a) 本条第(3)项第(i)段所述的分类和本文本开放供签署之日以前已经生效的本条第(3)项第(ii)段所述的修正和增补,应载列于以法语写就的一份正本,交世界知识产权组织总干事(以下分别简称“产权组织”和“总干事”)保存。本文本开放供签署之日以后生效的本条第(3)项第(ii)段所述的修正和增补,也应以法文写就一份正本,交总干事保存。

(b) 本项第(a)目所述正本的英语本,由第3条所指的专家委员会在本文本生效后立即制定。其正本交总干事保存。

(c) 本条第(3)项第(iii)段所述的修改,应以法语和英语写就一份正本,交总干事保存。

(6) 总干事应在与有关政府协商后,以这些政府提出的译文为基础,或者以不对特别联盟的预算或产权组织产生财政影响的其他任何方法,制定商品和服务分类阿拉伯语、德语、俄语、葡萄牙语、西班牙语、意大利语以及第5条所述的大会可能指定的其他语言的正式文本。

(7) 字母顺序表应对每个商品或服务项目编列所用语种的专门序号,

同时：

(i) 以英语编制的字母顺序表，应载明同一项目在以法语编制的字母顺序表中的序号，反之亦然；

(ii) 依据本条第(6)项编制的任何字母顺序表，应载明同一项目在以法语编制的字母顺序表或以英语编制的字母顺序表中的序号。

## 第2条

[商品和服务分类的法律效力和使用]

(1) 除本协定规定的要求以外，商品和服务分类的效力取决于特别联盟每一国家对其所赋予的效力。商品和服务分类尤其不应在评价商标保护范围方面和承认服务商标方面约束特别联盟各国。

(2) 特别联盟每一国家保留将商品和服务分类用作主要体系或者辅助体系的权利。

(3) 特别联盟各国的主管局应在有关商标注册的正式文件和公告中，写明注册商标的商品或服务在商品和服务分类中所属的类号。

(4) 某词列入字母顺序表，不影响可能存在于该词的任何权利。

## 第3条

[专家委员会]

(1) 成立专家委员会，由特别联盟每一国家派代表组成。

(2) (a) 总干事可以邀请特别联盟以外、系产权组织成员或参加《保护工业产权巴黎公约》的国家派观察员出席专家委员会的会议，如果专家委员会提出要求，总干事应予邀请。

(b) 总干事应邀请商标领域的专业政府间组织派观察员出席专家委员会的会议，此种组织至少应有一个成员国为特别联盟国家。

(c) 总干事可以邀请其他政府间组织和国际非政府组织的代表参加与之有关的讨论，如果专家委员会提出要求，总干事应予邀请。

(3) 专家委员会应：

(i) 对商品和服务分类的修改作出决定；

(ii) 向特别联盟各国发出建议，以便为商品和服务分类的使用提供便利并促进其统一应用；

(iii) 在不对特别联盟的预算或产权组织产生财政影响的前提下，采取其他一切措施，为便利发展中国家应用商品和服务分类提供便利；

(iv) 有权设立小组委员会和工作组。

(4) 专家委员会应通过自己的议事规则。议事规则应规定，本条第(2)项第(b)目所述的政府间组织，能够为商品和服务分类的发展作出实质贡献的，可以参加专家委员会的小组委员会和工作组的会议。

(5) 特别联盟任何国家的主管局、国际局、依据本条第(2)项第(b)目出席专家委员会的任何政府间组织，以及专家委员会特邀提出提案的任何国家或组织，可以提出商品和服务分类的修改提案。提案应向国际局提交，并由国际局在审议该提案的专家委员会会议之前至少两个月，转交专家委员会的成员和观察员。

(6) 特别联盟每一国家有一票表决权。

(7) (a) 除本项第(b)目另有规定外，专家委员会的决定应由出席会议并参加表决的特别联盟各国以简单多数作出。

(b) 通过商品和服务分类修正的决定，应由出席会议并参加表决的特别联盟各国以五分之四多数作出。修正是指将商品或服务从一个类移到另一个类，或建立新类。

(c) 本条第(4)项所述的议事规则应规定，除特殊情况外，应在规定期限届满时通过商品和服务分类的修正。每一期限的长短由专家委员会确定。

(8) 弃权不视为表决。

## 第4条

[修改的通知、生效和公布]

(1) 专家委员会决定的修改和专家委员会的建议，由国际局通知特别联盟各国的主管局。修正于通知发出之日六个月后生效。其他任何修改于专家委员会在通过修改时确定的日期生效。

(2) 国际局应将已生效的修改编入商品和服务分类。修改应在第5条所指的大会指定的期刊上发布公告。

## 第5条

［特别联盟大会］

（1）

（a）特别联盟设大会，由已批准或加入本文本的国家组成。

（b）每一国家的政府派一名代表出席，该代表可以由副代表、顾问和专家协助。

（c）每一代表团的费用由指派它的政府承担。

（2）（a）除第3条和第4条另有规定外，大会应：

（i）处理有关维护和发展特别联盟及有关实施本协定的一切事项；

（ii）就修订会议的筹备工作向国际局作出指示，但应适当考虑未批准或未加入本文本的特别联盟各国的意见；

（iii）审查和批准产权组织总干事（以下简称“总干事”）有关特别联盟的报告和活动，并就特别联盟权限内的事项向总干事作出一切必要的指示；

（iv）决定特别联盟的工作计划，通过特别联盟的两年期预算，并批准决算；

（v）通过特别联盟的财务条例；

（vi）为实现特别联盟的目标，除第3条所指的专家委员会外，设立大会可能认为必要的其他专家委员会和工作组；

（vii）决定接纳哪些非特别联盟成员的国家以及哪些政府间组织和国际非政府组织作为观察员参加大会的会议；

（viii）通过对第5条至第8条的修正；

（ix）采取旨在实现特别联盟的目标的任何其他适当活动；

（x）开展与本协定有关的其他工作。

（b）对于与产权组织所辖其他联盟同样相关的问题，大会应在听取产权组织协调委员会的意见后作出决定。

（3）

（a）大会的每一成员国有一票表决权。

(b) 大会成员国的半数构成法定人数。

(c) 尽管有本项第(b)目的规定,如果在一次会议上,出席会议的国家数目不足大会成员国的半数,但达到或超过三分之一,大会可以作出决定,但除关于大会自身程序的决定以外,所有决定只有符合下列条件才能生效。国际局应将所述决定通知未出席会议的大会成员国,请其于函告之日起三个月期限内以书面形式进行表决或表示弃权。该期限届满时,以这种方式进行表决或表示弃权的国家的数目达到构成会议本身法定人数所缺的国家数目,只要同时仍然达到所需的多数,此种决定即应生效。

(d) 除第 8 条第(2)项另有规定外,大会作出决定需要表决票数的三分之二。

(e) 弃权不视为表决。

(f) 一名代表只能代表一个国家,并只能以该国的名义表决。

(g) 非大会成员的特别联盟国家,应作为观察员参加大会的会议。

(4) (a) 大会每两年由总干事召集举行一次例会,如无例外情况,应与产权组织大会同期同地举行。

(b) 经四分之一的大会成员国要求,大会由总干事召集举行特别会议。

(c) 每次会议的议程由总干事制定。

(5) 大会应通过自己的议事规则。

## 第 6 条

[国际局]

(1)

(a) 特别联盟的行政工作由国际局承担。

(b) 国际局尤其应为大会、专家委员会以及大会或专家委员会可能设立的其他专家委员会和工作组筹备会议,并提供秘书处。

(c) 总干事是特别联盟的最高行政官员,并代表特别联盟。

(2) 总干事及其指定的任何工作人员应参加大会、专家委员会以及大会或专家委员会可能设立的其他专家委员会或工作组的所有会议,但没有表决权。总干事或其指定的一名工作人员是这些机构的当然秘书。

(3)

(a) 国际局应按照大会的指示,筹备本协定除第5条至第8条以外各条款的修订会议。

(b) 国际局可以就修订会议的筹备工作与政府间组织和国际非政府组织进行协商。

(c) 总干事及其指定的人员应参加这些会议的讨论,但没有表决权。

(4) 国际局应执行向其分派的任何其他工作。

## 第7条

[财　务]

(1)

(a) 特别联盟设预算。

(b) 特别联盟的预算包括特别联盟本身的收入和支出、其在各联盟共同支出预算中的摊款,以及适用时拨给产权组织成员国会议预算的款项。

(c) 不属专门拨给特别联盟,同时也拨给产权组织所辖一个或多个其他联盟的支出,视为各联盟的共同支出。特别联盟在这些共同支出中的份额,应与这些支出给特别联盟带来的利益成比例。

(2) 特别联盟预算的制定,应适当考虑与产权组织所辖其他各联盟预算相协调的需要。

(3) 特别联盟预算的资金来源如下:

(i) 特别联盟各国的会费;

(ii) 国际局提供与特别联盟有关的服务应收的费用和款项;

(iii) 国际局有关特别联盟的出版物的售款和版税;

(iv) 捐款、遗赠和补助金;

(v) 租金、利息和其他杂项收入。

(4)

(a) 为确定本条第(3)项第(i)段所指的会费,特别联盟每一国家应属于与其在保护工业产权巴黎联盟中所属等级相同的等级,并以该联盟为该等级所定的相同单位数缴纳年度会费。

(b) 特别联盟每一国家年度会费的数额,在所有国家向特别联盟预算缴纳的总额中所占的比例,应与该国的单位数在所有缴纳会费国家的总单位数中所占的比例相同。

(c) 会费应在每年的一月一日缴纳。

(d) 拖欠会费的国家,其拖欠额如果等于或超过前两个整年该国应缴的会费数额,不得在特别联盟的任何机构中行使其表决权。但是,特别联盟的任何机构如果认为拖欠是不可避免的特殊情况造成的,在其持这一意见的期间内,可以允许该国在该机构内继续行使其表决权。

(e) 如果预算在新的财政期间开始前未获通过,应按财务规则的规定,继续执行上一年度的预算。

(5) 国际局提供与特别联盟有关的服务应收的费用和款项的数额,由总干事确定并报告大会。

(6)

(a) 特别联盟设周转基金,由特别联盟每一国家一次缴款组成。资金不足时,由大会决定予以增加。

(b) 每一国家向该基金初次缴款的数额或在基金增加时分摊的数额,应与建立基金或决定增加基金当年该国缴纳的会费成比例。

(c) 缴款的比例和方式由大会根据总干事的提议并在听取产权组织协调委员会的意见后决定。

(7) (a) 在与产权组织总部所在地国家达成的总部协议中应规定,周转基金不足时,该国应提供垫款。此种垫款的数额与提供垫款的条件由该国和产权组织每次分别签署协议。

(b) 本项第(a)目所述的国家及产权组织均有权以书面通知废止提供垫款的义务。废止应于通知当年年底起三年后生效。

(8) 账目的审计应按财务条例规定的方式,由特别联盟一个或多个国家执行,或者由外部审计人员执行。此种国家或审计人员由大会在征得该国或该人同意后指定。

## 第8条

［第5条至第8条的修正］

（1）修正第5条、第6条、第7条和本条的提案，可以由大会的任何成员国提出，也可以由总干事提出。此类提案应于提交大会审议前至少六个月由总干事函告大会成员国。

（2）本条第（1）项所述各条的修正应由大会通过。通过修正需要达到表决票数的四分之三，但第5条和本项的修正需要达到表决票数的五分之四。

（3）本条第（1）项所述各条的任何修正，应在总干事收到修正通过时大会四分之三成员国依各自宪法程序作出的书面接受通知起一个月后生效。上述各条的修正以这种方式获得接受后，对修正生效时为大会成员或以后成为大会成员的所有国家有约束力，但任何增加特别联盟各国债务的修正，仅对其中已通知接受该修正的国家有约束力。

## 第9条

［批准和加入；生效］

（1）特别联盟国家已签署本文本的，可以批准本文本；未签署的，可以加入本文本。

（2）特别联盟以外、参加《保护工业产权巴黎公约》的任何国家均可加入本文本，由此成为特别联盟国家。

（3）批准书和加入书应交由总干事保存。

（4）

（a）本文本在以下两个条件得到满足后三个月生效：

（i）六个或更多国家已交存批准书或加入书；

（ii）上述国家中，至少有三个国家在本文本开放供签署之日是特别联盟国家。

（b）本项第（a）目所述的生效适用于已在所述生效前至少三个月交存批准书或加入书的国家。

（c）对于任何不属于本项第（b）目所述情况的国家，本文本自总干事就该国的批准或加入发出通知之日起三个月后生效，除非批准书或加入书中指定了更晚的日期。在指定更晚日期的情况下，本文本在指定的日期对该国生效。

（5）批准或加入即当然接受本文本的所有条款并享受本文本的所有利益。

（6）本文本生效后，任何国家不得再批准或加入本协定以前的文本。

## 第10条

［有效期］

本协定的有效期与《保护工业产权巴黎公约》相同。

## 第11条

［修　订］

（1）本协定可以不定期由特别联盟各国的会议修订。

（2）修订会议的召开由大会决定。

（3）第5条至第8条可以由修订会议修正，也可以依据第8条进行修正。

## 第12条

［退　约］

（1）任何国家均可通知总干事退出本文本。退出本文本，亦构成对退出本文本的国家已批准或加入的本协定以前文本的退出，并仅对退约国有效，本协定对特别联盟其他国家继续有效并适用。

（2）退约自总干事收到通知之日起一年后生效。

（3）任何国家自成为特别联盟国家之日起不足五年的，不得行使本条规定的退约权。

## 第13条

［对《巴黎公约》第24条的述及］

1967年《保护工业产权巴黎公约》（斯德哥尔摩文本）第24条的规定适用于本协定，但该条的规定如果将来得到修正，则对于受最新修正案约束的特别联盟国家，最新修正案适用于本协定。

## 第14条

[签字；语言；保存人职责；通知]

(1) (a) 本文本的签字正本为一份，以法语和英语写就，两种文本同等作准，交总干事保存。

(b) 总干事应在与有关政府协商后，在本文本签署后两个月内，用本项第(a)目所述语种以外、签署《建立世界知识产权组织公约》作准文本的另两个语种俄语和西班牙语制定本文本的正式文本。

(c) 本文本阿拉伯语、德语、葡萄牙语、意大利语以及大会可能指明的其他语言的正式文本，由总干事在与有关政府协商后制定。

(2) 本文本在1977年12月31日之前开放供签署。

(3) (a) 总干事应将本文本签字文本经其核证无误的两份副本分送特别联盟所有国家的政府，并应请求送交任何其他国家的政府。

(b) 总干事应将本文本任何修正案经其核证无误的两份副本分送特别联盟所有国家的政府，并应请求送交任何其他国家的政府。

(4) 总干事应将本文本在联合国秘书处登记。

(5) 总干事应向《保护工业产权巴黎公约》所有成员国的政府通知下列事项：

(i) 本条第(1)项所述的签字；

(ii) 第9条第(3)项所述的交存批准书或加入书；

(iii) 第9条第(4)项第(a)目规定的本文本生效日期；

(iv) 第8条第(3)项所述的接受本文本的修正案；

(v) 此种修正案的生效日期；

(vi) 第12条所述的收到退约通知。

# 原产地名称保护及国际注册里斯本协定

1958年10月31日签订，1967年7月14日在斯德哥尔摩修订，并于1979年9月28日修正。

## 目　录

## 第1条

[建立特别联盟;保护国际局注册的原产地名称][①]

(1) 在保护工业产权联盟的框架内,本协定所适用的国家组成特别联盟。

(2) 联盟各国承诺,依照本协定的规定,在其领土内保护本特别联盟其他国家产品的原产地名称,这些原产地名称得到原属国的承认和保护,并在《建立世界知识产权组织(以下简称"产权组织")公约》所指的知识产权国际局(以下简称"国际局")注册。

## 第2条

[原产地名称及原属国概念的定义]

(1) 在本协定中,原产地名称系指一个国家、地区或地方的地理名称,用于指示一项产品来源于该地,其质量或特征完全或主要取决于地理环境,包括自然和人为因素。

(2) 原属国系指其名称构成原产地名称而赋予产品以声誉的国家或者地区或地方所在的国家。

## 第3条

[保护的内容]

保护旨在防止任何假冒和仿冒,即使标明了产品的真实来源或者使用名称的翻译形式或附加"类"、"式"、"样"、"仿"字样或类似字样。

## 第4条

[根据其他案文的保护]

本协定各条款不排除特别联盟各国依照其他国际文书,如1883年3月20日《保护工业产权巴黎公约》及其后的修订本和1891年4月14日《制止商品

① 为了便于识别各条的内容,特增加了标题。法语签字本中无标题。与过去版本相比,第6条的标题做了修改。

产地虚假或欺骗性标记马德里协定》及其后的修订本，或者根据国家法律或法院判决已经给予原产地名称的保护。

## 第5条

［国际注册；驳回；通知；在特定期限内允许使用］

(1) 原产地名称的注册，应经特别联盟国家主管机关请求，按照所在国法律已取得此种名称使用权的自然人或法人（公共或私营）的名义，在国际局办理。

(2) 国际局应立即将注册通知特别联盟各国的主管机关并在期刊上公告。

(3) 各国主管机关可以声明对通知注册的某个原产地名称不予保护，但声明应在收到注册通知之日起一年之内通知国际局，并说明理由，而且此种声明不得影响该名称所有人在有关国家可以依据上述第4条对原产地名称要求的其他形式的保护。

(4) 在前款规定的一年期限期满后，联盟各国的主管机关不得提出此种声明。

(5) 国际局应及时将另一国家主管机关根据第(3)项提出的任何声明通知原属国主管机关。有关当事人本国主管机关将其他国家的声明通知当事人后，当事人可以在该其他国家采取其国民享有的任何法律或行政补救手段。

(6) 根据国际注册通知，一个原产地名称已在一国取得保护，如果该名称在通知前已为第三方在该国使用，该国的主管机关有权给予该第三方不超过两年的期限，以结束其使用，条件是需在上述第(3)项规定的一年期限届满后三个月内通知国际局。

## 第6条

［防止成为通用名称］

根据第5条规定的程序在特别联盟一国受到保护的原产地名称，只要在原属国作为原产地名称受到保护，就不能在该国视为已成为通用名称。

## 第7条

［注册有效期；费用］

（1）根据第5条在国际局办理的注册，不经续展，在前条所指的整个期间受到保护。

（2）每个原产地名称注册应交纳统一的费用。

## 第8条

［诉　讼］

为保护原产地名称的必要诉讼可以：

（1）应主管机关的请求或应检察院的公诉；

（2）由任何有关方面（不论是自然人还是法人，公共还是私营）提出，在特别联盟各国根据国家法律进行。

## 第9条

［特别联盟大会］

（1）（a）特别联盟设大会，由批准或加入本文本的国家组成。

（b）每个国家的政府委派一名代表参加，该代表可由若干副代表、顾问和专家辅助其工作。

（c）各代表团的费用由委派代表团的政府负担。

（2）（a）大会的职责：

（i）处理有关维护和发展特别联盟以及执行本协定方面的一切事宜；

（ii）就筹备修订会议对国际局作指示，但应对本特别联盟各国中未批准或者未加入本文本的国家的建议给予适当考虑；

（iii）修改细则，包括确定第7条第（2）项所指费用的金额以及有关国际注册的其他费用；

（iv）审议和通过产权组织总干事（以下称“总干事”）关于特别联盟的报告和活动，就特别联盟权限内的问题向总干事作出必要的指示；

（v）确定计划，通过特别联盟两年度的预算及批准其年终结算；

(vi) 通过特别联盟的财务规则；

(vii) 建立必要的专家委员会和工作组，以实现特别联盟的目标；

(viii) 决定哪些非特别联盟成员的国家以及哪些政府间组织和国际非政府组织可作为观察员参加其会议；

(ix) 通过对第 9 条至第 12 条的修正；

(x) 为了实现特别联盟的目标，采取任何其他必要的行动；

(xi) 执行本协定规定的其他各项任务。

(b) 大会就产权组织所辖其他联盟共同关心的问题，听取产权组织协调委员会的意见后作出决定。

(3) (a) 大会每一成员国有一票表决权。

(b) 大会成员国的半数构成开会的法定人数。

(c) 尽管有上述第(b)目的规定，若在任何一次会议上，出席会议的国家少于半数，但等于或多于大会成员国的三分之一，大会仍可以作出决定；但是，除涉及大会程序的决议外，大会的决议只有符合下述的条件才能生效。国际局应将上述决议通知缺席的大会成员国，请其于通知之日起三个月内以书面形式投票或弃权。若此期限届满，此类投票或弃权国家的数目至少等于会议开会的法定人数的差额数，并同时要达到必要的多数，此类决议才能生效。

(d) 除第 12 条第(2)项另有规定外，大会作出决议需要三分之二的多数票。

(e) 弃权不视作投票。

(f) 一位代表只能代表一个国家并以该国名义投票。

(g) 特别联盟国家不是大会成员国的，可以作为观察员出席大会的会议。

(4) (a) 大会每两年举行一次例会，由总干事召集，除特殊情况外，与产权组织大会同期同地举行。

(b) 大会应其四分之一成员国的请求，举行大会特别会议，由总干事召集。

(c) 每次会议的议事日程由总干事拟订。

(5) 大会通过其本身的议事规则。

## 第10条

［国际局］

(1)(a)国际局承办国际注册和有关的工作，并执行特别联盟有关的其他一切行政工作。

(b)尤其是，国际局安排会议并担任大会及其可能设立的专家委员会和工作组的秘书处。

(c)总干事为特别联盟的最高官员并代表本联盟。

(2)总干事和由他指定的工作人员参加大会及其可能设立的各专家委员会或工作组的一切会议，但没有表决权。总干事或由他指定的一名工作人员为这些机构的当然秘书。

(3)(a)根据大会的指示，国际局筹备修订协定第9条至第12条以外条款的会议。

(b)国际局可就筹备修订会议与政府间组织和国际非政府组织进行协商。

(c)总干事和他指定的人员参加此类会议的讨论，但没有表决权。

(4)国际局执行分配的其他各项任务。

## 第11条

［财　务］

(1)(a)特别联盟应制定预算。

(b)特别联盟的预算包括特别联盟专用的收入和支出、其在各联盟共同开支预算中的摊款份额以及必要时拨给产权组织成员国会议预算的款项。

(c)不单属于本特别联盟，同时也属于产权组织所辖其他一个或多个联盟的开支，应视作各联盟的共同开支。特别联盟在这些共同开支中负担的份额应与特别联盟在其中所享的利益成比例。

(2)本特别联盟预算的制定，应适当考虑到与产权组织所辖其他各联盟预算相协调的需要。

(3)本特别联盟预算的资金来源如下：

(i) 根据第 7 条第(2)项所收的国际注册费和国际局提供与本特别联盟有关的其他服务所得的费用和款项；

(ii) 国际局有关本联盟的出版物的售款或版税；

(iii) 捐款、遗赠和补助金；

(iv) 租金、利息和其他收入；

(v) 第(i)段至第(iv)段所指来源的收入不敷特别联盟支出时，特别联盟各国的会费。

(4) (a) 第 7 条第(2)项所指费用金额，由大会根据总干事的提议确定。

(b) 该项费用金额的确定应使特别联盟的收入在正常情况下足够国际局维持国际注册业务的支出，而不需交付上述第(3)项第(v)段所指的会费来弥补。

(5) (a) 为了确定第(3)项第(v)段所指的会费，特别联盟各国支款的级别应与其在保护工业产权巴黎联盟所属的等级相同，并以该联盟为该等级所定的相同单位数交纳年度会费。

(b) 每个特别联盟国家年度会费的数额在所有国家向特别联盟预算年度交费总额中所占的比例，应与其交费单位数在所有交费国家的单位总数中所占的比例相同。

(c) 缴纳会费的日期应由大会确定。

(d) 欠缴会费的国家，其欠款的数额如果等于或超过过去两整年的数额，在特别联盟的任何机构中，均不能行使其表决权。然而，如果本联盟某一机构认为拖欠是由特殊和不可避免的情况引起的，仍可准许此类国家在该机构中保留其表决权。

(e) 如果在新的财政期间开始前，预算还未通过，根据财务规则规定，继续执行上一年度同样的预算水平。

(6) 国际局提供有关特别联盟的其他服务应纳费用和款项数额由总干事确定并报告大会，第(4)项第(a)目另有规定者除外。

(7) (a) 特别联盟设周转基金，由特别联盟各国一次缴款构成。资金不足时，由大会决定增加该基金。

(b) 每国对上述基金的初次缴款额或在增加基金时分摊的款额，应与该国作为保护工业产权巴黎联盟的成员在建立基金或决定增加基金当年该联盟的预算中的会费成比例。

(c) 缴款的比例和方式,应由大会根据总干事的建议并征求产权组织协调委员会的意见后作出决定。

(8) (a) 在与产权组织总部所在地的国家达成的总部协定中,应规定当周转基金不足时,该国应提供预付款。预付的金额与条件由该国和产权组织间分别情况逐次签署协议。

(b) 上述第(a)目所指的国家和产权组织均有权以书面通知废止提供预付的协议。该废止于通知之年年终起三年后生效。

(9) 账目审查工作应按照财务规则的规定,由本联盟一国或多国,或者由外请的审计员进行,这些国家或审计员应由大会指定,并事先征得其同意。

## 第12条

[对第9条至第12条的修正]

(1) 对第9条、第10条、第11条及本条的修正,应经大会的任何成员国或总干事的提议进行。该提议至少应于大会审议前六个月由总干事通知大会成员国。

(2) 第(1)项所指各条的修正案应由大会通过。通过修正案需达到投票数的四分之三,但第9条和本项的修正案需达到投票数的五分之四。

(3) 第(1)项所指各条的修正案,应在总干事从大会通过修正案时的大会成员国的四分之三的国家收到按照各该国宪法程序生效的书面接受通知书一个月后产生效力。如此获得接受的上述各条的修正案,对其生效时的所有大会成员国或以后成为大会成员国的国家均有约束力,但任何增加特别联盟国家债务的修正案,仅对通知接受该修正案的国家有约束力。

## 第13条

[细则;修订]

(1) 本协定的实施由细则规定。

(2) 本协定可由特别联盟国家代表会议修订。

## 第14条

[批准和加入;生效;关于《巴黎公约》第24条(领土);加入1958年文本]

(1) 本特别联盟国家已签署本文本的可批准本文本;尚未签署的国家,可加入本文本。

(2) (a) 非本特别联盟国家,凡为《保护工业产权巴黎公约》成员的,均可加入本文本而成为特别联盟的成员。

(b) 加入通知中应保证在加入之时已获得国际注册的原产地名称,在加入国领土内享受上述条款规定的利益。

(c) 然而,任何国家在加入本协定时,可在一年期限内声明,在已经国际局注册的原产地名称中,该国愿对哪些行使第5条第(3)项规定的权利。

(3) 批准书和加入书应递交总干事保存。

(4)《保护工业产权巴黎公约》第24条的规定适用于本协定。

(5) (a) 对于最先递交批准书或加入书的五个国家,本文本在递交第五份此种文件起三个月后生效。

(b) 对于其他任何国家,本文本自总干事就该国的批准或加入发出通知之日起三个月后生效,在批准书或加入书中指定较迟日期的除外。对于后一种情况,本文本对该国在其指定的日期开始生效。

(6) 批准或加入,即当然接受本文本的所有条款并享受本文本规定的所有利益。

(7) 本文本生效后,一个国家只有同时批准或加入本文本,才可加入1958年10月31日文本。

## 第15条

[协定的期限;退约]

(1) 只要至少有五个国家仍然为协定的成员国,本协定就继续有效。

(2) 任何国家可以通知总干事退出本文本。该退约亦构成退出本协定1958年10月31日文本,并且退约仅对退约国有效,本协定对于特别联盟的其他国家继续有效和适用。

(3) 退约自总干事收到通知之日起一年后生效。

(4) 成为本特别联盟成员尚不满五年的国家,不得行使本条规定的退约权。

## 第16条

[适用的文本]

(1) (a) 在已经批准或加入本文本的特别联盟国家间,本文本应替代1958年10月31日文本。

(b) 然而,已批准或加入本文本的特别联盟各国,在与未批准或加入本文本国家的关系中,应适用1958年10月31日文本。

(2) 非特别联盟国家加入本文本的,对于应未加入本文本的任一特别联盟国家的主管机关请求在国际局办理的原产地名称国际注册,应适用本文本,条件是对于上述加入国,此种注册符合本文本规定的条件。对于应上述加入本文本的非特别联盟国家的主管机关请求在国际局办理的国际注册,这些国家承认,上述未加入本文本的特别联盟国家可以要求符合1958年10月31日文本规定的条件。

## 第17条

[签字;语言;保存人的职责]

(1) (a) 本文本在法语原本上签署,交瑞典政府保存。

(b) 大会所指定的其他语种的正式文本,由总干事与有关政府协商后制定。

(2) 本文本至1968年1月13日止在斯德哥尔摩开放签字。

(3) 总干事应将经瑞典政府确认的本文本签署原本的副本两份转交特别联盟所有国家的政府,并应请求转交给其他任何国家的政府。

(4) 总干事应将本文本报联合国秘书处登记。

(5) 总干事应将签字、批准书或加入书的交存、本文本各条款的生效、退约通知以及按照第14条第(2)项第(c)目和第(4)项所作的声明,通知特别联盟所有国家的政府。

## 第18条

［过渡条款］

（1）在第一任总干事就职以前，本文本所指的产权组织国际局或总干事应分别视为《保护工业产权巴黎公约》所成立的联盟局或总干事。

（2）在建立产权组织的公约生效后五年内，未批准或加入本文本的特别联盟国家，如果欲行使本文本第9条至第12条规定的权利的，可以行使这些权利，视同已接受这些条款。任何国家希望行使上述权利的，应书面通知总干事。该通知自接到之日起生效。直到所述期限届满为止，这类国家应视为大会的成员。

# 原产地名称和地理标志里斯本协定(日内瓦文本)

## 目　　录

### 第一章　绪则和总则



### 第二章　申请和国际注册



### 第三章　保　　护

## 第四章　驳回及有关国际注册的其他行动

第 15 条　驳回

第 16 条　撤回驳回

第 17 条　过渡期

第 18 条　给予保护的通知

第 19 条　无效宣告

第 20 条　变更和国际注册簿上的其他登记事项

## 第五章　行 政 条 款

第 21 条　里斯本联盟的成员

第 22 条　特别联盟的大会

第 23 条　国际局

第 24 条　财务

第 25 条　实施细则

## 第六章　修 订 和 修 正

第 26 条　修订

第 27 条　大会对若干条款的修正

## 第七章　最 后 条 款

第 28 条　成为本文本的缔约方

第 29 条　批准和加入的生效日期

第 30 条　禁止保留

第 31 条　《里斯本协定》和 1967 年文本的适用

第 32 条　退约

第 33 条　本文本的语言;签字

第 34 条　保存人

# 第一章 绪则和总则

## 第1条

［缩略语］

除非另有说明，在本文本中：

(i)《里斯本协定》指1958年10月31日的《原产地名称保护及国际注册里斯本协定》；

(ii)"1967年文本"指1967年7月14日在斯德哥尔摩修订，并于1979年9月28日修正的《里斯本协定》；

(iii)"本文本"指由此文本制定的原产地名称和地理标志里斯本协定；

(iv)"实施细则"指第25条所述的实施细则；

(v)《巴黎公约》指1883年3月20日订立、后经修订和修正的《保护工业产权巴黎公约》；

(vi)"原产地名称"指第2条第(1)项第(i)段所述的名称；

(vii)"地理标志"指第2条第(1)项第(ii)段所述的标志；

(viii)"国际注册簿"指作为原产地名称和地理标志国际注册正式数据集、由国际局根据第4条保管的国际注册簿，而不论用何种介质保管此种数据；

(ix)"国际注册"指国际注册簿中登记的国际注册；

(x)"申请"指国际注册申请；

(xi)"已注册"指已依据本文本在国际注册簿上登记；

(xii)"原产地理区域"指第2条第(2)项所述的地理区域；

(xiii)"跨界地理区域"指位于相邻缔约方之内或覆盖相邻缔约方的地理区域；

(xiv)"缔约方"指参加本文本的任何国家或政府间组织；

(xv)"原产缔约方"指原产地理区域所在的缔约方或跨界原产地理区域所在的各缔约方；

(xvi)“主管机构”指依据第3条指定的实体；

(xvii)“受益各方”指依据原产缔约方的法律，有权使用一个原产地名称或一个地理标志的自然人或法律实体；

(xviii)“政府间组织”指依据第28条第(1)项第(iii)段有资格参加本文本的政府间组织；

(xix)“产权组织”指世界知识产权组织；

(xx)“总干事”指产权组织的总干事；

(xxi)“国际局”指产权组织的国际局。

## 第2条

［客　体］

(1)［原产地名称和地理标志］　本文本适用于：

(i) 在原产缔约方受到保护、由一个地理区域的地名构成或包含该地名的任何名称，或者众所周知指称该地理区域的另一名称，该名称用于指示一项产品来源于该地理区域，并且赋予该产品以声誉，而该产品的质量或特征完全或主要取决于地理环境，包括自然因素和人的因素；以及

(ii) 在原产缔约方受到保护、由一个地理区域的地名构成或包含该地名的任何标志，或者众所周知指称该地理区域的另一标志，该标志标示一项产品来源于该地理区域，而该产品的特定质量、声誉或其他特征主要由其地理来源所决定。

(2)［可能的原产地理区域］　第(1)项所述的原产地理区域可以由原产缔约方的全部领土构成，也可以由原产缔约方的一个地区、区域或地方构成。这不排除本文本适用于由一个跨界地理区域或这种区域的一部分构成的第(1)项所述的原产地理区域。

## 第3条

［主管机构］

每一缔约方应指定一个实体，负责本文本在其领土内的行政，以及依据本文本和实施细则与国际局的通信。缔约方应按实施细则的规定，将该主管机

构的名称及联系方式通知国际局。

### 第4条
［国际注册簿］

国际局应保管一份国际注册簿，登记依本文本、依《里斯本协定》及1967年文本，或既依本文本又依《里斯本协定》及1967年文本进行的国际注册以及与这些国际注册有关的数据。

## 第二章　申请和国际注册

### 第5条
［申　请］

(1)［提交地］　申请应向国际局提交。

(2)［由主管机构提交申请］　除第(3)项规定的情况外，原产地名称或地理标志国际注册申请应由主管机构以下列名义提交：

(i) 受益各方；或

(ii) 根据原产缔约方的法律，具备法律地位、能够主张受益各方的权利或者该原产地名称或地理标志的其他权利的自然人或法律实体。

(3)［直接提交申请］

(a) 在不损害第(4)项的情况下，如果原产缔约方的立法允许，申请可以由受益各方或第(2)项第(ii)段所述的自然人或法律实体提交。

(b) 适用第(a)目，须由缔约方声明其立法允许。此种声明可以由缔约方在交存批准书或加入书时作出，也可以在以后的任何时间作出。声明在交存批准书或加入书时作出的，于本文本对该缔约方生效时生效。声明在本文本对缔约方生效之后作出的，于总干事收到声明之日起三个月后生效。

(4)［跨界地理区域可以共同申请］　原产地理区域由跨界地理区域构成的，相邻的各缔约方可以根据其协议，通过一个共同指定的主管机构共同提交申请。

(5)［必要内容］ 实施细则应规定除第6条第(3)项所规定的资料之外，申请中所必须包含的必要资料。

(6)［非必要内容］ 实施细则可以规定申请中可包含的非必要资料。

## 第6条

［国际注册］

(1)［国际局的形式审查］ 国际局收到符合实施细则规定的原产地名称或地理标志国际注册申请，应在国际注册簿中注册该原产地名称或该地理标志。

(2)［国际注册日］ 除第(3)项另有规定外，国际注册日为国际局收到申请的日期。

(3)［缺少资料时的国际注册日］ 申请未包含下列所有资料的，国际注册日为国际局收到最后一项所缺资料的日期：

(i) 主管机构的名称，对于第5条第(3)项所述的情况，申请人或各申请人的名称；

(ii) 用以识别受益各方，以及在适用时，用以识别第5条第(2)项第(ii)段所述的自然人或法律实体的详细信息；

(iii) 申请国际注册的原产地名称或地理标志；

(iv) 原产地名称或地理标志所用于的产品或各种产品。

(4)［国际注册的公布和通知］ 国际局应立即公布每项国际注册并将国际注册通知每一缔约方的主管机构。

(5)［国际注册生效日］

(a) 除第(b)目另有规定外，在未依据第15条驳回保护的每一缔约方，或已依据第18条向国际局发出给予保护的通知的每一缔约方，已注册原产地名称或地理标志应从国际注册之日起受保护。

(b) 缔约方可以用声明通知总干事，根据其本国或区域立法，已注册原产地名称或地理标志从声明中所述之日起受保护，但该日不得晚于依据第15条第(1)项第(a)目在实施细则中规定的驳回时限届满之日。

## 第7条

［费　用］

（1）［国际注册费］　每一原产地名称和每一地理标志的国际注册，均应缴纳实施细则中规定的费用。

（2）［国际注册簿上其他登记事项的费用］　实施细则中应规定须为国际注册簿上其他登记事项以及为提供摘要、证明或与国际注册内容有关的其他信息缴纳的费用。

（3）［减费］　大会应为某些特别是原产缔约方为发展中国家或最不发达国家的原产地名称国际注册和地理标志国际注册设立减费。

（4）［单独费］

（a）任何缔约方均可用声明通知总干事，国际注册产生的保护，仅在缴纳费用以支付缔约方对国际注册进行实质审查的开支之后，才延伸至该缔约方。此种单独费的数额应在声明中指明，并可以在以后的声明中予以变更。前述数额不得高于缔约方本国或区域立法要求的数额扣除国际程序产生的节支之后的等值数额。此外，缔约方可以用声明通知总干事，要求收取与受益各方在该缔约方使用原产地名称或地理标志有关的行政费。

（b）未缴纳单独费的，在符合实施细则的情况下，后果是在要求缴纳该费用的缔约方放弃保护。

## 第8条

［国际注册的有效期］

（1）［依附］　国际注册无限期有效，但谅解是如果构成原产地名称的名称或构成地理标志的标志在原产地缔约方不再受保护，则不应再要求对已注册原产地名称或地理标志的保护。

（2）［注销］

（a）原产缔约方的主管机构，对于第5条第（3）项所述的情况，受益各方或第5条第（2）项第（ii）段所述的自然人或法律实体或者原产缔约方的主管机构，可以随时要求国际局注销有关国际注册。

(b) 如果构成已注册原产地名称的名称或构成已注册地理标志的标志在原产缔约方不再受保护,原产缔约方的主管机构应要求注销国际注册。

## 第三章 保　　护

### 第9条

[承诺保护]

每一缔约方均应在其自身法律制度和惯例的范围内符合本文本各项条款的情况下,在其领土上保护已注册原产地名称和地理标志,但任何可能对其领土生效的驳回、放弃、无效宣告或注销除外,且谅解是,缔约方本国或区域立法中不区分原产地名称和地理标志的,不得被要求在其本国或区域立法中实行此种区分。

### 第10条

[根据缔约方法律或根据其他文书给予保护]

(1) [法律保护的形式] 每一缔约方均可自由选择依据何种立法建立本文本所规定的保护,但条件是此种立法符合本文本的实质要求。

(2) [根据其他文书给予保护] 本文本的规定不以任何方式影响缔约方可能根据其本国或区域立法,或根据其他国际文书,对已注册原产地名称或已注册地理标志给予的任何其他保护。

(3) [与其他文书的关系] 本文本的任何内容均不减损缔约各方相互之间依任何其他国际文书承担的任何义务,也不损害缔约方依任何其他国际文书享有的任何权利。

### 第11条

[对已注册原产地名称和地理标志的保护]

(1) [保护内容] 在符合本文本规定的前提下,对于一个已注册原产地名称或已注册地理标志，每一缔约方均应提供法律手段，以制止下列行为：

(a) 以下列方式使用原产地名称或地理标志：

(i) 用于与原产地名称或地理标志所用于的产品属同一类的产品，但产品非来源于原产地理区域，或者不符合适用于原产地名称或地理标志使用的任何其他要求；

(ii) 用于与原产地名称或地理标志所用于的产品不属同一类的产品，或用于服务，如果此种使用将表示或暗示在这些产品或服务与原产地名称或地理标志的受益各方之间有联系，并且将可能损害受益各方的利益，或者在适用时，由于原产地名称或地理标志在有关缔约方的声誉，此种使用将可能以不公平的方式削弱或淡化这种声誉，或者不公平地利用这种声誉；

(b) 任何可能在产品的真实原产地、产源或性质方面误导消费者的其他做法。

(2) [某些使用方面的保护内容]　即使注明了产品的真实原产地，或者即使使用的是原产地名称或地理标志的翻译形式，或附加了"型"、"类"、"式"、"款"、"仿"、"法"、"如某地所产"、"像"、"似"等类似字样，第(1)项第(a)目亦应适用于构成模仿的对原产地名称或地理标志的使用。①

(3) [商标中的使用]　在不损害第 13 条第(1)项的情况下，如果一个在后商标的使用将导致第(1)项所包括的情况之一，缔约方应在其立法允许时依职权，或者应利害关系人的请求，驳回该商标注册或宣告其注册无效。

## 第 12 条

[防止成为通用名称]

在不违反本文本规定的情况下，已注册原产地名称和已注册地理标志不

---

① 关于第 11 条第(2)项的议定声明：各方达成共识，为本文本的目的，构成原产地名称或地理标志的名称或标志中的某些要素在原产缔约方具有通用性时，不得依据本款在其他缔约方要求保护。为进一步明确，依据第 11 条的条款在缔约各方对商标作出的驳回或无效宣告，或者认定侵权，不能基于具有通用性的组成部分。

能被认为已在一个缔约方成为通用名称。[①]

## 第13条

[对其他权利的保障]

(1)[在先商标权] 本文本的规定不损害在缔约方善意申请或注册的在先商标,或者通过善意使用获得的在先商标。缔约方的法律对商标赋予的权利规定了有限例外,使此种在先商标在某些情况下不能使其所有人有权阻止已注册原产地名称或地理标志在该缔约方被给予保护或被使用的,已注册原产地名称或地理标志所受的保护不得以任何其他方式限制该商标所赋予的权利。

(2)[商业中使用的人名] 本文本的规定不得损害任何人在贸易过程中使用其人名或者前业主人名的权利,但以误导公众的方式使用此种人名的除外。

(3)[基于植物或动物品种名称的权利] 本文本的规定不得损害任何人在贸易过程中使用植物品种名称或动物品种名称的权利,但以误导公众的方式使用此种植物品种名称或动物品种名称的除外。

(4)[通知撤回驳回或给予保护时的保障] 缔约方已经依第15条、以依据本条所述的在先商标或其他权利进行的使用为由驳回一项国际注册效力,又依第16条通知撤回该驳回,或者依第18条通知给予保护,则原产地名称或地理标志由此受到的保护不得损害该权利或其使用,除非保护是在该权利被注销、未续展、被撤销或宣告无效后给予的。

## 第14条

[权利行使程序和救济]

每一缔约方应为保护已注册原产地名称和已注册地理标志提供有效的法

---

① 关于第12条的议定声明:各方达成共识,为本文本的目的,第12条不损害本文本有关在先使用的规定的适用,因为在国际注册之前,构成原产地名称或地理标志的名称或标志可能已全部或部分在原产缔约方以外的一个缔约方成为通用名称,原因例如该名称或标志,或该名称或标志的一部分,与该缔约方通用语中作为一项产品或服务通用名的惯用词相同,或者与该缔约方的一个葡萄品种的惯用名相同。

律救济，并应规定，旨在确保已注册原产地名称和已注册地理标志得到保护的法律程序，可以根据该缔约方的法律制度和惯例，由一个公共机构或任何利害关系人提起，不论其是自然人还是法律实体，公共还是私营。

## 第四章 驳回及有关国际注册的其他行动

### 第15条

［驳 回］

(1)［驳回国际注册的效力］

(a) 缔约方的主管机构可以在实施细则规定的时限内通知国际局驳回一项国际注册在其领土内的效力。驳回通知可以由主管机构在其立法允许时依职权作出，也可以应利害关系人的请求作出。

(b) 驳回通知应列出驳回所依据的理由。

(2)［根据其他文书给予保护］ 驳回通知不得有损于有关名称或标志依据第10条第(2)项可能在驳回所涉的缔约方得到的任何其他保护。

(3)［向利害关系人提供机会的义务］ 每一缔约方应向可能被一项国际注册影响利益的任何人提供合理的机会，使其可以要求主管机构就国际注册发出驳回通知。

(4)［驳回的登记、公布和函告］ 国际局应将驳回和驳回理由在国际注册簿上登记。国际局应公布驳回和驳回理由，并将驳回通知函告原产缔约方的主管机构，申请系依据第5条第(3)项直接提交的，函告受益各方或第5条第(2)项第(ii)段所述的自然人或法律实体以及原产缔约方的主管机构。

(5)［国民待遇］ 每一缔约方应使受驳回影响的利害关系人可以采用与其本国国民在原产地名称或地理标志被驳回保护方面可以采用的相同的司法和行政救济。

## 第16条

[撤回驳回]

驳回可以按实施细则中规定的程序撤回。撤回应在国际注册簿上登记。

## 第17条

[过渡期]

(1)[可以给予过渡期] 在不损害第13条的情况下,缔约方未以第三方的在先使用为由驳回国际注册的效力,或者已经撤回此种驳回,或者已经通知给予保护的,如果其立法允许,可以按《实施细则》的规定给予一定期限,以结束此种使用。

(2)[过渡期的通知] 缔约方应依实施细则规定的程序,将任何此种期限通知国际局。

## 第18条

[给予保护的通知]

缔约方的主管机构可以通知国际局,对已注册原产地名称或地理标志给予保护。国际局应将任何此种通知在国际注册簿上登记并予以公布。

## 第19条

[无效宣告]

(1)[维护权利的机会] 宣告一项国际注册在缔约方领土内部分或全部无效,只有在给予受益各方维护其权利的机会之后才能作出。此种机会亦应给予第5条第(2)项第(ii)段所述的自然人或法律实体。

(2)[通知、登记和公布] 缔约方应将对国际注册的无效宣告通知国际局,国际局应将无效宣告在国际注册簿上登记并予以公布。

(3)[根据其他文书给予保护] 无效宣告不得有损于有关名称或标志依据第10条第(2)项可能在宣告国际注册无效的缔约方得到的任何其他保护。

### 第20条

［变更和国际注册簿上的其他登记事项］

国际注册变更和国际注册簿上其他登记事项的办理程序，由实施细则规定。

## 第五章 行政条款

### 第21条

［里斯本联盟的成员］

缔约各方不论是否参加《里斯本协定》或1967年文本，均与参加《里斯本协定》或1967年文本的国家为同一特别联盟的成员。

### 第22条

［特别联盟的大会］

(1)［组成］

(a) 缔约各方与参加1967年文本的国家为同一大会的成员。

(b) 每一缔约方由一名代表出席，该代表可以由副代表、顾问和专家协助。

(c) 每一代表团应承担自己的费用。

(2)［任务］

(a) 大会应：

(i) 处理有关维持和发展特别联盟及有关实施本文本的一切事项；

(ii) 适当考虑未批准或未加入本文本的特别联盟成员的任何意见，就第26条第(1)项所述修订会议的筹备工作向总干事作出指示；

(iii) 修正实施细则；

(iv) 审查和批准总干事有关特别联盟的报告和活动，并就特别联盟权限内的事项向总干事作出一切必要的指示；

(v) 决定特别联盟的工作计划,通过特别联盟的两年期预算,并批准决算;

(vi) 通过特别联盟的财务条例;

(vii) 为实现特别联盟的目标,设立大会认为适当的委员会和工作组;

(viii) 决定接纳哪些国家、政府间组织和非政府组织作为观察员参加大会的会议;

(ix) 通过对第22条至第24条以及第27条的修正;

(x) 为实现特别联盟的目标采取任何其他的适当行动,并履行与本文本有关的其他适当职能。

(b) 对于与产权组织所辖其他联盟同样相关的事项,大会应在听取产权组织协调委员会的意见后作出决定。

(3) [法定人数]

(a) 有权就某一事项表决的大会成员的半数构成就该事项表决的法定人数。

(b) 尽管有第(a)目的规定,如果在任何一次会议上,系国家、有权就某一事项表决且出席会议的大会成员的数目不足系国家且有权就该事项表决的大会成员的半数,但达到或超过三分之一,大会可以作出决定,但除关于大会自身程序的决定以外,所有决定只有符合下列条件才能生效。国际局应将所述决定通知系国家、有权就所述事项表决且未出席会议的大会成员,请其于函告之日起三个月期限内以书面形式进行表决或表示弃权。该期限届满时,以这种方式进行表决或表示弃权的此种成员的数目达到构成会议本身法定人数所缺的成员数目,只要同时仍然达到所需的多数,此种决定即应生效。

(4) [在大会上作决定]

(a) 大会应努力通过协商一致作出决定。

(b) 无法通过协商一致作出决定的,应通过表决对争议事项作出决定。在此种情况下,

(i) 凡属国家的每一缔约方应有一票,并只能以其自己的名义表决;并且

(ii) 凡属政府间组织的缔约方可以代替其成员国表决,其票数与其参加

本文本的成员国数目相等。如果此种政府间组织的任何一个成员国行使表决权,则该组织不得参加表决,反之亦然。

(c) 对于仅与受 1967 年文本约束的国家相关的事项,不受 1967 年文本约束的缔约方没有表决权,而对于仅与缔约方相关的事项,只有缔约方才有表决权。

(5) [多数]

(a) 除第 25 条第(2)项和第 27 条第(2)项另有规定外,大会作出决定需要所投票数的三分之二。

(b) 弃权不视为投票。

(6) [开会]

(a) 大会由总干事召集举行会议,如无例外情况,应与产权组织大会同时同地举行。

(b) 经四分之一的大会成员要求,或经总干事本人发起,大会由总干事召集举行特别会议。

(c) 每次会议的议程由总干事制定。

(7) [议事规则] 大会应通过自己的议事规则。

## 第23条

[国际局]

(1) [行政任务]

(a) 国际注册和有关工作,以及与特别联盟相关的其他一切行政任务,由国际局执行。

(b) 国际局尤其应为大会以及大会可能设立的委员会和工作组筹备会议并提供秘书处。

(c) 总干事是特别联盟的最高行政官员,并代表特别联盟。

(2) [国际局在大会及其他会议中的作用] 总干事及其指定的任何工作人员应参加大会以及大会设立的委员会和工作组的所有会议,但没有表决权。总干事或其指定的一名工作人员是此种机构的当然秘书。

(3) [会议]

(a) 国际局应按照大会的指示,筹备任何修订会议。

(b) 国际局可以就所述筹备工作与政府间组织及国际和国家非政府组织进行协商。

(c) 总干事及其指定的人员应参加修订会议的讨论,但没有表决权。

(4) [其他任务] 国际局应执行向其分派的与本文本有关的任何其他任务。

## 第24条

[财 务]

(1) [预算] 特别联盟的收入和支出应以公正透明的方式列入产权组织的预算。

(2) [预算资金来源] 特别联盟的收入来自以下来源:

(i) 依第7条第(1)项和第(2)项收取的费用;

(ii) 国际局出版物的售款或版税;

(iii) 捐赠、遗赠和补助金;

(iv) 房租、投资收入和其他收入,包括杂项收入;

(v) 缔约各方的特别会费或来自缔约各方或受益各方的任何其他来源,或者特别会费加上此种其他来源,条件是第(i)段至第(iv)段中所指来源的收款不足以支付开支,在不足的范围内,经大会决定收取。

(3) [费用的确定;预算的数额]

(a) 第(2)项所述费用的数额由大会根据总干事的提议确定,确定的数额应使特别联盟的收入加上依第(2)项从其他来源取得的收入,在正常情况下足以支付国际局维持国际注册服务的支出。

(b) 如果产权组织的计划和预算在新的财政期间开始前未获通过,对总干事承担债务和支用款项的授权应与上一财政期间的水平相同。

(4) [第(2)项第(v)段所述特别会费的确定] 为确定其会费,每一缔约方应属于与其在《巴黎公约》下所属等级相同的等级;缔约方不是《巴黎公约》缔约方的,属于与其如果是《巴黎公约》缔约方将属于的等级相同的等级。政府间组织视为属于会费第一级,除非大会一致作出其他决定。会费应按大会的决定，根据源自缔约方的注册数进行部分加权。

(5)［周转基金］ 特别联盟应设周转基金，在特别联盟作出决定时，由特别联盟每一成员垫付的缴款组成。基金不足时，大会可以决定增加基金。缴款的比例和方式由大会根据总干事的提议确定。如果特别联盟在任何财政期间的收支相抵后记有盈余，经总干事提议并由大会决定，可以按照成员初始缴款额的比例，将周转基金垫款返还每一成员。

(6)［东道国的垫款］

(a) 应在与产权组织总部所在地国家达成的总部协定中规定，凡周转基金不足时，该国应提供垫款。此种垫款的数额与提供垫款的条件由该国和产权组织每次分别签署协议。

(b) 第(a)目所述的国家及产权组织均有权以书面通知废止提供垫款的义务。废止应于通知当年年底起三年后生效。

(7)［账目的审计］ 账目的审计应按产权组织财务条例的规定，由特别联盟一个或多个成员国实行，或者由外部审计人员实行。此种国家或审计人员由大会征得该国或该人同意后指定。

## 第25条

［实施细则］

(1)［内容］ 实施本文本的细节应在实施细则中规定。

(2)［实施细则某些规定的修正］

(a) 大会可以决定，实施细则的某些规定需要一致同意才能修正，或者需要四分之三多数才能修正。

(b) 为使一致同意或四分之三多数的要求将来不再适用于实施细则某项规定的修正，需要获得一致同意。

(c) 为使一致同意或四分之三多数的要求将来适用于实施细则某项规定的修正，需要四分之三多数。

(3)［本文本与实施细则相抵触］ 本文本的规定与实施细则的规定发生抵触时，以前者的规定为准。

# 第六章　修订和修正

## 第26条

［修　订］

(1)［修订会议］ 本文本可以由缔约各方的外交会议修订。召开任何外交会议,应由大会决定。

(2)［若干条款的修订或修正］ 第22条至第24条和第27条可以由修订会议修正,也可以由大会根据第27条的规定修正。

## 第27条

［大会对若干条款的修正］

(1)［修正案］

(a) 修正第22条至第24条或修正本条的提案,可以由任何缔约方提出,也可以由总干事提出。

(b) 此类提案至少应于大会审议六个月前由总干事函告缔约各方。

(2)［多数］ 通过第(1)项所述各条的任何修正,需要四分之三多数,但通过第22条或本项的任何修正,需要五分之四多数。

(3)［生效］

(a) 除第(b)目适用的情况外,第(1)项所述各项的任何修正,应在总干事收到该修正通过时为大会成员且有权对该修正表决的四分之三的缔约方依各自宪法程序作出书面接受通知起一个月后生效。

(b) 第22条第(3)项或第(4)项或本项的任何修正,在大会通过后六个月内有任何缔约方通知总干事不予接受的,不得生效。

(c) 根据本款各项规定生效的任何修正,应对修正生效时为缔约方或在之后成为缔约方的所有国家和政府间组织具有约束力。

# 第七章　最 后 条 款

## 第28条

［成为本文本的缔约方］

(1)［资格］　除第29条以及本条第(2)项和第(3)项另有规定外,

(i) 参加《巴黎公约》的任何国家均可签署本文本,成为本文本的缔约方;

(ii) 产权组织的任何其他成员国,如果声明其立法符合《巴黎公约》有关原产地名称、地理标志和商标的规定,可以签署本文本,成为本文本的缔约方;

(iii) 任何政府间组织如果至少有一个成员国参加《巴黎公约》,并声明其根据其内部程序被正式授权要求成为本文本的缔约方,而且根据该政府间组织的组成条约,依适用的立法可以取得地理标志区域保护权利的,该政府间组织可以签署本文本,成为本文本的缔约方。

(2)［批准或加入］　第(1)项所述的任何国家或政府间组织

(i) 已签署本文本的,可以交存批准书;

(ii) 未签署本文本的,可以交存加入书。

(3)［交存的生效日期］

(a) 除第(b)目另有规定外,交存批准书或加入书的生效日期为交存该文书的日期。

(b) 政府间组织的成员国交存批准书或加入书,如果在该国的原产地名称或地理标志保护只能依据政府间组织成员国之间适用的立法获得,而该政府间组织交存批准书或加入书的日期晚于该国交存文书的日期,则该国交存批准书或加入书的生效日期为该政府间组织交存文书的日期。然而,本目不适用于参加《里斯本协定》或1967年文本成员的国家,也不损害第31条对这些国家的适用。

## 第29条

[批准和加入的生效日期]

(1)[应予考虑的文书] 根据本条,只有第28条第(1)项所述的国家或政府间组织交存并依第28条第(3)项有生效日期的批准书或加入书才应予以考虑。

(2)[本文本的生效] 本文本应在五个第28条所述的有资格的有关方交存批准书或加入书三个月后生效。

(3)[批准和加入的生效]

(a)在本文本生效日三个月前或逾三个月前交存批准书或加入书的任何国家或政府间组织,于本文本生效之日起受本文本约束。

(b)任何其他国家或政府间组织,于其交存批准书或加入书之日起三个月后受本文本约束,文书中指明更晚日期的,于指明的日期生效。

(4)[加入前进行的国际注册] 在拟加入国家的领土内,缔约方是政府间组织的,则在该政府间组织的组成条约所适用的领土内,本文本的规定应适用于加入生效时已依据本文本注册的原产地名称和地理标志,但需符合第7条第(4)项以及第Ⅳ章的规定,这些规定应比照适用。拟加入国家或拟加入的政府间组织还可以在批准书或加入书所附的声明中,依据实施细则中规定的有关程序,指明延长第15条第(1)项所述的时限,并指明第17条所述的各个期限。

## 第30条

[禁止保留]

对本文本不得有保留。

## 第31条

[《里斯本协定》和1967年文本的适用]

(1)[既参加本文本又参加《里斯本协定》或1967年文本的各国之间的关系] 既参加本文本又参加《里斯本协定》或1967年文本的各国,在其相互关系中只适用本文本。但是,对于依《里斯本协定》或1967年文本有效的原产地名称国际注册,各国给予的保护不得低于《里斯本协定》或1967年文本的要求。

(2)[既参加本文本又参加《里斯本协定》或1967年文本的国家与参加《里斯本协定》或1967年文本但未参加本文本的国家之间的关系] 既参加本文本又参加《里斯本协定》或1967年文本的国家,在其与参加《里斯本协定》或1967年文本,但未参加本文本的国家的关系中,视具体情况,继续适用《里斯本协定》或1967年文本。

## 第32条

[退 约]

(1)[通知] 任何缔约方均可退出本文本,退约应通知总干事。

(2)[生效日期] 退约于总干事收到通知之日起一年后生效,通知中指明更晚日期的,于指明的日期生效。对于退约生效时与退约缔约方有关的任何未决申请和任何生效国际注册,退约不影响本文本的适用。

## 第33条

[本文本的语言;签字]

(1)[原始文本;正式文本]

(a)本文本的签字原件为一份,以汉语、阿拉伯语、英语、法语、俄语和西班牙语签署,各该语种的文本同等作准。

(b)大会可能指定的其他语言的正式文本,由总干事在与有关政府协商后制定。

(2)[签字的时限] 本文本通过后即在产权组织总部开放供签署,期限一年。

## 第34条

[保存人]

总干事为本文本的保存人。

# 适用《里斯本协定》的行政规程

本规程于2010年1月1日生效。

## 目　录



## 第一部分　定　义

### 第1款

［缩略语］

(a) 在本行政规程中:

(i)“《实施细则》”指《保护原产地名称及其国际注册里斯本协定实施细则》;

(ii)“细则第……则”指《实施细则》第……则。

(b) 在本行政规程中,凡细则第1则中提到的用语,其意义与《实施细则》中的相同。

## 第二部分　表　　格

### 第2款

[规定表格]

凡《实施细则》规定必须使用表格办理的程序,国际局应为之制定表格。

### 第3款

[任选表格]

除第2款所述以外,对于须按《实施细则》办理的程序,国际局可以制定任选表格。

### 第4款

[表格的提供]

国际局应在其网站上,并承索以纸件形式,提供第2款和第3款所述的一切规定表格和任选表格。

## 第三部分　主管机关与国际局之间的通信

### 第5款

[书面通信;通信含有多份文件]

(a) 通信应以书面形式进行,用打字机或其他机器打印。

(b) 通信含有多份文件的,应附一份清单,列明每份文件。

## 第6款

[传真通信]

(a) 主管机关与国际局之间的通信可通过传真发送。通信必须由主管机关用正式表格提交的,传真通信必须使用正式表格。

(b) 国际局从主管机关收到的传真通信不完整或因其他原因不可用时,应通知主管机关。

## 第7款

[电子通信]

(a) 主管机关与国际局之间的通信,包括提交国际申请,如果该主管局要求采用电子方式,应按国际局与该主管机关商定的办法采用电子方式进行。

(b) 国际局从主管机关收到的电子通信不完整或因其他原因不可用时,应通知主管机关。

## 第8款

[国际局发送的通知]

(a) 实施细则第22则第(1)项所述的由国际局发给主管机关的通知,通过邮局或投递公司寄发的,收到日期以邮局或投递公司根据其所作的邮件记录提供的说明为准。通知通过传真或电子方式发送的,如果因发送地与接收地之间的时差,开始传送的日期与收到传送的日期不一致,两个日期中较晚的日期应视为收到日期。

(b) 按上述办法确定的日期,国际局应向有关主管机关发出确认,并通知原属国主管机关。

## 第9款

[主管机关发送的通知]

(a) 国际局收到实施细则第21则所述的声明,应向寄发声明的主管机关发出回执。

（b）实施细则第 21 则所述的声明通过传真或电子方式发送的，如果因发送地与接收地之间的时差，开始传送的日期与收到传送的日期不一致，两个日期中较早的日期应视为发出日期。

# 原产地名称保护及国际注册《里斯本协定》实施细则

本细则于2016年1月1日生效。

## 目　　录

## 第五章　与国际注册有关的其他登记事项



## 第六章　其他条款和费用



# 第一章　总　　则

## 第 1 则

［缩略语］

在本实施细则中，

(i)“协定”指 1958 年 10 月 31 日签订、1967 年 7 月 14 日在斯德哥尔摩修订并于 1979 年 9 月 28 日修正的《原产地名称保护及国际注册里斯本协定》；

(ii)“原产地名称”指协定第2条第(1)项中定义的原产地名称;

(iii)“国际注册”指依协定进行的原产地名称国际注册;

(iv)“国际申请”指国际注册申请;

(v)“国际注册簿”指由国际局保存的国际注册数据的正式汇编,这些数据系协定或本实施细则规定登记的,而无论存储数据的介质如何;

(vi)“缔约国”指协定成员国;

(vii)“原属国”指协定第2条第(2)项中定义的缔约国;

(viii)“国际局”指世界知识产权组织国际局;

(ix)“正式表格”指国际局制作的表格;

(x)“主管机关”指本实施细则第4则第(1)项第(a)目、第(b)目或第(c)目中所述的主管机关;

(xi)“原产地名称使用权权利人”指协定第5条第(1)项中所述的任何自然人或法人;

(xii)“驳回声明”指协定第5条第(3)项中所述的声明;

(xiii)“公告”指协定第5条第(2)项中所述的期刊,无论其出版所用的介质如何;

(xiv)“行政规程”指第23则之2中所述的行政规程。

## 第2则

[期限的计算]

(1)[以年计的期限] 凡以年计的期限,应于继后的有关年度中,在与该期限所起始的事件发生月和日相同的月和日届满;但是,如果事件发生于2月29日,而在继后的有关年度2月只有28天,则期限于2月28日届满。

(2)[以月计的期限] 凡以月计的期限,应于继后的有关月份中,在与该期限所起始的事件发生日相同的日期届满;但是,继后的有关月份没有相同日期的,期限于该月最后一日届满。

(3)[届满日为国际局或主管机关不办公之日] 如果期限于国际局或主管机关不办公之日届满,尽管有本则第(1)项和第(2)项的规定,该期限于其后第一个办公日届满。

## 第3则

［工作语言］

(1)［国际申请］ 国际申请应使用英语、法语或西班牙语。

(2)［国际申请之后的通信］ 国际局和主管机关之间与国际申请或国际注册有关的通信，应由主管机关选择，使用英语、法语或西班牙语。

(3)［国际注册簿登记和公告］ 在国际注册簿上登记和在公告上公布，应使用英语、法语和西班牙语。这些工作所需的翻译由国际局承担。但是，国际局不对原产地名称进行翻译。

(4)［原产地名称的音译和意译］ 如果主管机关根据本实施细则第5则第(2)项第(c)目提供原产地名称的音译或者根据第5则第(3)项第(ii)段提供原产地名称的一个或多个译名，国际局不对其正确性进行审核。

## 第4则

［主管机关］

(1)［通知国际局］ 各缔约国应将本国下列主管机关的名称和地址及名称和地址的任何变更通知国际局：

(a) 负责以下事项的主管机关：

(i) 根据第5则提交国际申请，根据第6则第(1)项对国际申请中的不规范进行补正，根据第13则第(2)项申请在国际注册簿中登记国际注册变更，根据第14则第(1)项通知国际局放弃在一个或多个缔约国的保护，根据第15则第(1)项要求国际局注销国际注册，根据第17则第(1)项要求对国际注册簿进行更正，根据第19则第(2)项第(b)目向国际局发送第5则第(3)项第(v)段所述的文件，和

(ii) 接收第9则第(3)项、第10则第(1)项和第(2)项、第11则第(3)项、第12则第(2)项和第16则第(2)项所述的国际局的通知，

(b) 负责以下事项的主管机关：

(i) 通知驳回声明，根据第11则通知撤回驳回声明，根据第11则之2发

出给予保护的声明，[①]根据第16则第(1)项通知无效，根据第17则第(1)项要求对国际注册簿进行更正，根据第17则第(3)项声明不能对更正后的国际注册给予保护，和

(ii) 接收第7则第(1)项、第13则第(3)项、第14则第(2)项、第15则第(2)项和第17则第(2)项所述的国际局的通知，以及

(c) 负责向国际局通报已根据协定第5条第(6)项给予第三方不超过两年的期限的主管机关。

(2) [一个主管机关或多个不同主管机关]　第(1)项所述的通知可以指明唯一一个主管机关，也可以指明多个不同的主管机关。但是，对于第(a)目至第(c)目中的每一项，只能指定一个主管机关。

## 第二章　国际申请

### 第5则

[国际申请的要求]

(1) [提交]　国际申请应由原属国主管机关用专用正式表格向国际局提交，由该主管机关签字。

(2) [国际申请的必写内容]

(a) 国际申请应写明：

(i) 原属国；

(ii) 原产地名称使用权权利人或各权利人，名称应为集体形式，无法使用集体名称的，逐一写明名称；

(iii) 要求注册的原产地名称，应使用原属国的官方语言，原属国的官方语言不止一种的，可以使用官方语言中的一种或多种；

(iv) 使用原产地名称的产品；

---

① 里斯本联盟大会在通过细则第11则之2时达成谅解，对于已经加入协定的缔约国，负责发出给予保护的声明的主管机关与第11则之2生效前已经依第4则第(1)项第(b)目通知的主管机关为同一个时，不必发出新声明。

(v) 产品的生产区域;

(vi) 原产地名称据以在原属国获得保护的立法或行政规章的标题和日期、司法裁决或者注册的号码和日期。

(b) 原产地名称使用权权利人的名称或者生产区域为非拉丁字符的,必须写成拉丁字符音译的形式;音译应按照国际申请所用语言的发音方法进行。

(c) 原产地名称为非拉丁字符的,第(a)目第(iii)段中所述的内容必须同时写明拉丁字符的音译;音译应按照国际申请所用语言的发音方法进行。

(d) 国际申请应根据第 23 则规定的金额缴纳注册费。

(3) [国际申请的可写内容] 国际申请可以写明或包括:

(i) 原产地名称使用权权利人的地址;

(ii) 原产地名称的一个或多个译名,可以按原属国主管机关的愿望译为任意数量的语言;

(iii) 关于不对原产地名称的某些要素要求保护的声明;

(iv) 关于在一个或多个缔约国放弃保护的声明,应写明国名;

(v) 第(2)项第(a)目第(vi)段中所述的法规、裁决或注册的原文复制本;

(vi) 原属国主管机关希望提供的与本国保护该原产地名称有关的任何其他信息,如产品生产区域的更多详情,关于产品质量或特征与地理环境之间有何联系的说明等。

## 第 6 则

[不规范申请]

(1) [申请的审查和不规范的补正]

(a) 除第(2)项规定的情况外,如果国际局发现国际申请不符合第 3 则第(1)项或者第 5 则第(1)项和第(2)项规定的要求,应暂缓注册,并通知主管机关在通知之日起三个月内对发现的不规范作出补正。

(b) 主管机关在第(a)目所述通知之日起两个月内未对发现的不规范作出补正的,国际局应向该主管机关发出通知书的提醒函。发出提醒函不影响第(a)目所述的三个月期限。

(c) 国际局在第(a)目所述的三个月内未收到不规范补正的，国际局应驳回国际申请，并告知原属国主管机关。

(d) 如果国际申请被依第(c)目驳回，国际局应在扣除第23则所述注册费一半的金额之后，退还申请所缴纳的费用。

(2) [国际申请不认为是申请] 国际申请不是由原属国主管机关提交给国际局的，不被国际局视为国际申请，应退还给发件人。

## 第三章 国 际 注 册

### 第7则

[在国际注册簿上登记原产地名称]

(1) [注册、注册证和通知] 如果国际局认为国际申请符合第3则第(1)项和第5则规定的要求，应将原产地名称在国际注册簿上登记，向要求注册的主管机关发出注册证，并将国际注册通知未在该国放弃保护的其他缔约国主管机关。

(2) [注册的内容] 国际注册应包括或写明：

(i) 国际申请中的全部内容；

(ii) 国际局收到的国际申请使用的语言；

(iii) 国际注册号；

(iv) 国际注册日期。

### 第8则

[国际注册日期及其效力]

(1) [影响国际注册日期的不规范] 国际申请未包括下列所有内容的，国际注册日期为国际局收到最后一项缺少的内容之日：

(i) 原属国，

(ii) 原产地名称使用权权利人，

(iii) 要求注册的原产地名称，

(iv) 使用原产地名称的产品。

(2) [其他情况下的国际注册日期] 在其他所有情况下，国际注册日期为国际局收到国际申请的日期。

(3) [国际注册生效日期]

(a) 在未依协定第 5 条第(3)项声明对原产地名称不予保护的每个缔约国，以及在已根据第 11 则之 2 向国际局发出给予保护的声明的每个缔约国，国际注册原产地名称从国际注册日期开始受保护，缔约国根据第(b)目发出声明的，从声明中提到的日期开始受保护。

(b) 缔约国可以发出声明，通知总干事，根据本国法律，国际注册原产地名称从声明中提到的日期开始受保护，但该日期不得晚于协定第 5 条第(3)项中所述的一年期限届满之日。

## 第四章 驳回声明；任择性给予保护的声明

### 第 9 则

[驳回声明]

(1) [通知国际局] 驳回声明应由驳回所涉及的缔约国主管机关通知国际局，并由该主管机关签字。

(2) [驳回声明的内容] 一份驳回声明应仅针对一项国际注册，并写明或包括：

(i) 有关的国际注册号，最好附有有助于确认有关国际注册的其他说明，如原产地名称的名称；

(ii) 驳回所基于的理由；

(iii) 驳回基于在先权的，该在先权的基本情况；在先权涉及国家、地区或国际商标申请或商标注册的，尤应写明申请日期和申请号、优先权日期(如果有)、注册日期和注册号、注册人的名称和地址、商标图样以及商标申请或商标注册中有关商品和服务的清单，但清单可以使用该申请或注册所用的语言；

(iv) 驳回仅涉及原产地名称某些要素的，所涉及的要素；

(v) 可以针对驳回采取的司法救济或者行政救济，以及适用的期限。

(3) [在国际注册簿上登记并通知原属国主管机关] 除第10则第(1)项规定的情况外，国际局应将驳回在国际注册簿上登记，注明驳回声明发给国际局的日期，并将声明的复制本用通知发给原属国主管机关。

## 第10则

[不规范的驳回声明]

(1) [驳回声明不认为是声明]

(a) 驳回声明有下列情形之一的，国际局不认为是驳回声明：

(i) 未写明有关的国际注册号，除非根据声明中的其他内容可以准确无误地辨认所涉及的国际注册；

(ii) 未写明任何驳回理由；

(iii) 在协定第5条第(3)项中所述的一年期限届满后发给国际局；

(iv) 未由主管机关通知国际局。

(b) 第(a)目适用时，除无法辨认有关国际注册的情况外，国际局应将驳回声明的复制本用通知发给原属国主管机关，并告知发出驳回声明通知的主管机关，国际局不认为驳回声明是驳回声明，驳回未在国际注册簿上登记，同时说明理由。

(2) [不规范的声明] 驳回声明含有第(1)项所述以外其他不规范的，国际局仍应将驳回在国际注册簿上登记，并将驳回声明的复制本用通知发给原属国主管机关。应原属国主管机关的要求，国际局应请发出驳回声明通知的主管机关立即对声明进行改正。

## 第11则

[撤回驳回声明]

(1) [通知国际局] 任何驳回声明均可随时由发出驳回声明通知的主管机关全部或部分撤回。撤回驳回声明，应由主管机关通知国际局，并由主管机关签字。

(2) [通知的内容] 驳回声明撤回通知应写明：

(i) 有关的国际注册号,最好附有有助于确认有关国际注册的其他说明,如原产地的名称;

(ii) 撤回驳回声明的日期。

(3) [在国际注册簿上登记并通知原属国主管机关] 国际局应将第(1)项所述的撤回在国际注册簿上登记,并将撤回通知的复制本用通知发给原属国主管机关。

## 第11则之2

[任择性给予保护的声明]

(1) [未发出驳回声明通知时给予保护的声明]

(a) 未向国际局发出驳回声明通知的缔约国主管机关,可以在协定第5条第(3)项所述的一年期限内,向国际局发出关于已在有关缔约国对国际注册原产地名称给予保护的声明。

(b) 声明应写明:

(i) 作出声明的缔约国主管机关,

(ii) 有关的国际注册号,最好附有有助于确认有关国际注册的其他说明,如原产地名称的名称,和

(iii) 声明日期。

(2) [驳回之后给予保护的声明]

(a) 已向国际局发出驳回声明通知的缔约国主管机关,可以不根据第11则第(1)项通知撤回驳回,代之以向国际局发出关于已在有关缔约国对国际注册原产地名称给予保护的声明。

(b) 声明应写明:

(i) 作出声明的缔约国主管机关,

(ii) 有关的国际注册号,最好附有有助于确认有关国际注册的其他说明,如原产地名称的名称,和

(iii) 给予保护的日期。

(3) [在国际注册簿上登记并通知原属国主管机关] 国际局应将第(1)项或第(2)项所述的声明在国际注册簿上登记,并将声明通知原属国主管机关。

# 第五章　与国际注册有关的其他登记事项

## 第12则

［给予第三方的期限］

(1)［通报国际局］ 缔约国主管机关根据协定第5条第(6)项向国际局通报,已在该国给予该第三方一个期限以结束对一个原产地名称的使用时,通报应由主管机关签字,并写明:

(i) 有关的国际注册号,最好附有有助于确认有关国际注册的其他说明,如原产地名称的名称;

(ii) 有关第三方的身份;

(iii) 给予第三方的期限;

(iv) 期限开始的日期,但该日期不得晚于协定第5条第(6)项中所述的三个月期限届满之日。

(2)［在国际注册簿上登记并通知原属国主管机关］ 第(1)项所述的通报由主管机关在协定第5条第(3)项规定的一年期限届满后三个月内发给国际局的,国际局应将通报在国际注册簿上登记,写明通报的内容,并将通报的复制本用通知发给原属国主管机关。

## 第13则

［变　更］

(1)［允许的变更］ 原属国主管机关可以要求国际局在国际注册簿中登记下列事项:

(i) 原产地名称使用权权利人变更;

(ii) 原产地名称使用权权利人名称或地址变更;

(iii) 使用原产地名称的产品生产区域范围变更;

(iv) 与第5则第(2)项第(a)目第(vi)段所述的立法或行政规章、司法裁决或注册有关的变更;

(v) 与原属国有关但不影响使用原产地名称的产品生产区域的变更。

(2)[程序] 第(1)项所述的变更,登记申请应由主管机关向国际局提交,由该主管机关签字,并按第23则规定的金额缴纳费用。

(3)[在国际注册簿上登记并通知主管机关] 国际局应将根据第(1)项和第(2)项申请的变更在国际注册簿上登记,并通知其他缔约国的主管机关。

## 第14则

[放弃保护]

(1)[通知国际局] 原属国主管机关可以随时通知国际局,放弃在一个或多个缔约国的保护,缔约国应写明国名。放弃保护通知应写明有关的国际注册号,最好附有有助于确认有关国际注册的其他说明,如原产地名称的名称,并由主管机关签字。

(2)[在国际注册簿上登记并通知主管机关] 国际局应将第(1)项所述的放弃保护在国际注册簿上登记,并通知放弃涉及的每个缔约国的主管机关。

## 第15则

[注销国际注册]

(1)[注销要求] 原属国主管机关可以随时通知国际局,注销应其要求进行的国际注册。注销要求应写明有关的国际注册号,最好附有有助于确认有关国际注册的其他说明,如原产地名称的名称,并由原属国主管机关签字。

(2)[在国际注册簿上登记并通知主管机关] 国际局应将注销在国际注册簿上登记,写明注销要求的内容,并将注销通知其他缔约国的主管机关。

## 第16则

[无效宣告]

(1)[将无效宣告通知国际局] 国际注册的效力在缔约国被宣告无效,且不能再对无效宣告提出上诉的,该缔约国的主管机关应将无效宣告通知国际局。通知应写明或包括：

(i) 有关的国际注册号，最好附有有助于确认有关国际注册的其他说明，如原产地名称的名称；

(ii) 宣告无效的机构；

(iii) 宣告无效的日期；

(iv) 无效宣告仅涉及原产地名称某些要素的，所涉及的要素；

(v) 无效宣告所基于的理由；

(vi) 宣告国际注册效力无效的决定复制本。

(2) [在国际注册簿上登记并通知原属国主管机关] 国际局应将无效宣告在国际注册簿上登记，写明无效宣告通知中写明的第(1)项第(i)段至第(iv)段所述的内容，并将通知的复制本用通知发给原属国主管机关。

### 第17则

[国际注册簿更正]

(1) [程序] 国际局依职权或根据主管机关的要求，认为国际注册簿中的国际注册含有错误的，应对注册簿进行相应修改。

(2) [将更正通知主管机关] 国际局应将此种情况通知每个缔约国的主管机关。

(3) [第9则至第11则之2的适用] 错误更正涉及原产地名称或者使用原产地名称的产品的，缔约国主管机关有权声明对更正后的国际注册不予保护。声明应由主管机关在国际局通知更正之日起一年内发给国际局。第9则至第11则之2比照适用。

## 第六章 其他条款和费用

### 第18则

[公 告]

国际局应在公告中公布国际注册簿上登记的所有事项。

## 第19则

［国际注册簿摘录和国际局提供的其他资料］

(1)［关于国际注册簿内容的资料］ 国际局应向任何提出请求的人提供国际注册簿摘录或有关注册簿内容的其他任何资料，请求人应按第23则规定的金额缴纳费用。

(2)［原产地名称据以获得保护的法规、裁决或注册的函告］

(a) 任何人均可向国际局提出请求，索取第5条第(2)项第(a)目第(vi)段所述的法规、裁决或注册的原文复制本，请求人应按第23则规定的金额缴纳费用。

(b) 上述文件已发给国际局的，国际局应立即将复制本发给提出请求的人。

(c) 文件从未发给国际局的，国际局应向原属国主管机关索取文件的复制本，并在收到后发给提出请求的人。

## 第20则

［签　字］

本实施细则要求主管机关签字的，签字可以采用印刷形式，也可代之以附加签字的原样复制件或加盖官方印章。

## 第21则

［各种通信的发出日期］

第9则第(1)项和第17则第(3)项所述的声明或第12则第(1)项所述的通报，通过邮局寄发的，发出日期以邮戳为准。邮戳不清楚或没有邮戳的，国际局应将通信视作于其收到之日前20天寄发。声明或通报通过投递公司寄发的，发出日期以该投递公司根据其所作的邮件记录提供的说明为准。

## 第22则

［国际局的通知方式］

(1)［国际注册通知］ 国际局向每个缔约国主管机关发送第7则第(1)

项所述的国际注册通知时，应使用有回执的挂号信或者能够让国际局按行政规程的规定确认通知收到日期的任何其他方式。

(2)［其他通知］ 本实施细则中所述的国际局的任何其他通知，在发给主管机关时，应使用挂号信或者能够让国际局确认通知已收到的任何其他方式。

## 第23则

［费　用］

国际局应收取下列费用，费用以瑞士法郎支付：

| | 金　额<br>（瑞士法郎） |
|---|---|
| (i) 原产地名称注册费 | 1 000 |
| (ii) 国际注册变更登记费 | 500 |
| (iii) 国际注册簿摘录提供费 | 150 |
| (iv) 关于国际注册簿内容的书面证明或其他资料的提供费 | 100 |

## 第23则之2

［行政规程］

(1)［行政规程的制定；所涉事项］

(a) 总干事应制定行政规程。总干事可以对行政规程进行修改。总干事在制定或修改行政规程之前，应与对拟议的行政规程或对行政规程的拟议修改有直接利害关系的缔约国主管机关协商。

(b) 行政规程应处理本实施细则中明确规定由行政规程处理的事项，并处理适用本实施细则方面的具体事项。

(2)［大会的监督］ 大会可以请总干事对行政规程的任何规定作出修改，总干事应遵照办理。

(3)［公布和生效日期］

(a) 行政规程以及对行政规程的任何修改应在公告上公布。

(b) 每次公布时均应指明所公布的规定生效的日期。不同的规定可以有不同的生效日期,但任何规定均不得在公告上公布之前生效。

(4)[与协定或本实施细则相抵触] 行政规程的规定与协定或本实施细则的规定之间发生抵触的,以后者的规定为准。

## 第24则

[生　效]

本实施细则于2002年4月1日生效,[①]从当日起代替原实施细则。

---

① 此后,里斯本联盟大会对本实施细则进行了三次修正。第一次是在2009年9月22日至10月1日于日内瓦举行的第二十五届会议(第18次例会)上通过的修正案,大会采纳了两条新规定,即第11则之2和第23则之2,并对第1则、第4则、第8则、第17则和第22则作了相应修改,2010年1月1日生效。第二次是在2011年9月26日至10月5日于日内瓦举行的第二十七届会议(第19次例会)上,大会又通过了两项修正案,在第5则第(3)项中增加了新的第(vi)段,在第16则第(1)项中增加了新的第(v)段,该条原第(v)段保留,作为第(vi)段,2012年1月1日生效。第三次是在2015年10月5日至14日于日内瓦举行的第三十二届会议(第21次例会)上,大会决定为里斯本协定实施细则第23则中提及的费用制定新数额。

# 工业品外观设计国际保存海牙协定

1925年11月6日签订,1960年11月28日在海牙修订。

## 目　　录*



* 目录是为了方便读者所加,它并没有出现在本协定原文(法语)本中。

## 第 1 条

［联盟的建立］

(1) 缔约国组成工业品外观设计国际保存专门联盟。

(2) 只有保护工业产权国际联盟的成员国可以加入本协定。

## 第 2 条

［定　义］

在本协定中：

“1925 年协定”是指 1925 年 11 月 6 日《工业品外观设计国际保存海牙协定》;

“1934 年协定”是指 1934 年 6 月 2 日在伦敦修订的 1925 年 11 月 6 日《工业品外观设计国际保存海牙协定》;

"本协定"或"现协定"是指本议定书修订的《工业品外观设计国际保存海牙协定》；

"实施细则"是指本协定的实施细则；

"国际局"是指保护工业产权国际联盟的事务局；

"国际保存"是指向国际局提交的保存；

"国内保存"是指向缔约国国家主管局提交的保存；

"多件保存"是指包括多件外观设计的保存；

"国际保存原属国"是指申请人在其领域内有真实有效的工商业营业所的缔约国，如申请人在几个缔约国内有上述营业所时，指申请人在申请中指明的缔约国；如申请人在任何缔约国内均无上述营业所时，指申请人在其领域内有住所的缔约国；如申请人在缔约国内无住所时，指申请人是该国国民的缔约国。

"有创新性审查的国家"是指其国内法规定了由国家主管局依职权对每件交存的外观设计进行创新性初步检索和审查的制度的缔约国。

## 第3条

［提交国际保存的权利］

缔约国的国民，以及虽非缔约国的国民但在缔约国领土内有住所或有真实有效的工商业营业所的人，可以向国际局提交外观设计保存。

## 第4条

［向国际局或通过国家主管局提交保存］

(1) 国际保存可以通过下列方式提交国际局：

(a) 直接提交，或

(b) 如缔约国的法律允许，通过该国国家主管局提交。

(2) 任何缔约国的国内法可以规定，凡视为原属国的国际保存应通过其国家主管局提交。不遵守该规定的，不影响国际保存在其他缔约国的效力。

## 第5条

［保存形式；申请的内容］

(1) 国际保存应包括申请和外观设计的一张或一张以上照片或其他图样，并应按实施细则的规定缴纳费用。

(2) 申请应包括：

(a) 申请人请求其国际保存在该国有效的缔约国名单；

(b) 关于使用外观设计的物品的指定；

(c) 申请人要求第 9 条所规定的优先权时，应表明产生优先权的原保存的日期、国家和号码；

(d) 实施细则规定的其他事项。

(3) (a) 此外，申请可以包括：

(i) 外观设计特征的简短说明；

(ii) 关于谁是外观设计的真正设计人的声明；

(iii) 第 6 条第(4)项规定的延迟公布的请求。

(b) 申请还可以附有使用外观设计的物品的样品或模型。

(4) 多件保存可以包括准备使用于第 21 条第(2)项第(iv)段所述的国际外观设计分类法中同类物品的多件外观设计。

## 第6条

［国际外观设计登记簿；登记日；公布；延迟公布；向公众开放档案］

(1) 国际局应备有国际外观设计登记簿，并将国际保存在该登记簿上登记。

(2) 国际保存视为国际局收到按照规定形式的申请、和申请一起缴纳的费用以及外观设计的照片或其他图样之日提交，如国际局在不同的日期收到上述物件时，国际保存视为在上述日期的最后一日提交。登记应记载该日期。

(3) (a) 对每件国际保存，国际局应在定期公报上公布下列各项：

(i) 交存的照片或其他图样的黑白复制品，或应申请人的请求，其彩色复制品。

(ii) 国际保存日；

(iii) 实施细则规定的事项；

(b) 国际局应尽快将定期公报送交各国家主管局。

(4) (a) 第(3)项第(a)目所述的公布应依申请人的请求，按其请求的期限延迟公布。该期限自国际保存日起不得超过十二个月。但申请人要求优先权的，该期限应以优先权日为起算日。

(b) 在本项第(a)目所述的期限内申请人可以随时请求立即公布或撤回保存。撤回保存可以仅限于缔约国中的一个或几个国家，而且在多件保存的情形，可以仅限于其中的若干件外观设计。

(c) 如申请人没有在本项第(a)目所述的期限届满前的适当时间内缴纳应缴的费用，国际局应撤销其保存，不进行第(3)项第(a)目所述的公布。

(d) 在本项第(a)目所述的期限届满前，国际局应将请求延迟公布的保存登记予以保密，有关该保存的文件或物品不对公众开放。如申请人在上述期限届满前撤回保存，则本规定无限期适用。

(5) 除第(4)项的规定以外，登记簿及向国际局提交的一切文件、物品应公开供公众查阅。

## 第7条

[登记保存的法律效力]

(1) (a) 在国际局所登记的保存，在申请人于申请中指定的每一缔约国内具有的效力，如同申请人已依该国本国法的规定办理为获得保护所需的全部手续一样，并且如同该国主管局已完成授予保护所需的全部行政行为一样。

(b) 除第11条另有规定应适用该规定外，对于已经在国际局登记保存的外观设计的保护，在每个缔约国内，按照该国国内法中适用于根据提交的国内保存而要求保护而且对该保存的全部手续已经办理、全部行政行为已经完成的外观设计的有关规定办理。

(2) 如原属国的法律规定，国际保存在该国不产生效力的，则国际保存在该国不产生效力。

## 第8条

[国家主管局拒绝法律效力;对拒绝的补救办法;
国家主管局可能要求遵守的附加条件]

(1) 虽有第7条的规定,如缔约国国内法规定国家主管局根据行政职权上的审查或依第三人的异议可以拒绝给予保护的,国家主管局在拒绝给予保护时,应在六个月内通知国际局,该外观设计不符合第7条第(1)项所述的手续和行政行为以外的国内法的有关规定。如在六个月内没有发出上述的拒绝通知,该国际保存应自保存之日起在该国生效,但在有创新性审查的缔约国内,如在六个月内没有发出拒绝通知,国际保存应自上述期限届满之日起生效,同时保持优先权,除非国内法对向国家主管局提交的保存规定更早的生效日。

(2) 第(1)项所述的六个月期限应自国家主管局收到公布国际保存登记的定期公报之日起开始计算。国家主管局应将该日期通知任何要求得知该日期的人。

(3) 申请人对于第(1)项所述的国家主管局的拒绝应享有的补救办法,如同他向该局提交外观设计的保存一样;在任何情况下,对拒绝可以请求复审或申诉。拒绝的通知中应写明:

(i) 外观设计不符合国内法规定的理由;

(ii) 第(2)项所述的日期;

(iii) 允许提出复审请求或申诉的时间;

(iv) 复审请求或申诉的受理机关。

(4) (a) 缔约国的国内法中有第(1)项所述的规定要求有关于谁是外观设计的真正设计人的声明或外观设计的说明的;该国主管局可以规定申请人应依该局的要求在发出要求之日起六十日内以向国际局提出申请所使用的语言提出下列文件:

(i) 谁是外观设计的真正设计人的声明;

(ii) 阐述照片或其他图样所表示的外观设计的本质特征的简短说明。

(b) 国家主管局不得对提交上述声明或说明,或因可能由国家主管局将其公布而征收费用。

(5) (a) 缔约国的国内法中有第(1)项所述的规定的,应通知国际局。

(b) 如缔约国按照其法律对外观设计有数种保护制度,其中有一种有创新性审查时,本协定关于有创新性审查的国家的规定只适用于有创新性审查的保护制度。

## 第9条

[优先权]

如外观设计的国际保存是在同一外观设计在保护工业产权国际联盟成员国内第一次提交保存之日起六个月内提交,并且该国际保存要求优先权的,优先权日应为第一次保存之日。

## 第10条

[保存的续展]

(1) 国际保存每五年可以续展一次,续展时只需在每五年一期的最后一年内按实施细则的规定缴纳续展费。

(2) 对于国际保存的续展应给予六个月的宽限期,但应按实施细则的规定缴纳滞纳金。

(3) 缴纳续展费时,应写明国际保存号,如续展并非对保存即将期满的全部缔约国都有效时,还应写明续展对之有效的缔约国国名。

(4) 续展可以只限于多件保存中的若干件外观设计。

(5) 国际局应将续展予以登记并公告。

## 第11条

[保存的期限]

(1) (a) 缔约国给予提交国际保存的外观设计的保护期限不得少于:

(i) 保存已经续展的,自国际保存日起十年;

(ii) 保存未经续展的,自国际保存日起五年。

(b) 但按照有创新性审查的缔约国国内法的规定,保护开始的日期迟于国际保存的日期时，本项第(a)目规定的最短期限应自该国开始保护之日起计算。国际保存未续展或仅续展一次都不影响上述最短保护期限。

(2) 如缔约国国内法规定，提交国内保存的外观设计不论有无续展，其保护期限在十年以上的，对提交国际保存的外观设计应根据国际保存及其续展在该国给予同样的保护期限。

(3) 缔约国可以在国内法中规定，提交国际保存的外观设计的保护期限限于第(1)项规定的期限。

(4) 除第(1)项第(b)目另有规定以外，缔约国内的保护应于国际保存期限届满之日终止。除非该国国内法规定在国际保存期限届满之后保护仍将继续。

## 第12条

[所有权的变更]

(1) 国际局应将有效的交国际保存的外观设计的所有权变更予以登记并公告。不言而喻，所有权的移转可以仅限于在一个或几个缔约国内因国际保存而产生的权利，至于多件保存，可以仅限于其中若干件外观设计。

(2) 第(1)项所述的登记与在缔约国国家主管局进行的登记有同样的效力。

## 第13条

[保存的放弃]

(1) 国际保存的所有人可以向国际局提交声明。放弃其在全部或仅仅其中若干缔约国内的权利，至于多件保存，可以仅放弃其中若干件外观设计的权利。

(2) 国际局应将放弃声明予以登记并公告。

## 第14条

[标记；国际外观设计记号]

(1) 缔约国不得要求在使用外观设计的物品上附以外观设计保存标记或

记号作为承认取得保护的权利的条件。

(2) 如缔约国国内法出于其他目的规定使用外观设计的物品上应有记号时,经外观设计权利的所有人授权而向公众提供的一切物品或附于此种物品的标签上载有国际外观设计的记号的,该国应认为上述要求已经满足。

(3) 国际外观设计记号包括符号(Ⓓ)以及

(a) 国际保存年份和保存人的姓名或其常用的缩写,或

(b) 国际保存号。

(4) 在物品或其标签上不附国际外观设计记号时,可以根据版权或其他理由请求保护的,仅在物品或其标签上附以该项记号在任何情况下都不得解释为放弃该项保护。

## 第15条

[收 费]

(1) 实施细则规定的收费包括:

(a) 缴给国际局的费用;

(b) 缴给申请人指定的缔约国的费用,即:

(i) 缴给每一缔约国的费用;

(ii) 缴给每一有创新性审查而且要求缴纳审查费的缔约国的费用。

(2) 按照第(1)项第(ii)段的规定就同一保存缴给缔约国的费用,如果第(1)项第(ii)段第(b)目规定的费用也缴给同一缔约国时,应从后一费用中扣除。

## 第16条

[属于缔约国的费用]

(1) 第15条第(1)项第(ii)段所述的缴给缔约国的费用由国际局征收,并按年转缴给申请人指定的缔约国。

(2) (a) 任何缔约国可以通知国际局放弃其对第15条第(1)项第(ii)段第(a)目所述的关于国际保存的附加费用的权利,而视为该国际保存的原属国是

作出同样放弃的其他任何缔约国。

(b) 这样的国家同样可以对自己被视为其原属国的国际保存放弃其收费的权利。

## 第17条

[实施细则]

实施细则应规定实行本协定的细节,特别是下列各项:

(1) 提出保存申请使用的语言和申请的份数,申请中应填写的内容;

(2) 缴给国际局和缔约国的费用数额、缴费的日期和方法,包括对缴给有创新性审查的缔约国的费用的限额;

(3) 每件交存的外观设计的照片或其他图样的数量、大小和其他特点;

(4) 外观设计特征说明的字数;

(5) 可以随同申请送交使用外观设计的物品样品或模型的限度和条件;

(6) 多件保存中可以包括的外观设计的件数与关于多件保存的其他条件;

(7) 关于第6条第(3)项第(a)目所述的定期公报的出版与发行的全部事项,包括免费送交各国主管局的公报份数与可以降价出售给这些主管局的公报份数;

(8) 缔约国发出第8条第(1)项规定的拒绝通知的程序以及国际局通知与公告该项拒绝通知的程序;

(9) 国际局登记并公告第12条第(1)项所述的外观设计所有权的变更和第13条所述的弃权的条件;

(10) 已经不可能再续展的保存的有关文件和物品的处理。

## 第18条

[国家法律和版权条约所予保护的适用]

本协定的规定不排除在缔约国提出按照其国内法可以授予范围更广的保护的要求,也决不影响国际版权条约和公约给予艺术品和应用艺术作品的保护。

## 第19条

［确定国际局收费数额的原则］

国际局提供本协定规定的服务的费用应依下列方式确定：

(1) 所得收入能够支付国际外观设计处的全部开支以及国际外观设计委员会会议或修订本协定的大会的筹备和召开所需的全部开支；

(2) 所得收入能够维持第20条所述的储备基金。

## 第20条

［储备基金］

(1) 设立250 000瑞士法郎的储备基金。储备基金的总额可以由第21条所述的国际外观设计委员会修订。

(2) 储备基金应以国际外观设计处的收入盈余予以补充。

(3) (a) 但在本协定生效时，储备基金应由每个缔约国的一次缴款组成，该捐款应按照该国由于保护工业产权巴黎公约第13条第(8)项所属等级相应的单位数的比例计算决定。

(b) 在本协定生效以后加入本协定的国家也应缴纳一次捐款。该捐款应依本项第(a)目确定的原则计算决定，这样，不论加入本协定的日期先后，所有国家都应按每单位缴纳同样多的捐款。

(4) 储备基金总额超过规定的最高额时，超出部分应按捐款的比例定期分发给各缔约国，以达到捐款的最高额为准。

(5) 捐款全部偿还以后，国际外观设计委员会可以决定不再要求此后参加本协定的国家缴纳捐款。

## 第21条

［国际外观设计委员会］

(1) 设立由全体缔约国代表组成的国际外观设计委员会。

(2) 委员会的职权如下：

(a) 制订委员会的议事规则；

(b) 修订实施细则;

(c) 改订第20条所述的储备基金的最高额;

(d) 制订国际外观设计分类法;

(e) 研究本协定的适用与可能的修订等事宜;

(f) 研究有关外观设计国际保护的其他一切事宜;

(g) 批准国际局的年度工作报告,并对国际局履行本协定委派的职务作一般性指示;

(h) 对国际局每隔三年期间可以预见的开支提出一次报告。

(3) 委员会关于第(2)项第1、2、3、4段的决议需有出席或派代表出席的委员五分之四票,关于任何其他决议需有简单多数票。弃权不应认为是投票。

(4) 委员会由国际局总干事召集:

(a) 至少每隔三年一次;

(b) 依三分之一缔约国的请求,或必要时,由国际局总干事或瑞士联邦政府发起,可以随时召集。

(5) 委员会委员的差旅费和生活津贴由各自的政府负担。

## 第22条

[实施细则的修改]

(1) 实施细则可以依第21条第(2)项第(b)目的规定由委员会修订,也可以根据下面第(2)项规定的书面程序进行修订。

(2) 以书面程序修订时,由国际局总干事在致各缔约国政府的通函中提出修订内容。如在发函后一年内缔约国没有提出反对意见,修订即认为通过。

## 第23条

[签字;批准]

(1) 本协定开放供各国签字,至1961年12月31日止。

(2) 本协定应经批准,批准书交荷兰政府保存。

## 第 24 条

［加　入］

（1）保护工业产权国际联盟成员国未签署本协定的，可以加入本协定。

（2）加入本协定应通过外交途径通知瑞士联邦政府，由瑞士联邦政府通知各缔约国政府。

## 第 25 条

［按照国家法律适用本协定］

（1）各缔约国承诺对工业品外观设计提供保护，并按照其宪法采取措施确保本协定的适用。

（2）缔约国交存其批准书或加入书时按照其国内法须能执行本协定的规定。

## 第 26 条

［生　效］

（1）本协定于瑞士联邦政府收到十份批准书或加入书，其中至少有四份是在本协定签订之日既非 1925 年协定的缔约国又非 1934 年协定的缔约国的国家的加入书，并向各缔约国政府发出通知之日起一个月后产生效力。

（2）自此以后，批准书和加入书的交存应由瑞士联邦政府通知各缔约国。除非在加入的情况下，加入书表明了较晚的生效日期，上述批准和加入应在发出上述通知之日起一个月后产生效力。

## 第 27 条

［领　地］

任何缔约国可以随时通知瑞士联邦政府：本协定也适用于由其负责处理对外关系的全部或部分领地。瑞士联邦政府应随即将通知转达各缔约国，除非通知中表明了较晚的适用日期，本协定自瑞士联邦政府向缔约国政府转达该通知起一个月后适用于该地区。

## 第28条

［退　约］

（1）任何缔约国可以通知瑞士联邦政府，以自己的名义并代表按照第27条规定的通知中指定的全部或部分领地退出本协定。上述通知于瑞士联邦政府收到通知起一年后产生效力。

（2）退出本协定并不解除任何缔约国对退约生效前提交国际局保存的外观设计按照本协定所承担的义务。

## 第29条

［修　订］

（1）本协定应定期交付修订，以便进行修改，改进对提交国际保存的外观设计的保护。

（2）修订大会应依国际外观设计委员会或不少于半数缔约国的请求召开。

## 第30条

［地区性组织］

（1）两个或两个以上的缔约国可以随时通知瑞士联邦政府，在按照通知中写明的条件的情况下：

（a）以一个共同主管局取代各自的国家主管局；

（b）在适用本协定第2条至第17条时，这些缔约国应视为单一的国家。

（2）上述通知直到瑞士联邦政府将其转达其他缔约国的信件发出之日起六个月后，才产生效力。

## 第31条

［1925年或1934年议定书的适用］

（1）关于本协定的缔约国同时又是1925年协定或1934年协定的缔约国之间的相互关系，只适用本协定。但上述国家在其相互关系中应根据情况对本协定适用于它们之间的关系之日以前提交国际局保存的外观设计适用1925年协定或1934年协定。

(2)(a)本协定的缔约国同时又是1925年协定的缔约国,在其和仅仅是1925年协定的缔约国的关系中应适用1925年协定,除非前者退出1925年协定。

(b)本协定的缔约国同时又是1934年协定的缔约国,在其和仅仅是1934年协定的缔约国的关系中应适用1934年协定,除非前者退出1934年协定。

(3)仅仅是本协定的缔约国,对1925年协定或1934年协定的缔约国而非本协定的缔约国不受约束。

## 第32条

[附加议定书]

(1)在本协定缔结之日,凡是1925年协定或1934年协定的缔约国签署和批准或加入本协定的,视为包括签署和批准或加入本协定所附的议定书,除非该国在签署或提交加入书时发表明确的相反的声明。

(2)任何发表第(1)项所述的声明的缔约国,或任何不是1925年协定或1934年协定的其他缔约国,可以签署或加入本协定所附的议定书。在签署或提交加入书时,该国可以声明不受议定书第(2)项第(a)目或第(2)项第(b)目的约束;在此情况下,加入议定书的其他缔约国,在和该国的关系中,不承担适用上述声明中所述的规定的义务。第23条至第28条的规定应类推适用。

## 第33条

[签字;证明文本]

本议定书应在单一的文本上签字,该文本应保存于荷兰政府档案馆。荷兰政府应将经其证明的文本一份送交签署或加入本协定的各国政府。

## 议定书*

本议定书的缔约国同意下列各项:

* 本议定书还没生效。

(1) 本议定书的规定适用于已经提交国际保存而且本议定书的缔约国之一视为其原属国的外观设计。

(2) 对于上面第(1)项所述的外观设计:

(a) 加入本议定书的国家给予第(1)项所述的外观设计的保护期限不得少于15年,根据情况自第11条第(1)项第(a)目或第(1)项第(b)目规定的日期起计算;

(b) 加入本议定书的国家在任何情况下都不得因在其领土内行使国际保存所产生的权利或为其他目的而要求在使用外观设计的产品或其标签上附以外观设计记号。

# 《工业品外观设计国际保存海牙协定》补充议定书

1925 年 11 月 6 日签订，1934 年 6 月 2 日在伦敦修订，1960 年 11 月 28 日在海牙修订，1961 年 11 月 18 日在摩纳哥补充附加议定书，1967 年 7 月 14 日在斯德哥尔摩补充议定书。

## 目　　录*



## 第 1 条

[定　义]

在本补充议定书中：

---

* 斯德哥尔摩补充议定书原文(法语)本中无此目录。这是为方便读者而增加的。

“1934年议定书”指1934年6月2日在伦敦签署的《工业品外观设计国际保存海牙协定的议定书》；

“1960年议定书”指1960年11月28日在海牙签署的《工业品外观设计国际保存海牙协定的议定书》；

“1961年附加议定书”指1961年11月18日在摩纳哥签署的1934年议定书的附加议定书；

“本组织”指世界知识产权组织；

“国际局”指知识产权国际局；

“总干事”指本组织总干事；

“本专门联盟”指由1925年11月6日《工业品外观设计国际保存海牙协定》建立并由1934年和1960年议定书、1961年附加议定书和本补充议定书维持的海牙联盟。

## 第2条

［大　会］

(1) (a) 本专门联盟应设立大会，由批准或加入本补充议定书的国家组成。

(b) 每一国家的政府应有一名代表，并且可以有候补代表、顾问和专家协助该代表。

(c) 每一代表团的开支应由委派该代表团的政府负担。

(2) (a) 大会应：

(i) 处理有关维持和发展本专门联盟以及执行本协定的一切事宜；

(ii) 指导国际局筹备修订本协定的会议，适当考虑未批准或未加入本补充议定书的本专门联盟成员国的意见；

(iii) 修订实施细则，包括确定有关工业品外观设计国际保存的费用数额；

(iv) 审阅与批准总干事关于本专门联盟的报告和活动，并就有关本专门联盟职权范围内的事宜对总干事给予一切必要的指示；

(v) 决定本专门联盟的工作计划，通过三年一次的预算，以及批准决算；

(vi) 通过本专门联盟的财务规则；

(vii) 建立为实现本专门联盟的目标所必要的专家委员会和工作小组；

(viii) 决定接纳哪些非本专门联盟成员国的国家、哪些政府间组织和非政府间国际组织作为观察员参加大会的会议；

(ix) 通过对第 2 条至第 5 条的修订；

(x) 为实现本专门联盟的目标采取其他一切适当的行动；

(xi) 执行按照本补充议定书认为适当的其他职能。

(b) 对于与本组织管理下的其他联盟共同有关的事宜，大会应在听取本组织的协调委员会的意见以后作出决定。

(3) (a) 大会每一成员国应有一票表决权。

(b) 大会成员国的半数构成开会的法定人数。

(c) 虽有本项第(b)目的规定，如在任何一届会议，出席会议的国家不到大会成员国的半数但等于或超过其三分之一时，大会可以作出决议，但除关于大会本身程序的决议外，所有决议只有符合下述条件的，才能产生效力。国际局应将上述决议通知未出席会议的大会成员国，请其在通知之日起三个月的期限内以书面进行投票或表示弃权。如果在该期限届满时以上述方式进行投票或表示弃权的国家达到为构成会议本身的法定人数所缺少的数目，而且如果同时达到了所需的多数，上述决议应产生效力。

(d) 除第 5 条第(2)项另有规定应适用该规定外，大会的决议需有所投票数的三分之二票。

(e) 弃权不应认为是投票。

(f) 一名代表仅可代表一个国家，并且仅可以一个国家的名义进行投票。

(g) 非大会成员国的本专门联盟成员国应作为观察员被接纳参加大会的会议。

(4) (a) 大会应每隔三年由总干事召集一次通常会议，如无特殊情况，应和本组织的大会同时并在同一地点举行会议。

(b) 经大会成员国四分之一国家的要求，大会应由总干事召开临时会议。

(c) 每次会议的议事日程由总干事制定。

(5) 大会应制定自己的议事规程。

## 第3条

［国际局］

（1）（a）外观设计的国际保存和有关事宜以及关于本专门联盟的其他一切行政工作均由国际局执行。

（b）特别是，国际局应为大会及大会可能设立的专家委员会与工作小组筹备会议和提供秘书处。

（c）总干事为本专门联盟的最高行政官员，并代表本专门联盟。

（2）总干事和他所委派的工作人员应参加大会及大会可能建立的专家委员会和工作小组的一切会议，但无表决权。总干事或由他委派的工作人员是这些机构的当然秘书。

（3）（a）国际局应按照大会的指示，筹备修订协定条款的会议。

（b）关于修订会议的筹备工作，国际局可以和政府间组织和非政府间国际组织进行磋商。

（c）总干事和他所委派的人员应在修订会议上参加讨论，但无表决权。

（4）国际局应执行任何其他的指定任务。

## 第4条

［财　务］

（1）（a）本专门联盟应有预算。

（b）本专门联盟的预算应包括本专门联盟自己的收入和支出，以及对各联盟共同预算支出应负担的份额，在适用的情况下，还应包括向本组织代表会议的预算所提供的数额。

（c）并非全部属于本专门联盟而同时也属于本组织所管理的一个或一个以上其他联盟的支出应视为各联盟的共同支出。本专门联盟在这些共同支出中所负担的份额，应和本专门联盟在其中的利益成比例。

（2）制定本专门联盟的预算时，应适当照顾到和本组织所管理的其他联盟的预算进行协调的需要。

（3）本专门联盟的预算资金的来源如下：

(i) 国际保存费以及国际局对本专门联盟提供其他服务所应收取的其他费用；

(ii) 国际局有关本专门联盟出版物的出售所得或其版税；

(iii) 捐款、遗赠和补助金；

(iv) 租金、利息和其他杂项收入。

(4) (a) 第(3)项第(i)段所述各种费用的数额应由大会根据总干事的提议予以确定。

(b) 上述费用数额的确定应使本专门联盟从这些费用和其他来源所得的收入至少足以支付国际局用于本专门联盟的各项开支。

(c) 如在新的财政年度开始前预算尚未通过，依财务规则的规定，预算应和上一年度的预算水平一样。

(5) 除第(4)项第(a)目另有规定外，国际局对本专门联盟提供其他服务所应收取的费用数额，应由总干事确定并向大会报告。

(6) (a) 本专门联盟应有工作基金，由超收构成，如该超收不足，则应由本专门联盟每一成员国一次缴纳款项构成。如基金不足，大会应决定增加。

(b) 每一成员国为上述基金最初缴纳的款项数额或对增加基金所参与的数额，应和该国作为保护工业产权巴黎联盟的成员国对该联盟在建立基金或作出增加基金决定的年度预算所缴的会费成比例。

(c) 该项比例和缴纳的条件，应由大会根据总干事的提议并在听取本组织的协调委员会的意见后予以决定。

(7) (a) 本组织与其总部所在地国家签订的总部协议中应规定：在工作基金不足时，该国应给予贷款。每次贷款的数额和给予贷款的条件均应由该国与本组织另订协议规定。

(b) 本组织和本项第(a)目所述的国家每一方均有权以书面通知废除给予贷款的义务。废除的通知应自通知当年的年底起三年后生效。

(8) 账目审查工作应按财务规则的规定由本专门联盟的一个或一个以上的成员国或外界审计师进行。上述国家或审计师应由大会征得其同意后指派。

## 第5条

［对第2条至第5条的修订］

(1) 修订本补充议定书的提议可以由大会的任何成员国或总干事提出。上述提议至少应在大会进行审议之前六个月由总干事通知大会各成员国。

(2) 第(1)项所述的修订应由大会通过。通过修订应有所投票数的四分之三票，但通过对第2条和本款的任何修改应有所投票数的五分之四票。

(3) 第(1)项所述的修订，应在总干事收到大会通过修订时的四分之三的成员国依照各自的宪法程序表示接受该修订的书面通知起一个月后生效。经接受的任何修订对修订生效时的大会成员国或以后成为大会成员国的所有国家均有约束力。

## 第6条

［对1934年议定书和1961年附加议定书的修订］

(1) (a) 1934年议定书中所述的“伯尔尼工业产权国际局”、“伯尔尼国际局”或“国际局”应认为是本补充议定书第1条所规定的国际局。

(b) 1934年议定书第15条应予以废除。

(c) 对1934年议定书第20条所述施行细则的任何修订应按第2条第(2)项第(a)目第(iii)段和第(3)项第(d)目规定的程序进行。

(d) 1934年议定书第21条中的“1928年修订的”等字应代之以“保护文学艺术作品的”。

(e) 1934年议定书第22条中所述的“总公约”第16条、第16条之2和第17条之2应认为是《保护工业产权巴黎公约斯德哥尔摩议定书》中的那些规定，而该议定书中的那些规定又相当于《巴黎公约》前几次议定书第16条、第16条之2和第17条之2的规定。

(2) (a) 对1961年附加议定书第3条所述的各项收费的修订应按第2条第(2)项第(a)目第(iii)段和第(3)项第(d)目规定的程序进行。

(b) 1961年附加议定书第4条第(1)项以及第(2)项中的“在储备基金达到上述数额时”等字样应予废除。

(c) 1961 年附加议定书第 6 条第(2)项中所述的《保护工业产权巴黎公约》第 16 条和第 16 条之 2 应认为是该公约斯德哥尔摩议定书中的那些规定，而该议定书中的那些规定又相当于《巴黎公约》前几次议定书第 16 条和第 16 条之 2 的规定。

(d) 1961 年附加议定书第 7 条第(1)项和第(3)项中所述的瑞士联邦政府应认为是总干事。

## 第 7 条

[对 1960 年议定书的修订]

(1) 1960 年议定书中所述的“保护工业产权国际联盟事务局”或“国际局”应认为是本补充议定书第 1 条所规定的国际局。

(2) 1960 年议定书第 19、20、21 和 22 条应予废除。

(3) 1960 年议定书中所述的瑞士联邦政府应认为是总干事。

(4) 1960 年议定书第 29 条中的“定期”(第(1)项)和“国际外观设计委员会或”(第(2)项)等字样应予删去。

## 第 8 条

[补充议定书的批准和加入]

(1) (a) 在 1968 年 1 月 13 日以前已经批准 1934 年议定书或 1960 年议定书的国家以及至少已经加入了上述两项议定书之一的国家可以签署、批准或加入本补充议定书。

(b) 受 1934 年议定书约束但不受 1961 年附加议定书约束的国家批准或加入本补充议定书的，即自动批准或加入 1961 年附加议定书。

(2) 批准书和加入书应交总干事保存。

## 第 9 条

[补充议定书的生效]

(1) 对于最先交存批准书或加入书的五个国家，本补充议定书自交存第五份批准书或加入书起三个月后生效。

(2) 对于其他任何国家,本补充议定书自总干事通知其批准或加入之日起三个月后生效,除非批准书或加入书中规定了以后的日期。在后一情况下,本补充议定书对该国应在其指定的日期产生效力。

## 第10条

[某些国家自动接受某些条款]

(1) 除第8条和下述项另有规定以外,任何未批准或加入1934年议定书的国家应自加入1934年议定书生效之日起受1961年附加议定书和本补充议定书第1条至第6条的约束,但是以本补充议定书依第9条第(1)项的规定在该日尚未生效为条件,在此情况下,该国应在补充议定书依第9条第(1)项的规定生效之日起才受本补充议定书的上述条文的约束。

(2) 除第8条和前款另有规定以外,任何未批准或加入1960年议定书的国家应自批准或加入1960年议定书生效之日起受本补充议定书第1条至第7条的约束,但是以本补充议定书依第9条第(1)项的规定在该日尚未生效为条件,在此情况下,该国应在补充议定书依第9条第(1)项的规定生效之日起才受本补充议定书的上述条文的约束。

## 第11条

[本补充议定书的签字等]

(1) (a) 本补充议定书应在一个法语文本上签字,并交瑞典政府保存。

(b) 正式文本应由总干事与有关政府协商后以大会指定的其他语言制定。

(2) 本补充议定书在斯德哥尔摩开放供各国签字,到1968年1月13日止。

(3) 总干事应将经瑞典政府证明的本补充议定书的签字文本二份分送本专门联盟全体成员国政府,并根据要求,分送任何其他国家政府。

(4) 总干事应将本补充议定书向联合国秘书处登记。

(5) 总干事应将签字、批准书或加入书的保存、生效以及其他一切有关通知送交本专门联盟全体成员国政府。

## 第12条

［过渡性规定］

在第一任总干事就职前，本补充议定书所述的本组织的国际局或总干事应认为分别指保护工业产权巴黎公约建立的联盟的事务局或其局长。

# 工业品外观设计国际注册海牙协定

日内瓦文本1999年7月2日通过。

## 目　　录

### 导　　则



### 第一章　国际申请和国际注册

## 第二章　行 政 规 定



## 第三章　修 订 和 修 正



## 第四章　最 后 条 款



# 导　　则

## 第 1 条

[缩略语]

在本文本中:

(i)“海牙协定”指《工业品外观设计国际保存海牙协定》,以下改称为《工业品外观设计国际注册海牙协定》;

(ii)“本文本”指由当前文本所制定的《海牙协定》;

(iii)“实施细则”指本文本的实施细则;

(iv)“规定的”指实施细则中所规定的;

(v)《巴黎公约》指 1883 年 3 月 20 日在巴黎签署并经修订和修正的《保护工业产权巴黎公约》;

(vi)“国际注册”指根据本文本进行的工业品外观设计国际注册;

(vii)“国际申请”指国际注册申请;

(viii)“国际注册簿”指由国际局保存的关于国际注册数据的正式汇编,该数据系本文本或实施细则要求登记或允许登记的,而无论存储此种数据的载体如何;

(ix)“人”指自然人或法人;

(x)“申请人”指以其名字提交国际申请的人;

(xi)“注册人”指以其名字在国际注册簿上登记国际注册的人;

(xii)“政府间组织”指根据第 27 条第(1)项第(ii)段有资格参加本文本的政府间组织;

(xiii)“缔约方”指参加本文本的任何国家或政府间组织;

(xiv)“申请人的缔约方”指使申请人因就该缔约方而言符合第 3 条所列的至少一项条件而获得提交国际申请权利的缔约方或缔约方之一;如果使申请人依第 3 条获得提交国际申请权利的缔约方有两个或两个以上,则“申请人的缔约方”指这些缔约方当中被在国际申请中写明的那一个缔约方;

(xv)“缔约方的领土”,缔约方是国家的,指该国的领土;缔约方是政府间组织的,指该政府间组织的组织条约所适用的领土;

(xvi)“局”指受缔约方委托对在该缔约方领土内产生效力的工业品外观设计授权给予保护的机构;

(xvii)“审查局”指依职权对向其提出的工业品外观设计保护申请进行审查,以至少确定该工业品外观设计是否符合创新性条件的局;

(xviii)“指定”指要求国际注册在某缔约方有效的请求;亦指该请求在国

际注册簿上的登记；

(xix)“被指定的缔约方”和“被指定的局”分别指指定所适用的缔约方和缔约方的局；

(xx)“1934 年文本”指 1934 年 6 月 2 日在伦敦签署的《海牙协定》文本；

(xxi)“1960 年文本”指 1960 年 11 月 28 日在海牙签署的《海牙协定》文本；

(xxii)“1961 年附加文本”指 1961 年 11 月 18 日在摩纳哥签署的文本，系 1934 年文本的附加文本；

(xxiii)“1967 年补充文本”指 1967 年 7 月 14 日在斯德哥尔摩签署并经修正的《海牙协定》补充文本；

(xxiv)“本联盟”指 1925 年 11 月 6 日的《海牙协定》建立的，并由 1934 年文本和 1960 年文本、1961 年附加文本、1967 年补充文本和本文本所维护的海牙联盟；

(xxv)“大会”指第 21 条第(1)项第(a)目所述的大会或取代该大会的任何机构；

(xxvi)“本组织”指世界知识产权组织；

(xxvii)“总干事”指本组织总干事；

(xxviii)“国际局”指本组织国际局；

(xxix)“批准书”应被解释为包括接受书或认可书。

## 第 2 条

[缔约方法律和若干国际条约所予其他保护的可适用性]

(1)[缔约方法律和若干国际条约] 本文本的规定不得影响对缔约方法律可能给予的任何更宽的保护的适用，亦不得以任何方式影响国际版权条约和公约给予艺术作品和实用艺术作品的保护，或依《建立世界贸易组织公约》附件《与贸易有关的知识产权协定》给予工业品外观设计的保护。

(2)[遵守《巴黎公约》的义务] 每一缔约方均应遵守《巴黎公约》有关工业品外观设计的规定。

## 第一章　国际申请和国际注册

### 第3条

［提交国际申请的权利］

凡属于为缔约方的国家或为缔约方的政府间组织成员国的国民的人，或在缔约方领土内有住所、经常居所或真实和有效工商业营业所的人，均应有权提交国际申请。

### 第4条

［提交国际申请的程序］

（1）［直接或间接提交］

（a）国际申请可根据申请人的选择，直接提交给国际局，或通过申请人的缔约方局提交。

（b）尽管有本项第（a）目的规定，任何缔约方均可以声明的形式通知总干事，国际申请不得通过其局提交。

（2）［间接提交情况下的传送费］　任何缔约方的局均可对由其提交的任何国际申请要求申请人向其缴纳传送费，归己受惠。

### 第5条

［国际申请的内容］

（1）［国际申请的必要内容］　国际申请应使用规定的语言或规定的语言之一，并应包括或附具：

（i）依本文本提出的国际注册请求；

（ii）关于申请人的规定的数据；

（iii）以规定方式提交的提出国际申请的工业品外观设计的一件，或根据申请人的选择，几件不同复制件的规定份数的副本；但如果工业品外观设计是平面的，并且根据本条第（5）项提出了延迟公布请求的，则国际申请可附具工业品外观设计的规定份数的样本，而不包括复制件；

(iv) 按规定对构成工业品外观设计的产品或将使用工业品外观设计的产品的说明；

(v) 对被指定的缔约方的说明；

(vi) 规定的费用；

(vii) 任何其他规定的细节。

(2) [国际申请中附加的必要内容]

(a) 凡局是审查局并且在参加本文本时其法律规定，要求工业品外观设计保护的申请须包括本项第(b)目所规定的任何内容才能依该法律被授予申请日的缔约方，可以声明的形式将这些内容通知总干事。

(b) 可按本项第(a)目通知的内容如下：

(i) 就提出国际申请的工业品外观设计的设计人身份作出的说明；

(ii) 就提出国际申请的工业品外观设计复制件或就该工业品外观设计的特征的简要说明书；

(iii) 权利要求书。

(c) 如果国际申请中指定已依本项第(a)目作出通知的缔约方，该国际申请亦应按规定的方式包括该通知中所规定的任何内容。

(3) [国际申请可能的其他内容] 国际申请可包括或附具实施细则中所规定的其他内容。

(4) [同一件国际申请中的几件工业品外观设计] 在符合可能规定的条件的情况下，一件国际申请可包括两件或多件工业品外观设计。

(5) [延迟公布请求] 国际申请中可包括延迟公布请求。

## 第6条

[优先权]

(1) [要求优先权]

(a) 国际申请中可包括一份声明，依《巴黎公约》第 4 条要求在该公约的任何缔约国或为该国、或在世界贸易组织的任何成员或为该成员所提出的一件或多件在先申请的优先权。

(b) 实施细则可规定，本项第(a)目所述的声明可在国际申请提交之后作出。在此种情况下，实施细则应对可以作出这一声明的最晚时间作出规定。

(2)［作为要求优先权的依据的国际申请］ 国际申请自申请日起，无论其以后的结局如何，应与《巴黎公约》第4条意义下的正规申请相当。

## 第7条

［指定费］

(1)［规定的指定费］ 除本条第(2)项另有规定外，规定费用中应包括对每一个被指定缔约方的指定费。

(2)［单独指定费］ 凡局是审查局的缔约方以及任何政府间组织缔约方，均可以声明的形式通知总干事，对于任何指定该缔约方的国际申请和任何源于此种国际申请的国际注册的续展，本条第(1)项所述的规定指定费应由单独指定费取代，该单独指定费的数额应在该声明中指明，并可在以后的声明中作出变更。所述缔约方可为首期保护期和每一续展保护期或为该有关缔约方所允许的最长保护期对这一数额加以确定。但该数额在扣除用于国际程序的开支后，不得超过该缔约方局有权对相同件数的工业品外观设计授予同等保护期而向申请人收取的同等数额。

(3)［指定费的转交］ 本条第(1)项和第(2)项所述的指定费应由国际局转交给所缴纳的这些费用涉及的缔约方。

## 第8条

［对不规范的更正］

(1)［国际申请的审查］ 国际局如果在其收到国际申请时认为该国际申请不符合本文本和实施细则的要求，应邀请申请人在规定的时限内作出必要的更正。

(2)［未予更正的不规范］

(a) 申请人未在规定的时限内按邀请办理的，除本项第(b)目另有规定外，国际申请应被视为放弃。

(b) 对于涉及第 5 条第(2)项或涉及缔约方根据实施细则通知总干事的特别要求的不规范,申请人未在规定的时限内按邀请办理的,国际申请应被视为不包括对该缔约方的指定。

## 第 9 条

［国际申请的申请日］

(1)［直接提交的国际申请］ 国际申请直接提交给国际局的,除本条第(3)项另有规定外,申请日应为国际局收到该国际申请的日期。

(2)［间接提交的国际申请］ 国际申请通过申请人的缔约方局提交的,申请日应按规定来确定。

(3)［有某些不规范的国际申请］ 如果在国际局收到国际申请之日,该国际申请中有被规定为会致使国际申请的申请日推后的不规范,申请日应为国际局收到对此种不规范作出更正的日期。

## 第 10 条

［国际注册、国际注册日、公布和国际注册的保密副本］

(1)［国际注册］ 国际局应在其收到国际申请时立即,或在依第 8 条邀请作出更正的情况下,在其收到所需的更正时立即对每一件提出国际申请的工业品外观设计进行注册。无论是否依第 11 条延迟公布,均应进行注册。

(2)［国际注册日］

(a) 除本项第(b)目另有规定外,国际注册日应为国际申请的申请日。

(b) 如果在国际局收到国际申请之日,该国际申请中有涉及第 5 条第(2)项的不规范,国际注册日应为国际局收到对此种不规范作出更正的日期或国际申请的申请日,两者中以日期晚者为准。

(3)［公布］

(a) 国际注册应由国际局予以公布。此种公布应在所有缔约方局被视为具有足够的公开性,不得再对注册人要求任何其他形式的公开。

(b) 国际局应向每一个被指定的缔约方局寄送一份国际注册公布的副本。

(4)［公布前的保密］ 除本条第(5)项和第 11 条第(4)项第(b)目另有规

定外，国际局应在公布之前对每一件国际申请和每一件国际注册保密。

(5)［保密副本］

(a) 国际局在进行注册之后，应立即将国际注册的副本连同国际申请中所附具的任何有关说明、文件或样本一并寄送给已通知国际局愿意收到此种副本并在国际申请中被予指定的每一缔约方局。

(b) 在国际局公布国际注册之前，缔约方局应对国际局已将副本向其寄送的每一件国际注册保密，并只能在审查该国际注册或审查在该局所属缔约方提交的或为该缔约方提交的工业品外观设计保护申请时使用该副本。尤其是，该局不得将任何此种国际注册的内容透露给该局以外除该国际注册注册人之外的任何人，但为解决涉及提交该国际注册所依据的国际申请的权利问题的冲突而进行的行政程序或法律诉讼之目的者除外。在有此种行政程序或法律诉讼的情况下，国际注册的内容也只能秘密地透露给该程序或诉讼所涉的当事方，而各该当事方必须严守所透露内容的秘密。

## 第11条

［延迟公布］

(1)［缔约方法律关于延迟公布的规定］

(a) 如果缔约方的法律对延迟公布工业品外观设计所规定的期限短于规定的期限，该缔约方应以声明的形式将可允许的延迟期限通知总干事。

(b) 如果缔约方的法律规定不得延迟公布工业品外观设计，该缔约方应以声明的形式将这一事实通知总干事。

(2)［延迟公布］ 如果国际申请中提出了延迟公布的请求，公布的时间应为：

(i) 对国际申请中所指定的缔约方均未依本条第(1)项作出声明的，在规定的期限届满之时，或

(ii) 对国际申请中所指定的任何缔约方依本条第(1)项第(a)目作出声明的，在此种声明中通知的期限届满之时，或在此种被指定的缔约方不止一个的情况下，在其声明中所通知的最短期限届满之时。

(3)［在可适用的法律不允许延迟时对延迟请求的处理］ 如果延迟公布

的请求已经提出，而国际申请中所指定的任何缔约方依本条第(1)项第(b)目作出了其法律不允许延迟公布的声明，

(i) 除本项第(ii)段另有规定外，国际局应就此通知申请人；如果在规定的期限内，申请人未以书面通知国际局的形式撤回对所述缔约方的指定，国际局应不予理睬该延迟公布的请求；

(ii) 如果国际申请未包括工业品外观设计的复制件而是附具工业品外观设计的样本，国际局应不予理睬对该缔约方的指定，并应就此通知申请人。

(4) [请求提前公布或特别使用国际注册]

(a) 在依本条第(2)项可适用的延迟期间的任何时候，注册人均可请求公布被提交国际注册的任何或全部工业品外观设计，在这一情况下，涉及该件或该几件工业品外观设计的延迟期应被视为在国际局接到该请求之日届满。

(b) 在依本条第(2)项可适用的延迟期间的任何时候，注册人还可请求国际局向该注册人所指明的第三方提供或允许该第三方使用被提交国际注册的任何或全部工业品外观设计的摘要。

(5) [放弃和限制]

(a) 如果在依本条第(2)项可适用的延迟期间的任何时候，注册人对所有被指定的缔约方放弃国际注册，则被提交国际注册的工业品外观设计不得公布。

(b) 如果在依本条第(2)项可适用的延迟期间的任何时候，注册人对所有被指定的缔约方要求将国际注册限制于被提交国际注册的一件或若干件工业品外观设计，则被提交国际注册的其他工业品外观设计不得公布。

(6) [公布和提供复制件]

(a) 在依本条各款规定可适用的任何延迟期届满时，只要缴纳规定的费用，国际局即应公布国际注册。如果未按规定缴纳此种费用，国际注册应予撤销，并且不得予以公布。

(b) 如果国际申请根据第 5 条第(1)项第(iii)段附具了工业品外观设计的一件或多件样本，注册人应在规定的时限内向国际局提交提出国际申请的每一件工业品外观设计的规定份数的复制件。注册人未照此办理的，国际注册应予撤销，并且不得予以公布。

## 第12条
[驳　回]

(1)[驳回的权利]　任何被指定缔约方的局,在被提交国际注册的任何或全部工业品外观设计未符合该缔约方的法律关于给予保护的条件时,均可部分或全部驳回国际注册在该缔约方领土内的效力,但任何局不得以本文本或实施细则所规定的或超出或不同于这些规定的关于国际申请的形式或内容的要求未依该有关缔约方的法律得到满足为由,而部分或全部驳回任何国际注册的效力。

(2)[驳回通知]

(a)对国际注册效力的驳回应由局在规定的期限内以驳回通知的形式告知国际局。

(b)任何驳回通知均应说明驳回所依据的全部理由。

(3)[驳回通知的传送;补救]

(a)国际局应将驳回通知的副本传送给注册人,不得延迟。

(b)注册人享有的补救办法应与如同被提交国际注册的任何工业品外观设计申请依作出驳回通知的局可适用的法律予以保护时相同。此种补救办法应至少包括可能对驳回进行重新审查或复审,或对驳回进行上诉。

(4)[驳回的撤回]　任何驳回均可在任何时候由发出驳回通知的局部分或全部撤回。

## 第13条
[关于外观设计的单一性的特别要求]

(1)[特别要求的通知]　凡在参加本文本时其法律规定,同一件申请中的外观设计须符合外观设计的单一性、同时生产或同时使用的要求,或须属于同一套或同一组物品,或规定在一件申请中只能要求一项独立的、明确的外观设计的缔约方,可以声明的形式就此通知总干事。但任何此种声明均不得影响申请人根据第5条第(4)项在一件国际申请中包括两件或多件工业品外观设计的权利,即使该申请指定的缔约方已作出这一声明。

(2)［声明的效力］ 任何此种声明应使发出这一声明的缔约方的局得以在该缔约方所通知的要求得到满足之前，可按第12条第(1)项的规定驳回国际注册的效力。

(3)［分案注册应缴纳的进一步费用］ 如果国际注册在根据本条第(2)项发出的驳回通知之后在有关局进行分案办理，以便推翻该通知中所指出的驳回理由，则该局应有权按每一件为使驳回理由无效而本来需要提交的附加国际申请来收取费用。

## 第14条

［国际注册的效力］

(1)［依可适用法律规定的申请的效力］ 自国际注册日起，国际注册应在每一个被指定缔约方至少具有与要求依该缔约方法律对工业品外观设计予以保护所正规提出的申请同等的效力。

(2)［依可适用法律规定给予保护的效力］

(a) 国际注册在其局未根据第12条发出驳回通知的每一个被指定缔约方中，应最晚自该局可以发出驳回通知的期限届满之日起，或者缔约方依实施细则已作出相应声明的，最晚于该声明中所确定的时间，具有与依该缔约方的法律对工业品外观设计给予保护同等的效力。

(b) 如果被指定缔约方的局发出了驳回通知，而随后又将该驳回部分或全部撤回，该国际注册应在驳回被撤回的范围内，最晚自该驳回被撤回之日起，在该缔约方具有与依该缔约方的法律对工业品外观设计给予保护同等的效力。

(c) 国际注册依本款给予的效力，应按其由被指定的局从国际局所收到的，或在可适用的情况下，按其由该局办理的程序所修正的，适用于被提交国际注册的工业品外观设计。

(3)［关于指定申请人的缔约方的效力的声明］

(a) 凡局是审查局的缔约方可以声明的形式通知总干事，其系申请人的缔约方的，国际注册中对该缔约方的指定没有效力。

(b) 如果国际申请中写明，已作出本项第(a)目所述声明的缔约方既是申请人的缔约方，又是被指定的缔约方，国际局应不理睬对该缔约方的指定。

## 第15条

［无　效］

(1)［对答辩机会的要求］　未及时给予注册人以行使其权利的机会的，被指定缔约方的主管机关不得宣布国际注册的效力在该缔约方的领土内部分或全部无效。

(2)［无效通知］　国际注册的效力被宣布在其领土内无效的缔约方的局，只要该局知悉该无效，即应将其通知国际局。

## 第16条

［变更及有关国际注册其他事项的登记］

(1)［变更及其他事项的登记］　国际局应按规定在国际注册簿上登记如下事项：

(i) 就任何或全部被指定的缔约方和对被提交国际注册的任何或全部工业品外观设计作出的国际注册所有权的任何变更，但条件是新注册人须有权依第3条提交国际申请，

(ii) 注册人名称或地址的任何变更，

(iii) 对申请人或注册人的代理人的指定及关于此种代理人的任何其他有关事实，

(iv) 注册人就任何或全部被指定的缔约方对国际注册作出的任何放弃，

(v) 注册人就任何或全部被指定的缔约方对将国际注册限于被提交国际注册的一件或若干件工业品外观设计作出的任何限制，

(vi) 被指定缔约方的主管机关对被提交国际注册的任何或全部工业品外观设计的国际注册在该缔约方领土内的效力宣布的任何无效，

(vii) 实施细则中确定的涉及被提交国际注册的任何或全部工业品外观设计权利的任何其他有关事实。

(2)［在国际注册簿上登记的效力］　本条第(1)项第(i)、(ii)、(iv)、(v)、(vi)和(vii)段所述的任何登记，应与其如同在每一个有关缔约方的局的登记簿上作出的登记具有同等效力，只是缔约方可以声明的形式通知总干事，本条

第(1)项第(i)段所述的登记须在该缔约方的局收到声明中所规定的说明或文件之后才在该缔约方具有这一效力。

(3)[费用] 依本条第(1)项作出的任何登记可能需要缴纳费用。

(4)[公布] 国际局应公布关于依本条第(1)项作出的任何登记的通知。国际局应向每一个有关缔约方的局寄送一份公布的通知。

## 第17条

[国际注册的首期和续展以及保护期]

(1)[国际注册的首期] 国际注册应以5年为期进行,自国际注册日算起为首期。

(2)[国际注册的续展] 国际注册可根据规定的程序并须缴纳规定的费用,再以5年为期续展。

(3)[在被指定的缔约方的保护期]

(a)只要国际注册已经续展,并除本项第(b)目另有规定外,其在每一个被指定的缔约方的保护为自国际注册日算起十五年。

(b)如果被指定的缔约方的法律对依其法律给予保护的工业品外观设计规定的保护期超过十五年,只要国际注册已经续展,保护期应与该缔约方的法律规定的相同。

(c)每一缔约方均应以声明的形式将其法律所规定的最长保护期通知总干事。

(4)[限制续展的可能性] 国际注册的续展可就任何或全部被指定的缔约方并对被提交国际注册的任何或全部工业品外观设计进行。

(5)[续展的登记和公布] 国际局应将续展登记在国际注册簿上,并公布关于这一情况的通知。国际局应向每一个有关缔约方的局寄送一份公布的通知。

## 第18条

[关于公布的国际注册的信息]

(1)[信息的获得] 国际局应向提出申请并缴纳规定费用的任何人提供国

际注册簿上所公布的关于任何国际注册的摘要或有关国际注册簿内容的信息。

(2)［免除公证］ 由国际局提供的国际注册簿上的摘要应在每一个缔约方中免除任何公证的要求。

## 第二章 行政规定

### 第19条

［几个国家的共同局］

(1)［共同局的通知］ 有意参加本文本的几个国家已经统一,或参加本文本的几个国家同意统一其国家工业品外观设计法的,可以通知总干事:

(i) 以一个共同局代替其各自的国家局,并且

(ii) 在适用本文本第1条、第3条至第18条和第31条方面,统一立法所适用的各国领土的总合被视为一个缔约方。

(2)［作出通知的时间］ 作出本条第(1)项所述通知的时间应,

(i) 对于有意参加本文本的国家,在交存第27条第(2)项所述文书之时;

(ii) 对于参加本文本的国家,在其国家法律统一之后任何时候。

(3)［通知生效的日期］ 本条第(1)项和第(2)项所述通知的生效应,

(i) 对于有意参加本文本的国家,在此种国家受本文本约束之时;

(ii) 对于参加本文本的国家,在总干事将该通知通告其他缔约方之日起三个月后,或通知中所指明的任何更晚的日期。

### 第20条

［海牙联盟的成员资格］

各缔约方应与1934年文本或1960年文本缔约国为同一联盟的成员。

### 第21条

［大 会］

(1)［组成］

(a) 各缔约方应与受 1967 年补充文本第 2 条约束的国家为同一大会的成员。

(b) 大会的每一成员应在大会中有一名代表,该代表可由副代表、顾问和专家辅助,每一代表只能代表一个缔约方。

(c) 非大会成员的本联盟成员应作为观察员准予出席大会的会议。

(2) [任务]

(a) 大会应:

(i) 处理有关维持和发展本联盟以及实施本文本的一切事宜;

(ii) 行使本文本或 1967 年补充文本所具体授予的权利,并执行依本文本或 1967 年补充文本所具体分派的任务;

(iii) 就修订会议的筹备工作对总干事进行指导,并对召集任何此种会议作出决定;

(iv) 修正实施细则;

(v) 审查与批准总干事关于本联盟的报告和活动,并就有关本联盟职权范围内的事宜对总干事作出一切必要的指示;

(vi) 决定本联盟的计划和通过两年期预算,并批准决算;

(vii) 通过本联盟的财务规则;

(viii) 为实现本联盟的宗旨,设立大会认为适当的委员会和工作组;

(ix) 在遵守本条第(1)项第(c)目规定的前提下,决定接纳哪些国家、政府间组织和非政府组织作为观察员参加大会的会议;

(x) 为实现本联盟的宗旨,采取任何其他适当的行动,并执行依照本文本认为适当的其他职能。

(b) 对于与本组织管理下的其他联盟共同有关的事宜,大会应在听取本组织协调委员会的意见以后作出决定。

(3) [法定人数]

(a) 有权就某一问题表决的大会成员国的半数构成就该问题表决的法定人数。

(b) 尽管有本项第(a)目的规定,如果在任何一次会议上,出席会议且有权就某一问题表决的大会成员国的数目不足有权就该问题表决的大会成员国的半数,但达到或超过三分之一,大会可以作出决定,但除关于大会本身程序的决定外,所有决定只有符合下列条件才能生效。国际局应将所述决定通知未出席会议且有权就该问题表决的大会成员国,请其于通知之日起三个月的期限内以书面形式进行表决或表示弃权。如果在该期限届满时,以此种方式进行表决或表示弃权的成员数目达到构成会议本身法定人数所缺的成员数目,只要同时法定多数的规定继续适用,所述决定即应生效。

(4)[在大会上表决]

(a) 大会应努力通过协商一致作出决定。

(b) 无法通过协商一致作出决定的,应通过表决对争议的问题作出决定。在此种情况下,

(i) 每一个国家缔约方有一票表决权,并只能以其自己的名义表决,以及

(ii) 任何政府间组织缔约方可代替其成员国表决,表决票数与其参加本文本的成员国的数目相等;如果此种政府间组织的任何一个成员国行使其表决权,则该组织不得参加表决,反之亦然。

(c) 对于仅涉及受1967年补充文本第2条约束的国家的问题,不受该条规定约束的缔约方没有表决权,而对于仅涉及缔约方的问题,只有这些缔约方才有表决权。

(5)[多数]

(a) 除第24条第(2)项和第26条第(2)项另有规定外,大会的决定需有所投票数的三分之二。

(b) 弃权不应认为是投票。

(6)[会议]

(a) 大会应每两年由总干事召集举行一次例会,除特殊情况外应与本组织大会同期、同地举行。

(b) 大会经四分之一大会成员国的请求或根据总干事本人的倡议,由总干事召集举行特别会议。

(c) 每次会议的议程由总干事制定。

(7)[议事规则] 大会应通过自己的议事规则。

## 第22条

［国际局］

（1）［行政职能］

（a）国际注册和有关职责以及关于本联盟的其他一切行政任务均由国际局执行。

（b）特别是，国际局应为大会及大会可能设立的专家委员会与工作组筹备会议和提供秘书处。

（2）［总干事］　总干事为本联盟的最高行政官员，并代表本联盟。

（3）［除大会会议以外的会议］　总干事应召集举行大会所设立的任何委员会和工作组以及处理与本联盟有关的事务的一切其他会议。

（4）［国际局在大会及其他会议中的作用］

（a）总干事及其指定的人员应参加大会的所有会议、大会所设立的委员会和工作组及总干事在本联盟的框架下召集的任何其他会议，但没有表决权。

（b）总干事或其指定的一名工作人员是大会、委员会、工作组及本项第（a）目所述的其他会议的当然秘书。

（5）［会议］

（a）国际局应按照大会的指示，筹备一切修订会议。

（b）国际局可就所述筹备工作与政府间组织和国际及国家非政府组织进行协商。

（c）总干事及其所指定的人员应参加修订会议的讨论，但没有表决权。

（6）［其他任务］　国际局应执行其所分派的与本文本有关的任何其他任务。

## 第23条

［财　务］

（1）［预算］

(a) 本联盟应有预算。

(b) 本联盟的预算包括本联盟本身的收入和支出及其对本组织所管理的各联盟的共同支出预算的摊款。

(c) 对于不属专门拨给本联盟,同时也拨给本组织所管理的一个或多个其他联盟的支出,视为各联盟的共同支出。本联盟在该共同支出中的摊款,与该项支出给其带来的利益成比例。

(2) [与其他联盟预算的协调] 根据与本组织所管理的其他联盟预算相协调的需要,制定本联盟的预算。

(3) [预算的资金来源] 本联盟预算的资金来源如下:

(i) 与国际注册有关的费用;

(ii) 国际局为本联盟提供的其他服务收取的费用;

(iii) 与本联盟有关的国际局出版物售款或其版税;

(iv) 捐款、遗赠和补助金;

(v) 房租、利息和其他杂项收入。

(4) [费用和收费的确定;预算的数额]

(a) 本条第(3)项第(i)段所指的费用数额经总干事提议,由大会确定。本条第(3)项第(ii)段所指的收费由总干事确定,并在大会下届会议通过之前,暂时适用。

(b) 本条第(3)项第(i)段所指的费用数额的确定,应至少能使本联盟从费用和其他来源所得的收入足以支付国际局有关本联盟的一切支出。

(c) 预算在新的财政年度开始前尚未通过的,应按财务规则的规定继续执行上年度预算。

(5) [周转基金] 本联盟设有周转基金,由收入盈余以及在收入盈余不足时本联盟各成员的一次性付款组成。基金不足时,大会应决定增加基金。付款的比例和形式由大会根据总干事的提议予以确定。

(6) [东道国的垫款]

(a) 在与本组织所在地国家达成的总部协议中规定,当周转基金不足时,该国应予垫款。提供垫款的数额与条件由该国和本组织间逐次分别签署协议。

(b) 本项第(a)目所指的国家及本组织均有权以书面通知废止提供垫款的义务。该废止应于发出通知当年年底起三年后生效。

(7) [账目的审计] 账目的审计应按照财务规则的规定,由本联盟一个或多个成员国或者由外部的审计师进行。审计师由大会征得本人同意后指定。

## 第24条

[实施细则]

(1) [主题内容] 实施细则应对实施本文本的细节作出规定。尤其应包括涉及如下内容的规定:

(i) 本文本中明确表示将作出规定的事项;

(ii) 有关本文本规定的进一步细节,或对于实施这些规定有用的任何细节;

(iii) 任何行政要求、事项或程序。

(2) [对实施细则某些规定的修正]

(a) 实施细则可规定,实施细则的若干规定只能经一致同意或只能由五分之四的多数修正。

(b) 为使一致同意或五分之四多数的要求将来不再适用于对实施细则某条规定的修正,需得到一致同意。

(c) 为使一致同意或五分之四多数的要求将来适用于对实施细则某条规定的修正,需有五分之四的多数。

(3) [本文本与实施细则相抵触] 本文本的规定与实施细则的规定之间发生抵触时,应以前者为准。

# 第三章 修订和修正

## 第25条

[本文本的修订]

(1) [修订会议] 本文本可由缔约方的会议修订。

(2)［若干条款的修订或修正］ 第22条、第23条和第26条可由修订会议或由大会根据第26条的规定修正。

## 第26条

［大会对若干条款的修正］

(1)［修正案］

(a) 由大会修正第21条、第22条、第23条和本条的提案，可由任何缔约方或由总干事提出。

(b) 此类提案至少于提交大会审议前6个月由总干事转交各缔约方。

(2)［多数］ 对本条第(1)项所述各条的任何修正的通过，需有四分之三的多数。但对第21条或对本款的任何修正的通过，需有五分之四的多数。

(3)［生效］

(a) 除本项第(b)目所适用的情况外，对本条第(1)项所述各条款的任何修正，应于总干事收到该修正通过之时为大会成员且有权对该修正表决的所有缔约方，依照各自宪法程序所作出的书面接受通知起一个月后生效。

(b) 对第21条第(3)项或第(4)项或对本项的任何修正，在大会予以通过后六个月之内任何缔约方通知总干事其不接受该修正的，不产生效力。

(c) 根据本项规定生效的任何修正，应对在修正生效时为缔约方或在随后的日期成为缔约方的所有国家和政府间组织，具有约束力。

# 第四章　最后条款

## 第27条

［成为本文本的缔约方］

(1)［资格］ 除本条第(2)项和第(3)项以及第28条另有规定外，

(i) 本组织的任何成员国均可签署本文本并成为本文本的缔约方；

(ii) 设有局办理可在其组织条约所适用的领土内产生效力的工业品外观设计保护的任何政府间组织可签署并参加本文本，但条件是该政府间组织至少有一个成员国是本组织的成员，并且此种局不是依第 19 条作出的通知所涉的局。

（2）［批准或加入］ 本条第（1）项所指的任何国家或政府间组织：

（i）已签署本文本的，可交存批准书，或

（ii）尚未签署本文本的，可交存加入书。

（3）［交存生效日期］

（a）除本项第（b）目至第（d）目另有规定外，批准书或加入书交存的生效日期应为该文书交存之日。

（b）如果获得任何国家的工业品外观设计保护只能通过该国所参加的政府间组织设有的局办理，该政府间组织交存文书之日晚于该国交存文书之日的，该国的批准书或加入书交存的生效日期应为该政府间组织交存文书之日。

（c）任何包括或附具第 19 条所指的通知的批准书或加入书交存的生效日期，应为作出所述通知的国家集团的成员国交存最后一份文书之日。

（d）由一国交存的任何批准书或加入书可包括或附具一份声明，已被写明名称并有资格成为本文本缔约方的另一国或一个政府间组织、或者另外两个国家或另一国及一个国际组织也交存了文书作为其文书被视为交存的条件。包括或附有此种声明的文书应被视为于该声明中所指明的条件得到满足之日交存。但如果声明中所列明的任何文书其自身包括，或其自身附有此类声明，该文书应被视为于后者声明中所列明的条件得到满足之日交存。

（e）依本项第（d）目作出的任何声明可在任何时候全部或部分撤回。任何此种撤回应于总干事收到撤回通知之日生效。

## 第 28 条

［批准和加入的生效日期］

（1）［应予考虑的文书］ 为本条的目的，只有由第 27 条第（1）项所指的国家或政府间组织交存的并根据第 27 条第（3）项生效的批准书或加入书才应予以考虑。

（2）［本文本的生效］ 本文本应在六个国家交存了其批准书或加入书后

三个月生效，但根据国际局收集的最新年度统计，其中至少有三个国家须符合下列条件中的至少一项条件：

(i) 在该有关国家或对该有关国家提出的工业品外观设计保护申请至少有 3 000 件，或

(ii) 除该国外的其他国家的居民在该有关国家或对该有关国家提出的工业品外观设计保护申请至少有 1 000 件。

(3) [批准和加入的生效]

(a) 在本文本生效之日前三个月或三个月以上交存批准书或加入书的任何国家或政府间组织，应于本文本生效之日起受本文本约束。

(b) 任何其他国家或政府间组织，应于其交存批准书或加入书之日后三个月起或于该文书中所指明的任何更晚的日期起受本文本约束。

## 第 29 条

[禁止保留]

对本文本不得有任何保留。

## 第 30 条

[缔约方所作的声明]

(1) [可作声明的时间]　依第 4 条第(1)项第(b)目、第 5 条第(2)项第(a)目、第 7 条第(2)项、第 11 条第(1)项、第 13 条第(1)项、第 14 条第(3)项、第 16 条第(2)项或第 17 条第(3)项第(c)目作出任何声明的时间可在：

(i) 交存第 27 条第(2)项所指的文书之时；在这一情况下，该声明应于作出声明的国家或政府间组织受本文本约束之日起生效，或

(ii) 交存第 27 条第(2)项所指的文书之后；在这一情况下，该声明应于总干事收到声明之日后三个月生效，或者于该声明中所指明的任何更晚日期生效，但应只能适用于国际注册日与该声明生效日相同或较之更晚的任何国际注册。

(2) [设有共同局的各国作出的声明]　尽管有本条第(1)项的规定，由一个与另一国或另一些国家一起依第 19 条第(1)项通知总干事以共同局代替其

国家局的国家作出的本条第(1)项中所述的任何声明,应只有当该另一国或另一些国家作出相应的声明时才能生效。

(3)［声明的撤回］ 本条第(1)项所述的任何声明均可在任何时候通过向总干事发出通知的形式撤回。此种撤回应于总干事收到通知后的三个月或于通知中所指明的任何更晚日期生效。对于依第7条第(2)项所作的声明,撤回不得影响在该撤回生效之前提交的国际申请。

## 第31条

［1934年文本和1960年文本的可适用性］

(1)［既参加本文本又参加1934年文本或1960年文本的各国之间的关系］ 既参加本文本又参加1934年文本或1960年文本的各国在其相互关系中只需适用本文本即可。但对于在本文本可适用于其相互关系之日前向国际局交存的工业品外观设计,这些国家在其相互关系中应视情况适用1934年文本或1960年文本。

(2)［既参加本文本又参加1934年文本或1960年文本的国家与参加1934年文本或1960年文本而未参加本文本的国家之间的关系］

(a)既参加本文本又参加1934年文本或1960年文本的任何国家,在其与参加1934年文本而未参加1960年文本或本文本的国家之间的关系中,应继续适用1934年文本。

(b)既参加本文本又参加1960年文本的任何国家,在其与参加1960年文本而未参加本文本的国家之间的关系中,应继续适用1960年文本。

## 第32条

［退　约］

(1)［通知］ 任何缔约方可通过向总干事发出通知的形式退约。

(2)［生效日期］ 退出应于总干事收到通知之日后一年或于通知中所指明的任何更晚的日期生效。退出不得影响本文本对在退出生效时就宣布退出的缔约方提出的任何未决国际申请和任何已经生效的国际注册的适用。

## 第33条

［本文本的语言；签字］

（1）［原始文本；正式文本］

（a）本文本的签字本为一份，用汉语、阿拉伯语、英语、法语、俄语和西班牙语写成，所有文本具有同等效力。

（b）总干事在与有关政府协商后，应制定大会可能指定的其他语言的正式文本。

（2）［签字的时限］ 本文本通过之后应以一年为期在本组织总部开放签字。

## 第34条

［保存人］

总干事应为本文本的保存人。

# 保护表演者、录音制品制作者和广播组织的国际公约

1961年10月26日在罗马签订

## 目　　录*



---

* 目录是为了方便读者所加,它并没有出现在公约的签字文本中。

第 15 条　允许的例外：1. 具体限制；2. 与版权同等的保护
第 16 条　保留规定
第 17 条　某些国家仅适用固定标准
第 18 条　保留的撤回
第 19 条　表演者对于录像的权利
第 20 条　无追溯效力
第 21 条　其他途径的保护
第 22 条　特别协定
第 23 条　签字与送交
第 24 条　成为缔约国
第 25 条　公约生效的途径
第 26 条　本国法律须保障本公约的实施
第 27 条　本公约适用于某些领地
第 28 条　通知退出本公约
第 29 条　公约的修订
第 30 条　争端解决
第 31 条　保留的限制
第 32 条　政府间委员会
第 33 条　语言
第 34 条　通知

缔约各国，出于保护表演者、录音制品制作者和广播组织的权利的愿望，达成如下协议：

## 第 1 条

［正确的版权保护］

本公约给予之保护将不变更也决不影响文学和艺术作品的版权保护。因此，本公约的条款不得作妨碍此种保护的解释。

## 第2条

［条约所给予的保护；国民待遇的定义］

1. 在本公约中，国民待遇指被要求给予保护的缔约国的国内法律给予：

(a) 其节目在该国境内表演、广播或首次录制的、身为该国国民的表演者的待遇；

(b) 其录音制品在该国境内首次录制或首次发行的、身为该国国民的录音制品制作者的待遇；

(c) 其广播节目从设在该国领土上的发射台发射的、总部设在该国境内的广播组织的待遇。

2. 国民待遇应服从本公约具体给予的保护和具体规定的限制。

## 第3条

［定义：(a) 表演者；(b) 录音制品；(c) 录音制品制作者；
(d) 发行；(e) 复制；(f) 广播；(g) 转播］

在本公约中：

(a)“表演者”是指演员、歌唱家、音乐家、舞蹈家和表演、歌唱、演说、朗诵、演奏或以别的方式表演文学或艺术作品的其他人员；

(b)“录音制品”是指任何对表演的声音和其他声音的专门录音；

(c)“录音制品制作者”是指首次将表演的声音或其他声音录制下来的自然人或法人；

(d)“发行”是指向公众提供适当数量的某种唱片的复制品；

(e)“复制”是指制作一件或多件某种录音的复版；

(f)“广播”是指供公众接收的声音或图像和声音的无线电传播；

(g)“转播”是指一个广播组织的广播节目被另一个广播组织同时广播。

## 第4条

［受保护的表演。表演者的附属条款］

只要符合下列条件之一，缔约各国应当给予表演者以国民待遇：

(a) 表演是在另一缔约国进行的;

(b) 表演已被录制在受本公约第 5 条保护的录音制品上;

(c) 表演未被录制成录音制品,但在受本公约第 6 条保护的广播节目中播放。

## 第5条

[受保护的录音制品:1. 录音制品制作者的附属条款;
2. 同时出版;3. 不执行某些标准的权力]

1. 只要符合下列条件之一,缔约各国应当给予录音制品制作者以国民待遇:

(a) 录音制品制作者是另一个缔约国的国民(国民标准);

(b) 首次录音是在另一个缔约国制作的(录制标准);

(c) 录音制品是在另一个缔约国首次发行的(发行标准)。

2. 如果某种录音制品是在某一非缔约国首次发行的,但在首次发行后三十天内也在某一缔约国发行(同时发行),则该录音制品应当认为是在该缔约国首次发行。

3. 任何缔约国,通过向联合国秘书长递交通知书的办法,可以声明它将不执行发行标准,或者不执行录制标准。此类通知书可以在批准、接受或参加本公约的时候递交,也可以在此后任何时间递交。在后一种情况下,通知书应当于递交六个月之后生效。

## 第6条

[受保护的广播:1. 广播组织的附属条款;2. 保护的权利]

1. 只要符合下列两项条件之一,缔约各国就应当给予广播组织以国民待遇:

(a) 该广播组织的总部设在另一缔约国;

(b) 广播节目是由设在另一缔约国的发射台播放的。

2. 任何缔约国,通过向联合国秘书长递交通知书的办法,可以声明它只保护其总部设在另一个缔约国并从设在该同一缔约国的发射台播放的广播组织的广播节目。此种通知书可以在批准、接受或参加本公约的时候递交,或在此后任何时间递交。在后一种情况下,通知书应当于递交六个月之后生效。

## 第7条

［对表演者的最低保护：1. 特别权利；
2. 表演者与广播组织之间的关系］

1. 本公约为表演者提供的保护应当包括防止可能发生的下列情况：

(a) 未经他们同意，广播和向公众传播他们的表演。但是如该表演本身就是广播演出或出自录音、录像者例外；

(b) 未经他们同意，录制他们未曾录制过的表演；

(c) 未经他们同意，复制他们的表演的录音或录像：

(i) 如果录音、录像的原版是未经他们同意录制的；

(ii) 如果制作复制品的目的超出表演者同意的范围；

(iii) 如果录音、录像的原版是根据第15条的规定录制的，而制作复制品的目的与此条规定的目的不同。

2. (1) 如果广播是经演员同意的，则防止转播，防止为广播目的的录音、录像，以及防止为广播目的的此类录音、录像的复制，应当由要求其保护的缔约国的国内法律规定。

(2) 广播组织使用为广播目的而制作的录音录像的期限和条件，应当根据要求其保护的缔约的国内法律确定。

(3) 但是，本款第(1)项和第(2)项中提到的国内法律不得用来使表演者失去通过合同控制他们与广播组织之间的关系的能力。

## 第8条

［合作表演者］

如果若干表演者参加同一项表演，任何缔约国均可根据本国法律和规章，明确指出表演者在行使权利方面确定代表的方式。

## 第9条

［多种艺术家，马戏表演艺术家］

任何缔约国均可根据国内法律和规章，将本公约提供的保护扩大到不是表演文学或艺术作品的艺人。

## 第10条

［录音制品制作者的有关复制的权利］

录音制品制作者应当有权授权或禁止直接或间接复制他们的录音制品。

## 第11条

［对录音制品要求履行的手续］

对于录音制品，如果某缔约国根据其国内法律要求履行手续作为保护录音制品制作者或表演者或两者的权利的条件，那么只要已经发行的录音制品的所有供销售的复制品上或其包装物上载有包括符号(P)和首次发行年份的标记，并且标记的方式足以使人注意到对保护的要求，就应当认为符合手续；如果复制品或其包装物上没有注明制作者或制作者的许可证持有者(载明姓名、商标或其他适当的标志)，则标记还应当包括制作者权利所有者的姓名；此外，如果复制品或其包装物上没有注明主要表演者，则标记还应当包括在制作这些录音的国家内拥有此种表演者权利的人的姓名。

## 第12条

［录音制品的二次使用］

如果某种为商业目的发行的录音制品或此类唱片的复制品直接用于广播或任何向公众的传播，使用者则应当付一笔总的合理的报酬给表演者，或录音制品制作者，或给两者。如有关各方之间没有协议，国内法律可以提出分享这些报酬的条件。

## 第13条

［广播组织的最低权利］

广播组织应当有权授权或禁止：

(a) 转播他们的广播节目；

(b) 录制他们的广播节目；

(c) 复制：

(i) 未经他们同意而制作他们的广播节目的录音或录像；

(ii) 根据第 15 条的规定而制作他们的广播节目的录音和录像，但复制的目的不符合该条规定的目的。

(d) 向公众传播电视节目，如果此类传播是在收门票的公共场所进行的。行使这种权利的条件由被要求保护的缔约国的国内法律确定。

## 第 14 条

［最低保护期限］

本公约所给予的保护期限至少应当为二十年，其计算始于：

(a) 对录音制品和录制在录音制品上的节目——录制年份的年底；

(b) 对未被录制成录音制品的节目——表演年份的年底；

(c) 对广播节目——开始广播的年份的年底。

## 第 15 条

［允许的例外：1. 具体限制；2. 与版权同等的保护］

1. 任何缔约国可以依其国内法律与规章，在涉及下列情况时，对本公约规定的保护作出例外规定：

(a) 私人使用；

(b) 在时事报道中少量引用；

(c) 某广播组织为了自己的广播节目利用自己的设备暂时录制；

(d) 仅用于教学和科学研究之目的。

2. 尽管有本条第一段，任何缔约国对于表演者、录音制品制作者和广播组织的保护，可以在其国内法律与规章中做出像它在国内法律和规章中做出的对文学和艺术作品的版权保护的同样的限制。但是，只有在不违背本公约的范围内才能颁发强迫许可证。

## 第 16 条

［保留规定］

1. 任何国家一旦成为本公约的成员，就应当履行本公约的所有义务，同

时享受本公约的所有权益。但是,任何国家可以在任何时候在递交联合国秘书长的通知书中声明:

(a) 关于第 12 条:

(i) 它将不执行该条规定;

(ii) 它将在某些使用方面不执行该条规定;

(iii) 对其制作者不是另一缔约国国民的录音制品,它将不执行该条规定;

(iv) 对其制作者是另一缔约国国民的录音制品,它将根据该缔约国给予发表声明的国家的国民首次录制的录音制品的保护范围与期限,对此条规定的保护范围与期限作出相应限制;但是,录音制品制作者为其国民的缔约国,对同一个或同一伙受益人不像发表声明的国家那样给予保护的事实,不能认为是保护范围的不同。

(b) 关于第 13 条,它将不执行该条第(d)目;如果某个缔约国发表此种声明,其他缔约国对其总部设在上述缔约国的广播组织则没有义务给予第 13 条(d)款提到的权利。

2. 如果本条第一段提到的通知书是在批准、接受或参加证书递交之日以后发出的,则声明应当在通知书递交六个月之后生效。

## 第 17 条

[某些国家仅适用固定标准]

任何在 1961 年 10 月 26 日仅根据录制标准给予录音制品制作者以保护的国家,可以在批准、接受或参加本公约时通过向联合国秘书长递交通知书声明,为了第 5 条的目的,它仅执行录制标准;为了第 16 条第 1 款第(a)目第(iii)段和第(iv)段的目的,它将执行录制标准以代替国民标准。

## 第 18 条

[保留的撤回]

任何根据第 5 条第 3 款、第 6 条第 2 款、第 16 条第 1 款或第 17 条递交了通知书的国家,通过向联合国秘书长递交另外一份通知书,可以缩小第一次通知书的范围或撤回该通知书。

## 第 19 条

［表演者对于录像的权利］

不管本公约有什么规定，一旦表演者同意将其表演录像或录音录像，第 7 条就不再适用。

## 第 20 条

［无追溯效力］

1. 本公约不得影响任何缔约国当本公约在该国生效之前已经获得的权利。

2. 任何缔约国无须一定将本公约的条款运用于本公约在该国生效之前已经进行的表演和已经广播的节目，以及已经录制的录音制品。

## 第 21 条

［其他途径的保护］

本公约规定的保护不得影响表演者、录音制品制作者和广播组织另外取得的任何保护。

## 第 22 条

［特别协定］

缔约各国保留互相之间签订特别协定的权利，只要此类协定给予表演者、录音制品制作者和广播组织的权利比本公约给予的权利更广泛，或包含其他不与本公约相反的条款。

## 第 23 条

［签字与送交］

本公约应当送交联合国秘书长。凡被邀请参加国际保护表演者、录音制品制作者和广播组织外交会议的任何世界版权公约的成员国或保护文学艺术作品国际联盟的成员国，1962 年 6 月 30 日前均可在本公约上签字。

## 第24条

[成为缔约国]

1. 本公约需经签字国批准或接受。

2. 第23条提到的被邀请参加会议的任何国家和任何联合国成员国，只要它们参加了世界版权公约或保护文学艺术作品国际联盟，均可参加本公约。

3. 批准、接受或参加本公约需向联合国秘书长递交有关证书后方能生效。

## 第25条

[公约生效的途径]

1. 本公约应当于第六批批准、接受或参加证书递交三个月之后生效。

2. 此后，本公约应当于各个有关国家递交批准、接受或参加证书三个月之后在该国生效。

## 第26条

[本国法律需保障本公约的实施]

1. 各缔约国保证根据本国宪法采取必要措施保障本公约的实施。

2. 各国在递交批准、接受或参加证书时，它就必须处于根据其国内法律使本公约所有条款生效的地位。

## 第27条

[本公约适用于某些领地]

1. 任何国家在批准、接受或参加本公约时，或在此后任何时间，可以在致联合国秘书长的通知书中，声明本公约将适用于由它对其国际关系负责的所有或其中任何一个领地，只要世界版权公约或保护文学艺术作品国际公约适用于这个或这些领地。此通知书应当从收到之日起三个月后生效。

2. 第5条第3款、第6条第2款、第16条第1款和第17、18条所提到的通知书，可以适用于本条第1款提到的所有或其中任何一个领地。

## 第28条

[通知退出本公约]

1. 任何缔约国可以用自己的名义或代表第27条中提到的所有或其中任何一个领地，通知退出本公约。

2. 退出本公约必须通过向联合国秘书长递交通知书方能生效，而且应当于通知书收到之日后十二个月生效。

3. 本公约在某缔约国生效未满五年，该缔约国不得行使通知退出的权利。

4. 当某缔约国既不是世界版权公约的成员也不是保护文学艺术作品国际联盟的成员时，它就不再是本公约的成员。

5. 当世界版权公约或保护文学艺术作品的国际公约不适用于第27条中提到的领地时，本公约就不再适用于该领地。

## 第29条

[公约的修订]

1. 本公约生效五年之后，任何缔约国可以通知联合国秘书长要求召开会议修改本公约。联合国秘书长应当将此要求通知所有缔约国。如果联合国秘书长发出通知后六个月之内，有不少于半数的缔约国通知他同意此种要求，则秘书长应当通知国际劳工组织总干事、联合国教育科学文化组织总干事和保护文学艺术作品国际联盟国际局主任，他们应当与第32条提到的政府间委员会合作召集修改公约的会议。

2. 本公约的任何修改需要参加修改会议的三分之二的国家投赞成票通过，但是这个多数要包括在召开修改会议时本公约的三分之二的成员国。

3. 一旦通过了一个全部或部分地修订本公约的公约，除修订的公约内另有规定外，则：

(a) 从修订的公约生效之日起，应当停止批准、接受或参加本公约；

(b) 对于尚未成为修订公约的缔约国的各国，涉及它们之间的关系或涉及本公约与它们之间的关系，本公约应当继续有效。

## 第30条

［争端解决］

如两个或数个缔约国对本公约的解释或实施发生争执而又不能通过谈判解决时，此争执应当根据争执诸方中任何一方的要求，提交国际法庭裁决，除非他们同意采取另外的办法解决。

## 第31条

［保留的限制］

在不妨碍第5条第3款、第6条第2款、第16条第1款和第17条的规定的情况下，不得对本公约作保留。

## 第32条

［政府间委员会］

1. 特设立一个政府间委员会，其职责如下：

(a) 研究本公约的运用和执行的有关事宜；

(b) 为可能修订本公约收集建议和准备文件资料。

2. 委员会由缔约国的代表组成，代表的选择应当考虑地区的合理分配；委员会成员的数目，如果缔约国是十二个或少于十二个，则为六名，如果缔约国是十三个至十八个，则为九名，如缔约国超过十八个，则为十二名。

3. 委员会应当于公约生效后十二个月选举产生，选举由国际劳工组织总干事、联合国教育科学文化组织总干事和保护文学艺术作品国际联盟国际局主任根据大多数缔约国事先通过的规则来组织，每个缔约国均为一票。

4. 委员会选举主席和官员，制订自己的议事程序规则。这些规则应当特别规定保证在各成员国之间用轮换的办法进行委员会未来的活动和对成员的选择。

5. 由其总干事或主任指定的国际劳工组织、联合国教育科学文化组织和保护文学艺术作品国际联盟国际局的官员组成委员会的秘书处。

6. 只要委员会大多数成员认为有必要，委员会应随时召开，会议轮流在国际劳工组织总部、联合国教育科学文化组织总部和保护文学艺术作品国际联盟国际局总部举行。

7. 委员会成员的费用应当由各自的政府负担。

## 第33条

[语　言]

1. 本公约用英语、法语和西班牙语制订,三种文本具有同等效力。

2. 此外,本公约的正式文本还将用德语、意大利语和葡萄牙语制订。

## 第34条

[通　知]

1. 联合国秘书长应当通知第23条提到的会议的应邀参加国家和所有联合国成员国,以及国际劳工组织总干事、联合国教育科学文化组织总干事和保护文学艺术作品国际联盟国际局主任以下事项:

(a) 每份批准、接受或参加证书的递交;

(b) 公约生效的日期;

(c) 公约规定的所有通知、声明或信件;

(d) 出现第28条第4款、第5款提到的任何情况。

2. 联合国秘书长还应当将根据第29条向他提出的要求以及从缔约国收到的任何涉及修改本公约的信件通知国际劳工组织总干事、联合国教育科学文化组织总干事和保护文学艺术作品国际联盟国际局主任。

下列签字者,经授权在本公约上签字,以昭信守。

1961年10月26日于罗马,在一份英语、法语、西班牙语三种语言文字的统一文本上签字。联合国秘书长应当将核实无误的副本送给第23条提到的会议的所有应邀参加国家和所有联合国会员国,以及国际劳工组织总干事、联合国教育科学文化组织总干事和保护文学艺术作品国际联盟国际局主任。

# 建立世界知识产权组织公约

1967年7月14日在斯德哥尔摩签订，1979年10月2日修正。

缔约各方：

有志于在尊重主权和平等基础上，为谋求共同利益，增进各国之间的了解与合作而贡献力量；

有志于为鼓励创造性活动而加强世界范围内的知识产权保护；

有志于在充分尊重各联盟独立性的条件下，使为保护工业产权和文学艺术作品而建立的各联盟的管理趋于现代化并提高效率；

特协议如下：

## 目　　录

## 第 1 条

［组织的建立］

建立世界知识产权组织。

## 第 2 条

［定　义］

在本公约中

(i) “本组织”是指世界知识产权组织(WIPO)；

(ii) “国际局”是指知识产权国际局；

(iii)《巴黎公约》是指 1883 年 3 月 20 日签订的保护工业产权公约及其一切修订本；

(iv)《伯尔尼公约》是指 1886 年 9 月 9 日签订的保护文学艺术作品公约及其一切修订本；

(v) “巴黎联盟”是指根据《巴黎公约》建立的国际联盟；

(vi) “伯尔尼联盟”是指根据《伯尔尼公约》建立的国际联盟；

(vii) “各联盟”是指巴黎联盟、与该联盟有关的各专门联盟与协定、伯尔尼联盟以及根据第 4 条第(iii)段由本组织担任其行政事务的任何其他旨在促进知识产权保护的国际协定；

(viii) “知识产权”包括有关下列项目的权利：

— 文学、艺术和科学作品，

— 表演艺术家的表演以及唱片和广播节目，

— 人类一切活动领域内的发明，

— 科学发现，

— 工业品外观设计，

— 商标、服务标记以及商业名称和标志，

— 制止不正当竞争，

以及在工业、科学、文学或艺术领域内由于智力活动而产生的一切其他权利。

## 第3条

［本组织的宗旨］

本组织的宗旨是：

(i) 通过国家之间的合作并在适当情况下与其他国际组织配合，促进世界范围内的知识产权保护；

(ii) 保证各联盟之间的行政合作。

## 第4条

［职　责］

为了实现第3条所述宗旨，本组织通过其适当机构并根据各联盟的权限：

(i) 促进旨在便利全世界对知识产权的有效保护和协调各国在该领域内立法的措施的发展；

(ii) 执行巴黎联盟、与该联盟有联系的各专门联盟以及伯尔尼联盟的行政任务；

(iii) 可以同意担任或参加任何其他旨在促进保护知识产权的国际协定的行政事务；

(iv) 鼓励缔结旨在促进保护知识产权的国际协定；

(v) 对于在知识产权领域内请求法律—技术援助的国家给予合作；

(vi) 收集并传播有关保护知识产权的情报，从事并促进该领域内的研究，并公布这些研究的成果；

(vii) 维持有助于知识产权国际保护的服务机构，在适当情况下，提供这方面的注册以及有关注册的公开资料；

(viii) 采取一切其他的适当行动。

## 第5条

[成员资格]

(1) 凡属第2条第(vii)段所规定的任一联盟的成员的任何国家都可以成为本组织的成员国。

(2) 不属于任一联盟成员的任何国家，具备以下条件者，同样也可成为本组织的成员国：

(i) 联合国成员国、与联合国有关系的任何专门机构的成员国、国际原子能机构的成员国或国际法院规约的当事国，或

(ii) 应大会邀请成为本公约当事国。

## 第6条

[大　会]

(1) (a) 本组织应设大会，由作为任一联盟成员国的本公约当事国组成。

(b) 每一国政府应有一名代表，可辅以若干副代表、顾问和专家。

(c) 各代表团的开支应由派遣国政府负担。

(2) 大会应：

(i) 根据协调委员会提名，任命总干事；

(ii) 审议并批准总干事关于本组织的报告，并给其以一切必要的指示；

(iii) 审议并批准协调委员会的报告与活动，并给以指示；

(iv) 通过各联盟共同的两年开支预算；

(v) 批准总干事提出的关于第4条第(iii)段所指的国际协定的行政管理措施；

(vi) 通过本组织的财务条例；

(vii) 参照联合国的惯例，决定秘书处的工作语言；

(viii) 邀请第 5 条第(2)项第(ii)段所指的国家参加本公约；

(ix) 决定哪些非本组织成员的国家、哪些政府间组织和非政府性的国际组织可作为观察员参加会议；

(x) 行使其他合于本公约的适当职权。

(3) (a) 每一国家，无论是一个或几个联盟的成员国，在大会上应有一票表决权。

(b) 大会成员国的半数应构成法定人数。

(c) 尽管有第(b)目的规定，如果在任一届会议上，出席国的数目不足一半，但相当于或超过大会成员国三分之一时，大会可以作出决议，但是，关于其本身程序的决议除外，所有这些决议只有符合以下条件时才能生效。国际局应将这些决议通知未出席的大会成员国，并请它们于通知之日起三个月内以书面表示投票或者弃权。如果在这一期限届满时，已经这样投票或弃权的国家的数目达到本届会议法定人数所缺少的国家数目，同时也取得了所要求的多数票，这些决议即应生效。

(d) 在遵守第(e)目和第(f)目规定的条件下，大会应以所投票的三分之二多数作出决定。

(e) 批准关于第 4 条第(iii)段所指国际协定的行政管理措施，需四分之三多数票通过。

(f) 批准根据联合国宪章第 57 条和第 63 条与联合国签订的协定，需十分之九多数票通过。

(g) 任命总干事(第(2)项第(i)段)、批准总干事所提出的关于国际协定的行政管理措施(第(2)项第(v)段)以及迁移总部(第 10 条)，不仅须经本组织大会，而且须经巴黎联盟大会和伯尔尼联盟大会，以所要求的多数票通过。

(h) 弃权不作投票计算。

(i) 一名代表只能代表一个国家，并且只能以一个国家的名义投票。

(4) (a) 大会每第二年举行一次例会，由总干事召集。

(b) 大会应由总干事根据协调委员会或大会四分之一成员国的请求召集举行特别会议。

(c) 会议应在本组织总部举行。

(5) 已参加本公约，但不是任一联盟的成员的国家应允许以观察员身份参加大会的会议。

(6) 大会应通过自己的议事规则。

## 第7条

[成员国会议]

(1) (a) 本组织应设成员国会议，由本公约成员国组成，不论它们是否任一联盟的成员国。

(b) 每一国政府应有一名代表，可辅以若干副代表、顾问和专家。

(c) 各代表团的开支应由派遣国政府负担。

(2) 成员国会议应：

(i) 讨论知识产权领域内普遍关心的事项，并且得在尊重各联盟权限和自主的条件下就这些事项通过建议；

(ii) 通过本会议的两年预算；

(iii) 在本会议预算的限度内，制定两年法律—技术援助计划；

(iv) 按照第 17 条规定，通过对本公约的修订案；

(v) 决定应允许哪些非本组织成员的国家、哪些政府间组织和非政府性的国际组织可作为观察员参加其会议；

(vi) 行使其他适合于本公约的职权。

(3) (a) 每一个成员国在本会议中应有一票表决权；

(b) 成员国的三分之一构成法定人数；

(c) 在遵守第 17 条规定的条件下，本会议应以三分之二多数票作出决议；

(d) 对参加本公约但未参加任一联盟的国家的会费数额应由仅只这类国家的代表有投票权的表决来决定。

(e) 弃权不作投票计算；

(f) 一名代表只能代表一个国家，并且只能以一个国家的名义投票。

(4) (a) 本会议的例会，应由总干事召集，会期及会议地点与大会相同。

(b) 本会议应由总干事根据多数成员国的请求召集举行。

（5）本会议应通过自己的议事规则。

## 第8条

［协调委员会］

（1）（a）本组织应设协调委员会，由担任巴黎联盟执行委员会委员或伯尔尼联盟执行委员会委员或兼任两执行委员会委员的本公约当事国组成。然而，如果其中任一执行委员会的委员数目超过了选举它的大会成员国总数的四分之一，则该执行委员会应从其委员中指定参加协调委员会的国家，数目不得超过上面提到的四分之一。在计算上述的四分之一数目时，本组织总部所在国不应包括在内。

（b）作为协调委员会委员的每一个国家应有一名代表，可辅以若干副代表、顾问和专家。

（c）当协调委员会审议直接涉及成员国会议的计划、预算及其议程，或审议关于修订本公约的建议时，如果该修订建议将影响已参加本公约但没有参加任一联盟的国家的权利或义务，则应有这类国家的四分之一参加协调委员会的会议并享有与该委员会委员同等的权利。成员国会议应在每届例会上指定这些国家。

（d）各代表团的开支应由派遣国政府负担。

（2）如果本组织所经管的其他联盟希望参加协调委员会，其代表必须从协调委员会成员国中指派。

（3）协调委员会应：

（i）就两个或两个以上联盟共同有关的，或者一个或一个以上联盟与本组织共同有关的一切有关行政、财务和其他事项，特别是各联盟共同开支的预算，向各联盟的机构、大会、成员国会议和总干事提出意见；

（ii）拟订大会的议程草案；

（iii）拟订成员国会议的议程草案以及计划和预算草案；

（iv）［删除］

（v）在总干事任期即将届满，或总干事职位出缺时，提名一个候选人由大会任命；如果大会未任命所提名的人，则协调委员会应另提一名候选人；这一程序应反复进行直至最后提名的人被大会任命为止；

(vi) 如果总干事的职位在两届大会之间出缺，任命一个代理总干事，在新任总干事就任前代职；

(vii) 行使本公约所赋予的其他职权。

(4) (a) 协调委员会每年举行一次例会，由总干事召集。在正常情况下应在本组织总部举行。

(b) 协调委员会的特别会议，应由总干事召集，或根据其本人倡议，或应协调委员会主席的请求，或协调委员会四分之一成员的请求而召开。

(5) (a) 每个国家，不论它是第(1)项第(a)目提到的一个还是两个执行委员会的委员，在协调委员会中都只有一票表决权。

(b) 协调委员会委员的半数构成法定人数。

(c) 一名代表只能代表一个国家，并且只能以一个国家的名义投票。

(6) (a) 协调委员会应按投票的简单对数发表意见和作出决议。弃权不作投票计算。

(b) 尽管取得了简单多数，协调委员会的任何委员可以在表决后立即要求按下列办法对票数作一次特别重新计算：将巴黎联盟执行委员会委员国和伯尔尼联盟执行委员会委员国分别列成两个名单将每个国家的投票记入所属名单中自己名称的旁边。如果这样的特别重新计算表明不是在每个名单中都取得了简单多数，则该项提案应视为未通过。

(7) 本组织任何不属协调委员会成员的成员国，可以派观察员参加本委员会的会议，有权参加辩论，但无表决权。

(8) 协调委员会应制定自己的议事规则。

## 第9条

[国际局]

(1) 国际局应为本组织的秘书处。

(2) 国际局应由总干事领导并辅以两个或两个以上的副总干事。

(3) 总干事任期固定，每任不少于六年。他应有资格按任期连任。初任期限和可能的连任期限以及任命的所有其他条件，均应由大会规定。

(4)(a)总干事应为本组织的行政主管。

(b)他应代表本组织。

(c)他应就本组织的内外事务,向大会汇报,并遵从大会的指示。

(5)总干事应拟定计划草案和预算草案并起草工作活动定期报告。他应将这些草案和报告送交有关国家的政府以及各联盟和本组织的主管机构。

(6)总干事和任何由他指派的工作人员可参加大会、成员国会议、协调委员会以及任何其他委员会或工作组的一切会议,但无表决权。总干事或由他指派的一名工作人员应为这些机构的当然秘书。

(7)总干事应任命为有效执行国际局任务所必需的工作人员。他应在协调委员会批准后,任命副总干事。任用的条件应在由总干事提出并由协调委员会批准的工作人员条例中规定。任用工作人员和决定服务条件首要考虑的应是:必须保证最高标准的效率、能力和品德。在录用工作人员时应适当注意尽可能广泛的地域分布的重要性。

(8)总干事和工作人员的责任的性质应是纯粹国际性的。在执行职务时,他们不应寻求或接受任何政府或本组织以外的任何当局的指示。他们不应做任何可能有损于其国际官员身份的行为。每一个成员国都应尊重总干事和工作人员职责的纯粹国际性质,并且不得在他们执行任务时设法施加影响。

## 第10条

[总　部]

(1)本组织总部设在日内瓦。

(2)其迁移可按第6条第(3)项第(d)目和第(g)目的规定来决定。

## 第11条

[财　务]

(1)本组织应有两种单独的预算:各联盟共同开支预算和成员国会议预算。

(2)(a)各联盟共同开支预算应包括对几个联盟有关系的开支的规定。

(b)这项预算资金的来源如下:

(i)各联盟的分摊,而每个联盟分摊的数额应由该联盟大会依据其在共同开支中所享受的利益来确定；

(ii) 国际局所进行的与各联盟无直接关系的服务收费或者不属于国际局提供的法律—技术援助方面的服务收费；

(iii) 与各联盟无直接关系的国际局出版物的售款与版税；

(iv) 给予本组织的捐款、遗赠和补助金，但第(3)项第(b)目第(iv)段所指的款项除外；

(v) 本组织的租金、利息和其他杂项收入。

(3) (a) 成员国会议的预算应包括该召开会议的开支和法律—技术援助计划的支出。

(b) 这项预算的资金来源如下：

(i) 参加本公约但未参加任何联盟的国家的会费；

(ii) 各联盟为这一预算提供的款项，而各联盟提供款项数额应由各该联盟大会确定，各联盟也可不为该预算提供款项；

(iii) 国际局由于提供法律—技术援助服务而得到的款项；

(iv) 为了第(a)目所述的目的，给予本组织的捐款、遗赠和补助金。

(4) (a) 为了规定每个成员国对成员国会议预算应缴的会费，参加本公约但未参加任何联盟的国家应属于一个等级，并应以下面所确定的单位数为基础缴纳年度会费：

A 级……10

B 级……3

C 级……1

(b) 上述各国在按第 14 条第(1)项规定采取行动的同时，应指出自己希望属于哪一等级。任一这类国家均可改变其等级，如要改为较低的级别，该国必须在一次例会上向成员国会议宣布。这种改动应于该届会议后的下一历年开始时生效。

(c) 每一个这类国家每年应缴会费的数额在所有这类国家对成员国会议预算交费总额中所占的比例应相当于它的单位数在所有这类国家的总单位数中所占的比例。

(d) 会费应在每年一月一日缴纳。

(e) 在新的财政年度周期开始之前,如果预算尚未被通过,则根据财务条例,应按上年度预算的标准执行。

(5) 任何参加本公约但未参加任何联盟的国家拖欠本条所规定的会费,以及任何参加本公约的任何联盟成员国拖欠其联盟会费时,如果其所欠金额相当于或超过前两个整年的会费金额,则不应在它作为成员国的本组织任何机构内行使表决权。然而,只要查明该国拖延缴费是由于特殊的和不可避免的情况,这些机构则可以允许它继续在该机构内行使表决权。

(6) 国际局在法律—技术方面提供服务项目的收费数额应由总干事确定,并应由他向协调委员会报告。

(7) 经协调委员会批准,本组织可直接接受来自政府、公私机构、协会或私人的捐款、遗赠和补助金。

(8) (a) 本组织应有一项工作基金,由各联盟和参加本公约但未参加任何联盟的国家一次缴纳。当该项基金不足时,应予增加。

(b) 各联盟一次缴纳的金额和可能增缴的金额应由各该联盟大会确定。

(c) 参加本公约但未参加任何联盟的国家一次缴纳的金额以及在基金增加时的份额,应按照基金成立或决定增加基金那一年该国会费的比例计算。缴纳的比例和条件应由成员国会议根据总干事的建议,并听取协调委员会的意见后确定。

(9) (a) 在本组织总部和总部所在国签立的协定中应规定,当工作基金不足时,应由该国垫款。垫款的金额和给予垫款的条件,应由该国与本组织根据每次情况另立协定。该国在承担垫款义务期间,应在协调委员会中有自然的席位。

(b) 上述第(a)目所述国家和本组织都有权通过书面通知终止垫款的义务。这项通知应自发出通知那年年底起三年后生效。

(10) 账目的审查应根据财务条例的规定由一个或一个以上成员国或外来审计员进行。审计员应由本组织大会在征得他们本人同意后指派。

## 第12条

[权利能力;特权和豁免]

(1) 本组织在各成员国领土上,在符合各该国家的法律条件下,应享有为完成本组织宗旨和行使其职权所必需的权利能力。

(2) 本组织应与瑞士联邦,以及任何总部今后可能设在的其他国家缔结一项总部协定。

(3) 本组织可与其他成员国缔结双边或多边协定,使本组织、其官员以及一切成员国的代表享有为完成本组织宗旨和行使其职权所必需的特权与豁免。

(4) 总干事可以谈判上述第(2)项、第(3)项所指的协定;并经协调委员会批准后代表本组织缔结和签订这种协定。

## 第13条

[与其他组织的关系]

(1) 本组织应于适当时候与其他政府间组织建立工作关系并进行合作。与这类组织订立的具有这种效果的一般协定,应由总干事经协调委员会批准后缔结。

(2) 本组织可就其权限内的事项,适当安排与非政府的国际组织的磋商与合作,而且,经有关政府同意,也可与该国的政府性或非政府的全国性组织进行磋商与合作。有关这方面的安排应由总干事经协调委员会批准后进行。

## 第14条

[加入本公约]

(1) 第5条所指的国家可以通过以下手续成为本公约的当事国和本组织的成员国:

(i) 申请者签署并对批准与否不附加保留意见,或

(ii) 申请者签署并表示同意须在递交批准书后方能获批准,或

(iii) 递交加入书。

(2) 不管本公约的任何其他规定,《巴黎公约》当事国、《伯尔尼公约》当事国,或同时兼为两个公约的当事国,只有在批准或加入或者已经批准或加入下述国际文件的条件下,才可以成为本公约的当事国:

或者《巴黎公约斯德哥尔摩议定书》全部或仅附有第20条第(1)项第(b)

目第(i)段所规定的限制；

或者《伯尔尼公约斯德哥尔摩议定书》的全部或仅附有第28条第(1)项第(b)目第(i)段所规定的限制。

(3) 批准书或加入书应交由总干事保存。

## 第15条

[本公约的生效]

(1) 本公约应在十个巴黎联盟成员国和七个伯尔尼联盟成员国按第14条第(1)项的规定采取行动三个月后生效。如果一个国家同时兼为两个联盟的成员国,应在两组内都计数。在生效之日,本公约对于那些不是任一联盟成员但在此日期三个月以前按第14条第(1)项的规定已采取行动的国家,也应生效。

(2) 对于其他国家,本公约应在这类国家按第14条第(1)项规定采取行动之日起三个月之后生效。

## 第16条

[保　留]

本公约不允许保留。

## 第17条

[修　正]

(1) 有关修正本公约的建议可由任何成员国、协调委员会或总干事提出。该建议应至少在成员国会议进行审议的六个月以前由总干事通知各成员国。

(2) 修正案应由成员国会议通过。当修正案影响参加本公约但未参加任一联盟的国家的权利和义务时,这些国家也应参加表决。对于一切其他所提出的修正案,只应由参加本公约的任一联盟的成员国表决。成员国会议如仅对那些以前已由巴黎联盟大会和伯尔尼联盟大会已分别根据适用于各该大会关于通过各该公约行政条款修正案的规则所通过的修正案进行表决,修正案应由参加投票的国家的简单多数票表决通过。

(3) 任何修正案应在总干事收到在成员国会议通过该修正案时，根据上述第(2)项有表决权的本组织四分之三成员国按照它们各自的宪法程序发出的书面接受通知书一个月后生效。这样接受的任何修正案，应对在该修正案生效时以及后来加人本组织的所有成员国都有约束力，但涉及增加成员国财政义务的修正案应只对已通知接受该修正案的国家有约束力。

## 第18条

[退 约]

(1) 任何成员国可以通过向总干事送交通知书退出本公约。

(2) 退出应在总干事收到通知书起六个月后生效。

## 第19条

[通 知]

总干事应向一切成员国政府通知：

(i) 本公约生效日期；

(ii) 签署和保存批准书或加入书；

(iii) 对本公约一项修正案的接受，以及修正案生效的日期；

(iv) 退出本公约。

## 第20条

[最后条款]

(1) (a) 本公约应在一份用英语、法语、俄语和西班牙语作成的单一文本上签署，各种文本具有同等效力，并应交由瑞典政府保存。

(b) 截止到1968年1月13日本公约应在斯德哥尔摩开放签署。

(2) 正式文本，应由总干事经与有关国家政府协商后以德语、意大利语、葡萄牙语以及成员国会议指定的其他语言文字制定。

(3) 总干事应将经正式核签的本公约副本和由成员国会议通过的每项修正案的副本各两份分送巴黎联盟或伯尔尼联盟各成员国政府、其他加入本公约国家的政府，以及其他要求得到这些文件的国家政府。分送给各国政府的经签署的本公约副本应由瑞典政府核签。

(4) 总干事应向联合国秘书处登记本公约。

## 第21条

[过渡条款]

(1) 在第一任总干事就职前,本公约中凡提到国际局或总干事之处,应分别视为是指保护工业、文学和艺术产权联合国际局[亦称保护知识产权联合国际局(BIRPI)]或其总干事。

(2) (a) 凡属任一联盟的成员而尚未参加本公约的国家,如果它们愿意,在自本公约生效之日起五年内,可行使如同它们参加了本公约一样的权利。凡希望行使这种权利的国家应书面通知总干事,该通知书应于收到之日生效。这类国家在上述期限届满前应视为大会和成员国会议的成员。

(b) 当该五年期限届满时,这类国家在大会、成员国会议和协调委员会中不应再有表决权。

(c) 这类国家在成为本公约当事国后,应再度得到表决权。

(3) (a) 在巴黎联盟或伯尔尼联盟的成员国尚未全部参加本公约以前,国际局和总干事应分别兼管保护工业、文学和艺术产权联合国际局及其总干事的职责。

(b) 该联合国际局任用的工作人员,自本公约生效之日起在上述(a)段所指的过渡期间,应被认为也是由国际局任用的。

(4) (a) 一旦巴黎联盟所有成员国全部成为本组织成员后,该联盟事务局的权利、义务和财产应移交给本组织国际局。

(b) 一旦伯尔尼联盟所有成员国全部成为本组织成员后,该联盟事务局的权利、义务和财产应移交给本组织国际局。

# 建立工业品外观设计国际分类洛迦诺协定

1968年10月8日在洛迦诺签订,1979年9月28日修正。

## 目　录*



* 本目录是为了方便读者阅读而加,它并没有出现在公约的签字本之中。

国主管局。通知一经收到，专家委员会的决定就应当开始生效。然而，如果决定涉及建立新的大类，或将一些商品从一个大类转移至另一大类时，该决定应当自发出上述通知之日起六个月开始生效。

（2）国际局作为国际分类法的保存机构，应当将已开始生效的修正和补充编入国际分类法中。修正和补充的公告应当在大会指定的期刊上公布。

## 第5条

［本专门联盟大会］

（1）（a）本专门联盟应当设立大会，由本专门联盟各国组成。

（b）本专门联盟每一国家的政府应当有一名代表，可辅以若干副代表、顾问和专家。

（c）每一代表团的费用应当由委派代表团的政府负担。

（2）（a）除第3条规定外，大会应当：

（i）处理有关维持和发展本专门联盟以及执行本协定的一切事项；

（ii）就有关修订会议的筹备事项对国际局给予指示；

（iii）审查和批准本组织总干事（下称“总干事”）关于本专门联盟的报告和活动，并就本专门联盟职权范围内的事项对总干事给予一切必要的指示；

（iv）确定本专门联盟的计划和通过其两年期预算，并批准其决算；

（v）通过本专门联盟的财务规则；

（vi）决定英语和法语以外语言的国际分类法正式文本的制定；

（vii）除按第3条所设立的专家委员会以外，建立为实现本专门联盟目标而认为适当的其他专家委员会和工作组；

（viii）确定接受哪些非本专门联盟成员的国家以及哪些政府间组织和非政府间国际组织为观察员出席大会的会议；

（ix）通过第5条至第8条的修正案；

（x）采取旨在促进实现本专门联盟的目标的任何其他适当的行动；

（xi）履行按照本协定是适当的其他职责。

（b）关于与本组织管理的其他联盟共同有关的事项，大会应在听取本组织协调委员会的意见后作出决定。

(3) (a) 大会的每一成员国应当有一票表决权。

(b) 大会成员国的半数构成开会的法定人数。

(c) 尽管有第(b)目的规定,如任何一次会议出席的国家不足大会成员国的半数,但达到三分之一或者三分之一以上时,大会可以作出决定,但是,除有关大会本身议事程序的决定外,所有其他决定只有符合下述条件才能生效。国际局应当将上述决定通知未出席的大会成员国,请其在通知之日起三个月的期间内,以书面表示是否赞成或弃权。如该期间届满时,这些表示是否赞成或弃权的国家数目达到会议本身开会法定人数所缺少的国家数目,只要同时也取得了规定的多数票,这些决定即应当生效。

(d) 除第 8 条第(2)项规定外,大会的决定需有所投票数的三分之二票。

(e) 弃权不应当认为是投票。

(f) 一名代表仅可以一国名义代表一个国家投票。

(4) (a) 大会应当每两历年由总干事召开一次例会,如无特殊情况,应当与本组织的大会同期同地召开。

(b) 大会的非常会议应当由总干事根据大会四分之一成员国的请求召开。

(c) 每届会议的议程应由总干事准备。

(5) 大会应当通过自己的议事规则。

## 第 6 条

[国际局]

(1) (a) 有关本专门联盟的行政工作应当由国际局执行。

(b) 国际局特别应当负责筹备各种会议,并为大会、专家委员会以及由大会或专家委员会所设立的其他专家委员会和工作组设置秘书处。

(c) 总干事是本专门联盟的最高行政官员,并代表本专门联盟。

(2) 总干事及其指定的人员均应当参加大会、专家委员会以及由大会或者专家委员会所设立的其他专家委员会或工作组的所有会议,但无表决权。总干事或者其指定的人员应当是这些机构的当然秘书。

(3)(a)国际局应当依照大会的指示，为修订本协定除第5条至第8条以外的各规定的会议进行筹备工作。

(b)国际局可以就修订会议的筹备工作与政府间组织及非政府间国际组织进行磋商。

(c)总干事及其指定的人员应当参加修订会议的讨论，但无表决权。

(4)国际局应当执行指定的其他工作。

## 第7条

[财　务]

(1)(a)本专门联盟应当有预算。

(b)本专门联盟的预算应当包括本专门联盟的专有的收入和支出，对各联盟共同支出预算的摊款，以及在需要时包括向本组织成员国会议预算提供的款项数。

(c)对于不是专属于本专门联盟的支出，而是与本组织管理下的一个或一个以上的其他联盟有关的支出，应当视为各联盟的共同支出。本专门联盟在该项共同支出中的摊款，应当与本专门联盟在其中所享有的利益成比例。

(2)制订本专门联盟的预算，应当适当考虑与本组织管理的其他联盟预算相协调的需要。

(3)本专门联盟预算的财政来源如下：

(i)本专门联盟国家的会费；

(ii)国际局提供的与本专门联盟有关的服务应得的各种费用；

(iii)国际局有关本专门联盟出版物的售款或版税；

(iv)捐款、遗赠和补助金；

(v)租金、利息以及其他杂项收入。

(4)(a)为了确定第(3)项第(i)段所指的会费数额，本专门联盟每一国家应当与其在保护工业产权巴黎联盟属于同一等级，并应当以该联盟对该等级所确定的单位数为基础缴纳其年度会费。

(b)本专门联盟每一个国家年度会费的数额在所有国家向本专门联盟预算缴纳的会费总额中所占的比例，应当与该国的单位数在所有缴纳会费国家的单位总数中所占的比例相同。

(c) 会费应当在每年的一月一日缴纳。

(d) 一个国家欠缴的会费数额等于或超过其前两个整年的会费数额的，不得在本专门联盟的任何机构内行使表决权。但是，如果本专门联盟的任何机构确知延迟缴费是由于特殊的和不可避免的情况，则在这期间内，可以允许该国在该机构内继续行使其表决权。

(e) 如果预算在新财政年度开始以前尚未通过，预算应当按财务规则的规定与上一年度预算的水平相同。

(5) 国际局提供的与本专门联盟有关的服务应得的各种费用数额，应当由总干事确定并报告大会。

(6) (a) 本专门联盟应当设立工作基金，由本专门联盟的每一国家一次缴纳组成，如果基金不足，大会应当决定予以增加。

(b) 每一国家对上述基金初次缴纳的数额或在基金增加时缴纳的数额，应当与建立基金或决定增加基金的当年该国缴纳的会费成比例。

(c) 缴款的比例和条件，应当由大会根据总干事的建议，并听取本组织协调委员会的意见后确定。

(7) (a) 在本组织与本组织总部所在地国家签订的总部协定中应当规定：工作基金不足时，该国应予贷款。该项贷款的数额和条件，每一次应当由本组织与该国签订单独的协定。

(b) 上列第(a)目所指的国家与本组织都各自有权以书面通知废除贷款的义务。废除应当自发出通知当年年底起三年后生效。

(8) 账目的审计工作应当按财务规则的规定，由本专门联盟一个或多个国家或者外来的审计师进行。审计师应当由大会在征得其同意后指定。

## 第8条

[第5条至第8条的修正]

(1) 本专门联盟任何国家或者总干事均可对第5、6、7条和本条提出修正案。修正案至少应当在提交大会审议前六个月，由总干事通知本专门联盟各国。

(2) 对第(1)项所指各条的修正案，应当由大会通过。通过需有投票数的四分之三票。但对第 5 条和本款的任何修正案,需有所投票数的五分之四票。

(3) 对第(1)项所指各条的任何修正案,应当自总干事收到修正案通过时的本专门联盟四分之三国家按其各自宪法程序表示接受修正案的书面通知之日起一个月后生效。对上述各条的任何修正案经依上述规定接受后,对修正案生效时本专门联盟的成员国或者在此后日期成为成员国的所有国家都有约束力,但是增加本专门联盟国家财政义务的修正案,只对已经通知接受该修正案的国家有约束力。

## 第 9 条

[批准和加入;生效]

(1)《保护工业产权巴黎公约》的任何缔约国已在本协定签字的都可以批准本协定;未在本协定签字的,可以加入本协定。

(2) 批准书和加入书均应当递交总干事保存。

(3) (a) 对于最先递交其批准书或加入书的五个国家,本协定应当在递交第五份批准书或者加入书三个月后开始生效。

(b) 对于其他任何国家,本协定应当自总干事就其批准书或者加入书发出通知之日起三个月后生效,除非批准书或者加入书已经指定以后的日期。在后一种情况下,本协定应当在指定的日期对该国生效。

(4) 批准或加入本协定,应当自动接受本协定的全部条款,并享有本协定的一切权利。

## 第 10 条

[本协定的效力和有效期]

本协定的效力和有效期应当与《保护工业产权巴黎公约》的效力和有效期相同。

## 第 11 条

[对第 1 条至第 4 条和第 9 条至第 15 条的修订]

(1) 对第 1 条至第 4 条和第 9 条至第 15 条都可提出修订,以便采用期望的改进。

(2) 每项修订都应当在本专门联盟国家的代表会议上予以审议。

## 第12条

[退　约]

(1) 任何国家均可通知总干事退出本协定。退约仅对发出此通知的国家生效,对于本专门联盟的其他国家,本协定仍保持其全部效力。

(2) 退约应当自总干事收到通知之日起一年后生效。

(3) 任何国家在成为本专门联盟成员国之日起五年届满以前,不得行使本条规定的退约的权利。

## 第13条

[领　地]

《保护工业产权巴黎公约》第24条的规定适用于本协定。

## 第14条

[签字、语言、通知]

(1) (a) 本协定应当在一份用英语和法语写成的文本上签字,两种文本均为同等的正本,并应当由瑞士政府保存。

(b) 本协定于1969年6月30日以前在伯尔尼开放签字。

(2) 总干事在与有关政府协商后,应当制定大会指定的其他语言的正式文本。

(3) 总干事应当将经瑞士政府证明的本协定签字文本两份送给各签字国政府,并根据请求送交任何其他国家政府。

(4) 总干事应当将本协定向联合国秘书处登记。

(5) 总干事应当将本协定的生效日期、签字、批准书或者加入书的保存、本协定修正案的接受、该修正案的生效日期以及退出的通知,通知本专门联盟所有国家政府。

## 第15条

［过渡条款］

在第一任总干事就职前，本协定所指本组织的国际局或者总干事应当认为分别指保护知识产权联合国际局(BIRPI)或者其总干事。

# 国际专利分类斯特拉斯堡协定

1971年3月24日签订，1979年10月2日修正。

## 目　　录*



* 本目录是为了方便读者阅读而加，它并没有出现在公约的签字本之中。

各缔约国，

考虑到普遍采用一种统一的专利、发明人证书、实用新型和实用证书的分类系统，是符合全体的利益的，而且可能在工业产权领域建立较为密切的国际合作，有助于协调各国在该领域的立法工作；

认识到 1954 年 12 月 19 日的发明专利国际分类欧洲公约的重要性，根据这一公约，欧洲理事会创建了发明专利国际分类法；

注意到这一分类法的普遍价值及其对保护工业产权巴黎公约的全体缔约国的重要性；

注意到这一分类法对发展中国家的重要性，将使这些国家比较容易地获得一直在大量发展的现代技术；

注意到 1883 年 3 月 20 日在巴黎签订、1900 年 12 月 14 日在布鲁塞尔、1911 年 6 月 2 日在华盛顿、1925 年 11 月 6 日在海牙、1934 年 6 月 2 日在伦敦、1958 年 10 月 31 日在里斯本、1967 年 7 月 14 日在斯德哥尔摩先后修订的《保护工业产权巴黎公约》第 19 条的规定，

达成协议如下：

## 第 1 条

[专门联盟的建立；国际分类法的采用]

适用本协定的国家组成专门联盟，对发明专利、发明人证书、实用新型和实用证书采用相同的分类法，即已知的“国际专利分类法”（以下简称“本分类法”）。

## 第 2 条

[本分类法的定义]

(1) (a) 本分类法包括：

(i) 依据 1954 年 12 月 19 日的发明专利国际分类欧洲公约（以下简称“欧洲公约”）的规定而制订的、1968 年 9 月 1 日生效并由欧洲理事会秘书长公布的分类法正文；

(ii) 在本协定生效之前依据《欧洲公约》第 2 条第（2）项生效的修

正案；

(iii) 此后依据本协定第 5 条制订并依据本协定第 6 条生效的修正案；

(b) 本分类法正文中所包括的指南和注释是其组成部分。

(2) (a) 第(1)项第(a)目第(i)段所指的本分类法正文包括在两份正本中，每份用英语和法语写成，在本协定签字期间，一份由欧洲理事会秘书长保存，另一份由 1967 年 7 月 14 日的公约所建立的世界知识产权组织总干事保存(以下分别简称“本组织”和“总干事”)。

(b) 第(1)项第(a)目第(ii)段中所指的修正案将载于两份正本中，每份用英语和法语写成，一份由欧洲理事会秘书长保存，另一份由总干事保存。

(c) 第(1)项第(a)目第(iii)段中所指的修正案将只载于一份正本，用英语和法语写成，由总干事保存。

## 第 3 条

[本分类法的语言]

(1) 本分类法应用英语和法语制定，两种文本均为同等的正本。

(2) 本组织国际局(以下简称“国际局”)应与有关国家政府协商，或在各该政府提交的译文的基础上，或通过对本专门联盟或对本组织的预算不产生财政义务的其他任何方法，制定德语、日语、葡萄牙语、俄罗斯语、西班牙语以及本协定第 7 条所述大会指定的其他语言的正式文本。

## 第 4 条

[本分类法的使用]

(1) 本分类法纯属行政管理性质。

(2) 本专门联盟的每一国家有权将本分类法作为主要的分类系统或者作为辅助的分类系统使用。

(3) 本专门联盟国家的主管机关应在以下文件上标明适用于第(i)段所指文件涉及的发明的完整分类号：

(i) 该机关所颁发的专利证书、发明人证书、实用新型、实用证书及其有关

的申请文件,不论是公布的或仅供公众查阅的,以及

(ii) 官方期刊发表的关于第(i)段所指文件的公布或供公众查阅的有关通知。

(4) 在本协定签字时或在递交本协定批准书或加入书时:

(i) 任何国家都可以声明,在第(3)项所指仅供公众查阅的申请文件及其有关通知中,不承担标明组分类号或分组分类号,以及

(ii) 任何国家不进行即时的或延迟的创新性审查,以及在授予专利证书或其他保护形式的程序中没有规定现有技术检索的,可以声明在第(3)项所指文件和通知中不承担标明组分类号和分组分类号。如果上述情况仅在涉及某种保护形式或某些技术领域时才存在,有关国家可以在适用这些情况的范围内作出该项保留。

(5) 分类号及其前面写明的"国际专利分类"或由第 5 条所述的专家委员会决定的缩写词,应用粗体字印刷,或以其他清晰可辨的方式,在包括这些符号的第(1)项第(i)段所述每一文件的上端标明。

(6) 如本专门联盟的任何国家委托政府间机构授予专利的,应采取一切可能的措施,保证该机构依本条规定使用本分类法。

## 第 5 条

[专家委员会]

(1) 本专门联盟设立专家委员会,每一国家应派代表参加。

(2) (a) 总干事应邀请以专利为其专业的、其成员至少有一国是本协定的缔约国的政府间组织,派观察员出席专家委员会的会议。

(b) 总干事可以邀请,如经专家委员会请求,应该邀请其他政府间组织和非政府间国际组织派代表参加与其有关的讨论。

(3) 专家委员会的职权如下:

(i) 修订本分类法;

(ii) 向本专门联盟国家提出旨在便利本分类法的使用和促进本分类法的统一应用的建议;

(iii) 帮助促进对用于发明审查的文献进行重新分类的国际合作,特别要考虑发展中国家的需要;

(iv) 在对本专门联盟或本组织的预算不产生财政义务的情况下,采取其他一切措施促进发展中国家应用本分类法;

(v) 有权设立小组委员会和工作组。

(4) 专家委员会应制订自己的议事规程,该规程应允许第(2)项第(a)目所指能在本分类法的发展中担任实质性工作的政府间组织参加小组委员会和工作组的会议。

(5) 本专门联盟任何国家的主管机关、国际局、依第(2)项第(a)目的规定有代表出席专家委员会会议的任何政府间组织,以及应专家委员会特别邀请对修订本分类法提出建议的任何其他组织,均可对本分类法提出修订建议。修订建议应递交国际局,国际局应在不迟于专家委员会开会审议上述建议前两个月提交专家委员会成员和观察员。

(6) (a) 专家委员会的每个成员国应有一票表决权。

(b) 专家委员会的决议需有出席并参加表决的国家的简单多数票。

(c) 任何决议,如出席并参加表决的国家的五分之一国家认为会引起本分类法基本结构的改变,或需要进行大量重新分类工作的,应有出席并参加表决的国家的四分之三多数票。

(d) 弃权不应视为投票。

## 第6条

[修正案及其他决议的通知、生效和公布]

(1) 专家委员会通过的修正本分类法的决议和专家委员会的建议,应由国际局通知本专门联盟各国的主管机关。修正案应自发出通知之日起六个月后生效。

(2) 国际局应将已生效的修正案编入本分类法中。修正案应在第7条所述大会指定的期刊上公布。

## 第7条

[本专门联盟的大会]

(1) (a) 本专门联盟应设大会,由本专门联盟的国家组成。

(b) 本专门联盟每一国家的政府应有一名代表，可辅以若干副代表、顾问和专家。

(c) 第 5 条第(2)项第(a)目所指的政府间组织可以派观察员出席大会的会议，如经大会决定，也可以出席大会所设立的委员会或工作组的会议。

(d) 各国代表团的费用应由委派该代表团的政府负担。

(2) (a) 除第 5 条另有规定应适用该规定外，大会的职权如下：

(i) 处理有关维持和发展本专门联盟以及执行本协定的一切事项；

(ii) 就有关修订会议的筹备事项对国际局给予指示；

(iii) 审查和批准总干事有关本专门联盟的报告和活动，并就有关本专门联盟职权范围内的事项对总干事给予一切必要的指示；

(iv) 决定本专门联盟的计划和通过三年预算，并批准决算；

(v) 通过本专门联盟的财务规则；

(vi) 决定除英语、法语和第 3 条第(2)项所列语言外的其他语言分类法正式文本的制订；

(vii) 建立为实现本专门联盟的目标而认为适当的委员会和工作组；

(viii) 除第(1)项第(c)目另有规定应适用该规定外，决定接受哪些非本专门联盟成员的国家、政府间组织和非政府间国际组织为观察员出席大会以及大会所设立的委员会或工作组的会议；

(ix) 采取旨在促进实现本专门联盟目标的任何其他适当的行动；

(x) 履行按照本协定是适当的其他职责。

(b) 关于与本组织管理的其他联盟共同有关的事项，大会应在听取本组织协调委员会的意见后作出决议。

(3) (a) 大会的每一成员国应有一票表决权。

(b) 大会成员国的半数构成开会的法定人数。

(c) 在不足法定人数时，大会可以作出决议，但除有关大会本身程序的决议外，所有这类决议只有符合以下规定的条件才能生效。国际局应将上述决议通知未出席大会的成员国，并请其在通知之日起三个月的期间内以书面表示是否赞成或弃权。如在该期间届满时，投票或弃权国家的数目已达到本届会议法定人数缺额，这些决议只要同时取得所需的多数票，即应生效。

(d) 除第 11 条第(2)项另有规定应适用该规定外,大会的决议需有所投票数的三分之二票。

(e) 弃权不应视为投票。

(f) 一名代表仅可以一国名义代表一个国家投票。

(4) (a) 大会应每三历年由总干事召开一次通常会议,如无特殊情况,应与本组织的大会同时间、同地点召开。

(b) 大会的临时会议应由总干事根据大会四分之一成员国的请求召开。

(c) 每届会议的议程应由总干事准备。

(d) 大会应通过自己的议事规程。

## 第 8 条

[国际局]

(1) (a) 有关本专门联盟的行政工作应由国际局执行。

(b) 国际局特别应负责筹备各种会议,并为大会、专家委员会以及由大会或专家委员会所设立的其他委员会或工作组设置秘书处。

(c) 总干事是本专门联盟的最高行政官员,并代表本专门联盟。

(2) 总干事及其指定的人员均应参加大会、专家委员会以及由大会或专家委员会所设立的其他委员会或工作组的所有会议,但无表决权。总干事或其指定的人员是这些机构的当然秘书。

(3) (a) 国际局应按照大会的指示,为修订会议进行筹备工作。

(b) 国际局可以就修订会议的筹备工作,同政府间组织和非政府间国际组织进行磋商。

(c) 总干事及其指定的人员应参加修订会议的讨论,但无表决权。

(4) 国际局应执行指定的其他工作。

## 第 9 条

[财　务]

(1) (a) 本专门联盟应有预算。

(b) 本专门联盟的预算应包括本专门联盟专有的收入和支出,对各联盟共同支出预算的摊款，以及在需要时包括对本组织成员国会议预算提供的款项数额。

(c) 对于不是专属于本专门联盟的，而是与本组织管理下的一个或一个以上其他联盟有关的支出，应视为各联盟的共同支出。本专门联盟在该项共同支出中的摊款，应与本专门联盟在其中所享的利益成比例。

(2) 制订本专门联盟的预算，应适当考虑到与本组织管理的其他联盟预算协调的需要。

(3) 本专门联盟预算的财政来源如下：

(i) 本专门联盟国家的会费；

(ii) 国际局提供的与本专门联盟有关的服务应收的各种费用；

(iii) 国际局有关本专门联盟出版物的售款或版税；

(iv) 捐款、遗赠和补助金；

(v) 租金、利息和其他杂项收入。

(4) (a) 为了确定第(3)项第(i)段所指的会费数额，本专门联盟每一国家应与其在保护工业产权巴黎联盟属于同一等级，并应以该联盟对该等级所确定的单位数字为基础缴纳其年度会费。

(b) 本专门联盟每一国家年度会费的数额，在所有国家向本专门联盟预算缴纳的会费总额中所占的比例，应与该国的单位数额在所有缴纳会费国家的单位总数中所占的比例相同。

(c) 会费应在每年的一月一日缴纳。

(d) 一个国家欠缴的会费数额等于或超过其前两个整年的会费数额的，不得在本专门联盟的任何机构内行使表决权。但是，如果本联盟的任何机构证实延迟缴费是由于特殊的和不可避免的情况，则在此期间内，可以允许该国在该机构内继续行使表决权。

(e) 如预算在新财政年度开始前尚未通过，根据财务规则的规定，预算应与上一年度预算的水平相同。

(5) 国际局提供的与本专门联盟有关的服务应收的各种费用数额，应由总干事确定并报告大会。

(6) (a) 本专门联盟应设工作基金，由本专门联盟每一国家一次缴纳组成。如基金不足，大会应决定予以增加。

(b) 每一国家向上述基金初次缴纳的数额或在基金增加时缴纳的数额，应和建立基金或决定增加基金的当年该国缴纳的会费成比例。

(c) 缴款的比例和条件，应由大会根据总干事的建议并听取本组织协调委员会的意见后规定。

(7) (a) 在本组织与本组织总部所在地国家签订的总部协定中应规定：工作基金不足时，该国应予贷款。该项贷款的数额和条件，每一次应由本组织与该国签订单独的协定。

(b) 第(a)目所指的国家与本组织都各自有权以书面通知废除贷款的义务。废除应在发出通知当年年底起三年后生效。

(8) 账目的审核工作应按财务规则的规定，由本专门联盟一个或一个以上国家或外界的审计师进行。审计师应由大会在征得其同意后指定。

## 第10条

[本协定的修订]

(1) 本协定可以由本专门联盟国家的特别会议随时修订。

(2) 任何修订会议的召开，应由大会规定。

(3) 本协定第7、8、9和11条，可以由修订会议或按第11条的规定进行修订。

## 第11条

[本协定某些规定的修订]

(1) 本专门联盟任何国家或总干事均可对第7、8、9条和本条提出修正案。修正案至少应在提交大会审议前六个月，由总干事通知本专门联盟各国。

(2) 对第(1)项所指各条的修正案，应由大会通过。通过需有所投票数的四分之三票。但对第7条和本项的任何修正案，需有所投票数的五分之四票。

(3) (a) 对第(1)项所指各条的任何修正案，应在总干事收到修正案通过时的本专门联盟四分之三国家按其各自宪法程序表示接受修正案的书面通知日起一个月后生效。

(b) 对上述各条的任何修正案经依上述规定接受后,在修正案生效时,对本专门联盟的所有成员国都有约束力,但增加本专门联盟国家财政义务的修正案,只对已经通知接受该修正案的国家有约束力。

(c) 依第(a)目规定已经接受的任何修正案,在依第(a)目规定生效后对于成为本专门联盟成员国的所有国家都有约束力。

## 第12条

[成为本协定的缔约国]

(1)《保护工业产权巴黎公约》的任何缔约国,通过以下手续均可成为本协定的缔约国:

(i) 签字并交存批准书,或

(ii) 交存加入书。

(2) 批准书或加入书均应递交总干事保存。

(3)《保护工业产权巴黎公约斯德哥尔摩议定书》第24条的规定应适用于本协定。

(4) 第(3)项的规定不应理解为意味着本专门联盟国家承认或默认另一国家依该款规定将本协定适用于其领地的实际状况。

## 第13条

[本协定的生效]

(1) (a) 本协定应在以下国家递交批准书或加入书一年后生效。

(i) 在协定开放签字之日有欧洲公约的三分之二缔约国,以及

(ii) 三个以前不是欧洲公约的缔约国,而是《保护工业产权巴黎公约》的缔约国,其中至少有一国在其交存批准书或加入书之日,根据国际局公布的最新年度统计,其专利或发明人证书的申请数已超过四万件。

(b) 除按照第(a)目规定本协定对之生效的国家外,对于其他任何国家,本协定在总干事就其批准书或加入书发出通知之日起一年后生效,除非批准

书或加入书已经指定以后的日期。在后一情况下，本协定应在指定的日期对该国生效。

(c) 欧洲公约缔约国批准或加入本协定的，有义务退出该公约，最迟自本协定对这些国家生效之日起产生效力。

(2) 批准或加入本协定，应自动接受本协定的全部条款并享有本协定的一切利益。

## 第14条

[本协定的有效期]

本协定的有效期与《保护工业产权巴黎公约》的有效期相同。

## 第15条

[退　约]

(1) 本专门联盟的任何国家均可通知总干事退出本协定。

(2) 退约应自总干事收到通知之日起一年后生效。

(3) 任何国家在成为本专门联盟成员之日起五年届满以前，不得行使本条规定的退约的权利。

## 第16条

[签字、语言、通知、保存职责]

(1) (a) 本协定应在一份用英语和法语写成的原文本上签字，两种文本均为同等的正本。

(b) 本协定于1971年9月30日以前在斯特拉斯堡开放签字。

(c) 本协定的原文本在签字日期截止后，应由总干事保存。

(2) 总干事在与有关政府协商后，应制定德语、日语、葡萄牙语、俄语、西班牙语以及大会指定的其他语言的正式文本。

(3) (a) 总干事应将经其证明的本协定的签字文本两份送各签字国政府，并根据请求，送交任何其他国家政府。总干事还应将经其证明的文本一份送交欧洲理事会秘书长。

(b) 总干事应将经其证明的本协定任何修正案两份送交本专门联盟各国政府，并根据请求，送交任何其他国家政府。总干事还应将经其证明的一份送交欧洲理事会秘书长。

(c) 总干事应根据请求，将经其证明的用英语或法语写的本分类法一份送交在本协定上签字或加入本协定的任何国家政府。

(4) 总干事应将本协定向联合国秘书处登记。

(5) 总干事应将下列事项通知保护工业产权巴黎公约所有缔约国政府以及欧洲理事会秘书长：

(i) 签字；

(ii) 批准书或加入书的交存；

(iii) 本协定生效的日期；

(iv) 对使用本分类法的保留；

(v) 对本协定修正案的接受；

(vi) 上述修正案的生效日期；

(vii) 收到的退出通知。

## 第17条

[过渡条款]

(1) 在本协定生效后两年内，未参加本专门联盟的欧洲公约缔约国可根据自愿，与本专门联盟成员国一样在专家委员会中享有相同的权利。

(2) 在第(1)项所指的期限届满后三年内，该款所指的国家可以委派观察员出席专家委员会会议，如经专家委员会决定，也可以出席该委员会所设的任何小组委员会或工作组会议。在同一期间内，也可以根据第5条第(5)项的规定提交修订本分类法的建议，根据第6条第(1)项的规定，并应得到关于专家委员会所作决定和建议的通知。

(3) 在本协定生效后五年内，未参加本专门联盟的欧洲公约缔约国，可以委派观察员出席大会的会议，如经大会决定，也可以出席大会所设立的任何委员会或工作组的会议。

# 建立商标图形要素国际分类维也纳协定

1973年6月12日在维也纳签订,1985年10月1日修正。

## 目　　录*



* 本协定的签字本中无此目录,这是为方便读者而增加的。

缔约各方，

考虑到1883年3月20日签订、1900年12月14日在布鲁塞尔、1911年6月2日在华盛顿、1925年11月6日在海牙、1934年6月2日在伦敦、1958年10月31日在里斯本、1967年7月14日在斯德哥尔摩先后修订的《保护工业产权巴黎公约》第19条，

达成协议如下：

## 第1条

[建立特别联盟；采用国际分类]

本协定所适用的国家组成特别联盟，采用共同的商标图形要素分类（以下简称“图形要素分类”）。

## 第2条

[图形要素分类的说明和保存]

(1) 图形要素分类由将商标图形要素分为类、组、项的一览表组成，并根据情况附加注释。

(2) 图形要素分类载列于以英语和法语写就的一份正本，由世界知识产权组织总干事（以下分别简称“产权组织”和“总干事”）签字，并于本协定开放供签署时交其保存。

(3) 第5条第(3)项第(i)级所述的修改和增补，亦应载列于以英语和法语写就的一份正本，由总干事签字并交其保存。

## 第3条

[图形要素分类的语言]

(1) 图形要素分类应使用英语和法语写就，两种文本同等作准。

(2) 产权组织国际局（以下简称“国际局”）应与有关政府协商，以第7条所述大会可能依该条第(2)项第(a)目第(vi)段指定的各种语言，制定图形要素分类的正式文本。

## 第4条

［图形要素分类的使用］

（1）除本协定规定的要求以外，图形要素分类的效力取决于特别联盟每一国家对其所赋予的效力。图形要素分类尤其不应在商标保护范围方面约束特别联盟各国。

（2）特别联盟各国的主管局有权将图形要素分类用作主要体系或者辅助体系。

（3）特别联盟各国的主管局应在有关商标注册和续展的正式文件和公告中，写明这些商标的图形要素应属于的类、组、项的编码。

（4）上述编码之前应标明“图形要素分类”字样，或者标明由第5条所述的专家委员会确定的简称。

（5）任何国家在签署时，或在交存批准书或加入书时，均可声明，其保留在有关商标注册和续展的正式文件和公告中不写明所有项或部分项编码的权利。

（6）特别联盟任何国家委托一个政府间机构办理商标注册的，应采取一切可能措施，使该机构依照本条使用图形要素分类。

## 第5条

［专家委员会］

（1）成立专家委员会，由特别联盟每一国家派代表组成。

（2）（a）总干事可以邀请不属于特别联盟成员而系产权组织成员或参加《保护工业产权巴黎公约》的国家派观察员出席专家委员会的会议，如果专家委员会提出要求，总干事应予邀请。

（b）总干事应邀请商标领域的专业政府间组织派观察员出席专家委员会的会议，此种组织至少应有一个成员国参加了本协定。

（c）总干事可以邀请其他政府间组织和国际非政府组织的代表参加与之有关的讨论，如果专家委员会提出要求，总干事应予邀请。

（3）专家委员会应：

(i) 对图形要素分类进行修改和增补；

(ii) 向特别联盟各国发出建议，以便为图形要素分类的使用提供便利并促进其统一应用；

(iii) 在不对特别联盟的预算或产权组织产生财务影响的前提下，采取其他一切措施，为便利发展中国家应用图形要素分类提供便利；

(iv) 有权设立小组委员会和工作组。

(4) 专家委员会应通过自己的议事规则。议事规则应规定，本条第(2)项第(b)目所述的政府间组织，能够为图形要素分类的发展作出实质贡献的，可以参加专家委员会的小组委员会和工作组的会议。

(5) 特别联盟任何国家的主管局、国际局、依据本条第(2)项第(b)目出席专家委员会的任何政府间组织，以及专家委员会特邀提出提案的任何国家或组织，可以提出图形要素分类的修改或增补提案。提案应向国际局提交，并由国际局在审议该提案的专家委员会会议之前至少两个月，转交专家委员会的成员和观察员。

(6) (a) 专家委员会的每个成员国有一票表决权。

(b) 专家委员会的决定应由出席会议并参加表决的国家以简单多数作出。

(c) 任何决定，如出席会议并参加表决的国家有五分之一认为会引起图形要素分类基本结构的改变，或认为需要进行大量再分类工作的，应由出席会议并参加表决的国家以四分之三多数作出。

(d) 弃权不视为表决。

## 第6条

[修改、增补及其他决定的通知、生效和公布]

(1) 专家委员会有关图形要素分类修改和增补的每项决定，以及专家委员会的建议，由国际局通知特别联盟各国的主管局。修改和增补于通知发出之日六个月后生效。

(2) 国际局应将已生效的修改和增补编入图形要素分类。修改和增补应在第7条所指的大会指定的期刊上发布公告。

## 第7条

［特别联盟大会］

(1) (a) 特别联盟设大会，由特别联盟各国组成。

(b) 特别联盟每一国家的政府派一名代表出席，该代表可以由副代表、顾问和专家协助。

(c) 第5条第(2)项第(b)目所述的任何政府间组织可以派一名观察员出席大会的会议，如经大会决定，也可以出席大会设立的委员会或工作组的会议。

(d) 每一代表团的费用由指派它的政府承担。

(2) (a) 除第5条另有规定外，大会应：

(i) 处理有关维护和发展特别联盟及有关实施本协定的一切事项；

(ii) 就修订会议的筹备工作向国际局作出指示；

(iii) 审查和批准总干事有关特别联盟的报告和活动，并就特别联盟权限内的事项向总干事作出一切必要的指示；

(iv) 决定特别联盟的工作计划，通过特别联盟的两年期预算，并批准决算；

(v) 通过特别联盟的财务条例；

(vi) 就制定英语和法语以外语言的图形要素分类正式文本作出决定；

(vii) 为实现特别联盟的目标，设立大会认为适当的委员会和工作组；

(viii) 除本条第(1)项第(c)目另有规定外，决定接纳哪些非特别联盟成员的国家以及哪些政府间组织和国际非政府组织作为观察员参加大会的会议和大会所设立的委员会或工作组的会议；

(ix) 采取旨在实现特别联盟的目标的任何其他适当活动；

(x) 开展与本协定有关的其他工作。

(b) 对于与产权组织所辖其他联盟同样相关的问题，大会应在听取产权组织协调委员会的意见后作出决定。

(3) (a) 大会的每一成员国有一票表决权。

(b) 大会成员国的半数构成法定人数。

(c) 在不足法定人数时，大会可以作出决定，但除关于大会自身程序的决定以外，所有决定只有符合下列条件才能生效。国际局应将所述决定通知未出席会议的大会成员国，请其于函告之日起三个月期限内以书面形式进行表决或表示弃权。该期限届满时，以这种方式进行表决或表示弃权的国家的数目达到构成会议本身法定人数所缺的国家数目，只要同时仍然达到所需的多数，此种决定即应生效。

(d) 除第 11 条第(2)项另有规定外，大会作出决定需要表决票数的三分之二。

(e) 弃权不视为表决。

(f) 一名代表只能代表一个国家，并只能以该国的名义表决。

(4) (a) 大会每两年由总干事召集举行一次例会，如无例外情况，应与产权组织大会同期同地举行。

(b) 经四分之一的大会成员国要求，大会由总干事召集举行特别会议。

(c) 每次会议的议程由总干事制定。

(5) 大会应通过自己的议事规则。

## 第 8 条

[国际局]

(1) (a) 特别联盟的行政工作由国际局承担。

(b) 国际局尤其应为大会、专家委员会以及大会或专家委员会可能设立的其他委员会或工作组筹备会议，并提供秘书处。

(c) 总干事是特别联盟的最高行政官员，并代表特别联盟。

(2) 总干事及其指定的任何工作人员应参加大会、专家委员会以及大会或专家委员会可能设立的其他委员会或工作组的所有会议，但没有表决权。总干事或其指定的一名工作人员是这些机构的当然秘书。

(3) (a) 国际局应按照大会的指示筹备修订会议。

(b) 国际局可以就修订会议的筹备工作与政府间组织和国际非政府组织进行协商。

(c) 总干事及其指定的人员应参加修订会议的讨论，但没有表决权。

(4) 国际局应执行向其分派的任何其他工作。

## 第9条

[财　务]

(1) (a) 特别联盟设预算。

(b) 特别联盟的预算包括特别联盟本身的收入和支出、其在产权组织所辖各联盟共同支出预算中的摊款,以及适用时拨给产权组织成员国会议预算的款项。

(c) 不属专门拨给特别联盟,同时也拨给产权组织所辖一个或多个其他联盟的支出,视为各联盟的共同支出。特别联盟在这些共同支出中的份额,应与这些支出给特别联盟带来的利益成比例。

(2) 特别联盟预算的制定,应适当考虑与产权组织所辖其他各联盟预算相协调的需要。

(3) 特别联盟预算的资金来源如下:

(a) 特别联盟各国的会费;

(b) 国际局提供与特别联盟有关的服务应收的费用和款项;

(c) 国际局有关特别联盟的出版物的售款和版税;

(d) 捐款、遗赠和补助金;

(e) 租金、利息和其他杂项收入。

(4) (a) 为确定本条第(3)项第(i)段所指的会费,特别联盟每一国家应属于与其在保护工业产权巴黎联盟中所属等级相同的等级,并以该联盟为该等级所定的相同单位数缴纳年度会费。

(b) 特别联盟每一国家年度会费的数额,在所有国家向特别联盟预算缴纳的总额中所占的比例,应与该国的单位数在所有缴纳会费国家的总单位数中所占的比例相同。

(c) 会费应在每年的一月一日缴纳。

(d) 拖欠会费的国家,其拖欠额如果等于或超过前两个整年该国应缴的会费数额,不得在特别联盟的任何机构中行使其表决权。但是,特别联盟的任何机构如果认为拖欠是不可避免的特殊情况造成的,在其持这一意见的期间内,可以允许该国在该机构内继续行使其表决权。

(2) 除本协定已依本条第(1)项对其生效的国家外,对于其他任何国家,本协定自总干事就该国的批准或加入发出通知之日起三个月后生效,除非批准书或加入书中指定了更晚的日期。在指定更晚日期的情况下,本协定在指定的日期对该国生效。

(3) 批准或加入即当然接受本协定的所有条款并享受本协定的所有权利。

## 第14条

[本协定的有效期]

本协定的有效期与《保护工业产权巴黎公约》相同。

## 第15条

[退　约]

(1) 特别联盟的任何国家均可通知总干事退出本协定。

(2) 退约自总干事收到通知之日起一年后生效。

(3) 任何国家自成为特别联盟成员之日起不足五年的,不得行使本条规定的退约权。

## 第16条

[争　议]

(1) 特别联盟两个或两个以上国家之间对本协定的解释或适用有争议,通过谈判未解决的,有关国家中的任何一个均可依国际法院规约将争议提交该法院,但有关国家商定其他解决办法的除外。将争议提交国际法院的国家应通知国际局;国际局应提请特别联盟的其他国家注意。

(2) 任何国家在签署本协定时,或在交存批准书或加入书时,均可声明其认为本国不受本条第(1)项规定的约束。对于任何作出此种声明的国家与特别联盟任何其他国家之间的争议,本条第(1)项的规定不适用。

(3) 任何依本条第(2)项的规定作出声明的国家,可以随时向总干事发出通知,撤回其声明。

## 第 17 条

［签字、语言、保存人职责、通知］

(1) (a) 本协定的签字正本为一份，以英语和法语写就，两种语言文本同等作准。

(b) 本协定在 1973 年 12 月 31 日之前在维也纳开放供签署。

(c) 本协定不再开放供签署时，正本应交总干事保存。

(2) 大会可能指定的其他语言的正式文本，由总干事在与有关政府协商后制定。

(3) (a) 总干事应将本协定签字文本经其核证无误的两份副本分送已签署本协定的各国的政府，并应请求送交任何其他国家的政府。

(b) 总干事应将本协定任何修正案经其核证无误的两份副本分送特别联盟所有国家的政府，并应请求送交任何其他国家的政府。

(c) 应请求，总干事应将用英语或法语写就的图形要素分类经其核证无误的两份副本送交已签署本协定或已加入本协定的任何国家的政府。

(4) 总干事应将本协定在联合国秘书处登记。

(5) 总干事应向《保护工业产权巴黎公约》所有成员国的政府通知下列事项：

(i) 本条第(1)项所述的签字；

(ii) 第 12 条第(2)项所述的交存批准书或加入书；

(iii) 第 13 条第(1)项规定的本协定生效日期；

(iv) 依据第 4 条第(5)项作出的声明；

(v) 依据第 12 条第(3)项作出的声明和通知；

(vi) 依据第 16 条第(2)项作出的声明；

(vii) 依据第 16 条第(3)项通知撤回任何声明；

(viii) 第 11 条第(3)项所述的接受本协定的修正案；

(ix) 此种修正案的生效日期；

(x) 第 15 条所述的收到退约通知。

# 国际承认用于专利程序的微生物保藏布达佩斯条约

1977 年 4 月 28 日在布达佩斯签订，1980 年 9 月 26 日修改。

## 目　　录*

### 总　　则



### 第一章　实质性条款



### 第二章　行政性条款



* 本条约原始文本(英语)无此目录，本目录是为方便读者而增加的。

## 第三章　修 订 和 修 改



## 第四章　最 后 条 款



# 总　　则

## 第 1 条

［本联盟的建立］

参加本条约的国家(以下称为“缔约国”)组成国际承认用于专利程序的微生物保藏联盟。

## 第 2 条

［定　义］

在本条约和实施细则中：

(i)“专利”,应解释为发明专利、发明人证书、实用证书、实用新型、增补专利或增补证书、增补发明人证书和增补实用证书；

(ii)“微生物保藏”,按照使用该用语的上下文,指按照本条约以及实施细则发生的下列行为：向接收与受理微生物的国际保藏单位送交微生物或由国际保藏单位贮存此种微生物，或兼有上述送交与贮存两种行为；

(iii)“专利程序”，指与专利申请或专利有关的任何行政的或司法的程序；

(iv)“用于专利程序的公布”，指专利或专利申请文件的官方公布或官方公开，供公众查阅；

(v)“政府间工业产权组织”，指按照第9条第(1)项递交了声明的组织；

(vi)“工业产权局”，指缔约国的或政府间工业产权组织的主管授予专利的机构；

(vii)“保藏机构”，指接收、受理和贮存微生物并提供其样品的机构；

(viii)“国际保藏单位”，指取得第7条所规定的国际保藏单位资格的保藏机构；

(ix)“交存人”，指向接收与受理微生物的国际保藏单位送交微生物的自然人或法人，以及该自然人或法人的任何合法继承人；

(x)“本联盟”，指第1条所述的联盟；

(xi)“大会”，指第10条所述的大会；

(xii)“本组织”，指世界知识产权组织；

(xiii)“国际局”，指本组织的国际局，在保护工业产权联合国际局(BIRPI)存在期间亦指该联合国际局；

(xiv)“总干事”，指本组织的总干事；

(xv)“实施细则”，指第12条所述的实施细则。

## 第一章　实质性条款

### 第3条

［微生物保藏的承认与效力］

(1)(a)允许或要求保藏用于专利程序的微生物的缔约国，应承认为此种目的而在任一国际保藏单位所作的微生物保藏。这种承认应包括承认由该国际保藏单位说明的保藏事实和保藏日期，以及承认作为样品提供的是所保藏的微生物样品。

(b) 任一缔约国均可索取由国际保藏单位发出的第(a)目所述保藏的存单副本。

(2) 就本条约和实施细则所规定的事务而言,任何缔约国均不得要求遵守与本条约及实施细则的规定不同的或另外的要求。

## 第4条

[重新保藏]

(1) (a) 国际保藏单位由于任何原因,特别是由于下列原因不能提供所保藏的微生物样品,

(i) 这种微生物不能存活的,或

(ii) 提供的样品需要送出国外,但因输出或输入限制向国外送出或在国外接受该样品有阻碍的,该单位在注意到它不可能提供样品后,应立即将这种不可能情况通知交存人,并说明其原因,除第(2)项另有规定外,根据本项规定,交存人享有将原来保藏的微生物重新提交保藏的权力。

(b) 重新保藏应向原接受保藏的国际保藏单位提交,但下列情况不在此限:

(i) 原接受保藏机构无论是全部还是仅对保藏的微生物所属种类丧失了国际保藏单位资格时,或者原接受保藏的国际保藏单位对所保藏的微生物暂时或永久停止履行其职能时,应向另一国际保藏单位保藏;

(ii) 在第(a)目第(ii)段所述情况下,可向另一国际保藏单位保藏。

(c) 任一重新保藏均应附具有交存人签字的文件,声明重新提交保藏的微生物与原来保藏的微生物相同。如果对交存人的声明有争议,应根据适用的法律确定举证责任。

(d) 除第(a)目至第(c)目和第(e)目另有规定外,如果涉及原始保藏微生物存活能力的所有文件都表明该微生物是能存活的,而且交存人是在收到第(a)目所述通知之日起三个月内重新保藏的,该重新保藏的微生物应视为在原始保藏日提出。

(e) 如果属于第(b)目第(i)段所述情况,但在国际局将第(b)目第(i)段所述丧失或限制国际保藏单位资格或停止保藏的情况公告之日起六个月内,交

存人仍未收到第(a)目所述通知时,则第(d)目所述的三个月期限应自上述公告之日起算。

(2) 如果保藏的微生物已经移交另一国际保藏单位,只要另一国际保藏单位能够提供这种微生物样品,第(1)项第(a)目所述的权利即应不存在。

## 第5条

[输出和输入限制]

各缔约国公认以下规定是十分合乎需要的,即如果某些种类微生物自其领土输出或向其领土输入受到限制时,只有在对国家安全或对健康或环境有危险而需要进行限制的情况下,这样的限制才适用于根据本条约保藏或将要保藏的微生物。

## 第6条

[国际保藏单位的资格]

(1) 任何保藏机构如要取得国际保藏单位的资格,则其必须是设在缔约国领土上的,而且必须由该国作出该保藏机构符合并将继续符合第(2)项所列各项要求条件的保证。上述保证也可由一政府间工业产权组织作出;在这种情况下,该保藏机构必须设在该组织的成员国领土上。

(2) 保藏机构如欲具有作为国际保藏单位的资格的,必须:

(i) 连续存在;

(ii) 拥有实施细则所规定的必要人员和设施,以执行按照本条约承担的科学和管理的任务;

(iii) 公正和客观;

(iv) 对任何要求保藏的交存人按照同样条件提供服务;

(v) 按照实施细则的规定受理各种或某些类别的微生物的保藏,审查其存活能力并予贮存;

(vi) 按照实施细则的规定发给交存人存单,以及所要求的关于存活能力的声明;

(vii) 按照实施细则的规定,遵守对所保藏的微生物保密的规定;

(viii) 按照实施细则规定的条件和手续提供所保藏的任何微生物的样品。

(3) 实施细则应规定在下述情况下采取的措施：

(i) 如果一个国际保藏单位对于所保藏的微生物暂时或永久停止履行其职责，或者拒绝接受按照所作保证应当接受的任何种类的微生物；

(ii) 当一个国际保藏单位的国际保藏单位资格终止或受到限制时。

## 第7条

[国际保藏单位资格的取得]

(1) (a) 通过保藏机构所在的缔约国向总干事递交书面通知，包括一份声明保证该机构符合并将继续符合第6条第(2)项规定的各项要求，该保藏机构即可取得国际保藏单位资格。也可通过政府间工业产权组织向总干事递交书面通知，其中包括上述声明，取得上述资格。

(b) 上述通知还应包括按照实施细则规定需提供的关于该保藏机构的信息，并可写明自何日起国际保藏单位资格开始生效。

(2) (a) 如果总干事确认该通知包括了所要求的声明，并且收到了所要求的全部信息，国际局应将该通知立即予以公布。

(b) 国际保藏单位资格自该通知公布之日起取得，或者，如果根据第(1)项第(b)目表明了某一日期，而此日期迟于该通知的公布日，则自此日期起取得资格。

(3) 第(1)项和第(2)项规定的手续细节在实施细则中规定。

## 第8条

[国际保藏单位资格的终止和限制]

(1) (a) 任何缔约国或任何政府间工业产权组织均可以以第6条规定的各项要求没有得到或不再得到满足这一理由，请求大会终止任何保藏单位的国际保藏单位资格，或将其资格限制在某些微生物种类之内。但是一个缔约国或政府间工业产权组织曾为一国际保藏单位作出第7条第(1)项第(a)目所述保证的，该缔约国或政府间工业产权组织不得就该国际保藏单位提出上述请求。

(b) 在按照第(a)目提出请求之前，该缔约国或政府间工业产权组织应通过总干事把即将提出请求的理由告知递交给第 7 条第(1)项所述通知的缔约国或政府间工业产权组织，以便该国或该组织自接到通知之日起六个月内采取适当行动消除提出该请求的需要。

(c) 如果大会确认该请求有充分的依据时，则应决定终止第(a)目中所述单位的国际保藏单位资格，或限制其保藏的微生物种类。大会的这种决定需要以三分之二多数的赞成票通过。

(2) (a) 根据第 7 条第(1)项第(a)目所述作出声明的缔约国或政府间工业产权组织可以向总干事递交通知，全部或只就某些种类微生物撤回其声明，而当其作出的保证不再适用时，任何情况下都应就其不适用的范围撤回其声明。

(b) 自实施细则规定的日期起，如果该通知涉及整个声明，则使该国际保藏单位资格终止，或者，如果只涉及某些种类微生物，则使这种资格受到相应限制。

(3) 第(1)项和第(2)项规定的手续细节在实施细则中规定。

## 第 9 条

［政府间工业产权组织］

(1) (a) 受若干国家委托以批准地区专利且其成员国都是保护工业产权国际(巴黎)联盟成员国的任何政府间组织，均可以向总干事递交一份声明，表明其承担第 3 条第(1)项第(a)目所规定的承认义务，承担第 3 条第(2)项所述要求的义务，并接受本条约和实施细则适用于政府间工业产权组织的各种规定的全部效力。如果声明是在本条约根据第 16 条第(1)项生效之前递交的，则前一句中所述声明自条约生效之日起生效。如果声明是在条约生效之后递交的，所述声明应自递交三个月之后生效，除非在声明中指定了较迟的日期。在后一种情况下，该声明应自该指定日期生效。

(b) 所述组织应享有第 3 条第(1)项第(b)目所规定的权利。

(2) 如果本条约或实施细则有关政府间工业产权组织的任何规定经修订或修改，任何政府间工业产权组织均可以向总干事递交通知撤回其作出的第(1)项中所述的声明。撤回应自下列日期生效：

(i) 通知在该修订或修改生效之日以前收到的,自修订或修改生效之日起;

(ii) 如果通知是在第(i)段所述日期以后收到的,自通知指定日期起,或者没有作出这种指定时,自收到通知之日后三个月起。

(3) 除第(2)项所述情况外,任何政府间工业产权组织还可以向总干事递交通知撤回其作出的第(1)项第(a)目所述声明。撤回应自总干事收到该通知之日两年后生效。在该声明生效之日起五年内不接受根据本款提出的撤回通知。

(4) 一个政府间工业产权组织根据第7条第(1)项递交的通知使得一个保藏机构取得国际保藏单位资格的,该政府间工业产权组织要求第(2)项或第(3)项所述撤回时,应致使这种资格在总干事收到该撤回通知之日起一年后终止。

(5) 第(1)项第(a)目所述声明,第(2)项或第(3)项所述撤回通知,根据第7条第(1)项第(a)目发出的声明,包括根据第6条第(1)项第2句作出的保证,根据第8条第(1)项提出的请求,以及第8条第(2)项所述撤回通知,均应要求得到该政府间工业产权组织的上级机关明确认可,该上级机关成员国应全部是该组织成员国,并且决定是由这些国家政府的正式代表作出的。

## 第二章　行政性条款

### 第10条

［大　会］

(1) (a) 大会应由缔约国组成。

(b) 每一缔约国应有一名代表,可辅以副代表、顾问和专家。

(c) 各政府间工业产权组织在大会以及由大会建立的各委员会和工作组的会议上应由特别观察员代表。

(d) 任何本组织成员或保护工业产权国际(巴黎)联盟成员而非本联盟成员的国家以及除第2条第(v)段定义的政府间工业产权组织之外的专门从事

(2) 与本条约同时通过的实施细则作为附件附在本条约之后。

(3) 大会可以修改实施细则。

(4) (a) 除第(b)目另有规定外,对本实施细则的任何修改需有所投票数的三分之二。

(b) 有关由国际保藏单位提供所保藏的微生物样品规定的任何修改,在没有任何缔约国投票反对该修改提案的情况下才能通过。

(5) 在本条约与实施细则的规定发生抵触时,以本条约的规定为准。

## 第三章 修 订 和 修 改

### 第13条

[本条约的修订]

(1) 本条约随时可以由缔约国参加的会议修订。

(2) 修订会议的召开均应由大会决定。

(3) 第10条和第11条可以由修订会议或按照第14条的规定进行修改。

### 第14条

[本条约中某些条款的修改]

(1) (a) 根据本条款提出的修改第10条和第11条的建议,可以由任何缔约国或由总干事提出。

(b) 这些建议应在提供大会对其审议之前至少六个月,由总干事预先通知各缔约国。

(2) (a) 对第(1)项所述各条的修改应由大会通过。

(b) 对第10条的任何修改通过需有所投票数的五分之四;对第11条的任何修改通过需有所投票数的四分之三。

(3) (a) 对第(1)项所述各条的修改,应在总干事收到大会通过该修改时四分之三的成员国依照各自的宪法程序表示接受该修改的书面通知起一个月后生效。

(b) 对上述各条的任何修改,一经接受后,对于在该修改经大会通过时是缔约国的所有缔约国都有约束力,但对上述缔约国产生财政义务或增加这种义务的任何修改仅对通知接受这种修改的国家有约束力。

(c) 根据第(a)目规定接受并生效的任何修改对在大会通过该修改之日后成为缔约国的所有国家均有约束力。

## 第四章　最 后 条 款

### 第 15 条

[成为本条约的缔约国]

(1) 保护工业产权国际(巴黎)联盟的任何成员国经下列手续均可成为本条约的缔约国:

(i) 签字后递交批准书。

(ii) 递交加入书。

(2) 批准书或加入书应交总干事保管。

### 第 16 条

[本条约的生效]

(1) 对于最早递交批准书或加入书的五个国家,本条约应自递交第五份批准书或加入书之日后三个月开始生效。

(2) 对于任何其他国家,除非在其批准书或加入书中指定以后的日期,本条约应自该国递交其批准书或加入书之日起三个月后开始生效。在指定日期的情况下,本条约应在该国指定的日期开始生效。

### 第 17 条

[退　约]

(1) 任何缔约国均可通知总干事退出本条约。

(2) 退出应自总干事收到退出通知之日起两年后生效。

(3) 任何缔约国在其成为本条约缔约国之日起五年届满以前,不得行使第(1)项规定的退约权利。

(4) 一个缔约国曾对于一保藏机构发出第7条第(1)项第(a)目所述声明因而使该保藏机构取得国际保藏单位资格的,该国退出本条约应使这种资格在总干事收到第(1)项所述通知之日起一年后终止。

## 第18条

[本条约的签字和语言]

(1) (a) 本条约的签字原件为一份,用英语和法语两种语言文字写成,两种文本具有同等效力。

(b) 总干事在与有关政府协商后,应在本条约签字日起两个月内用建立世界知识产权组织公约签字时所用的其他语言制定本条约的正式文本。

(c) 总干事在与有关政府协商后,应用阿拉伯语、德语、意大利语、日语和葡萄牙语以及大会指定的其他语言制定本条约的正式文本。

(2) 本条约在布达佩斯开放签字至1977年12月31日截止。

## 第19条

[本条约的保管;文本的送交;本条约的登记]

(1) 本条约签字截止后,其原本应由总干事保管。

(2) 总干事应将经其证明的本条约和实施细则文本两份送交第15条第(1)项所述所有国家的政府,送交按照第9条第(1)项第(a)目可以递交声明的政府间组织,并根据请求,送交任何其他国家政府。

(3) 总干事应将本条约向联合国秘书处登记。

(4) 总干事应将经其证明的对本条约和实施细则的修改条款文本两份送交所有缔约国、所有政府间工业产权组织,并根据请求送交任何其他国家政府和按照第9条第(1)项第(a)目可以递交声明的任何其他政府间组织。

## 第20条

［通 知］

总干事应将以下事项通知缔约国、政府间工业产权组织以及不是本联盟成员国而是保护工业产权国际(巴黎)联盟成员国的国家：

(i) 按照第18条的签字；

(ii) 按照第15条第(2)项保管的批准书或加入书；

(iii) 按照第9条第(1)项第(a)目递交的声明以及按照第9条第(2)项或第(3)项撤回声明的通知；

(iv) 按照第16条第(1)项本条约的生效日期；

(v) 按照第7条和第8条发出的通知以及按照第8条作出的决议；

(vi) 按照第14条第(3)项接受对本条约的修改；

(vii) 对实施细则的任何修改；

(viii) 对本条约或实施细则所作修改的生效日期；

(ix) 按照第17条收到的退约通知。

# 《国际承认用于专利程序的微生物保藏布达佩斯条约》实施细则

1977 年 4 月 28 日通过，1981 年 1 月 20 日修正，2002 年 10 月 1 日修正。

## 目　　录*



* 本条约原始文本无此目录，本目录是为方便读者而增编的。

第 5 则　国际保藏单位不履行责任
5.1　停止其保藏微生物的职责
5.2　拒绝受理某些种类的微生物
第 6 则　原始保藏或重新保藏
6.1　原始保藏
6.2　重新保藏
6.3　国际保藏单位要求的条件
6.4　受理程序
第 7 则　存单
7.1　发给存单
7.2　表格;语言;签字
7.3　原始保藏的存单内容
7.4　重新保藏的存单内容
7.5　移转时的存单
7.6　对于科学描述和(或)建议的分类学命名的通知
第 8 则　后来载明或修正的科学描述和(或)建议的分类学命名
8.1　通知
8.2　证明
第 9 则　微生物的贮存
9.1　贮存期限
9.2　保密
第 10 则　存活性检验和报告书
10.1　检验的义务
10.2　存活性报告书
第 11 则　提供样品
11.1　向有关的工业产权局提供样品
11.2　向交存人或交存人授权的人提供样品
11.3　向在法律上享有权利的人提供样品
11.4　共同规则

## 第 1 则

[简称和对“签字”一词的解释]

1.1　“本条约”

在本实施细则中,“本条约”一词系指《国际承认用于专利程序的微生物保藏布达佩斯条约》。

1.2　“第……条”

在本实施细则中,“第……条”一词系指本条约中指定的条文。

1.3　“签字”

在本实施细则中,无论何时用到“签字”一词均应理解为,如果一国际保藏单位所在国家的法律要求使用盖章来代替签字时,则所述“签字”一词对该单位意指“盖章”。

## 第2则

[国际保藏单位]

2.1　法律地位

任何国际保藏单位可以是政府机构,包括中央政府以外的公共行政部门下属的任何公共机构,也可以是私人机构。

2.2　人员和设施

本条约第6条第(2)项第(ii)段所述的要求应特别包括以下部分:

(i) 任何国际保藏单位的人员和设施必须能够使该单位以保持微生物存活与不受污染的方式贮存所交存的微生物;

(ii) 任何国际保藏单位在贮存微生物时,必须采取充分的安全措施,以尽量减少其所保藏的微生物灭失的危险。

2.3　提供样品

本条约第6条第(2)项第(viii)段所述的要求特别包括任何国际保藏单位必须迅速而准确地提供所保藏的微生物的样品这一要求。

## 第3则

[国际保藏单位资格的取得]

3.1　通知

(a) 本条约第7条第(1)项所述的通知,缔约国应通过外交途径,政府间工业产权组织应由其最高行政官员,递交总干事。

(b) 通知应:

(i) 指明与该通知有关的保藏机构的名称和地址;

(ii) 含有关于所述保藏机构是否具有遵守本条约第6条第(2)项所列要求的能力的详细信息,包括其法律地位、科学水平、人员和设施的信息;

(iii) 如果所述保藏机构仅打算受理某些种类微生物的保藏,需列举出这些种类;

(iv) 写明所述保藏机构在取得国际保藏单位资格后将对贮存微生物,办理微生物存活性报告书和提供微生物样品收取的任何金额;

(v) 写明该机构使用的官方语言；

(vi) 如果需要时，写明本条约第 7 条第(1)项第(b)目所述的日期。

3.2 对通知的处理

如果通知符合本条约第 7 条第(1)项和本实施细则第 3 则 3.1 的规定，总干事应立即通知全体缔约国和政府间工业产权组织，并由国际局立即予以公布。

3.3 受理的微生物种类清单的扩展

缔约国或政府间工业产权组织发出过本条约第 7 条第(1)项所述通知的，可以在发出该通知之后随时通知总干事，在其保证中增加尚未为之作出保证的列举的微生物品种。在此情况下，本条约第 7 条以及本实施细则第 3 则 3.1 和 3.2 的规定应在细节上作必要的修改后适用于增加的微生物种类。

## 第 4 则

[国际保藏单位资格的终止或限制]

4.1 请求书；对请求书的处理

(a) 本条约第 8 条第(1)项第(a)目所述的请求书应按照本实施细则第 3 则 3.1 第(a)目的规定递交总干事。

(b) 请求书应：

(i) 写明有关国际保藏单位的名称和地址；

(ii) 如果只涉及某些微生物种类，则列举这些种类；

(iii) 详细写明事实依据。

(c) 如果请求书符合上述第(a)目和第(b)目的规定，总干事应立即通知全体缔约国和政府间工业产权组织。

(d) 除第(e)目另有规定应适用该规定外，大会应于收到请求书的通知后在不早于六个月和不迟于八个月的期间内对请求书加以考虑。

(e) 总干事若认为遵守第(d)目规定的期限可能危害现有的或潜在的交存人的利益，则可以在第(d)目规定的六个月期满以前召集大会。

(f) 大会如果决定终止国际保藏单位资格，或将其资格限制在某些微生物种类之内时，该决定将于作出之日起三个月后生效。

4.2 通知;生效日期;对通知的处理

(a) 本条约第 8 条第(2)项第(a)目所述的通知应按本实施细则第 3 则 3.1 第(a)目的规定递交总干事。

(b) 通知:

(i) 应写明有关的国际保藏单位的名称和地址;

(ii) 如果只涉及某些种类的微生物,列举这些种类;

(iii) 如果发出该通知的缔约国或政府间工业产权组织希望本条约第 8 条第(2)项第(b)目规定的效力自发出通知之日起三个月期满以后的一个日期产生,写明这一日期。

(c) 在适用第(b)目第(iii)段的规定时,本条约第 8 条第(2)项第(b)目规定的效力应在通知中根据该项规定写明的日期产生;否则应自发出通知之日起三个月期满时产生。

(d) 总干事应将依照本条约第 8 条第(2)项规定收到的任何通知及依照第(c)目规定的生效日期立即通知全体缔约国和政府间工业产权组织。国际局也应立即公布相应的通知。

4.3 保藏的后果

依照本条约第 8 条第(1)项、第 8 条第(2)项、第 9 条第(4)项或第 17 条第(4)项的规定终止或限制国际保藏单位资格时,应在细节上作必要的修改后适用本实施细则第 5 则 5.1 的规定。

## 第5则

[国际保藏单位不履行责任]

5.1 停止其保藏微生物的职责

(a) 任何国际保藏单位暂时或永久地停止执行其根据本条约和本实施细则对交存的微生物应尽的职责时,依照本条约第 6 条第(1)项规定为该保藏单位提供保证的缔约国或政府间工业产权组织应:

(i) 尽可能保证使所有微生物的样品不变质或不污染地立即从该单位("违约单位")移交到另一国际保藏单位("接替单位");

(ii) 尽可能保证将寄送给违约单位的同上述微生物有关的一切邮件或其

他通信以及由该单位掌握的同上述微生物有关的一切文档案卷和其他有关信息立即移交到接替单位；

(iii) 尽可能保证违约单位立即通知因其停止执行职责以及由此产生的移交事务而受到影响的全部交存人；

(iv) 立即将实际情况和上述停止执行职责的范围以及上述缔约国或政府间工业产权组织按照第(i)段至第(iii)段的规定所采取的措施通知总干事。

(b) 总干事应立即将按照第(a)目第(iv)段收到的通知通告各缔约国和政府间工业产权组织以及工业产权局；总干事发出和收到的通知应由国际局立即予以公布。

(c) 依照适用的专利程序可以要求交存人在收到按本实施细则第 7 则 7.5 所述的存单后，立即将接替单位给予的新保藏号通知交存人就原交存微生物已提出专利申请的工业产权局。

(d) 接替单位应以适当方式将违约单位给予的保藏号连同新保藏号一起留存。

(e) 除依照第(a)目第(i)段规定所作之移交外，只要交存人向违约单位支付所述移交所需的费用，违约单位应尽量根据交存人请求向交存人指定的除接替单位以外的国际保藏单位移交所保藏的微生物样品、一切邮件或其他通信的副本以及第(a)目第(ii)段所规定的一切文档案卷的副本及其他有关信息。交存人应向其指定的国际保藏单位支付贮存上述样品的费用。

(f) 经受到影响的交存人请求，违约单位应尽量保持其所保藏的微生物样品。

5.2 拒绝受理某些种类的微生物

(a) 任何国际保藏单位拒绝受理依照其所作保证应当受理的任何种类微生物的保藏时，曾为该单位作出依照本条约第 7 条第(1)项第(a)目所述声明的缔约国或政府间工业产权组织应将有关事实和已采取的措施立即通知总干事。

(b) 总干事应将依照第(a)目规定收到的通知立即通知其他缔约国和政府间工业产权组织；总干事发出和收到的通知应由国际局立即予以公布。

## 第6则

［原始保藏或重新保藏］

6.1 原始保藏

(a) 除本实施细则第6则6.2适用的情况外，交存人送交国际保藏单位的微生物应附具由交存人签字的书面声明并包括下列内容：

(i) 关于该保藏是依照本条约提出的说明；并保证在本实施细则第9则9.1所规定的期间内不撤回该保藏；

(ii) 交存人的名称和地址；

(iii) 详细叙述该微生物的培养、贮存和存活性检验所需的条件，在保藏数种微生物的混合物时，还应有混合物诸成分的说明以及至少一种能核查其存在的方法；

(iv) 交存人给与该微生物的鉴别符号(号码、记号等)；

(v) 关于微生物具有危及或可能危及健康或环境的特性的说明，或关于交存人不知道这样的特性的说明。

(b) 强烈建议第(a)目所述的书面声明应含有对所保藏的微生物的科学描述和(或)建议给予的分类学命名。

6.2 重新保藏

(a) 依照本条约第4条规定进行重新保藏时，除第(b)目另有规定应适用该规定外，交存人送交国际保藏单位的微生物应附具在先保藏的存单副本，有关在先保藏的微生物的存活性并载有说明该种微生物能够生存的最新报告书的副本，以及由交存人签字的，包括以下内容的书面声明：

(i) 依照本实施细则第6则6.1第(a)目第(i)至(v)段规定应载明的各项内容；

(ii) 对依照本条约第4条第(1)项第(a)目规定有关重新保藏的原因的陈述，声明保证重新保藏的微生物与在先保藏的微生物相同，指明交存人收到本条约第4条第(1)项第(a)目所述通知的日期，或者在适当时，指明本条约第4条第(1)项第(e)目所述的公布日期；

(iii) 载明有关在先保藏的科学描述和(或)建议给予的分类学命名的，还应包括在通知在先保藏的国际保藏单位时已存在的最新科学描述和(或)建议给予的分类学命名。

(b) 如果重新保藏是在在先保藏的国际保藏单位进行时,第(a)目第(i)段不适用。

(c) 本实施细则第7则7.4第(a)目和第(b)目中的"在先保藏"是指:

(i) 若重新保藏之前已有一次或多次其他的重新保藏:这些其他的重新保藏中最新的那一次保藏;

(ii) 若重新保藏之前不存在一次或多次其他的重新保藏:原始保藏。

6.3 国际保藏单位要求的条件

(a) 任何国际保藏单位均可要求:

(i) 以本条约和本实施细则规定的必需形式和数量保藏微生物;

(ii) 提供该单位制定的为该单位管理程序的需要而由交存人适当填写的表格;

(iii) 本实施细则第6则6.1第(a)目或6.2第(a)目所述的书面声明应当以该单位指定的语言,或任何其他语言作出,可以理解成该指定语言必须至少包括本实施细则第3则3.1第(b)目第(v)段所规定的官方语言;

(iv) 缴纳本实施细则第12则12.1第(a)目第(i)段所规定的贮存费;并且

(v) 在适用的法律允许的范围内,交存人应当与该单位签订合同限定交存人和该单位的义务。

(b) 任何国际保藏单位均应将此类要求以及对此类要求的任何修正通知国际局。

6.4 受理程序

(a) 在下列情形下,国际保藏单位应对该微生物不予受理,并应迅速将不予受理的决定及其理由以书面形式通知交存人:

(i) 该微生物不属于按照本实施细则第3则3.1第(b)目第(iii)段规定提交的保证书中所列举的微生物种类,或者也不属于3.3规定的增加的微生物种类;

(ii) 该微生物的性质非常特别,以至于从技术角度而言,国际保藏单位无法执行按照本条约和本实施细则的规定所承担的必须执行的任务;

(iii) 国际保藏单位收到保藏请求时,有明显迹象表明该微生物缺失或者无法说明受理该微生物的科学理由。

(b) 除第(a)目另有规定应适用该规定外,当本实施细则第6则6.1第(a)目或6.2第(a)目和6.3第(a)目所规定的所有要求都得到满足时,国际保藏单位应受理该微生物。当上述任何要求未得到满足时,国际保藏单位应当迅速将此事实以书面形式通知交存人并要求其满足这些要求。

(c) 该微生物在原始保藏或重新保藏时已被受理的,则视具体情况,该原始保藏的日期或重新保藏的日期,应当成为国际保藏单位受理该微生物的日期。

(d) 根据交存人的请求并且在第(b)目所述的所有要求都得到满足的情况下,如果一种微生物在该单位获得国际保藏单位的资格之前已被该单位保藏,该国际保藏单位应当考虑,从本条约的角度而言,该微生物已在上述资格获得之日被受理。

## 第7则

[存　单]

7.1　发给存单

国际保藏单位应就向其提出的或移转的每件微生物保藏发给交存人一份存单,证明它已经收到并受理该微生物。

7.2　表格;语言;签字

(a) 本实施细则第7则7.1所述存单应制成表格称为“国际表格”,表格样板由总干事用大会指定的语言制定。

(b) 在存单中以非拉丁字母写的词或字母还应附以拉丁字母拼写。

(c) 存单应由有权代表该国际保藏单位的人员签名,或由该人员正式授权的该单位其他官员签名。

7.3　原始保藏的存单内容

在原始保藏时发给的按本实施细则第7则7.1所述的存单应载明是由保藏机构依照本条约规定以国际保藏单位资格发给的,并应至少载明以下各项内容:

(i) 该国际保藏单位的名称和地址；

(ii) 交存人的名称和地址；

(iii) 本实施细则第 6 则 6.4 第(c)目所限定的原始保藏的日期；

(iv) 交存人给予该微生物的鉴别符号(号码、记号等)；

(v) 该国际保藏单位给予该项保藏的保藏号；

(vi) 本实施细则第 6 则 6.1 第(a)目所述书面报告包括科学描述和(或)提议的分类学命名的,应注明这一事实。

7.4　重新保藏的存单内容

依本条约第 4 条规定进行重新保藏时,发给的按本实施细则第 7 则 7.1 所述存单应附具在先保藏(本实施细则第 6 则 6.2 第(c)目定义的范围内)的存单副本,以及有关在先保藏(本实施细则第 6 则 6.2 第(c)目定义的范围内)的微生物存活性,载有说明该种微生物是能存活的最新报告书的副本,并至少应包括以下各项：

(i) 该国际保藏单位的名称和地址；

(ii) 交存人的名称和地址；

(iii) 本实施细则第 6 则 6.4 第(c)目所限定的重新保藏的日期；

(iv) 交存人给予该微生物的鉴别符号(号码、记号等)；

(v) 该国际保藏单位给予该项重新保藏的保藏号；

(vi) 指明交存人依照本实施细则第 6 则 6.2 第(a)目第(ii)段的规定提出声明的有关原因和有关日期；

(vii) 在本实施细则第 6 则 6.2 第(a)目第(iii)段的规定适用的情况下,指出交存人已记载科学描述和(或)建议的分类学命名的事实；

(viii) 所给予的在先保藏(本实施细则第 6 则 6.2 第(c)目定义的范围内)的保藏号。

7.5　移转时的存单内容

依照本实施细则第 5 则 5.1 第(a)目第(i)段规定收到移转来的微生物样品的国际保藏单位,应就交来样品的每件保藏发给交存人存单,载明是由保藏机构按本条约规定的国际保藏单位资格发给的,并至少包括以下各项：

(i) 该国际保藏单位的名称和地址；

(ii) 交存人的名称和地址；

(iii) 国际保藏单位收到移转来的样品的日期(移转日)；

(iv) 交存人给予该微生物的鉴别符号(号码、记号等)；

(v) 该国际保藏单位给予的保藏号；

(vi) 发出移转物的国际保藏单位的名称和地址；

(vii) 发出移转物的国际保藏单位给予的保藏号；

(viii) 本实施细则第 6 则 6.1 第(a)目或 6.2 第(a)目所述书面报告包括该微生物的科学描述和(或)建议的分类学命名的，或者，该科学描述和(或)建议的分类学命名在后来的某个日期被载明或按照本实施细则第 8 则 8.1 的规定被修正的，应注明这一事实。

7.6 对于科学描述和(或)建议的分类学命名的通知

依照本实施细则第 11 则 11.1，11.2 或 11.3 的规定，应有权取得所保藏微生物样品的任何一方的请求，国际保藏单位应将本实施细则第 6 则 6.1 第(b)目，6.2 第(a)目第(iii)段或第 8 则 8.1 第(b)目第(iii)段所述科学描述和(或)建议的分类学命名通知该方。

## 第 8 则

[后来载明或修正的科学描述和(或)建议的分类学命名]

8.1 通知

(a) 关于一种微生物在保藏以前未载明科学描述和(或)建议的分类学命名的，交存人可以在后来载明，或者已经载明的，可以修正该科学描述和(或)命名。

(b) 任何这种后来载明或修正应写成书面通知，由交存人签字，通知国际保藏单位，并包括以下各项：

(i) 交存人的名称和地址；

(ii) 该单位给予的保藏号；

(iii) 该微生物的科学描述和(或)建议的分类学命名；

(iv) 如系修正的，修正前最后一次的科学描述和(或)建议的分类学命名。

8.2　证明

应按照本实施细则第 8 则 8.1 的规定作出所述通知的交存人的请求，国际保藏单位应向他送交一份证明，写明按本实施细则第 8 则 8.1 第(b)目第(i)段至第(iv)段规定的事实资料和收到该通知的日期。

## 第 9 则

［微生物的贮存］

9.1　贮存期限

向国际保藏单位交存的任何微生物在该单位收到最近一份提供保藏的微生物样品请求后至少五年期间，而且在无论何种情况下，在自交存日期后至少三十年期间，均应由该单位贮存，并采取一切必要措施保持其存活及不受污染。

9.2　保密

任何国际保藏单位不得向任何人提供是否依照本条约规定向其交存了微生物的信息。此外，除按照本实施细则第 11 则规定的同样条件向依照该条规定有权获得该微生物样品的保藏单位、自然人或法人提供信息外，不得向任何人提供有关依照本条约规定向其保藏的任何微生物的任何信息。

## 第 10 则

［存活性检验和报告书］

10.1　检验义务

国际保藏单位应于下列时刻检验向其交存的每种微生物的存活性：

(i) 本实施细则第 6 则所述的保藏之后或本实施细则第 5 则 5.1 所述的移转之后立即进行检验；

(ii) 根据微生物的种类和其可能贮存条件，按合理的间隔时间检验或出于必要的技术原因随时进行检验；

(iii) 应交存人的请求随时进行检验。

10.2　存活性报告书

(a) 国际保藏单位应于下列时刻发给下述人员有关所保藏的微生物存活性报告书：

(i) 进行本实施细则第 6 则所述保藏之后或本实施细则第 5 则 5.1 所述移转之后，立即发给交存人；

(ii) 受理保藏或移转后，应请求随时发给交存人；

(iii) 对于接收依照本实施细则第 11 则的规定提供的所保藏的微生物样品的任何工业产权局、其他单位、除交存人以外的自然人或法人，应其请求，在提供样品同时或在其后随时发给他们。

(b) 存活性报告书应载明该微生物仍然存活或不再存活，并应包括下列各项：

(i) 发报告书的国际保藏单位的名称和地址；

(ii) 交存人名称和地址；

(iii) 本实施细则第 7 则 7.3 第(iii)段所述的日期，或者，如有重新保藏或移转时，本实施细则第 7 则 7.4 第(iii)段和 7.5 第(iii)段所述的最新的日期；

(iv) 该单位给予的保藏号；

(v) 所涉检验的日期；

(vi) 有关进行存活性检验时的检验条件的信息，但以接受存活性报告书的一方要求得到该信息，而且检验结果为否定的为限。

(c) 对于第(a)目第(ii)段和第(iii)段，存活性报告书应涉及最近的存活性检验。

(d) 关于表格、语言和签字，本实施细则第 7 则 7.2 的规定应在细节上作必要的修改后适用于存活性报告书。

(e) 对于第(a)目第(i)段，或工业产权局索取的情况，均应免费发给存活性报告书。对于其他索取存活性报告书的情况，本实施细则第 12 则 12.1 第(a)目第(iii)段规定的费用，应向索取该报告书的一方收取，并应在索取报告书之前或索取报告书同时缴纳。

## 第 11 则

[提供样品]

11.1 向有关的工业产权局提供样品

应任何缔约国的工业产权局或任何政府间工业产权组织的工业产权局的

请求，国际保藏单位都应向上述局提供所保藏的任何微生物的样品，但请求应附有以下内容的声明：

(i) 已向该局递交了涉及该项微生物保藏的专利申请，以及该申请的主题含有该种微生物或其用途；

(ii) 该申请正在该局审查中或已获专利授权；

(iii) 在该缔约国或在该组织或其成员国适用的专利程序需要这种样品；

(iv) 该样品以及随同样品或由样品产生的任何信息将只用于该专利程序。

11.2 向交存人或交存人授权的人提供样品

任何国际保藏单位都应向下述人员提供所保藏的任何微生物的样品：

(i) 应交存人请求，向其提供；

(ii) 应任何单位、自然人或法人(以下统称“被允许方”)的请求，向他们提供，但以该请求附具交存人允许提供所要求的样品的声明为限。

11.3 向在法律上享有权利的人提供样品

(a) 任何国际保藏单位应向任何单位、自然人或法人(以下统称“被证明方”)，根据其请求，提供所保藏的任何微生物样品，条件是该请求是使用由大会确定其内容的表格提出的，并且在该表格上工业产权局证明下述事项：

(i) 已向该局递交了涉及该项微生物保藏的专利申请，以及该申请的主题含有该种微生物或其用途；

(ii) 除第(iii)段中第二句短语适用的情况外，该局已按专利程序予以公布；

(iii) 被证明方根据该局专利程序适用的法律有权获得该微生物样品，而且如果上述法律规定须满足某些条件才能享有此权利时，该局认为这些条件已经满足；或者被证明方已在该局的一张表格上签字，依照该局专利程序适用的法律，作为在该表格上签字的结果，向被证明方提供样品的条件视为已经满足；依照上述法律，被证明方在该局按照专利程序进行公布之前即享有该权利而此种公布尚未进行的，证明书中应对此明确说明，并应通过按惯例加以引述的方式，指明上述法律适用的条款，包括任何法院判决。

(b) 对于已经由工业产权局授予并公布的专利，该局可以经常按国际保藏单位给予该专利涉及的微生物保藏的保藏号通知该保藏单位。对已将微生物保藏号通知专利局的，应任何单位、自然人或法人（以下统称“请求方”）请求，国际保藏单位应向其提供该微生物样品。对于所保藏的微生物已经通知了保藏号的，不应要求该局提供按本实施细则第 11 则 11.3 第（a）目所述的证明书。

11.4　共同规则

（a）本实施细则第 11 则 11.1、11.2 和 11.3 中所述的请求书、声明、证明书或通知书应按下列办理：

（i）如果向使用的正式语言分别是或包括英语、法语、俄语或西班牙语的国际保藏单位递交时，应分别用英语、法语、俄语或西班牙语书写，但条件是，如果必须用俄语或西班牙语书写的，在提交时也可以代之以英语或法语书写的文本，如果提交了这种文本，国际局应根据上述规定中所述有关当事人或国际保藏单位的请求，立即免费制定经证明的俄语或西班牙语译本；

（ii）在所有其他情况下均应用英语或法语书写，但条件是也可以用国际保藏单位使用的正式语言或正式语言中的一种语言代替。

（b）尽管有第（a）目的规定，如果依照本实施细则第 11 则 11.1 所述请求是由一个使用俄语或西班牙语为正式语言的工业产权局提出的，该请求可以分别用俄语或西班牙语书写，国际局根据该工业产权局或收到该请求的国际保藏单位的请求，应立即免费制定经证明的英语或法语译本。

（c）本实施细则第 11 则 11.1、11.2 和 11.3 中所述的请求书、声明、证明书或通知书均应写成书面，应有签字并应注明日期。

（d）本实施细则第 11 则 11.1、11.2 和 11.3 第（a）目中所述的请求书、声明或证明书均应载明下述各项：

（i）视具体情况，提出请求的工业产权局的名称和地址、被允许方的名称和地址或被证明方的名称和地址；

（ii）对该保藏给予的保藏号；

（iii）属于本实施细则第 11 则 11.1 规定的情况时，涉及该保藏的专利申请或专利的日期和号码；

（iv）属于本实施细则第 11 则 11.3 第（a）目规定的情况时，第（iii）段中所述应载明各项以及作出按本实施细则所述证明书的工业产权局的名称和地址。

(e) 本实施细则第 11 则 11.3 第(b)目所述的请求书应载明下列各项:

(i) 请求方的名称和地址;

(ii) 给予该项保藏的保藏号;

(f) 放置所提供样品的容器应由国际保藏单位标明该项保藏的保藏号,并应随附本实施细则第 7 则所述存单副本,对能或可能危及健康或环境的微生物的任何特性的说明,以及,根据请求,对国际保藏单位培养或贮存该微生物的条件的说明。

(g) 国际保藏单位向交存人以外的任何有关方提供了样品后应立即将此事实以书面通知交存人,同时通知提供样品日期以及接受提供样品的工业产权局、被授权方、被证明方或请求方的名称和地址。该通知应随附有关的请求书副本,依照本实施细则第 11 则 11.1 或 11.2 第(ii)段提交的与该请求书有关的声明副本,以及请求方依照本实施细则第 11 则 11.3 规定经签字的表格或请求书的副本。

(h) 本实施细则第 11 则 11.1 所述的样品提供应免费进行。依照本实施细则第 11 则 11.2 或 11.3 提供样品的,按本实施细则第 12 则 12.1 第(a)目第(iv)段应付的费用,应视具体情况,向交存人、被授权方、被证明方或请求方收取,并应在提出该请求之前或与其同时缴纳。

11.5　本实施细则第 11 则 11.1 和 11.3 适用于国际申请时的变动

如果一项申请是根据专利合作条约提出的国际申请,则凡是本实施细则第 11 则 11.1 第(i)段和 11.3 第(a)目第(i)段所述的向工业产权局提出申请均认为是在该国际申请中对该缔约国的指定,该工业产权局即为该条约意义上的"指定局",本实施细则第 11 则 11.3 第(a)目第(ii)段所要求的关于公布的证明,由该工业产权局选择,既可以是根据该条约进行的国际公布的证明,也可以是该工业产权局进行的公布的证明。

## 第 12 则

[费　用]

12.1　费用的种类和金额

(a) 任何国际保藏单位依照本条约和本实施细则规定都可收取以下各项费用：

(i) 贮存费；

(ii) 依照本实施细则第 8 则 8.2 规定作出证明的费用；

(iii) 除本实施细则第 10 则 10.2 第(e)目第 1 句另有规定应适用该规定外，发给存活性报告书的费用；

(iv) 除本实施细则第 11 则 11.4 第(h)目第 1 句另有规定应适用该规定外，提供样品的费用；

(v) 按本实施细则第 7 则 7.6 的规定通知有关信息的费用。

(b) 贮存费应为本实施细则第 9 则 9.1 规定的整个微生物贮存期的费用。

(c) 任何收费金额均不得因交存人的国籍或住所不同，或因请求发给存活性报告书或请求提供样品的单位、自然人或法人的国籍或住所不同而有区别。

12.2　金额的变更

(a) 国际保藏单位收费金额的任何变更均应由为该单位作出本条约第 7 条第(1)项所述声明的缔约国或政府间工业产权组织通知总干事。除第(c)目另有规定应适用该规定外，该通知书可以载明自何日起实行新的收费标准。

(b) 总干事应将依照第(a)目规定收到的通知以及依照第(c)目规定的生效日期立即通知全体缔约国和政府间工业产权组织；总干事发出的和收到的通知书都应由国际局立即予以公布。

(c) 新的收费标准应自依照第(a)目规定载明的日期起实行，但如费用变更是增加费用金额或未载明实行日期的，新的收费标准应自国际局公布该变更后第三十日起实行。

## 第 12 则之 2

[期限的计算]

12 之 2.1　以年表示的期间

以年或某几年表示的一段期间，自有关的事件发生之日的后一日起计算，该期间将在随后的相应年份中与上述事件发生的月份和日子相同的月份和日子届满，但是，随后的相应月份无相同日子的，该期间在该月的最后一日届满。

12之2.2　以月表示的期间

以月或某几个月表示的一段期间，自有关的事件发生之日的后一日起计算，该期间将在随后的相应月份中与上述事件发生的日子相同的日子届满，但是，随后的相应月份无相同日子的，该期间在该月的最后一日届满。

12之2.3　以日表示的期间

以某几日表示的一段期间，自有关的事件发生之日的后一日起计算，该期间将在计数到达的最后一日届满。

## 第13则

［国际局的公布］

13.1　公布的形式

本条约或本实施细则所述的国际局作出的公布，均应以纸件或电子形式进行。

13.2　内容

(a) 国际保藏单位的最新名单至少应每年公布一次，最好在当年的一季度公布，并应载明每一单位可以保藏的微生物种类以及该单位的收费金额。

(b) 下列任何事情的详细信息均应在事情发生之后立即公布一次：

(i) 国际保藏单位资格的取得、终止或限制，以及对该终止或限制所采取的措施；

(ii) 本实施细则第3则3.3规定的增加种类；

(iii) 国际保藏单位停止履行其职责或拒绝受理某些种类的微生物，以及对此种停止履行职责或拒绝受理所采取的措施；

(iv) 国际保藏单位收费标准的变更；

(v) 根据本实施细则第6则6.3第(b)目通知国际局的要求以及对该要求的修改。

## 第14则

[代表团的费用]

14.1 费用的承担

参加大会各届会议以及各委员会、各工作组或处理联盟有关事务的其他会议的每一代表团的费用应由派出该代表团的国家或组织承担。

## 第15则

[大会不足法定人数]

15.1 通信投票

(a) 在本条约第10条第(5)项第(b)目规定的情况下,总干事应将大会的决议(有关大会本身程序的决议除外)通知在作出该决议时未出席大会的缔约国并请其在通知之日起三个月的期间内以书面表示赞成与否或弃权。

(b) 在该期间届满时,如果通过这种方式表示是否赞成或弃权的缔约国数目达到了作出决议时达到法定人数所缺少的缔约国数目,只要同时取得了规定的多数票,该决定即应生效。

# 集成电路知识产权条约

1989 年 5 月 26 日于华盛顿签订。

## 目　　录

## 第1条

［联盟的建立］

缔约各方组成本条约的联盟。

## 第2条

［定　义］

在本条约中：

(i)“集成电路”是指一种产品，在它的最终形态或中间形态，是将多个元件，其中至少有一个是有源元件，和部分或全部互连集成在一块材料之中和/或之上，以执行某种电子功能。

(ii)“布图设计（拓扑图）”是指集成电路中多个元件，其中至少有一个是有源元件，和其部分或全部集成电路互连的三维配置，或者是指为集成电路的制造而准备的这样的三维配置。

(iii)“权利持有人”是指根据适用的法律被认为是第6条所述保护的受益人的自然人或者法人。

(iv)“受保护的布图设计（拓扑图）”是指符合本条约保护条件的布图设计（拓扑图）。

(v)“缔约方”是指参加本条约的国家或符合第(x)段要求的政府间组织。

(vi)“缔约方的领土”，当缔约方是国家时，指该国的领土；当缔约方是政府间组织时，指该政府间组织的构成条约所适用的领土。

(vii)“联盟”是指第1条所述的联盟。

(viii)“大会”是指第9条所述的大会。

(ix)“总干事”是指世界知识产权组织总干事。

(x)“政府间组织”是指由世界上任何地区的若干国家组成的组织，该组织主管与本条约有关的事务，有自己的对布图设计（拓扑图）提供知识产权保护的、能约束其所有成员国的立法，并根据其内部规则经正式授权签署、批准、接受、认可或加入本条约。

## 第3条

［条约的客体］

（1）保护布图设计（拓扑图）的义务

（a）每一缔约方有义务保证在其领土内按照本条约对布图设计（拓扑图）给予知识产权保护。它尤其应当采取适当的措施以保证防止按照第6条的规定被认为是非法的行为，并在发生这些行为时采取适当的法律补救办法。

（b）无论集成电路是否被结合在一件产品中，该集成电路的权利持有人的权利均适用。

（c）虽有第2条第（i）段的规定，但任何缔约方，其法律把对布图设计（拓扑图）的保护限定在半导体集成电路的布图设计（拓扑图）范围内的，只要其法律包括有这类限定，均应有适用这类限定的自由。

（2）原创性要求

（a）第（1）项第（a）目所述的义务适用于具有原创性的布图设计（拓扑图），即该布图设计（拓扑图）是其创作者自己的智力劳动成果，并且在其创作时在布图设计（拓扑图）创作者和集成电路制造者中不是常规的设计。

（b）由常规的多个元件和互连组合而成的布图设计（拓扑图），只有在其组合作为一个整体符合第（a）目所述的条件时，才应受到保护。

## 第4条

［保护的法律形式］

每一缔约方可自由通过布图设计（拓扑图）的专门法律或者通过其关于版权、专利、实用新型、工业品外观设计、不正当竞争的法律，或者通过任何其他法律或者任何上述法律的结合来履行其按照本条约应负的义务。

## 第5条

［国民待遇］

（1）国民待遇

在与第3条第（1）项第（a）目所述的义务不冲突的条件下，每一缔约方在

其领土范围内在布图设计(拓扑图)的知识产权保护方面应给予下列人员与该缔约方给予其本国国民同样的待遇:

(i) 是任何其他缔约方国民或在任何其他缔约方的领土内有住所的自然人。

(ii) 在任何其他缔约方领土内为创作布图设计(拓扑图)或生产集成电路而设有真实的和有效的单位的法人或自然人。

(2) 代理人、送达地址、法院程序

虽有第(1)项的规定,但就指派代理人或者指定送达地址的义务而言,或者就法院程序中外国人适用的特别规定而言,任何缔约方应有不适用国民待遇的自由。

(3) 第(1)项和第(2)项对政府间组织的适用

缔约方是政府间组织的,第(1)项中的"国民"是指该组织任何成员国的国民。

## 第6条

[保护范围]

(1) 需要权利持有人许可的行为

(a) 任何缔约方应认为未经权利持有人许可而进行的下列行为是非法的:

(i) 复制受保护的布图设计(拓扑图)的全部或其任何部分,无论是否将其结合到集成电路中,但复制不符合第3条第(2)项所述原创性要求的任何部分布图设计除外。

(ii) 为商业目的进口、销售或者以其他方式供销受保护的布图设计(拓扑图)或者其中含有受保护的布图设计(拓扑图)的集成电路。

(b) 对于未经权利持有人许可而进行的除第(a)目所述以外的其他行为,任何缔约方亦有确定其为非法的自由。

(2) 不需要权利持有人许可的行为

(a) 虽有第(1)项的规定,如果第三者为了私人的目的或者单纯为了评价、分析、研究或者教学的目的,未经权利持有人许可而进行第(1)项第(a)目第(i)段所述行为的，任何缔约方不应认为是非法行为。

(b) 第(a)目所述的第三者在评价或分析受保护的布图设计(拓扑图)(“第一布图设计〈拓扑图〉”)的基础上，创作符合第3条第(2)项规定的原创性条件的布图设计(拓扑图)(“第二布图设计〈拓扑图〉”)，该第三者可以在集成电路中采用第二布图设计(拓扑图)，或者对第二布图设计(拓扑图)进行第(1)项所述的行为，而不视为侵犯第一布图设计(拓扑图)权利持有人的权利。

(c) 对于由第三者独立创作出的相同的原创性布图设计(拓扑图)，权利持有人不得行使其权利。

(3) 关于未经权利持有人同意而使用的措施

(a) 虽有第(1)项的规定，但任何缔约方均可在其立法中规定其行政或者司法机关有可能在非通常的情况下，对于第三者按商业惯例经过努力而未能取得权利持有人许可并不经其许可而进行第(1)项所述的任何行为，授予非独占许可(非自愿许可)，而该机关认为授予非自愿许可对于维护其视为重大的国家利益是必要的；该非自愿许可仅供在该国领土上实施并应以第三者向权利持有人支付公平的补偿费为条件。

(b) 本条约的规定不应影响任何缔约方在适用其旨在保障自由竞争和防止权利持有人滥用权利的法律方面采取措施的自由，包括按正规程序由其行政或者司法机关授予非自愿许可。

(c) 授予第(a)目或第(b)目所述的非自愿许可应当经过司法核查。第(a)目所述的条件已不复存在时，该项所述的非自愿许可应予以撤销。

(4) 善意获得侵权的集成电路的销售和供销

虽有第(1)项第(a)目第(ii)段的规定，但对于采用非法复制的布图设计(拓扑图)的集成电路而进行的该款所述的任何行为，如果进行或者指示进行该行为的人在获得该集成电路时不知道或者没有合理的依据知道该集成电路包含有非法复制的布图设计(拓扑图)，任何缔约方没有义务认为上述行为是非法行为。

(5) 权利的穷竭

虽有第(1)项第(a)目第(ii)段的规定，任何缔约方可以认为，对由权利持有人或者经其同意投放市场的受保护的布图设计(拓扑图)或者采用该布图设计(拓扑图)的集成电路,未经权利持有人的许可而进行该款所述的任何行为是合法行为。

## 第7条

[实施、登记、公开]

(1) 要求实施的权能

在布图设计(拓扑图)在世界某地已单独地或作为某集成电路的组成部分进入普通商业实施以前,任何缔约方均有不保护该布图设计(拓扑图)的自由。

(2) 要求登记的权能:公开

(a) 布图设计(拓扑图)成为以正当方式向主管机关提出登记申请的内容或者登记的内容以前,任何缔约方均有不保护该布图设计(拓扑图)的自由,对于登记申请,可以要求其附具该布图设计(拓扑图)的副本或图样,当该集成电路已商业实施时,可以要求其提交该集成电路的样品并附具确定该集成电路旨在执行的电子功能的定义材料;但是,申请人在其提交的材料足以确认该布图设计(拓扑图)时,可免交副本或图样中与该集成电路的制造方式有关的部分。

(b) 需按本项第(a)目提交申请的,任何缔约方均可要求该申请在自权利持有人在世界任何地方首次商业实施集成电路的布图设计(拓扑图)之日起一定期限内提出。此期限不应少于自该日期起两年。

(c) 可以规定按第(a)目进行登记应支付费用。

## 第8条

[保护的期限]

保护期限至少应为八年。

## 第9条

[大　会]

(1) 组成

(a) 本联盟设立大会,由各缔约方组成。

(b) 每一缔约方应有代表一人,该代表可以由代理代表、顾问和专家协助。

学艺术作品伯尔尼公约》所承担的义务。

## 第13条

［保　留］

对本条约不得作任何保留。

## 第14条

［争议的解决］

（1）协商

（a）关于对本条约的解释或者实施出现的任何问题，一缔约方可以将其提请另一缔约方注意并要求与其协商。

（b）接到协商要求的缔约方应迅速提供适当机会进行协商。

（c）进行协商的缔约各方应力图在合理期限内互相满意地解决争议。

（2）其他解决方式

如通过第（1）项所述的协商在合理的期间内没有得到互相满意的解决，争议各方可以同意旨在达成友好解决争议的其他办法，比如斡旋、互让、调解和仲裁。

（3）专门小组

（a）如果通过第（1）项所述的协商，争议没有得到满意的解决，或者如果第（2）项所述的方式没有被采用或者在合理的期间内没有得到友好解决，大会根据争议的任何一方的书面请求，应召集专门小组研究该问题。除争议各方另有协议外，专门小组的成员不应从争议的任何一方中产生。这些成员应从大会指定的政府专家名单中挑选。专门小组的职权范围由争议各方协议确定。三个月内没有达成上述协议的，大会应在同争议各方和专门小组成员协商后定出专门小组的职权范围。专门小组应给争议各方和任何其他有关缔约方以充分的机会向小组陈述各自的观点。应争议双方的请求，专门小组应停止其活动。

（b）大会应通过关于建立上述专家名单的规则，关于从缔约方政府专家中挑选专门小组成员的办法，以及关于专门小组的活动的组织，包括保证其活动的保密性以及由活动参加人确定任何保密材料的保密性的规则。

(c) 除非争议各方在专门小组进行审议前达成协议，否则专门小组应迅速准备书面报告，并将其交给争议各方检查。争议各方应有一段合理的期限向专门小组提出对报告的意见，期限长短由专门小组确定，但各缔约方为了达成对争议的相互满意而同意更长的期限例外。专门小组应考虑这些意见并应迅速向大会递交报告，该报告中应有解决争议的事实和建议并附上争议各方的意见(如有的话)。

(4) 大会建议

大会应对专门小组的报告作出迅速考虑。大会根据其对本条约的解释以及专门小组的报告，应向争议各方作出一致的建议。

## 第15条

[条约的参加]

(1) 资格

(a) 世界知识产权组织或者联合国的成员国可以加入本条约。

(b) 符合第2条第(x)段的要求的任何政府间组织均可加入本条约。该组织应就本条约涉及的有关事项将其主管权限及其权限在以后的变化通知总干事。该组织及其成员国可以就他们之间执行本条约的义务的相应职责作出决定，但不得影响根据本条约应承担的义务。

(2) 参加

国家或政府间组织依下列程序加入本条约：

(i) 签字并递交批准书、接受书或认可书，或者

(ii) 递交加入书。

(3) 文件的保存

第(2)项所述的文件应当递交总干事保存。

## 第16条

[条约的生效]

(1) 开始生效

本条约在第五批批准书、接受书、认可书或加入书递交之日起三个月对头五个递交批准书、接受书、认可书或加入书的每个国家或政府间组织产生效力。

(2) 开始生效不涉及的国家：政府间组织

本条约对第(1)项不涉及的任何国家或对任何政府间组织自该国或者政府间组织递交批准书、接受书、认可书或加入书之日起三个月生效，除非上述文件指定了生效的日期；在后一情况下，本条约对该国家或政府间组织在该指定的日期产生效力。

(3) 在生效时存在的布图设计(拓扑图)的保护

任何缔约方有权对本条约对该缔约方生效时已存在的布图设计(拓扑图)不适用本条约，但以本规定不影响该布图设计(拓扑图)在该缔约方的领土内在当时根据本条约以外的国际义务或该国的立法所可能享受的保护为限。

## 第17条

[退　约]

(1) 通知

任何缔约方可以通知总干事退出本条约。

(2) 生效日

总干事收到退出通知之日起一年后退出生效。

## 第18条

[条约的文本]

(1) 原始文本

本条约应使用英语、阿拉伯语、汉语、法语、俄语和西班牙语制定单一原始文本。这些语言的文本具有同等的效力。

(2) 正式文本

总干事与有关各国政府协商后，制定大会指定的其他语言的正式文本。

## 第19条

［保存人］

总干事为本条约的保存人。

## 第20条

［签　字］

本条约从1989年5月26日起至1989年8月25日在美利坚合众国政府开放签字，从1989年8月26日起至1990年5月25日在世界知识产权组织总部开放签字。

为此，下列签字人，经正式授权，在本最后文件上签字，以昭信守。

上述文本系关于集成电路的知识产权条约的真实副本，特此证明。

# 商标法条约

1994年10月27日在日内瓦签订。

## 目　录*



* 本目录是为了方便读者阅读而加,它并没有出现在公约的签字本之中。

## 第1条

[缩略语]

除另有说明,本条约中:

(i) “商标主管机关”指由一缔约方指定负责商标注册的机构;

(ii) “注册”指由商标主管机关进行的商标注册;

(iii) “申请”指要求注册的申请;

(iv) 凡提及“人”应理解为指自然人和法人;

(v) “注册持有人”指商标注册簿上列为注册持有者的人;

(vi) “商标注册簿”指由商标主管机关保管的整套资料,其中包括所有注册的内容和关于注册的全部录入资料,不论这样的资料用何种载体存储;

(vii)《巴黎公约》指 1883 年 3 月 20 日在巴黎签署后经修改和修订的《保护工业产权巴黎公约》;

(viii) “尼斯分类”指 1957 年 6 月 15 日在尼斯签署后经修改和修订的《商标注册用商品和服务国际分类尼斯协定》;

(ix) “缔约方”指加入本条约的任何国家或政府间组织;

(x) 凡提及“批准书”均应理解为包括接受书和同意书;

(xi) “本组织”指世界知识产权组织;

(xii) “总干事”指本组织的总干事;

(xiii) “实施细则”指第 17 条所指本条约下的《实施细则》。

## 第2条

[本条约适用的商标]

(1)[商标的性质]

(a) 本条约适用于由视觉标志构成的商标,但唯有接受立体商标注册的缔约方才有义务将本条约也适用于立体商标。

(b) 本条约不适用于全息商标和不含视觉标志的商标,尤其是音响商标和嗅觉商标。

(2)[商标的种类]

(a) 本条约应适用于与商品或服务有关的标志(商品商标或服务商标)或与商品和服务两者有关的标志。

(b) 本条约不适用于集体商标、证明商标和保证商标。

## 第3条

[申　请]

(1)[申请书含有或附带的说明或项目;收费]

(a) 任何缔约方均可要求申请书中含有下列某些或全部说明或项目:

(i) 注册申请;

(ii) 申请人的名称和地址;

(iii) 如申请人为一国国民,该国国名;申请人如在一国有住所,该国国名;申请人如在一国有真实有效的工商营业所,该国国名;

(iv) 申请人为法人的,该法人的法律性质,以及该法人按其法律组成的国家及在该国之内适用的领土区域;

(v) 申请人有代理人的,该代理人的名称和地址;

(vi) 第4条第(2)项第(b)目之下要求提供的联系地址的,该联系地址;

(vii) 申请人希望获得在先申请优先权的,要求该在先申请优先权的声明并同时按《巴黎公约》第4条对优先权声明的要求提供说明和证据;

(viii) 申请人因在展览会上展示商品和/或服务而希望获得由此产生的任何保护的,这种声明及缔约方法律要求提供的支持该声明的说明;

(ix) 缔约方的商标主管机关使用其认为标准的字符(字母和数字)并且申请人希望以标准字符注册和公布商标的,这种声明;

(x) 申请人要求将颜色作为商标的显著特点的,此种要求声明以及要求的(诸)颜色的名称和关于该商标主要着色部分所用各颜色的说明;

(xi) 商标是立体商标的,这种声明;

(xii) 商标的一份或多份图样;

(xiii) 商标本身或商标某些部分的音译;

(xiv) 商标本身或商标某些部分的意译;

(xv) 申请注册的商品和/或服务的名称,按《尼斯分类》中的类别分组并按该分类的类别顺序排列,每组之前标明该组商品或服务所属的《尼斯分类》类别编号;

(xvi) 第(4)项所指人员的签字;

(xvii) 缔约方法律要求的关于有意使用该商标的声明。

(b) 申请人不作第(a)目第(xvii)段所指关于有意使用商标的声明的,或已作此种声明的,可提交缔约方法律要求的关于实际使用商标的声明和相应证据。

(c) 任何缔约方均可要求向商标主管机关缴纳申请费。

(2) [呈交] 关于呈交申请的要求,下列情况下任何缔约方不得驳回申请:

(i) 以书面提交的申请,在不违反第(3)项的前提下,所用书式相当于《实施细则》规定的申请书式的;

(ii) 缔约方允许以传真向商标主管机关传送文函而申请是如此传送的,在不违反第(3)项的前提下,此种传送产生的纸质副本相当于第(i)段所指的申请。

(3) [语言] 任何缔约方均可要求申请书以商标主管机关接受的语言填写或以该机关接受的数种语言之一填写。但如商标主管机关接受数种语言,则可要求申请人按该商标主管机关所适用的对其他语言的规定办理,但不得要求申请书以一种以上语言填写。

(4) [签字]

(a) 第(1)项第(a)目第(xvi)段中提及的签字可以是申请人或其代理人的签字。

(b) 请人在第(1)项第(a)目第(xvii)段和第(b)目所指的声明上签字,即使申请人有代理人也须如此。

(5) [为多个类别的商品和/或服务提出的单项申请]　同一份申请可涉及多个商品和/或服务,不论它们属《尼斯分类》中的一个类别或多个类别。

(6) [实际使用]　在不违反《实施细则》规定的最短时限的前提下,任何缔约方均可要求已提交第(1)项第(a)目第(xvii)段下使用意图声明的申请人,在缔约方法律规定的时限内按该法律要求向商标主管机关提供商标实际使用的证据。

(7) [禁止的其他要求]　除第(1)项至第(4)项和第(6)项所指的要求外,任何缔约方不得规定申请书必须符合其他要求。尤其不得在申请待批的过程中要求其:

(i) 提供任何商业登记簿的证明或摘录;

(ii) 示明申请人正在进行工商业活动并提交相应证据;

(iii) 示明申请人正在进行与申请中列出的商品和/或服务相应的一项活动并提供相应证据;

(iv) 提交商标已在另一缔约方商标注册簿中注册或已在某一不属本条约缔约方的《巴黎公约》缔约国商标注册簿中注册的证据,但申请人要求《巴黎公约》第6条之5所指的申请除外。

(8) [证据]　在申请审查期间,商标主管机关对申请所含任何说明或项目的真实性产生合理怀疑时,任何缔约方均可要求向商标主管机关提供证据。

## 第4条

[代理;联系地址]

(1) [准许执业的代理人]　任何缔约方均可要求为在商标主管机关办理任何手续之目的而指定的代理人须是该机关准许执业的代理人。

(2) [强制代理;联系地址]

(a) 任何缔约方均可要求在其领土内既无住所又无真实有效的工商营业

所的任何人，为在商标主管机关办理任何手续之目的，必须有一位代理人作为其代表。

(b) 任何缔约方在不要求第(a)目所述的代理的前提下，均可要求在其领土内既无住所又无真实有效的工商营业所的任何人，为在商标主管机关办理任何手续之目的，必须具备该领土上的联系地址。

(3) [委托书]

(a) 如缔约方允许或要求申请人、注册持有人或任何其他有关的人在商标主管机关由代理人为其代表，该缔约方可要求代理人的指定须由专项方函(下称“委托书”)为之，其中视情况载明申请人、注册持有人或其他人的名称并由其签字。

(b) 委托书可涉及其指明的一项或多项申请和/或注册，也可涉及该人现有和将来的全部申请和/或注册。但委托人示明的例外情况除外。

(c) 委托书可规定代理人的权力限于某些行为。任何缔约方均可要求规定代理人有权撤回申请或放弃注册的委托书必须明示此种权力。

(d) 如果向商标主管机关交送文函的人在函中自称为代理人而商标主管机关在收到该方函时尚未收到必要的委托书，在不违反《实施细则》规定的最短时限的前提下，缔约方可要求将委托书在该缔约方规定的时限内交送商标主管机关。任何缔约方均可规定，如果委托书未在其规定的时限内送达商标主管机关，该人提交的文函无效。

(e) 关于委托书呈交书式和内容的要求，下列情况下任何缔约方不得否认委托书的效力：

(i) 以书面提交的委托书，在不违反第(4)项的前提下，所用书式相当于《实施细则》规定的委托书书式的；

(ii) 缔约方允许以传真向商标主管机关传送文函而委托书是如此传送的，在不违反第(4)项的前提下，此种传送产生的纸质副本相当于第(i)段所指的委托书。

(4) [语言] 任何缔约方均可要求委托书以商标主管机关接受的语言填写或以其接受的数种语言之一填写。

(5) [委托书的提及] 任何缔约方均可要求代理人为与商标主管机关办

理手续之目的而送交该商标主管机关的任何文函中须提及代理人据以行动的委托书。

(6)［禁止的其他要求］ 除了第(3)项至第(5)项所指的要求外，任何缔约方不得规定上述条款所指的事项必须符合其他要求。

(7)［证明］ 商标主管机关对第(2)项至第(5)项所指任何文函所载的任何说明的真实性产生合理怀疑时，任何缔约方均可要求向商标主管机关提供证据。

## 第5条

［申请日期］

(1)［准许的要求］

(a) 在不违反第(b)目和第(2)项的前提下，缔约方应将商标主管机关收到按第3条第(3)项要求的语言书写的下列说明和项目之日作为申请日期：

(i) 商标注册意图的明确或隐含表示；

(ii) 能据以确定申请人身份的说明；

(iii) 足以通过邮政途径与申请人或其代理人(如有)联系的说明；

(iv) 一份申请注册的足够清晰的商标图样；

(v) 申请注册的商品和/或服务的清单；

(vi) 在适用第3条第(1)项第(a)目第(xvii)段或第(b)目的情况下，第3条第(1)项第(a)目第(xvii)段所指缔约方法律规定的声明或第3条第(1)项第(b)目所指缔约方法律规定的声明和证据，在上述法律有要求时，申请人本人须在这些声明上签字，即便申请人有代理人也须如此。

(b) 任何缔约方均可将商标主管机关收到第(a)目所指的部分而非全部的说明和项目之日或在收到以不同于第3条第(3)项要求的语言书写的说明和项目之日作为申请日期。

(2)［准许的附加要求］

(a) 缔约方可规定在规定费用缴纳之前不得确定申请日期。

(b) 唯有加入本条约时已实施第(a)目所指要求的缔约方才可适用这种要求。

(3)［补正和时限］ 第(1)项和第(2)项下的补正方式和时限应在《实施细则》中确定。

(4)［禁止的其他要求］ 除了第(1)项和第(2)项所指的要求外，任何缔约方不得规定申请日期必须符合其他要求。

## 第6条

［为多个类别的商品和/或服务提出的单项注册］

属《尼期分类》中多个类别的商品和/或服务载于同一份申请的，这种申请应按同一项注册办理。

## 第7条

［申请和注册的分解］

(1)［申请的分解］

(a) 申报多个商品和/或服务的任何一份申请(以下称“原申请”)，可以

(i) 至少在商标主管机关对商标的注册作出决定之前；

(ii) 在对商标主管机关就该商标注册的决定进行任何异议程序期间；

(iii) 在对该商标注册的决定进行任何上诉程序期间，由申请人或经其请求分为两份或多份申请(以下称为“分申请”)，分别载列原申请中申报的商品和/或服务。分申请应保留原申请的申请日期并享有优先权(如有)。

(b) 任何缔约方均可在不违反第(a)目的前提下对申请分解作出规定，包括规定须缴纳费用。

(2)［注册的分解］ 第(1)项在细节上作必要修改后也适用于注册分解。这种注册分解：

(i) 在第三方就注册效力向商标主管机关提出任何争议的程序期间；

(ii) 在对前诉讼期间商标主管机关作出的决定进行任何上诉程序期间，应得到允许，但缔约方法律允许第三方在商标注册之前对商标的注册提出异议的，缔约方可排除注册分解的可能性。

## 第8条

［签　字］

(1)［书面文函］ 如发给缔约方商标主管机关的函为书面的并要求有签

名，该缔约方

(i) 应在不违反第(iii)段的前提下接受手书签名；

(ii) 也可允许使用手书签名以外的其他形式的署名，例如印制签名或盖章签名，或使用印章；

(iii) 签署文函的自然人是其国民并且其地址在其领土内的，可要求使用印章而不用手书签名；

(iv) 使用印章的，可要求盖章须有使用印章的自然人的以字母标示的姓名。

(2) [传真文函]

(a) 缔约方允许以传真向商标主管机关传送文函的，如传真纸上出现签字或印出印章及第(1)项第(iv)段要求的使用印章的自然人以字母标示的姓名，应将文函视为已签名。

(b) 在不违反《实施细则》规定的最短时限的前提下，第(a)目所指的缔约方对传真传送的文件可要求在一定时限内将正文送达商标主管机关。

(3) [以电子手段传送的文函] 缔约方允许以电子手段向商标主管机关传送文函的，如文函按缔约方规定注明了以电子手段发送文函的发函者的身份，该文函应视为已签名。

(4) [禁止要求的证书] 任何缔约方不得要求对以上各项所指的任何签字或身份证明的其他方式出具证明、公证、认证、法律认可或其他证书，但缔约方法律规定签字涉及放弃注册的情况除外。

## 第9条

### [商品和/或服务的分类]

(1) [商品和/或服务的名称] 商标主管机关准予的每项注册和涉及商品和/或服务的任何一项申请或注册的公告，应注明商品和/或服务的名称，按《尼斯分类》的类别分组并按该分类的类别顺序排序，每组商品或服务之前应标明该组所属的《尼斯分类》的类别编号。

(2) [属于同一类别或属于不同类别的商品或服务]

(a) 商品或服务不一定因商标主管机关在其任何注册或公告中将它们列

在《尼期分类》的同一类别之下而视为类似。

(b) 商品或服务不一定因商标主管机关在任何注册或公告中将它们列在《尼斯分类》的不同类别之下而视为不类似。

## 第10条

[变更名称或地址]

(1) [变更注册持有人名称或地址]

(a) 注册持有人不变而其名称和/或地址变更的,每一缔约方应同意注册持有人或其代理人以其签字的文函请求商标主管机关在其商标注册簿中登记变更,文函中注明有关注册的注册号和请求变更的内容。关于申请的呈交书式,下列情况下任何缔约方不得驳回申请:

(i) 以书面提交的申请,在不违反第(c)目的前提下,所用书式相当于《实施细则》规定的申请书式的;

(ii) 缔约方允许以传真向商标主管机关传送文函,而申请是如此传送的,在不违反第(c)目的前提下,如此传送产生的纸质副本相当于第(i)段所指的申请的。

(b) 任何缔约方均可要求在申请中表明:

(i) 注册持有人的名称和地址;

(ii) 注册持有人有代理人的,该代理人的名称和地址;

(iii) 注册持有人有联系地址的,其联系地址。

(c) 任何缔约方均可要求申请必须以商标主管机关接受的语言书写,或以其接受的数种语言之一书写。

(d) 任何缔约方均可要求向商标主管机关缴纳变更申请的费用。

(e) 即便变更涉及多份注册亦仅需一份申请即可,但申请中必须注明所有有关注册的注册号。

(2) [变更申请人的名称或地址] 第(1)项在细节上作必要修改后应适用于涉及一项或多项申请的变更,或既涉及一项或多项申请又涉及一项或多项注册的变更,但如果任何有关的申请,其申请号尚未公布或申请人或其代理人尚不知悉该申请号的,变更申请中应另外按《实施细则》的规定明确该申请。

(3)［变更代理人的名称或地址或联系地址］ 第(1)项在细节上作修改应适用于代理人(如有的话)名称或地址的任何变更和联系地址(如有的话)的任何变更。

(4)［禁止的其他要求］ 除第(1)项至第(3)项所指的要求外，任何缔约方不得规定本条所指的申请必须符合其他要求，尤其不得要求提交有关变更的任何证明。

(5)［证据］ 商标主管机关对变更申请中所含任何说明的真实性产生合理怀疑时，任何缔约方均可要求向商标主管机关提供证据。

## 第11条

［变更所有权］

(1)［变更注册所有权］

(a) 注册持有人变更的，每一缔约方应同意注册持有人或其代理人或要求获得所有权的人(下称“新所有人”)或其代理人以其签字的文函请求商标主管机关在其商标注册簿中登记变更，文函中注明有关注册的注册号和请求登记的变更。关于申请的呈交书式，在下列情况下任何缔约方不得驳回申请：

(i) 以书面提交的申请，在不违反第(2)项第(a)目的前提下，所用书式相当于《实施细则》规定的申请书式的；

(ii) 缔约方允许以传真向商标主管机关传送文函，而申请是如此传送的，在不违反第(2)项第(a)目的前提下，此种传送产生的纸质副本相当于第(i)段所指的请求的。

(b) 所有权变更因合同所致的，任何缔约方均可要求在变更申请中注明此一事实并由申请方选择附送下列各项之一：

(i) 合同副本，可要求由公证部门或任何其他政府主管部门证明副本与原合同相符；

(ii) 示明所有权变更的合同摘录，可要求由公证部门或任何其他政府主管部门证明摘录确系合同的真实摘录；

(iii) 按《实施细则》规定的书式和内容拟就、由注册持有人和新所有人签署的不加证明的转让证书；

(iv) 按《实施细则》规定的书式和内容拟就、由注册持有人和新所有人签署的不加证明的转让文件。

(c) 所有权变更因合并所致的，任何缔约方均可要求在申请中注明此一事实并附送一份由主管部门颁发并证明合并的文件的副本，诸如商业登记簿摘录的副本，并且须由文件颁发部门或公证部门或任何政府主管部门证明副本与原文件相符。

(d) 一个或数个而非所有共同注册持有人变更的，且此种变更为合同或合并所致的，任何缔约方均可要求任何所有权无变更的共同注册持有人在其签署的文件中明确表示同意该所有权的变更。

(e) 所有权变更并非合同或合并所致而系法律实施或法院判决等其他原因所致的，任何缔约方均可要求在变更申请中注明此一事实并附送一份证明变更的文件的副本，并要求由文件颁发部门或公证部门或任何其他政府主管部门证明副本与原文件相符。

(f) 任何缔约方均可要求在变更申请中注明：

(i) 注册持有人的名称和地址；

(ii) 新所有人的名称和地址；

(iii) 如新所有人为一国国民，该国国名；新所有人如在一国有住所，该国国名；新所有人如在一国有真实有效的工商营业所，该国国名；

(iv) 新所有人为法人的，该法人的法律性质，以及该法人按其法律组成的国家及在该国之内适用的领土区域；

(v) 注册持有人有代理人的，该代理人的名称和地址；

(vi) 注册持有人有联系地址的，其联系地址；

(vii) 新所有人有代理人的，该代理人的名称和地址；

(viii) 第 4 条第(2)项第(b)目要求新代理人须有联系地址的，其联系地址。

(g) 任何缔约方均可要求向商标主管机关缴纳变更申请的费用。

(h) 变更涉及数项注册的，如各项注册的注册持有人是同一个且各项注册的新所有人也是同一人并且申请中注明所有有关注册的注册号，则只提交一份申请即可。

(i) 所有权变更不影响注册持有人注册中所列的所有商品和/或服务,而且适用法律允许录入此种变更的,商标主管机关应就所有权变更所涉及的那部分商品和/或服务另设一项注册。

(2) [语言;翻译]

(a) 任何缔约方可要求第(1)项所提变更申请、转让证明或转让文件以商标主管机关接受的语言书写或以其接受的数种语言之一书写。

(b) 如第(1)项第(b)目第(i)段和第(ii)段、第(c)目和第(e)目所指文件并非以商标主管机关接受的语言或其接受的数种语言之一书写,任何缔约国可要求附送一份以商标主管机关接受的语言或其接受的数种语言之一书写的所需文件的译文或经证明的译文。

(3) [有关申请的所有权的变更] 第(1)项和第(2)项在细节上作必要修改后应适用于涉及一项或数项申请的所有权变更,或既涉及一项或数项申请又涉及一项或数项注册的所有权变更,但如果任何有关申请,其申请号尚未公布或申请人或其代理人尚不知悉该申请号,变更申请中应另外按照《实施细则》的规定明确该申请。

(4) [禁止的其他要求] 除第(1)项至第(3)项所指的要求外,任何缔约方不得规定本条所指的变更申请必须符合其他要求。尤其不得提出以下要求:

(i) 在不违反第(1)项第(c)目的前提下,提供任何商业登记簿的证明或摘录;

(ii) 示明新所有人正在进行的工商业活动并提供相应证据;

(iii) 示明新所有人正在进行与所有权变更所影响的商品和/或服务相应的一项活动并提供相应证据;

(iv) 示明注册持有人已将其企业或与企业有关的信誉全部或部分地转让给新所有人并提供相应证据。

(5) [证据] 商标主管机关对变更申请或本条所指的任何文件所载的任何说明的真实性产生合理怀疑时,任何缔约方均可要求向其商标主管机关提供证据,或在适用第(1)项第(c)目或第(e)目时提供进一步证据。

# 第12条

［更正错误］

（1）［更正注册中的错误］

（a）每一缔约方应同意注册持有人或其代理人以其签字的文函请求更正其传送给商标主管机关的申请或其他请求中的错误，以及反映在商标主管机关商标注册簿和/或任何公告中的错误。文函中注明有关的注册号、需更正的错误和需作的更正。关于更正请求的呈交书式，下列情况下任何缔约方不得驳回请求：

（i）以书面提交的更正请求，在不违反第（c）目的前提下，所用书式相当于《实施细则》规定的书式的；

（ii）缔约方允许以传真向商标主管机关传送文函而请求是如此传送的，在不违反第（c）目的前提下，如此传送产生的纸质副本相当于第（i）段所指的请求的。

（b）任何缔约方均可要求在请求中表明：

（i）注册持有人的名称和地址；

（ii）注册持有人有代理人的，该代理人的名称和地址；

（iii）注册持有人有联系地址的，其联系地址。

（c）任何缔约方均可要求请求以其商标主管机关接受的语言书写，或以其接受的数种语言之一书写。

（d）任何缔约方均可要求向其商标主管机关缴纳更正请求的费用。

（e）更正涉及同一人的数项注册的，如各项注册的错误相同，须作的更正也相同，而且请求中注明了所有有关注册的注册号，则只提交一份请求即可。

（2）［更正申请中的错误］　第（1）项在细节上作必要修改后，应适用于涉及一项或数项申请中的错误或适用于一项或数项申请及一项或数项注册中的错误，但如果任何有关的申请，其申请号尚未公布或申请人或其代理人尚不知悉该申请号，更正请求中应另外按照《实施细则》的规定明确该申请。

（3）［禁止的其他要求］　除第（1）项和第（2）项所指的要求外，任何缔约方不得要求本条所指的请求必须符合其他要求。

（4）［证据］　商标主管机关对所称须更正的错误是否确系错误产生合理

怀疑的,任何缔约方均可要求向其商标主管机关提供证据。

(5)[商标主管机关的错误] 缔约方商标主管机关在其职权范围内改正本机关的错误,或被要求改正其错误时,不收任何费用。

(6)[无法更正的情况] 任何缔约方均无义务对其法律无法纠正的错误适用第(1)项、第(2)项和第(5)项。

## 第13条

[注册期限及续展]

(1)[续展申请所载或所附的说明或项目;收费]

(a)任何缔约方均可要求注册的续展须以提交申请为前提,并且申请中须注明下列某些或全部项目:

(i)要求续展的表示;

(ii)注册持有人的名称和地址;

(iii)有关注册的注册号;

(iv)缔约方选定的、有关注册的申请日期或有关注册的注册日期;

(v)注册持有人有代理人的,该代理人的名称和地址;

(vi)注册持有人有联系地址的,其联系地址;

(vii)缔约方允许对商标注册簿中登记的某些商品和/或服务的注册办理续展,而且有此种续展申请提出的,申请续展的记录在案的商品和/或服务的名称或未申请续展的记录在案的商品和/或服务的名称,按《尼斯分类》的类别分组并按该分类的类别顺序排列,每组商品或服务之前应标明该组所属的《尼斯分类》的类别编号;

(viii)缔约方允许注册持有人或其代理人以外的其他人员对续展提出申请的,该人的姓名和地址;

(ix)注册持有人或其代理人的签字,适用上述第(viii)段规定的,应提交该项目所指人员的签字。

(b)任何缔约方均可要求向其商标主管机关缴纳请求续展的费用。一旦首次注册期或任何续展期的注册费用已支付,不得要求就上述期限再支付维持注册的费用。就本项之目的,与提供声明和/或使用证据有关的费用不视为是要求支付维持注册的费用,因而不受本项的影响。

(c) 在不违反《实施细则》规定的最短时限的情况下,任何缔约方均可要求在缔约方法律规定的时限内向商标主管机关提交续展申请,并交付第(b)目所指的相应费用。

(2) [呈交] 关于续展申请呈交格式,下列情况下任何缔约方均不得驳回申请:

(i) 以书面提交的申请,在不违反第(3)项的前提下,所用格式相当于《实施细则》规定的申请格式的;

(ii) 缔约方允许以传真向商标主管机关传送文函,而申请亦是如此传送的,在不违反第(3)项的前提下,如此传送产生的纸质副本相当于第(i)段所指的申请的。

(3) [语言] 任何缔约方均可要求续展申请以商标主管机关接受的语言书写,或以其接受的数种语言之一书写。

(4) [禁止的其他要求] 除第(1)项至第(3)项所指的要求外,任何缔约方不得规定续展申请必须符合其他要求。尤其不得提出以下要求:

(i) 提供任何商标图样或其他相当于商标的物品;

(ii) 提供证据,证明在另一缔约方商标注册簿中该商标已注册或其注册已续展;

(iii) 提供关于商标使用的声明和/或证据。

(5) [证据] 商标主管机关对续展申请所载任何说明或项目的真实性产生合理怀疑时,任何缔约方均可要求向商标主管机关提供证据。

(6) [禁止实质性审查] 任何缔约方不得为实施续展而就注册进行实质审查。

(7) [有效期] 首次注册有效期和每期续展的有效期均为10年。

## 第14条

[拟驳回情况下的意见表达]

商标主管机关如未给予申请人或请求方在合理时限内就其拟议驳回发表意见的机会,一律不得完全或部分地驳回第11条至第13条之下的申请或请求。

## 第 15 条

［遵守《巴黎公约》的义务］

任何缔约方均应遵守《巴黎公约》中有关商标的条款。

## 第 16 条

［服务商标］

各缔约方应对服务商标进行注册并适用《巴黎公约》中有关商标的条款。

## 第 17 条

［实施细则］

(1)［内容］

(a) 本条约所附《实施细则》提供与下列各项有关的规则：

(i) 本条约明确定为“《实施细则》规定的”事项；

(ii) 任何有助于实施本条约条款的细节；

(iii) 任何行政要求、事项或程序。

(b)《实施细则》还包括“国际书式范本”。

(2)［《条约》与《实施细则》的抵触］　如本条约条款与《实施细则》条款发生抵触，应以前者为准。

## 第 18 条

［修订；议定书］

(1)［修订］　本条约可由外交会议修订。

(2)［议定书］　为进一步协调商标法，可由外交会议通过议定书，但前提是议定书不与本条约的规定相抵触。

## 第 19 条

［成为本条约缔约方的条件］

(1)［资格］　下列实体可签署本条约并在不违反第(2)项、第(3)项和第

20条第(1)项和第(3)项的前提下可成为本条约缔约方：

(i) 可在其商标主管机关注册商标的任何本组织成员国；

(ii) 设有商标主管机关且可在适用政府间组织的现有条约的领土范围内或在所有成员国内或在有关申请中指定的成员国内进行商标有效注册的任何政府间组织，前提是政府间组织的所有成员国也必须是本组织成员；

(iii) 唯有通过另一指定的本组织成员国商标主管机关方能注册商标的任何本组织成员国；

(iv) 唯有通过本身为成员的政府间组织所设商标主管机关才能注册商标的任何本组织成员国；

(v) 唯有通过本组织一组成员国共设的商标主管机关才能进行商标注册的任何本组织成员国。

(2)［批准或加入］ 第(1)项所指任何实体均可交存：

(i) 批准书，指已签署本条约的；

(ii) 加入书，指未签署本条约的。

(3)［交存的有效日期］

(a) 在不违反第(b)目的前提下，批准书或加入书的交存有效日期：

(i) 对于第(1)项第(i)段所指的国家，为该国交存文书之日；

(ii) 对于政府间组织，为该政府间组织的文书交存之日；

(iii) 对于第(1)项第(iii)段所指的国家，为符合下列条件之日：该国的文书已交存而且另一指定国家的文书也已交存；

(iv) 对于第(1)项第(iv)段所指的国家，应适用上第(2)项所指的日期；

(v) 对于第(1)项第(v)段所指的属一组国家之一的成员国，为该组所有成员国均已交存文书之日。

(b) 一国的任何批准书或加入书(本项称“文书”)可附带一项声明，提出其文书是否可视为已交存须以下述情况为条件：指明名称并符合本条约缔约方资格的另一国或一政府间组织的文书或另两国的文书或另一国和一政府间组织的文书也已交存。含此种声明的文书应于声明中的条件达到之日视为已交存。但是，交存声明所指任何文件本身附有同类声明时，该文书应于后一声明中的条件达到之日视为已交存。

(c) 按照第(b)目作出的声明可随时全部或部分地撤回。任何此种撤回应于总干事收到撤回通知之日起产生效力。

## 第20条

[批准和加入的有效日期]

(1) [须考虑的文书]　为本条之目的,仅考虑第19条第(1)项所指实体交存的、具备按第19条第(3)项规定注明有效日期的批准书或加入书。

(2) [条约的生效]　本条约应于五个国家递交批准书或加入书三个月之后生效。

(3) [条约生效之后所作批准和加入的生效]　第(2)项范围之外的实体应自其交存批准书或加入书之日起三个月之后受本条约约束。

## 第21条

[保　留]

(1) [特种商标]　任何国家或政府间组织均可以提出保留的方式声明,尽管有第2条第(1)项第(a)目和第(2)项第(a)目的规定,但对于联合商标、防御商标或衍生商标不适用第3条第(1)项和第(2)项、第5条、第7条、第11条和第13条的任何规定。但该保留中应注明上述与保留有关的规定。

(2) [保留形式]　第(1)项所提的保留应在有关提出该保留的国家或政府间组织批准或加入本条约的文书所附的声明中提出。

(3) [保留的撤回]　依据第(1)项所提保留可随时撤回。

(4) [禁止其他保留]　除第(1)项所述允许的保留外,不得对本条约提出任何其他保留。

## 第22条

[过渡性条款]

(1) [为多个类别的商品和服务提出的单项申请]

(a) 任何国家或政府间组织均可声明,尽管有第3条第(5)项的规定,但向商标主管机关提交一项申请仅能涉及属《尼斯分类》同一类别的商品或服务。

(b) 任何国家或政府间组织可声明,尽管有第 6 条的规定,如属《尼斯分类》多个类别的商品和/或服务载于同一份申请,以这样一份申请所作的注册在商标注册簿中应当列为两项或多项注册,但前提是每一项这种注册均应有参考标志,标明其与由同一申请分出的所有其他此种注册的关系。

(c) 依据上述第(a)目提出保留声明的任何国家和政府间组织均可声明,尽管有第 7 条第(1)项的规定,申请可以不分解。

(2) [为一项以上的申请和/或注册提交一份委托书] 任何国家或政府间组织均可声明,尽管有第 4 条第(3)项第(b)目的规定,但一份委托书仅能涉及一项申请或一项注册。

(3) [禁止要求证明委托书签名和申请书签名] 任何国家或政府间组织均可声明,尽管有第 8 条第(4)项的规定,仍可要求对委托书的签字或申请人在申请书上的签字出具证明、公证、认证、法律认可或其他证明。

(4) [为一项以上申请和/或注册变更名称和/或地址、变更所有权或错误的更正提出的单项申请或请求] 任何国家或政府间组织均可声明,尽管有第 10 条第(1)项第(e)目和第(2)项、第(3)项,第 11 条第(1)项第(h)目和第(3)项,以及第 12 条第(1)项第(e)目和第(2)项的规定,一项名称和/或地址的变更登记申请、一项所有权变更登记申请和一项错误更正请求仅能涉及一项申请或一项注册。

(5) [续展时呈交使用声明和/或证据] 任何国家或政府间组织均可声明,尽管有第 13 条第(4)项第(iii)段的规定,续展时仍需提供有关使用商标的声明和/或证据。

(6) [续展时的实质性审查] 任何国家或政府间组织均可声明,尽管有第 13 条第(6)项的规定,但在首次续展服务商标注册时,可对该注册进行实质性审查,并审查其注册的可能性,前提是审查应限于排除因本条约生效前该国或该组织规定可注册服务商标的法律生效后六个月期间提交的申请所致的多重注册。

(7) [共同条款]

(a) 仅在下列情况下,一国或一政府间组织才可做第(1)项至第(6)项之下的声明，即：在其交存加入本条约的批准书或加入书时，如不作此种声明，继续适用其法律将会违反本条约的有关规定。

(b) 依据第(1)项至第(6)项所作的声明应与提出该声明的国家或政府间组织批准或加入本条约的文书一同附送。

(c) 依据第(1)项至第(6)项所作的声明可随时撤回。

(8) [(保留)声明失效]

(a) 在不违反下述第(c)目规定的情况下，依据第(1)项至第(5)项所作的任何(保留)声明，如是由按联合国大会的惯例被视为发展中国家，或成员国均是发展中国家的政府间组织所提出，该声明将于本条约生效之日起第八年底失效。

(b) 依据第(1)项至第(5)项所作的任何(保留)声明，如是由非上述第(a)目中所提到的国家或政府间组织提出，该声明将于本条约生效之日起第六年底失效。

(c) 如果依据第(1)项至第(5)项所作的(保留)声明未按第(7)项第(c)目规定撤回，或未按上述第(a)目或第(b)目规定于 2004 年 10 月 28 日以前失效，该声明亦于 2004 年 10 月 28 日失效。

(9) [成为本条约缔约方的条件]　在本条约通过之日属保护工业产权国际(巴黎)联盟成员但不是本组织成员的任何国家，在 1999 年 12 月 31 日之前，尽管有第 19 条第(1)项第(i)段的规定，只要其商标主管机构可进行商标注册，均可成为本条约缔约方。

## 第 23 条

[退　约]

(1) [通知]　任何缔约方均可退出本条约，退约应通知总干事。

(2) [有效日期]　退约于总干事收到通知之日起一年后产生效力。退约不影响本条约对该一年期结束时涉及退约缔约方任何未决申请或任何注册商标的适用，但退约缔约方可在该一年期结束后对一项注册自其到期需续展之日起停止适用本条约。

## 第24条

［本条约的语言；签署］

(1)［原件；正式文本］

(a) 本条约签字原件应为一份，其英语、阿拉伯语、汉语、法语、俄语和西班牙语各文本具有同等效力。

(b) 应某一缔约方要求，非上述第(a)目提及的语言，但属该缔约方官方语言的正式文本将由总干事与该缔约方及其他当事缔约方协商后拟定。

(2)［签署时限］ 本条约应于通过后一年内在本组织总部开放以供签署。

## 第25条

［保存人］

总干事为本条约保存人。

# 《商标法条约》实施细则

## 目　　录



## 第 1 则

［缩略语］

(1)［“条约”;“条”］

(a) 在本实施细则中,《条约》指《商标法条约》。

(b) 在本实施细则中,“条”指具体指明的《条约》中的某条。

(2)［《条约》中定义的缩略语］　为《条约》之目的在其第 1 条中定义的缩略语。

## 第 2 则

［名称和地址的注明方式］

(1)［名称］

(a) 在拟注明某人名称的情况下,任何缔约方均可要求:

(i) 该人为自然人的,拟注明的名称应是该人的一项或多项姓和名,或由本人选择，其惯用的称谓；

(ii) 该人为法人的，拟注明的名称应是法人的正式全称。

(b) 拟注明的代理人名称是公司或合伙企业的，任何缔约方均应承认该公司或合伙企业的惯用称谓即为其名称。

(2) [地址]

(a) 在拟注明某人的地址时，任何缔约方均可要求地址的注明方式应符合迅速邮寄至该地址的习惯要求，并且在任何情况下地址中应包含所有有关的行政单位，直至(并包括)房屋或建筑物编号(如有的话)。

(b) 发给某一缔约方商标主管机关的文函如是以地址不同的两人或多人的名义传送的，该缔约方可要求在此文函上注明一个地址作为通信地址。

(c) 注明一个地址时可包括一个电话号码和一个传真号码以及用于通信的不同于第(a)目所指的一个地址。

(d) 第(a)目和第(c)目在细节上作必要修改后应适用于联系地址。

(3) [使用的字体] 任何缔约方均可要求第(1)项和第(2)项中所指的任何注明应以商标主管机关所用的字体书写。

## 第3则

[关于申请的细则]

(1) [标准字符] 申请按照第3条第(1)项第(a)目第(ix)段载明申请人希望以缔约方商标主管机关使用的标准字符注册和公布商标的，该商标主管机关应以此种标准字符将该商标注册并公告。

(2) [商标图样的数量]

(a) 申请未声明申请人希望指定颜色为商标显著特点的，缔约方不得要求多于：

(i) 五份商标黑白图样。此处是指按照该缔约方法律可以不声明或者未声明申请人希望以该缔约方商标主管机关使用的标准字符注册和公布商标的申请；

(ii) 一份商标黑白图样。此处是指声明申请人希望以缔约方商标主管机关使用的标准字符注册和公布商标的申请。

(b) 申请中载明申请人希望指定颜色为商标的显著特点的，缔约方要求提供的商标黑白图样不得多于五份，要求提供的商标彩色图样亦不得多于五份。

(3) [立体商标的图样]

(a) 申请按第 3 条第(1)项第(a)目第(xi)段声明商标为立体商标的，该商标的图样应当是一份平面绘制图样或摄制图片。

(b) 按第(a)目提供的商标图样，经申请人选择，可以是该商标的一个视图，也可以是该商标的多个视图。

(c) 如商标主管机关认为申请人按照第(a)目提供的商标图样不足以体现该立体商标的特点，可请申请人在其确定的合理时限内提供该商标的六个以下(含六个)不同的视图和/或该商标的文字说明。

(d) 如商标主管机关认为第(c)目所指的商标的不同视图和/或说明仍不足以体现该立体商标的特点，可请申请人在其确定的合理时限内提供一份该商标的样品。

(e) 第(2)项第(a)目第(i)段和第(b)目在细节上作必要修改后亦应适用本项。

(4) [商标的音译]　为第 3 条第(1)项第(a)目第(xiii)段之目的，如商标的构成内容或其含有的内容不是以商标主管机关所用的字体标示的，或表示数目的数字并非商标主管机关所用的，可要求提供商标主管机关使用的字体和数字的音译。

(5) [商标的意译]　为第 3 条第(1)项第(a)目第(xiv)段之目的，如构成商标的或商标含有的一个或多个词不属于商标主管机关接受的语言或其接受的数种语言之一，可要求将各词译成其接受的语言或其接受的数种语言之一。

(6) [提供商标实际使用证明的时限]　第 3 条第(6)项所指的时限不得少于缔约方商标主管机关受理该申请之日起的六个月。在不违反缔约方法律规定的前提下，申请人或注册持有人有权要求延长该时限，每次至少可延长六个月，总共可至少延长两年半。

## 第4则

［关于代理的细则］

第4条第(3)项第(d)目所指的时限应自有关缔约方商标主管机关收到所述的文函之日起计算。文函所涉当事人的地址在该缔约方领土之内的，时限应不少于一个月，当事人地址在该缔约方领土之外的，时限应不少于两个月。

## 第5则

［关于申请日期的细则］

(1)［适用于不符合要求情况下的程序］ 如果申请在商标主管机关收到时不符合第5条第(1)项第(a)目或第(2)项第(a)目的申请要求，商标主管机关应迅速通知申请人在其确定的时限内使之符合要求，并可要求其缴纳专门费用。申请人地址位于缔约方领土内的，该时限自通知之日起计至少一个月；申请人地址位于缔约方领土外的，该时限应为至少两个月。即便商标主管机关没有通知申请人，上述各项要求也不受影响。

(2)［补正情况下申请日期的确定］ 如申请人在第(1)项所指的时限内满足了有关的要求并缴纳了任何必要的专门费用，申请日期应为商标主管机关收到第5条第(1)项第(a)目所要求的所有说明、项目及在适用第5条第(2)项第(a)目时，该条所指的规定费用之日。否则，申请应视为并未提交。

(3)［收讫日期］ 每一缔约方可自行决定在下列何种情况下收到的文件或付款应视为商标主管机关已收到文件或付款。此处指下列单位实际已收到文件或付款：

(i) 商标主管机关的一个分支机构或分局；

(ii) 缔约方为第19条第(1)项第(ii)段所指的政府间组织的，代表其商标主管机关的一个国家商标主管机关；

(iii) 一个官方邮政机构；

(iv) 缔约方指定的不属官方邮政机构的一个邮递服务机构。

(4)[使用传真] 缔约方允许以传真提交申请而申请是如此提交的,该缔约方商标主管机关收到传真件之日应视为申请收到之日,但缔约方可要求须将申请的原件在一定时限内送达商标主管机关,该时限应为自上述商标主管机关收到传真件之日起至少一个月。

## 第6则

[关于签字的细则]

(1)[法人] 文函是代表法人签署的,任何缔约方均可要求签字或使用印章的自然人的签名或盖章须附有该人以字母标示的姓名,或由该人自定的、其惯用的称谓。

(2)[传真文函] 第8条第(2)项第(b)目所指的期限不得少于自传真文函收到之日起的一个月。

(3)[日期] 任何缔约方均可要求签字或盖章须同时注明签署或盖章的日期。如未提供日期时,商标主管机关收到含有该签字或盖章的文函之日,或在缔约方允许的情况下早于该日的日期均可视为该签字或盖章之日期。

## 第7则

[无申请号的申请的识别方式]

(1)[识别方式] 要求以申请号识别申请而申请号尚未公布或未为申请人或其代理人知悉的,申请中提供以下三项之一即应视为已获识别:

(i) 如商标主管机关已给定暂用申请号,该暂用申请号,或

(ii) 申请的一份复印本,或

(iii) 商标的图样,连同申请人或代理人所知的、商标主管机关收到申请的日期和申请人或代理人给予申请的识别号。

(2)[禁止的其他要求] 任何缔约方不得要求申请号尚未公布或未为申请人或代理人知悉的申请,为获得识别而必须符合第(1)项规定以外的要求。

## 第8则

［关于期限和续展的细则］

为第13条第(1)项第(c)目之目的，可提交续展请求并缴纳续展费的期限应至少自续展到期日前六个月起算并最早于续展到期日后六个月截止。如果在续展到期之日后提交续展申请和/或缴纳续展费，任何缔约方均可要求为该续展缴纳附加费。

# 《商标法新加坡条约》、《商标法新加坡条约实施细则》及《补充〈商标法新加坡条约〉及其实施细则的外交会议决议》

2006年3月27日经外交会议通过。

## 目　　录

## 第 1 条

［缩略语］

除另有明确说明外,在本条约中:

(i)“商标主管机关”指缔约方授权处理商标注册事宜的机构;

(ii)“注册”指由商标主管机关核准的商标注册;

(iii)“申请”指商标注册申请;

(iv)“文函”指向商标主管机关提交的任何申请,或与申请或注册有关的任何请求、声明、函件或其他信息;

(v) 凡提及“人”,应理解为指自然人和法人;

(vi)“注册持有人”指商标注册簿上登记为注册持有人的人;

(vii)“商标注册簿”指商标主管机关以任何介质存储保管的整套商标资料,包括所有注册的内容和所有关于注册的录制资料;

(viii)“向商标主管机关办理的业务”指向商标主管机关办理有关申请或注册的任何业务;

(ix)“《巴黎公约》”指1883年3月20日于巴黎签署,后经修改和修订的《保护工业产权巴黎公约》;

(x)“《尼斯分类》”指根据《商标注册用商品和服务国际分类尼斯协定》(1957年6月15日于尼斯签署,后经修改和修订)所建立的分类;

(xi)“使用许可”指根据缔约方法律对商标使用的许可;

(xii)“被许可人”指被许可使用商标的人;

(xiii)“缔约方”指加入本条约的任何国家或政府间组织;

(xiv)“外交会议”指为修订或修正本条约而召集缔约方举行的会议;

(xv)“大会”指本条约第23条所指缔约方大会;

(xvi)凡提及“批准书”,应理解为包括接受书和核准书;

(xvii)“本组织”指世界知识产权组织;

(xviii)“国际局”指本组织国际局;

(xix)“总干事”指本组织总干事;

(xx)“《实施细则》”指本条约第22条所指《商标法条约实施细则》;

(xxi)凡提及本条约某“条”或某条之“款”、“项”、“目”,应理解为包括提及《实施细则》的相应条款;

(xxii)“1994年《商标法条约》”指1994年10月27日于日内瓦签订的《商标法条约》。

## 第2条

[本条约适用的商标]

(1)[商标的性质] 任何缔约方法律规定可以作为商标注册的标志所构成的商标均应适用本条约。

(2)[商标的种类]

(a)本条约应适用于与商品有关的商标(商品商标)或与服务有关的商标(服务商标),或与商品和服务均有关的商标。

(b)本条约不应适用于集体商标、证明商标和保证商标。

## 第3条

［申　请］

（1）［申请书中含有或附带的说明或项目；申请费用］

（a）任何缔约方均可以要求，申请书中须含有下列部分或全部说明或项目：

（i）注册申请；

（ii）申请人的名称和地址；

（iii）申请人为一国国民的，该国名称；申请人在一国拥有住所的，该住所所在国名称；申请人在一国拥有真实有效的工商营业所的，该营业所所在国名称；

（iv）申请人为法人的，该法人的法律性质，该法人据其法律得以成为法人的国家的名称以及在可适用的情况下，该国的行政区划名称；

（v）申请人有代理人的，该代理人的名称和地址；

（vi）本条约第4条第（2）项第（b）目要求提供送达地址的，该送达地址；

（vii）申请人希望获得在先申请优先权的，应提交要求该在先申请优先权的声明，并按照《巴黎公约》第4条的规定提交支持该优先权要求的说明和证据；

（viii）申请人因在展览会上展示商品或服务而希望获得由此产生的任何保护的，应根据缔约方法律的要求提交声明以及支持该声明的说明；

（ix）根据本条约《实施细则》的规定，至少提交一份商标表现物；

（x）在可适用的情况下，根据本条约《实施细则》的规定，提交一份声明，说明商标类别以及可适用于该商标类别的任何具体要求；

（xi）在可适用的情况下，根据本条约《实施细则》的规定，提交一份声明，说明申请人希望以商标主管机关使用的标准字符注册和公告商标；

（xii）在可适用的情况下，根据本条约《实施细则》的规定，提交一份声明，说明申请人希望指定颜色作为商标的显著特点；

（xiii）商标或该商标某些部分的音译；

（xiv）商标或该商标某些部分的意译；

(xv) 申请注册的商品或服务的名称,应按《尼斯分类》中的类别分组,并在每组前标明所属类别的编号,按类别顺序排列;

(xvi) 缔约方法律要求提交的有意使用该商标的声明。

(b) 按照缔约方法律的要求,申请人可以提交实际使用商标的声明和相关证据,作为对本项第(a)目第(xvi)段所指有意使用商标的声明的替代或补充。

(c) 任何缔约方均可以要求,提交注册申请须向商标主管机关缴纳费用。

(2) [一件申请多类注册] 同一申请可以涉及多项商品或服务,无论其在《尼斯分类》中同属一个类别还是分属多个类别。

(3) [实际使用] 任何缔约方均可以要求,已经按照本条第(1)项第(a)目第(xvi)段规定提交有意使用商标声明的,申请人须在法律规定的期限(应不少于本条约《实施细则》规定的最短期限)内,按照该法律的要求向商标主管机关提交商标实际使用的证据。

(4) [禁止其他要求] 除本条第(1)项和第(3)项以及本条约第 8 条所提及的要求外,任何缔约方不得就申请另行规定其他要求,尤其不得在该申请的审查和审理期间要求申请人:

(i) 提交任何商业登记簿的证书或该登记簿的摘录;

(ii) 提交其正在从事的工商业活动的说明及相关证据;

(iii) 提交其正在从事的与申请中所列商品或服务有关的活动的说明及相关证据;

(iv) 提交该商标已在其他缔约方获得注册,或已在非缔约方的《巴黎公约》成员国获得注册的证据。申请人要求适用《巴黎公约》第 6 条之 5 规定的除外。

(5) [证据] 任何缔约方均可以要求,商标主管机关在审查过程中对申请中的任何说明或项目的真实性产生合理怀疑的,须向商标主管机关提供相关证据。

## 第 4 条

[代理;送达地址]

(1) [准许执业的代理人]

(a) 任何缔约方均可以规定，受委托向商标主管机关办理任何业务的代理人：

(i) 应有权依据可适用的法律向商标主管机关就有关申请和注册开展代理业务，以及在可适用的情况下，应为准许向商标主管机关开展代理业务的；

(ii) 应提供其在缔约方规定的领土内的一个地址作为其地址。

(b) 符合缔约方根据本项第(a)目所适用的要求的代理人，向商标主管机关采取的或与之相关的任何代理行为，应具有与委托该代理人的申请人、注册持有人或其他利害关系人所采取的或与之相关的行为同样的效力。

(2) [强制代理;送达地址]

(a) 任何缔约方均可以要求，在其境内既无住所又无真实有效的工商营业所的申请人、注册持有人或其他利害关系人，向商标主管机关办理任何业务，必须委托代理人办理。

(b) 如果缔约方未要求按照本项第(a)目规定指定代理人，则该缔约方可以要求，在其境内既无住所又无真实有效的工商营业所的申请人、注册持有人或其他利害关系人，向商标主管机关办理任何业务，必须在其境内有送达地址。

(3) [委托书]

(a) 如果缔约方允许或要求申请人、注册持有人或其他利害关系人通过代理人向商标主管机关办理有关业务，则该缔约方可以要求须以专函的形式(以下称为“委托书”)委托代理人，并视情况注明申请人、注册持有人或其他相关人的名称。

(b) 委托书可以涉及委托人指定的一件或多件申请或注册，也可以涉及委托人现有的和将来的全部申请或注册，但委托人声明的例外情况除外。

(c) 委托书可以将代理人的权力限制在一定范围。任何缔约方均可以要求，赋予代理人撤回申请或放弃注册的权力，必须在委托书中明确规定。

(d) 缔约方商标主管机关可以规定，如果某人在向商标主管机关递交的文函中自称为代理人，但商标主管机关在收到文函时没有收到所要求提供的委托书的，可以要求其在规定期限(应不少于本条约《实施细则》规定的最短期限)内将委托书递交商标主管机关。任何缔约方均可以规定，未能在规定期限内将委托书递交商标主管机关的，该人递交的该文函无效。

(4)［委托书的提及］ 任何缔约方均可以要求，代理人就所代理的业务向商标主管机关递交的任何文函，均须提及其据以代理该业务的委托书。

(5)［禁止其他要求］ 除本条第(3)项、第(4)项及本条约第8条所提及的要求外，任何缔约方不得就上述条款所指事项另行规定其他要求。

(6)［证据］ 任何缔约方均可以要求，商标主管机关对本条第(3)项和第(4)项所指任何文函内容的真实性产生合理怀疑的，须向商标主管机关提供相关证据。

## 第5条

［申请日期］

(1)［准许的要求］

(a) 在不违反本项第(b)目及第(2)项规定的前提下，缔约方应以商标主管机关收到符合本条约第8条第(2)项的语言要求的下列说明和项目的日期为申请日期：

(i) 注册意图的明确或含蓄表达；

(ii) 能据以确定申请人身份的说明；

(iii) 商标主管机关据以与申请人或其代理人(如果有)进行联系的说明；

(iv) 一份足够清楚的申请注册的商标的表现物；

(v) 申请注册的商品或服务的清单；

(vi) 在适用本条约第3条第(1)项第(a)目第(xvi)段或第(b)目时，缔约方法律要求提交的本条约第3条第(1)项第(b)目所指的声明，或本条约第3条第(1)项第(b)目所指的声明和证据。

(b) 任何缔约方均可以规定，以商标主管机关收到本项第(a)目所提及的部分而非全部说明和项目的日期，或以收到不符合本条约第8条第(2)项的语言要求的说明和项目的日期为申请日期。

(2)［准许的附加要求］

(a) 缔约方可以规定，在缴纳费用之前不得确定申请日期。

(b) 缔约方只有在加入本条约时就适用本项第(a)目要求的，才可以适用这一要求。

(3)［更正和期限］ 本条第(1)项和第(2)项下的更正方式和期限应在本条约《实施细则》中予以确定。

(4)［禁止其他要求］ 除本条第(1)项和第(2)项规定的要求外，任何缔约方不得就申请日期另行规定其他要求。

## 第6条

［一件申请多类注册］

同一件申请中含有《尼斯分类》中多个类别的商品或服务的，该申请应按照同一注册办理。

## 第7条

［申请和注册的分解］

(1)［申请的分解］

(a) 涉及多项商品或服务的任何申请(以下称为“原申请”)，可以

(i) 至少在商标主管机关对该商标能否注册作出决定之前；

(ii) 在对商标主管机关作出的注册决定进行任何异议程序期间；

(iii) 在对商标主管机关作出的注册决定进行任何上诉程序期间；

由申请人或经申请人请求将其分为两件或多件申请(以下称为“分申请”)，分别就“原申请”中所涉及的商品或服务提出申请。“分申请”应保留“原申请”的申请日期及优先权(如果有)。

(b) 任何缔约方在不违反第(a)目规定的前提下，均可以就申请的分解作出规定，包括费用的缴纳等。

(2)［注册的分解］ 本条第(1)项在细节上作必要修改后，应适用于注册的分解事宜。此种分解无论是

(i) 在第三方就注册的有效性向商标主管机关提出任何争议的程序期间，还是

(ii) 在对商标主管机关就争议作出的决定进行任何上诉的程序期间，均应允许进行。但是，如果缔约方法律允许第三方在商标获得注册之前对商标

的注册提出异议，则缔约方可以排除注册分解的可能性。

## 第8条

［文　函］

(1)［传送方式和文函形式］　任何缔约方均可以选定文函的传送方式，并确定是否接受书面形式、电子形式或其他形式的文函。

(2)［文函语言］

(a) 任何缔约方均可以要求，任何文函必须使用商标主管机关所接受的语言。商标主管机关允许使用多种语言的，可以要求申请人、注册持有人或其他利害关系人选择使用该商标主管机关规定的任何一种语言，但不得要求同一文函的说明或项目使用多种语言。

(b) 任何缔约方不得要求，对文函的任何译文出具证明、公证、鉴定、法律认证或其他证明材料，本条约另有规定的除外。

(c) 缔约方未要求文函使用商标主管机关所接受的语言的，商标主管机关可以要求该文函须由官方译员或代理人译成该商标主管机关接受的语言，并在合理期限内提交。

(3)［书面文函的签字］

(a) 任何缔约方均可以要求，书面文函应由申请人、注册持有人或其他利害关系人签字。缔约方对书面文函有签字要求的，应接受符合本条约《实施细则》有关规定的任何签字。

(b) 任何缔约方不得要求，对任何签字出具证明、公证、鉴定、法律认证或其他证明材料，缔约方法律对放弃注册时的签字有此规定的除外。

(c) 尽管有第(b)目的规定，任何缔约方均可以要求，商标主管机关对任何书面文函的签字的真实性产生合理怀疑的，须向商标主管机关提供相关证据。

(4)［以电子方式提交或以电子手段传送的文函］　缔约方允许以电子形式提交或以电子方式传送文函的，可以要求任何此种文函均应符合本条约《实施细则》的有关规定。

(5)［文函的递交］　递交文函时，凡内容符合本条约《实施细则》规定的相关国际书式范本(如果有)的,任何缔约方均应予以接受。

(6)[禁止其他要求] 除本条规定的要求外,任何缔约方不得就本条第(1)项和第(5)项内容另行规定其他要求。

(7)[与代理人之间的通信手段] 本条中的任何规定均不适用于申请人、注册持有人或其他利害关系人与其代理人之间的通信手段。

## 第9条

[商品或服务的分类]

(1)[注明商品或服务] 商标主管机关核准的每件注册和发布的公告,凡涉及申请或注册并注明商品或服务的,均应注明商品或服务的名称,应按照《尼斯分类》中的类别分组,并在每组前标明所属类别的编号,按类别顺序排列。

(2)[同一类别或不同类别的商品或服务]

(a) 商品或服务,不得因为商标主管机关在任何注册或公告中将其列入《尼斯分类》的同一类别,而被认为互相类似。

(b) 商品或服务,不得因为商标主管机关在任何注册或公告中将其列入《尼斯分类》的不同类别,而被认为互相不类似。

## 第10条

[变更名称或地址]

(1)[变更注册持有人名称或地址]

(a) 任何缔约方均应准许,注册持有人未变而其名称或地址发生变更的,该注册持有人可以以文函形式向商标主管机关提交变更商标注册簿登记的申请,申请中应注明相关商标的注册号及申请变更登记的内容。

(b) 任何缔约方均可以要求,变更登记申请中须注明:

(i) 注册持有人的名称和地址;

(ii) 注册持有人有代理人的,该代理人的名称和地址;

(iii) 注册持有人有送达地址的,该送达地址;

(c) 任何缔约方均可以要求,提交变更登记申请须向商标主管机关缴纳费用。

(d) 变更涉及多件注册的，如果注明所有相关商标的注册号，则只需提交一件申请。

(2) [变更申请人名称或地址]　变更涉及一件或多件申请的，或同时涉及一件或多件申请和一件或多件注册的，本条第(1)项在细节上作必要修改后，应予适用。但是，如果相关申请号尚未公布或尚不为申请人或其代理人知晓，变更申请则应按照本条约《实施细则》的有关规定注明该相关申请。

(3) [变更代理人名称、地址或送达地址]　本条第(1)项在细节上作必要修改后，应适用于代理人(如果有)名称或地址以及送达地址(如果有)的任何变更。

(4) [禁止其他要求]　除本条第(1)项至第(3)项及本条约第8条规定的要求外，任何缔约方不得就本条所指的申请另行规定其他要求，尤其不得要求提交任何有关变更的证明。

(5) [证据]　任何缔约方均可以要求，商标主管机关对变更申请中的任何说明的真实性产生合理怀疑的，须向商标主管机关提供相关证据。

## 第11条

[变更所有权]

(1) [变更注册所有权]

(a) 任何缔约方均应准许，注册持有人发生变更的，该持有人或新获得所有权的人(以下称为"新所有人")可以以文函形式向商标主管机关提交变更商标注册簿登记的申请，申请中应注明相关商标的注册号及申请变更登记的内容。

(b) 任何缔约方均可以要求，因合同而发生所有权变更的，变更申请中须对此予以说明，并附送下列文件之一：

(i) 合同复印件，为确认其真实性，可以要求提供由公证机构或任何其他政府主管部门出具的证明；

(ii) 显示所有权变更的合同的摘录，为确认其真实性，可以要求提供由公证机构或任何其他政府主管部门出具的证明；

(iii) 未经证明的转让证书，须按照本条约《实施细则》规定的书式和内容制订，并由注册持有人和新所有人共同签字；

(iv) 未经证明的转让文件，须按照本条约《实施细则》规定的书式和内容制订，并由注册持有人和新所有人共同签字；

(c) 任何缔约方均可以要求，因企业合并而发生所有权变更的，变更申请中须对此予以说明，并附送一份由主管部门签发的证明该项合并的文件的复印件，例如商业登记簿摘录的复印件，还可以要求提供由文件签发部门、公证机构或任何其他政府主管部门出具的有关该复印件真实性的证明。

(d) 任何缔约方均可以要求，因合同或企业合并而发生所有权变更的，如果共同注册持有人中有一人或多人发生变更但非全部都发生变更的，所有权未发生变更的任何共同注册持有人，均须以签字文件的形式就该所有权变更明确表示同意。

(e) 任何缔约方均可以要求，对于并非因合同或企业合并引起，而是因实施法律或法院判决等其他原因引起的所有权变更，变更申请中须对此予以说明，并附送一份证明该项变更的文件的复印件，还可以要求提供由文件签发部门、公证机构或任何其他政府主管部门出具的证明该文件真实性的证明。

(f) 任何缔约方均可以要求，变更申请中须注明：

(i) 注册持有人的名称和地址；

(ii) 新所有人的名称和地址；

(iii) 新所有人为一国国民的，该国名称；新所有人在一国拥有住所的，该住所所在国名称；新所有人在一国拥有真实有效的工商营业所的，该营业所所在国名称；

(iv) 新所有人为法人的，该法人的法律性质，该法人据其法律得以成为法人的国家的名称，以及在可适用的情况下，该国的行政区划名称；

(v) 注册持有人有代理人的，该代理人的名称和地址；

(vi) 注册持有人有送达地址的，该送达地址；

(vii) 新所有人有代理人的，该代理人的名称和地址；

(viii) 本条约第 4 条第(2)项第(b)目要求新所有人有送达地址的，该送达地址。

(g) 任何缔约方均可以要求,提交变更申请须向商标主管机关缴纳费用。

(h) 变更涉及多件注册的,如果每件注册的注册持有人和新所有人均相同,并且申请中注明所有相关商标的注册号,则只需提交一件申请。

(i) 所有权变更不涉及注册的所有商品或服务,且可适用的法律允许对此种变更予以登记的,商标主管机关应就所有权变更所涉及的商品或服务单独设立一件注册。

(2) [申请的所有权变更] 变更涉及一件或多件申请的,或同时涉及一件或多件申请和一件或多件注册的,本条第(1)项在细节上作必要修改后,应予适用。但是,如果相关申请号尚未公布或尚不为申请人及其代理人知晓,变更申请则应按照本条约《实施细则》的有关规定注明该相关申请。

(3) [禁止其他要求] 除本条第(1)项和第(2)项以及本条约第8条规定的要求外,任何缔约方不得就本条所指的申请另行规定其他要求,尤其不得要求:

(i) 除本条第(1)项第(c)目规定的情况外,提交任何商业登记簿的证书或该登记簿的摘录;

(ii) 说明新所有人正在从事的工商业活动并提供相关证据;

(iii) 说明新所有人正在从事的与所有权变更所涉及的商品或服务有关的活动并提供相关证据;

(iv) 说明原注册持有人已将其企业或有关商誉全部或部分转让给新所有人并提供相关证据。

(4) [证据] 任何缔约方均可以要求,商标主管机关对变更申请中或本条所指的任何文件中的任何说明的真实性产生合理怀疑的,须向商标主管机关提供相关证据,或在适用本条第(1)项第(c)目或第(e)目时,须按照该项规定进一步提供相关证据。

## 第12条

[更正错误]

(1) [更正注册方面的错误]

(a) 任何缔约方均应准许,对于向商标主管机关提交的申请或其他申请中所出现的并反映在商标主管机关的商标注册簿或任何公告中的错误,注册持有人可以以文函方式申请更正,申请中应注明相关商标的注册号、须更正的错误以及须登记的更正。

(b) 任何缔约方均可以要求,更正申请中须注明:

(i) 注册持有人的名称和地址;

(ii) 注册持有人有代理人的,该代理人的名称和地址;

(iii) 注册持有人有送达地址的,该送达地址。

(c) 任何缔约方均可以要求,提交更正申请须向商标主管机关缴纳费用。

(d) 更正涉及同一人的多件注册的,如果各件注册的错误和须更正的内容均相同,而且在申请中注明所有相关注册的注册号,则只需提交一件申请。

(2) [更正申请方面的错误] 更正涉及一件或多件申请的,或同时涉及一件或多件申请和一件或多件注册的,本条第1款在细节上作必要修改后,应予适用。但是,如果相关申请号尚未公布或尚不为申请人或其代理人知晓,更正申请则应按照本条约《实施细则》的有关规定注明该相关申请。

(3) [禁止其他要求] 除本条第(1)项和第(2)项及本条约第8条规定的要求外,任何缔约方不得就本条所指的申请另行规定其他要求。

(4) [证据] 任何缔约方均可以要求,商标主管机关对申请更正的错误是否确系错误产生合理怀疑的,须向商标主管机关提供相关证据。

(5) [商标主管机关造成的错误] 缔约方商标主管机关应依照职权或根据请求,更正其自身造成的错误,不收取任何费用。

(6) [无法更正的错误] 任何缔约方,对于其法律规定无法更正的错误,均无义务适用本条第(1)项、第(2)项和第(5)项的规定。

## 第13条

[注册的有效期及续展]

(1) [续展申请中含有或附带的说明或项目;续展费用]

(a) 任何缔约方均可以要求,续展注册须提交续展申请,并须注明下列部分或全部项目:

(i) 续展申请;

(ii) 注册持有人的名称和地址;

(iii) 相关注册的注册号;

(iv) 根据缔约方的规定,相关注册的申请日期或注册日期;

(v) 注册持有人有代理人的,该代理人的名称和地址;

(vi) 注册持有人有送达地址的,该送达地址;

(vii) 缔约方允许仅对商标注册簿中登记的部分商品或服务予以续展而且已提出此种续展申请的,应注明申请续展注册的登记商品或服务的名称,或不申请续展注册的登记商品或服务的名称,应按照《尼斯分类》中的类别分组,并在每组前标明所属类别的编号,按类别顺序排列;

(viii) 缔约方允许除注册持有人或其代理人之外的第三人提出续展申请且该人已提交申请的,该第三人的名称和地址。

(b) 任何缔约方均可以要求,提交续展申请须向商标主管机关缴纳费用。已经缴纳首期注册费用或任一续展期费用的,商标主管机关不得再收取该期限内的注册维持费用。根据本项的规定,与提交商标使用声明或证据有关的费用,不应被视为注册维持费用,不受本项规定的影响。

(c) 任何缔约方均可以要求,续展申请须在其法律规定的期限(应不少于本条约《实施细则》所规定的最短期限)内提交商标主管机关,并缴纳本条第(b)目所指的相关费用。

(2) [禁止其他要求] 除本条第(1)项及本条约第8条规定的要求外,任何缔约方不得就续展申请另行规定其他要求,尤其不得要求提供:

(i) 该商标的任何表现物或其他证明;

(ii) 该商标已在任何其他商标注册簿注册或续展注册的证据;

(iii) 有关该商标使用的声明或证据。

(3) [证据] 任何缔约方均可以要求,商标主管机关对续展申请中的说明或项目的真实性产生合理怀疑的,须在该续展申请的审查过程中向商标主管机关提供相关证据。

(4) [禁止实质审查] 任何缔约方的商标主管机关均不得因为续展而对注册进行实质审查。

(5) [有效期] 首次注册和每次续展的有效期均为十年。

## 第14条

［未遵守期限时的救济措施］

(1)［期限届满前的救济措施］ 缔约方可以规定，向商标主管机关办理有关申请或注册的某一业务期限，凡在期限届满前向商标主管机关提出申请要求延长该期限的，均可予以延长。

(2)［期限届满后的救济措施］ 缔约方可以规定，申请人、注册持有人或其他利害关系人向商标主管机关办理有关申请或注册，未能遵守规定的某一业务期限（“相关期限”）的，如果向商标主管机关提出申请要求提供救济措施，应按照《实施细则》的规定提供下列一种或多种救济措施：

(i) 将相关期限延长至《实施细则》规定的时间；

(ii) 继续处理申请或注册；

(iii) 商标主管机关认为未能遵守期限，但已作出在具体情况下应作的努力的，或根据缔约方的规定，未能遵守期限并非出于故意的，恢复申请人、注册持有人或其他利害关系人对申请或注册的权利。

(3)［例外］ 对于《实施细则》中规定的例外情况，不得要求任何缔约方提供本条第(2)项提及的任何救济措施。

(4)［费用］ 任何缔约方均可以要求，申请本条第(1)项和第(2)项所提及的任何救济措施均须缴纳费用。

(5)［禁止其他要求］ 除本条和本条约第8条规定的要求外，任何缔约方不得就本条第(2)项所提及的任何救济措施另行规定其他要求。

## 第15条

［遵守《巴黎公约》的义务］

任何缔约方均应遵守《巴黎公约》中有关商标的规定。

## 第16条

［服务商标］

任何缔约方均应允许注册服务商标并对服务商标适用《巴黎公约》中有关

商标的规定。

## 第17条

［使用许可备案的申请］

（1）［有关备案申请的要求］ 缔约方法律规定商标使用许可须报其商标主管机关备案的，该缔约方可以要求备案申请须：

（i）按照《实施细则》规定的要求提交；

（ii）附送《实施细则》规定的补充文件。

（2）［费用］ 任何缔约方均可以规定，申请使用许可备案须向商标主管机关缴纳费用。

（3）［涉及多件注册的一件申请］ 使用许可涉及多件注册的，如果所有注册的持有人和被许可人均相同，申请中注明所有相关注册的注册号，并且按照《实施细则》的规定注明所有注册的许可范围，则只需提交一件申请。

（4）［禁止其他要求］

（a）除本条第（1）项和第（3）项和本条约第8条规定的要求外，任何缔约方不得就向商标主管机关申请使用许可备案另行规定其他要求，尤其不得要求提供：

（i）被许可商标的注册证；

（ii）使用许可合同或其译本；

（iii）关于使用许可合同中财务条款的说明。

（b）除在商标注册簿中进行使用许可备案外，本项第（a）目，对于缔约方法律规定的任何信息公开义务，均不构成影响。

（5）［证据］ 任何缔约方均可以要求，商标主管机关对使用许可备案申请中或《实施细则》提及的任何文件中的任何说明的真实性产生合理怀疑的，须向商标主管机关提供相关证据。

（6）［与注册申请有关的使用许可备案申请］ 缔约方法律允许对注册申请进行使用许可备案的，本条第（1）项至第（5）项在细节上作必要修改后，应适用于此种使用许可备案的申请。

## 第18条

[变更或撤销使用许可备案的申请]

(1)[有关申请的要求] 缔约方法律规定使用许可须报其商标主管机关备案的，该缔约方可以要求，变更或撤销使用许可备案的申请须：

(i) 按照《实施细则》规定的要求提交；

(ii) 附送《实施细则》规定的补充文件。

(2)[其他要求] 第17条第(2)项至第(6)项在细节上作必要修改后，应适用于变更或撤销使用许可备案的申请。

## 第19条

[未就使用许可备案的影响]

(1)[注册和保护的有效性] 未就使用许可向缔约方的商标主管机关或任何其他机构备案的，不得影响被许可商标注册的有效性或该商标应受到的保护。

(2)[被许可人的某些权利] 凡缔约方法律规定被许可人享有参与注册持有人提起的商标侵权诉讼，或通过此种诉讼从对被许可商标的侵权中获得损害赔偿的权利的，不得再将使用许可备案作为被许可人享有该权利的条件。

(3)[对未备案使用许可商标的使用] 凡缔约方法律规定在涉及商标确权、维持或执法的诉讼程序中，被许可人对商标的使用可以视同为注册持有人对该商标的使用的，不得再将使用许可备案作为视同使用的条件。

## 第20条

[对使用许可的说明]

缔约方法律要求对商标被许可使用这一情况予以说明的，如果全部或者部分不符合该要求，不得影响被许可商标注册的有效性或该商标应受到的保护，也不得影响本条约第19条第(3)项适用。

任何一个参加本条约的成员国是另一此种政府间组织的成员国,而该另一政府间组织参加该表决,则前一个组织不得参加表决。

(5) [多数]

(a) 除本条约第22条第(2)项和第(3)项规定以外,大会作决定需有所投票数的三分之二。

(b) 确定是否达到所需的多数时,应只考虑实际投票数。弃权不应被视为投票。

(6) [会议] 大会应由总干事召集,如无例外情况,应与本组织大会同时同地举行。

(7) [议事规则] 大会应制定自己的议事规则,包括召集特别会议的规则。

## 第24条

[国际局]

(1) [行政任务]

(a) 国际局应执行有关本条约的行政任务。

(b) 特别是,国际局应为大会以及大会可能设立的专家委员会和工作组筹备会议并提供秘书处。

(2) [大会之外的其他会议] 总干事应召集大会设立的任何委员会会议和工作组会议。

(3) [国际局在大会和其他会议中的作用]

(a) 总干事及其指定的人员应参加大会的所有会议、大会所设立的委员会和工作组的所有会议,但没有表决权。

(b) 总干事或其指定的一名工作人员是大会以及本项第(a)目所述委员会和工作组的当然秘书。

(4) [会议]

(a) 国际局应按照大会的指示,筹备任何修订会议。

(b) 国际局可就所述筹备工作与本组织的成员国、政府间组织、国际及国家非政府间组织进行协商。

(c) 总干事及其所指定的人员应参加修订会议的讨论，但没有表决权。

(5) [其他任务] 国际局应执行与本条约有关的任何其他任务。

## 第25条

### [修订或修正]

本条约只能通过外交会议进行修订或修正。任何外交会议的召集均应由大会决定。

## 第26条

### [成为本条约的缔约方]

(1) [资格] 下列实体可以签署本条约，并在不违反本条第(2)项、第(3)项和第28条第(1)项和第(3)项的前提下，成为本条约的缔约方：

(i) 任何设有商标主管机关，可以办理商标注册的本组织成员国；

(ii) 任何设有商标主管机关，在其组织条约所适用的领土内其所有成员国国内或为有关申请所专门指定的成员国国内，可以办理有效的商标注册的政府间组织，但条件是该政府间组织的所有成员国均为本组织成员；

(iii)任何只能通过指定的本组织成员国商标主管机关办理商标注册的本组织成员国；

(iv) 任何只能通过其参加的政府间组织所设的商标主管机关办理商标注册的本组织成员国；

(v) 任何只能通过本组织一组成员国共有的商标主管机关办理商标注册的本组织成员国。

(2) [批准或加入] 本条第一款提及的任何实体：

(i) 已签署本条约的，可以交存批准书；

(ii) 未签署本条约的，可以交存加入书。

(3) [交存的生效日期] 交存批准书或加入书的生效日期：

(i) 对于本条第(1)项第(i)段所指的成员国，应为该国交存文书之日；

(ii) 对于政府间组织，应为该政府间组织交存文书之日；

(iii) 对于本条第(1)项第(iii)段所指的成员国，应为满足下列条件之日：

该国已交存文书，且另一指定国家也已交存文书；

(iv) 对于本条第(1)项第(iv)段所指的成员国，应适用本项第(ii)段所指的日期；

(v) 对于本条第(1)项第(v)段所指的一组成员国中的某一成员国，应为该组所有成员国均已交存文书之日。

## 第27条

[1994年《商标法条约》与本条约的适用]

(1) [既参加本条约又参加1994年《商标法条约》的缔约方之间的关系] 既参加本条约又参加1994年《商标法条约》的缔约方之间的关系，应仅适用本条约。

(2) [参加本条约的缔约方与参加1994年《商标法条约》而未参加本条约的缔约方之间的关系] 既参加本条约又参加1994年《商标法条约》的任何缔约方，与参加1994年《商标法条约》而未参加本条约的缔约方之间的关系，应继续适用1994年《商标法条约》。

## 第28条

[生效；批准和加入的生效日期]

(1) [应予考虑的文书] 根据本条规定，只有本条约第26条第(1)项所指的实体交存的并根据第26条第(3)项具有有效日期的批准书或加入书，才应予以考虑。

(2) [条约的生效] 本条约应在第26条第(1)项第(ii)段所指的国家或政府间组织中有十个国家或组织交存批准书或加入书三个月之后生效。

(3) [条约生效之后的批准书和加入书的生效] 本条第(2)项规定范围之外的任何实体，应自其交存批准书或加入书之日起三个月后受本条约约束。

## 第29条

[保　留]

(1) [特殊种类的商标] 任何国家或政府间组织均可以通过保留的形式

声明，尽管有本条约第2条第(1)项和第(2)项第(a)目的规定，但本条约第3条第(1)项、第5条、第7条、第8条第(5)项、第11条和第13条不适用于联合商标、防御商标或派生商标。该保留中应指明所作保留涉及上述条款中的哪些条款。

(2)［多类注册］ 凡在本条约通过之日法律规定允许商品多类注册和服务多类注册的国家或政府间组织，均可以在加入本条约时通过保留的形式声明，不适用本条约第6条的规定。

(3)［续展时的实质性审查］ 任何国家或政府间组织均可以通过保留的形式声明，尽管有第13条第(4)项的规定，但在服务商标注册首次续展时，商标主管机关可以对该注册进行实质性审查，此种审查仅限于排除因本条约生效前该国或该组织规定可以注册服务商标的法律生效后六个月内提交的申请所致的多重注册。

(4)［被许可人的某些权利］ 任何国家或政府间组织均可以通过保留的形式声明，尽管有本条约第19条第(2)项的规定，但该国或该组织仍要求，被许可人依法享有的参与注册持有人提起的商标侵权诉讼，或通过此种诉讼从对被许可商标的侵权中获得损害赔偿的权利，须以使用许可备案为条件。

(5)［保留的形式］ 本条第(1)项、第(2)项、第(3)项或第(4)项所述任何保留，均应以声明的形式作出，并连同作为作出该保留的国家或政府间组织批准或加入本条约的文书一并提交。

(6)［撤回］ 依据本条第(1)项，第(2)项，第(3)项或第(4)项所作的任何保留可以随时撤回。

(7)［禁止其他保留］ 除本条第(1)项，第(2)项，第(3)项和第(4)项允许的保留外，不得对本条约有任何其他保留。

## 第30条

［退　约］

(1)［通知］ 任何缔约方均可以通知总干事退出本条约。

(2)［生效日期］ 退约应于总干事收到退约通知之日起一年后生效。退约不得影响本条约在该一年期届满时对涉及该退约方的任何未决申请或任何已获注册的商标的适用，但条件是退约方可以在该一年期限届满后，对已到期的任何注册自其到期之日起停止适用本条约。

## 第31条

［条约的语言；签署］

（1）［原件；正式文本］

（a）本条约的签字原件为一份，以中文、阿拉伯语、英语、法语、俄语和西班牙语6种文本组成，各文本具有同等效力。

（b）某缔约方官方语言的正式文本，非本项第（a）目所指语言的，应由总干事与该缔约方及任何其他有关缔约方协商后确定。

（2）［签署的期限］　本条约通过后即在本组织总部开放以供签署，期限一年。

## 第32条

［保存人］

总干事为本条约保存人。

# 世界知识产权组织表演和录音制品条约

1996 年 12 月 20 日于日内瓦通过。

## 目　录

## 序　　言

缔约各方，

出于以尽可能有效和一致的方式发展和维护保护表演者和录音制品制作

者权利的愿望，承认有必要采用新的国际规则，以提供解决由经济、社会、文化和技术发展所产生的问题的适当办法，承认信息与通信技术的发展和交汇对表演和录音制品的制作与使用的深刻影响，承认有必要保持表演者、录音制品制作者的权利与广大公众的利益，尤其是教育、研究和获得信息的利益之间的平衡，达成协议如下：

## 第一章 总 则

### 第1条

［与其他公约的关系］

(1) 本条约的任何内容均不得减损缔约方相互之间依照于1961年10月26日在罗马签订的《罗马条约，1961，保护表演者、录音制品制作者和广播组织国际公约》(以下称为“《罗马公约》”)已承担的现有义务。

(2) 依照本条约授予的保护不得触动或以任何方式影响对文学和艺术作品版权的保护。因此，本条约的任何内容均不得被解释为损害此种保护。[①]

(3) 本条约不得与任何其他条约有任何关联，亦不得损害依照任何其他条约的任何权利和义务。

### 第2条

［定 义］

在本条约中：

(a)“表演者”指演员、歌唱家、音乐家、舞蹈家以及表演、歌唱、演说、朗诵、演奏、表现或以其他方式，表演文学或艺术作品或民间文学艺术作品的其他人员；

---

① 关于第1条第(2)项的议定声明：不言而喻，第1条第(2)项澄清本条约规定的对录音制品的权利与以录音制品体现的作品的版权之间的关系。在需要以录音制品体现的作品的作者与对录音制品持有权利的表演者或制作者许可的情况下，获得作者许可的需要并非因同时还需获得表演者或制作者的许可而不复存在，反之亦然。

此外，不言而喻，第1条第(2)项的任何内容均不阻止缔约方对表演者或录音制品制作者规定的专有权超出依照本条约需要规定的专有权。

(b)“录音制品”系指除以电影作品或其他音像作品所包含的录制形式之外，对表演的声音或其他声音或声音表现物所进行的录制；①

(c)“录制”系指对声音或声音表现物的体现，从中通过某种装置可感觉、复制或传播该声音；

(d)“录音制品制作者”系指对首次将表演的声音或其他声音或声音表现物录制下来提出动议并负有责任的自然人或法人；

(e)“发行”录制的表演或录音制品系指经权利持有人同意并在以合理的数量向公众提供复制品的条件下，将录制的表演或录音制品的复制品提供给公众；②

(f)“广播”系指以无线方式的播送，使公众能接收声音，或图像和声音，或图像和声音表现物；通过卫星进行的此种播送亦为“广播”；播送密码信号，如果广播组织或经其同意向公众提供了解码的手段，则是“广播”；

(g)“向公众传播”表演或录音制品系指通过除广播以外的任何媒体向公众播送表演的声音或以录音制品录制的声音或声音表现物。在第 15 条中，“向公众传播”包括使公众能听到以录音制品录制的声音或声音表现物。

## 第3条

[依本条约受保护的受益人]

(1) 缔约各方应将依照本条约规定的保护给予系其他缔约方国民的表演者和录音制品制作者。

(2) 其他缔约方的国民应被理解为符合《罗马公约》规定的标准、有资格受到保护的表演者或录音制品制作者，如同本条约的全体缔约方均假设为该公约缔约国的情形。对于这些资格标准，缔约各方应适用本条约第 2 条中的有关定义。③

(3) 任何利用《罗马公约》第 5 条第(3)项所规定的可能性，或为该公约第

---

① 关于第 2 条第(b)目的议定声明：不言而喻，第 2 条第(b)目规定的录音制品的定义并不表明对录音制品的权利因将录音制品包含在电影作品或其他音像作品中而受到任何影响。

② 关于第 2 条第(e)目，第 8 条、第 9 条、第 12 条和第 13 条的议定声明：这些条款中的用语“复制品”和“原件和复制品”，受各该条中发行权和出租权的约束，专指可作为有形物品投放流通的固定的复制品。

③ 关于第 3 条第(2)项的议定声明：为了适用第 3 条第(2)项，不言而喻，录制系指制作完成原始带(“母带”)。

5条的目的利用《罗马公约》第17条所规定的可能性的缔约方，应向世界知识产权组织（WIPO）总干事作出那些条款所预先规定的通知。①

## 第4条

［国民待遇］

（1）在本条约所专门授予的专有权以及本条约第15条所规定的获得合理报酬的权利方面，每个缔约方均应将其给予本国国民的待遇给予第3条第（2）项所定义的其他缔约方的国民。

（2）本条第（1）项规定的义务不适用于另一缔约方使用了本条约第15条第（3）项允许的保留的情况。

# 第二章　表演者的权利

## 第5条

［表演者的精神权利］

（1）不依赖于表演者的经济权利，甚至在这些权利转让之后，表演者仍应对于其现场有声表演或以录音制品录制的表演有权要求承认其系表演的表演者，除非使用表演的方式决定可省略不提其系表演者；并有权反对任何对其表演进行将有损其名声的歪曲、篡改或其他修改。

（2）根据本条第（1）项授予表演者的权利在其死后应继续保留，至少到其经济权利期满为止，并应可由被要求提供保护的缔约方立法所授权的个人或机构行使。但批准或加入本条约时其立法尚未规定在表演者死后保护上款所述之全部权利的缔约方，可规定其中部分权利在表演者死后不再保留。

（3）为保障本条所授予的权利而采取的补救办法应由被要求提供保护的缔约方立法规定。

---

① 关于第3条的议定声明：不言而喻，《罗马公约》第5条第（a）目和第16条第（a）目第（iv）段中所指的“另一缔约国的国民”，在适用于本条约时，对于系本条约缔约方的政府间组织，指系该组织成员的国家之一的国民。

或其他所有权转让之后适用本条第(1)项中权利的用尽所依据的条件(如有此种条件),本条约的任何内容均不得影响缔约各方确定该条件的自由。①

## 第13条

［出租权］

(1) 录音制品制作者应享有授权对其录音制品的原件和复制品向公众进行商业性出租的专有权,即使该原件或复制品已由录音制品制作者发行或根据录音制品制作者的授权发行。

(2) 尽管有本条第(1)项的规定,任何缔约方如在1994年4月15日已有且现仍实行录音制品制作者出租其录音制品的复制品获得合理报酬的制度,只要录音制品的商业性出租没有引起对录音制品制作者复制专有权的严重损害,即可保留这一制度。②

## 第14条

［提供录音制品的权利］

录音制品制作者应享有专有权,以授权通过有线或无线的方式向公众提供其录音制品,使该录音制品可为公众中的成员在其个人选定的地点和时间获得。

# 第四章　共 同 条 款

## 第15条

［因广播和向公众传播获得报酬的权利］

(1) 对于将为商业目的发行的录音制品直接或间接地用于广播或用于对公众的任何传播,表演者和录音制品制作者应享有获得一次性合理报酬的权利。

---

① 关于第2条第(e)目,第8条、第9条、第12条和第13条的议定声明:这些条款中的用语"复制品"和"原件和复制品",受各该条中发行权和出租权的约束,专指可作为有形物品投放流通的固定的复制品。

② 关于第2条第(e)目,第8条、第9条、第12条和第13条的议定声明:这些条款中的用语"复制品"和"原件和复制品",受各该条中发行权和出租权的约束,专指可作为有形物品投放流通的固定的复制品。

(2) 缔约各方可在其国内立法中规定，该一次性合理报酬应由表演者或由录音制品制作者或由两者向用户索取。缔约各方可制定国内立法，对表演者和录音制品制作者之间如未达成协议，表演者和录音制品制作者应如何分配该一次性合理报酬所依据的条件作出规定。

(3) 任何缔约方均可在向世界知识产权组织总干事交存的通知书中，声明其将仅对某些使用适用本条第(1)项的规定，或声明其将以某种其他方式对其适用加以限制，或声明其将根本不适用这些规定。

(4) 在本条中，以有线或无线的方式向公众提供的、可为公众中的成员在其个人选定的地点和时间获得的录音制品应被认为仿佛其原本即为商业目的而发行。①②

## 第16条

[限制与例外]

(1) 缔约各方在其国内立法中，可在对表演者和录音制品制作者的保护方面规定与其国内立法中对文学和艺术作品的版权保护所规定的相同种类的限制或例外。

(2) 缔约各方应将对本条约所规定权利的任何限制或例外限于某些不与录音制品的正常利用相抵触、也不无理地损害表演者或录音制品制作者合法利益的特殊情况。③④

---

① 关于第15条的议定声明：不言而喻，第15条并非表示完全解决表演者和录音制品制作者在数字时代应享有的广播和向公众传播的权利的水平。各代表团未能就关于需在若干情况下规定专有权的几个方面或关于须在没有保留可能情况下规定权利的不同提案达成协商一致，因此将此议题留待以后解决。

② 关于第15条的议定声明：不言而喻，第15条不妨碍将本条授予的权利提供给民间文学艺术作品的表演者和录制民间文学艺术作品录音制品的制作者，只要这些录音制品未被以获得商业利润为目的而发行。

③ 关于第7条、第11条和第16条的议定声明：第7条和第11条所规定的复制权及其中通过第16条允许的例外，完全适用于数字环境，尤其是以数字形式使用表演和录音制品的情况。不言而喻，在电子媒体中以数字形式存储受保护的表演或录音制品，构成这些条款意义下的复制。

④ 关于第16条的议定声明：关于《世界知识产权组织版权条约》第10条(涉及限制与例外)的议定声明，亦可比照适用于《世界知识产权组织表演和录音制品条约》的第16条(涉及限制与例外)。[关于WCT第10条的议定声明原文如下："不言而喻，第10条的规定允许缔约各方将其国内法中依照《伯尔尼公约》被认为可接受的限制与例外继续适用并适当地延伸到数字环境中。同样，这些规定应被理解为允许缔约方制定对数字网络环境适宜的新的例外与限制。

"另外，不言而喻，第10条第(2)项既不缩小也不延伸由《伯尔尼公约》所允许的限制与例外的可适用性范围。"]

## 第17条

[保护期]

(1) 依本条约授予表演者的保护期,应自表演以录音制品录制之年年终算起,至少持续到五十年期满为止。

(2) 依本条约授予录音制品制作者的保护期,应自该录音制品发行之年年终算起,至少持续到五十年期满为止;或如果录音制品自录制完成起五十年内未被发行,则保护期应自录制完成之年年终起至少持续五十年。

## 第18条

[关于技术措施的义务]

缔约各方应规定适当的法律保护和有效的法律补救办法,制止规避由表演者或录音制品制作者为行使本条约所规定的权利而使用的、对就其表演或录音制品进行未经该有关表演者或录音制品制作者许可或未由法律准许的行为加以约束的有效技术措施。

## 第19条

[关于权利管理信息的义务]

(1) 缔约各方应规定适当和有效的法律补救办法,制止任何人明知或就民事补救而言有合理根据知道其行为会诱使、促成、便利或包庇对本条约所涵盖的任何权利的侵犯而故意从事以下行为:

(i) 未经许可去除或改变任何权利管理的电子信息;

(ii) 未经许可发行,为发行目的进口、广播、向公众传播或提供明知已被未经许可去除或改变权利管理电子信息的表演、录制的表演或录音制品的复制品。

(2) 本条中的用语"权利管理信息"系指识别表演者、表演者的表演、录音制品制作者、录音制品、对表演或录音制品拥有任何权利的所有人的信息,或有关使用表演或录音制品的条款和条件的信息,和代表此种信息的任何数字或代码,各该项信息均附于录制的表演或录音制品的每件复制品上或在录制的表演或录音制品向公众提供时出现。[①]

## 第20条

［手　续］

享有和行使本条约所规定的权利无须履行任何手续。

## 第21条

［保　留］

除第15条第(3)项的规定外，不允许对本条约有任何保留。

## 第22条

［适用的时限］

(1) 缔约各方应将《伯尔尼公约》第18条的规定比照适用于本条约所规定的表演者和录音制品制作者的权利。

(2) 尽管有本条第(1)项的规定，缔约方可将对本条约第5条的适用限制于在本条约对该缔约方生效之后进行的表演。

## 第23条

［关于权利行使的条款］

(1) 缔约各方承诺根据其法律制度采取必要的法律措施，以确保本条约的适用。

(2) 缔约各方应确保依照其法律可以提供执法程序，以便能采取制止对本条约所涵盖权利的任何侵犯行为的有效行动，包括防止侵权的快速补救和为遏制进一步侵权的补救。

---

① 关于第19条的议定声明：关于《世界知识产权组织版权条约》第12条(涉及关于权利管理信息的义务)的议定声明，亦可比照适用于《世界知识产权组织表演和录音制品条约》的第19条(涉及关于权利管理信息的义务)。［关于WCT第12条的议定声明原文如下："不言而喻，'对本条约或《伯尔尼公约》所涵盖的任何权利的侵犯'的提法既包括专有权，也包括获得报酬的权利。

"此外，不言而喻，缔约各方不会依赖本条来制定或实施要求履行为《伯尔尼公约》或本条约所不允许的手续的权利管理制度，从而阻止商品的自由流通或妨碍享有依本条约规定的权利。"］

# 第五章　行政条款和最后条款

## 第24条

[大　会]

(1)(a)缔约方应设大会。

(b)每一缔约方应有一名代表,该代表可由副代表、顾问和专家协助。

(c)各代表团的费用应由指派它的缔约方负担。大会可要求世界知识产权组织(以下称为"本组织")提供财政援助,以便利按照联合国大会既定惯例认为是发展中国家或向市场经济转轨的国家的缔约方代表团参加。

(2)(a)大会应处理涉及维护和发展本条约及适用和实施本条约的事项。

(b)大会应履行依第26条第(2)项向其指定的关于接纳某些政府间组织成为本条约缔约方的职能。

(c)大会应对召开任何修订本条约的外交会议作出决定,并给予本组织总干事筹备此种外交会议的必要指示。

(3)(a)凡属国家的每一缔约方应有一票,并应只能以其自己的名义表决。

(b)凡属政府间组织的缔约方可代替其成员国参加表决,其票数与其属本条约缔约方的成员国数目相等。如果此种政府间组织的任何一个成员国行使其表决权,则该组织不得参加表决,反之亦然。

(4)大会应每两年召开一次例会,由本组织总干事召集。

(5)大会应制定其本身的议事规则,其中包括特别会议的召集、法定人数的要求及在不违反本条约规定的前提下作出各种决定所需的多数。

## 第25条

[国际局]

本组织的国际局应履行与本条约有关的行政工作。

## 第 26 条

［成为本条约缔约方的资格］

(1) 本组织的任何成员国均可成为本条约的缔约方。

(2) 如果任何政府间组织声明其对于本条约涵盖的事项具有权限和具有约束其所有成员国的立法,并声明其根据其内部程序被正式授权要求成为本条约的缔约方,大会可决定接纳该政府间组织成为本条约的缔约方。

(3) 欧洲共同体在通过本条约的外交会议上作出上款提及的声明后,可成为本条约的缔约方。

## 第 27 条

［本条约规定的权利和义务］

除本条约有任何相反的具体规定以外,每一缔约方均应享有本条约规定的一切权利并承担本条约规定的一切义务。

## 第 28 条

［本条约的签署］

本条约应在 1997 年 12 月 31 日以前开放供本组织的任何成员国和欧洲共同体签署。

## 第 29 条

［本条约的生效］

本条约应于三十个国家向本组织总干事交存批准书或加入书三个月之后生效。

## 第 30 条

［成为本条约缔约方的生效日期］

本条约应自下列日期起具有约束力:

(i) 对第 29 条提到的三十个国家,自本条约生效之日起;

## 序　　言

缔约各方,出于以尽可能有效和一致的方式发展和维护保护作者对其文学和艺术作品之权利的愿望,承认有必要采用新的国际规则并澄清对某些现有规则的解释,以提供解决由经济、社会、文化和技术发展新形势所提出的问题的适当办法,承认信息与通信技术的发展和交汇对文学和艺术作品的创作与使用的深刻影响,强调版权保护作为文学和艺术创作促进因素的重要意义,承认有必要按照《伯尔尼公约》所反映的保持作者的权利与广大公众的利益,尤其是教育、研究和获得信息的利益之间的平衡,达成协议如下:

## 第 1 条

［与《伯尔尼公约》的关系］

(1) 对于属《保护文学和艺术作品伯尔尼公约》所建联盟之成员国的缔约方而言,本条约系该公约第 20 条意义下的专门协定。本条约不得与除《伯尔尼公约》以外的条约有任何关联,亦不得损害依任何其他条约的任何权利和义务。

(2) 本条约的任何内容均不得减损缔约方相互之间依照《保护文学和艺术作品伯尔尼公约》已承担的现有义务。

(3) "《伯尔尼公约》"以下系指《保护文学和艺术作品伯尔尼公约》1971 年 7 月 24 日的巴黎文本。

(4) 缔约各方应遵守《伯尔尼公约》第 1 条至第 21 条和附件的规定。[①]

---

① 关于第 1 条第(4)项的议定声明:《伯尔尼公约》第 9 条所规定的复制权及其所允许的例外,完全适用于数字环境,尤其是以数字形式使用作品的情况。不言而喻,在电子媒体中以数字形式存储受保护的作品,构成《伯尔尼公约》第 9 条意义下的复制。

## 第2条

[版权保护的范围]

版权保护延及表达,而不延及思想、过程、操作方法或数学概念本身。

## 第3条

[对《伯尔尼公约》第2条至第6条的适用]

缔约各方对于本条约所规定的保护应比照适用《伯尔尼公约》第2条至第6条的规定。[①]

## 第4条

[计算机程序]

计算机程序作为《伯尔尼公约》第2条意义下的文学作品受到保护。此种保护适用于各计算机程序,而无论其表达方式或表达形式如何。[②]

## 第5条

[数据汇编(数据库)]

数据或其他资料的汇编,无论采用任何形式,只要由于其内容的选择或排列构成智力创作,其本身即受到保护。这种保护不延及数据或资料本身,亦不损害汇编中的数据或资料已存在的任何版权。[③]

---

① 关于第3条的议定声明:不言而喻,在适用本条约第3条时,《伯尔尼公约》第2条至第6条中的"本联盟成员国",在把《伯尔尼公约》的这些条款适用于本条约所规定的保护中,将被视为如同系指本条约的缔约方。另外,不言而喻,《伯尔尼公约》这些条款中的"非本联盟成员国",在同样的情况下,应被视为如同系指非本条约缔约方的国家,《伯尔尼公约》第2条第(8)项、第2条之2第(2)项、第3条、第4条和第5条中的"本公约",将被视为如同系指《伯尔尼公约》和本条约。最后,不言而喻,《伯尔尼公约》第3条至第6条中所指的"本联盟成员国之一的国民",在把这些条款适用于本条约时,对于系本条约缔约方的政府间组织,指系该组织成员的国家之一的国民。

② 关于第4条的议定声明:按第2条的解释,依本条约第4条规定的计算机程序保护的范围,与《伯尔尼公约》第2条的规定一致,并与TRIPS协定的有关规定相同。

③ 关于第5条的议定声明:按第2条的解释,依本条约第5条规定的数据汇编(数据库)保护的范围,与《伯尔尼公约》第2条的规定一致,并与TRIPS协定的有关规定相同。

## 第6条

［发行权］

(1) 文学和艺术作品的作者应享有授权通过销售或其他所有权转让形式向公众提供其作品原件或复制品的专有权。

(2) 对于在作品的原件或复制品经作者授权被首次销售或其他所有权转让之后适用本条第(1)项中权利的用尽所依据的条件(如有此种条件),本条约的任何内容均不得影响缔约各方确定该条件的自由。[①]

## 第7条

［出租权］

(1) 以下作者:

(i) 计算机程序;

(ii) 电影作品;

(iii) 按缔约各方国内法的规定,以录音制品体现的作品。

应享有授权将其作品的原件或复制品向公众进行商业性出租的专有权。

(2) 本条第(1)项不得适用于:

(i) 程序本身并非出租主要对象的计算机程序;

(ii) 电影作品,除非此种商业性出租已导致对此种作品的广泛复制,从而严重地损害了复制专有权。

(3) 尽管有本条第(1)项的规定,任何缔约方如在1994年4月15日已有且现仍实行作者出租其以录音制品体现的作品的复制品获得合理报酬的制度,只要以录音制品体现的作品的商业性出租没有引起对作者复制专有权的严重损害,即可保留这一制度。[②][③]

---

① 关于第6条和第7条的议定声明:该两条中的用语“复制品”和“原件和复制品”,受该两条中发行权和出租权的约束,专指可作为有形物品投放流通的固定的复制品。

② 关于第6条和第7条的议定声明:该两条中的用语“复制品”和“原件和复制品”,受该两条中发行权和出租权的约束,专指可作为有形物品投放流通的固定的复制品。

③ 关于第7条的议定声明:不言而喻,第7条第(1)项规定的义务不要求缔约方对依照该缔约方法律未授予其对录音制品权利的作者规定商业性出租的专有权。这一义务应被理解为与TRIPS协定第14条第(4)项相一致。

## 第8条

[向公众传播的权利]

在不损害《伯尔尼公约》第11条第(1)项第(ii)段、第11条之2第(1)项第(i)段和第(ii)段、第11条之3的第(1)项第(ii)段、第14条第(1)项第(ii)段和第14条之2第(1)项的规定的情况下,文学和艺术作品的作者应享有专有权,以授权将其作品以有线或无线方式向公众传播,包括将其作品向公众提供,使公众中的成员在其个人选定的地点和时间可获得这些作品。①

## 第9条

[摄影作品的保护期限]

对于摄影作品,缔约各方不得适用《伯尔尼公约》第7条第(4)项的规定。

## 第10条

[限制与例外]

(1) 缔约各方在某些不与作品的正常利用相抵触、也不无理地损害作者合法利益的特殊情况下,可在其国内立法中对依本条约授予文学和艺术作品作者的权利规定限制或例外。

(2) 缔约各方在适用《伯尔尼公约》时,应将对该公约所规定权利的任何限制或例外限于某些不与作品的正常利用相抵触、也不无理地损害作者合法利益的特殊情况。②

## 第11条

[关于技术措施的义务]

缔约各方应规定适当的法律保护和有效的法律补救办法,制止规避由作

---

① 关于第8条的议定声明:不言而喻,仅仅为促成或进行传播提供实物设施不致构成本条约或《伯尔尼公约》意义下的传播。并且,第8条中的任何内容均不得理解为阻止缔约方适用第11条之2第(2)项。

② 关于第10条的议定声明:不言而喻,第10条的规定允许缔约各方将其国内法中依《伯尔尼公约》被认为可接受的限制与例外继续适用并适当地延伸到数字环境中。同样,这些规定应被理解为允许缔约方制定对数字网络环境适宜的新的例外与限制。

另外,不言而喻,第10条第(2)项既不缩小也不延伸由《伯尔尼公约》所允许的限制与例外的可适用性范围。

者为行使本条约或《伯尔尼公约》所规定的权利而使用的、对就其作品进行未经该有关作者许可或未由法律准许的行为加以约束的有效技术措施。

## 第12条

[关于权利管理信息的义务]

(1) 缔约各方应规定适当和有效的法律补救办法,制止任何人明知,或就民事补救而言有合理根据知道其行为会诱使、促成、便利或包庇对本条约或《伯尔尼公约》所涵盖的任何权利的侵犯而故意从事以下行为:

(i) 未经许可去除或改变任何权利管理的电子信息;

(ii) 未经许可发行、为发行目的进口、广播或向公众传播明知已被未经许可去除或改变权利管理电子信息的作品或作品的复制品。

(2) 本条中的用语"权利管理信息"系指识别作品、作品的作者、对作品拥有任何权利的所有人的信息,或有关作品使用的条款和条件的信息,和代表此种信息的任何数字或代码,各该项信息均附于作品的每件复制品上或在作品向公众进行传播时出现。①

## 第13条

[适用的时限]

缔约各方应将《伯尔尼公约》第18条的规定适用于本条约所规定的一切保护。

## 第14条

[关于权利行使的条款]

(1) 缔约各方承诺根据其法律制度采取必要措施,以确保本条约的适用。

(2) 缔约各方应确保依照其法律可以提供执法程序,以便能采取制止对本条约所涵盖权利的任何侵犯行为的有效行动,包括防止侵权的快速补救和

---

① 关于第12条的议定声明:不言而喻,"对本条约或《伯尔尼公约》所涵盖的任何权利的侵犯"的提法既包括专有权,也包括获得报酬的权利。

此外,不言而喻,缔约各方不会依赖本条来制定或实施要求履行为《伯尔尼公约》或本条约所不允许的手续的权利管理制度,从而阻止商品的自由流通或妨碍享有依本条约规定的权利。

为遏制进一步侵权的补救。

## 第15条

[大 会]

(1)(a) 缔约方应设大会。

(b) 每一缔约方应有一名代表,该代表可由副代表、顾问和专家协助。

(c) 各代表团的费用应由指派它的缔约方负担。大会可要求世界知识产权组织(以下称为“本组织”)提供财政援助,以便利按照联合国大会既定惯例认为是发展中国家或向市场经济转轨的国家的缔约方代表团参加。

(2)(a) 大会应处理涉及维护和发展本条约及适用和实施本条约的事项。

(b) 大会应履行依第17条第(2)项向其指定的关于接纳某些政府间组织成为本条约缔约方的职能。

(c) 大会应对召开任何修订本条约的外交会议作出决定,并给予本组织总干事筹备此种外交会议的必要指示。

(3)(a) 凡属国家的每一缔约方应有一票,并应只能以其自己的名义表决。

(b) 凡属政府间组织的缔约方可代替其成员国参加表决,其票数与其属本条约缔约方的成员国数目相等。如果此种政府间组织的任何一个成员国行使其表决权,则该组织不得参加表决,反之亦然。

(4) 大会应每两年召开一次例会,由本组织总干事召集。

(5) 大会应制定其本身的议事规则,其中包括特别会议的召集、法定人数的要求及在不违反本条约规定的前提下作出各种决定所需的多数。

## 第16条

[国际局]

本组织的国际局应履行与本条约有关的行政工作。

## 第17条

[成为本条约缔约方的资格]

(1) 本组织的任何成员国均可成为本条约的缔约方。

(2) 如果任何政府间组织声明其对于本条约涵盖的事项具有权限和具有约束其所有成员国的立法,并声明其根据其内部程序被正式授权要求成为本条约的缔约方,大会可决定接纳该政府间组织成为本条约的缔约方。

(3) 欧洲共同体在通过本条约的外交会议上作出上款提及的声明后,可成为本条约的缔约方。

## 第18条

[本条约规定的权利和义务]

除本条约有任何相反的具体规定以外,每一缔约方均应享有本条约规定的一切权利并承担本条约规定的一切义务。

## 第19条

[本条约的签署]

本条约应在1997年12月31日以前开放供本组织的任何成员国和欧洲共同体签署。

## 第20条

[本条约的生效]

本条约应于三十个国家向本组织总干事交存批准书或加入书三个月之后生效。

## 第21条

[成为本条约缔约方的生效日期]

本条约应自下列日期起具有约束力:

(i) 对第20条提到的三十个国家,自本条约生效之日起;

(ii) 对其他各国,自该国向本组织总干事交存文书之日满三个月起;

(iii) 对欧洲共同体,如果其在本条约根据第20条生效后交存批准书或加入书,则自交存此种文书后满三个月起,或如果其在本条约生效前交存批准书或加入书,则自本条约生效后满三个月起;

(iv) 对被接纳成为本条约缔约方的任何其他政府间组织,自该组织交存加入书后满三个月起。

## 第22条

[本条约不得有保留]

本条约不允许有任何保留。

## 第23条

[退　约]

本条约的任何缔约方均可退出本条约,退约应通知本组织总干事。任何退约应于本组织总干事收到通知之日起一年后生效。

## 第24条

[本条约的语言]

(1) 本条约的签字原件应为一份,以英语、阿拉伯语、汉语、法语、俄语和西班牙语签署,各该文种的文本具有同等效力。

(2) 除本条第(1)项提到的语言外,任何其他语言的正式文本须由总干事应有关当事方请求,在与所有有关当事方磋商之后制定。在本款中,“有关当事方”系指涉及其正式语言或正式语言之一的本组织任何成员国,并且如果涉及其正式语言之一,亦指欧洲共同体和可成为本条约缔约方的任何其他政府间组织。

## 第25条

[保存人]

本组织总干事为本条约的保存人。

# 专利法条约

2000年6月1日日内瓦通过。

## 目　　录

## 第1条

［缩略语］

在本条约中,除另有明确说明外:

(i) “主管局”指缔约方委托授予专利或处理本条约所涉其他事项的机关;

(ii) “申请”指第 3 条中所述的请求授予专利的申请;

(iii) “专利”指第 3 条中所述的专利;

(iv) 述及“人”时,应解释为尤其包括自然人和法人;

(v) “来文”指向主管局提交的任何申请,或与申请或与专利有关的任何请求、声明、文件、信函或其他信息,而无论其是否与本条约所规定的程序有关;

(vi) “主管局的文档”指主管局所保存的涉及并包括向该局或另一机关提交的对该有关缔约方有效的申请和由该局或另一机关授予的对该有关缔约方有效的专利的信息汇集,而无论保存此种信息的媒体如何;

(vii) “登录”指在主管局的文档中登录信息的任何行为;

(viii) “申请人”指主管局的文档中依照可适用的法律载明为申请专利的人,或提交申请或进行申请的另一人;

(ix) “所有人”指主管局的文档中载明为专利权人的人;

(x) “代表”指可适用的法律所规定的代表;

(xi) “签字”指任何用以证明身份的手段;

(xii) “主管局接受的语言”指主管局为该局的相关程序所接受的任何一

种语言；

(xiii)“译文”指意译成主管局接受的语言的译文，或在适当情况下，音译成主管局接受的字母或文字集的译文；

(xiv)“主管局的程序”指在主管局进行的关于申请或专利的任何程序；

(xv)除上下文另有所指外，以单数形式出现的词包括复数形式，反之亦然，阳性人称代词包括阴性；

(xvi)“《巴黎公约》”指于1883年3月20日签订并经修订和修正的《保护工业产权巴黎公约》；

(xvii)“《专利合作条约》”指于1970年6月19日签订并经修订、修正和修改的《专利合作条约》以及该条约的实施细则和行政规程；

(xviii)“缔约方”指参加本条约的任何国家或政府间组织；

(xix)“可适用的法律”，缔约方是国家的，指该国的法律；缔约方是政府间组织的，指该政府间组织据以运作的法律文书；

(xx)“批准书”应解释为包括接受书或认可书；

(xxi)“本组织”指世界知识产权组织；

(xxii)“国际局”指本组织国际局；

(xxiii)“总干事”指本组织总干事。

## 第2条

[总　则]

(1)[更为有利的要求]　除第5条外，缔约方应可自由规定从申请人和所有人的观点看来比本条约和实施细则所述的要求更为有利的要求。

(2)[不对实体专利法作任何规定]　本条约或实施细则中，没有任何一项规定的意图可以解释为将限制缔约方按其意志规定可适用的实体专利法要求的自由。

## 第3条

[本条约适用的申请和专利]

(1)[申请]　(a)本条约和实施细则的规定应适用于向缔约方的主管局

或就该局提交的国家和地区发明专利申请和增补专利申请，这些申请属于：

(i) 允许依《专利合作条约》作为国际申请提交的申请类型；

(ii) 本目第(i)段所述申请类型中的发明专利申请或增补专利申请按照《巴黎公约》第4条第G款第(1)项或第(2)项所述的分案申请。

(b) 在遵守《专利合作条约》的规定的前提下，本条约和实施细则的规定应在以下方面适用于依照《专利合作条约》的国际发明专利申请和国际增补专利申请：

(i) 缔约方的主管局依照《专利合作条约》第22条和第39条第(1)项可适用的期限；

(ii) 在依照该条约第23或第40条可开始处理或审查国际申请之日或在该日之后开始的任何程序。

(2)［专利］ 本条约和实施细则的规定应适用于已经授权并对缔约方有效的国家和地区发明专利和国家以及地区增补专利。

## 第4条

［安全例外］

本条约和实施细则的任何内容均不得限制缔约方采取它认为是为保护基本安全利益所必须采取的任何行动的自由。

## 第5条

［申请日］

(1)［申请的组成部分］ (a) 除实施细则另有规定外，并在遵守本条第(2)段至第(8)段规定的前提下，缔约方应规定，以其主管局收到根据申请人的选择以纸件或该局为申请日的目的所允许的其他形式提交的下列所有组成部分之日为申请的申请日：

(i) 明示或暗示所提交的组成部分意图是作为一份申请的说明；

(ii) 能使该局确定申请人身份或与申请人取得联系的说明；

(iii) 从表面看上去为一份说明书的部分。

(b) 为申请日的目的，缔约方可接受附图作为本项第(a)目第(iii)段所述的组成部分。

(c) 为申请日的目的,缔约方可要求提供能确定申请人身份的信息和能使主管局与申请人取得联系的信息,或者缔约方可接受能确定申请人身份或能使主管局与申请人取得联系的证据,作为本项第(a)目第(ii)段所述的组成部分。

(2)[语言] (a) 缔约方可要求本条第(1)项第(a)目第(i)段和第(ii)段所述的说明使用主管局接受的语言。

(b) 为申请日的目的,本条第(1)项第(a)目第(iii)段所述的部分可用任何语言提交。

(3)[通知] 如果申请未遵守缔约方依照本条第(1)项和第(2)项所适用的一项或多项要求,主管局应尽可能迅速地通知申请人,并为在实施细则规定的期限内遵守任何此种要求和陈述意见提供机会。

(4)[随后遵守要求] (a) 如果最初提交申请时缔约方依照本条第(1)项和第(2)项所适用的一项或多项要求未得到遵守,除第(b)目和本条第(6)项规定以外,应以缔约方依照本条第(1)项和第(2)项适用的所有要求随后得到遵守之日为申请日。

(b) 缔约方可规定,如果第(a)目所述的一项或多项要求在本实施细则规定的期限内未得到遵守,申请应被视为未提交。申请被视为未提交的,主管局应就此通知申请人,并说明其理由。

(5)[关于遗漏说明书某部分或附图的通知] 如果在确定申请日时,主管局发现申请中似乎遗漏说明书某部分,或发现申请中述及某附图但却似乎遗漏该附图,主管局应立即就此通知申请人。

(6)[提交遗漏的说明书部分或附图的申请日] (a) 如果遗漏的说明书部分或附图是在实施细则规定的期限内向主管局提交的,该说明书部分或附图应包括在申请中,并且除第(b)目和第(c)目规定以外,应以主管局收到该说明书部分或该附图之日,或以缔约方依照本条第(1)项和第(2)项所适用的所有要求得到遵守之日为申请日,两者中以日期晚者为准。

(b) 如果依照第(a)目提交遗漏的说明书部分或遗漏的附图,是为了补齐在主管局第一次收到本条第(1)项第(a)目所述的一项或多项组成部分之日对某在先申请提出优先权要求的申请中遗漏的部分,则应根据申请人在实施细则规定的期限内提交的请求,并在遵守实施细则规定要求的前提下,以缔约方依照本条第(1)项和第(2)项所适用的所有要求得到遵守之日为申请日。

(c) 如果依照第(a)目提交的遗漏的说明书部分或附图在缔约方确定的期限内撤回,应以缔约方依照本条第(1)项和第(2)项所适用的要求得到遵守之日为申请日。

(7) [述及以前提交的申请以取代说明书和附图] (a) 在遵守实施细则规定要求的前提下,提交申请时用主管局接受的语言述及以前提交的申请的,为该申请的申请日的目的,应取代说明书和任何附图。

(b) 如果第(a)目所述的要求未得到遵守,申请应被视为未提交。申请被视为未提交的,主管局应就此通知申请人,并说明其理由。

(8) [例外] 本条中的任何内容均不得限制:

(i) 申请人依照《巴黎公约》第 4 条第 G 款第(1)项或第(2)项保留该条所述的第一次申请的日期为该条所述的分案申请的日期的权利,以及如果有优先权,并保有优先权的利益的权利;

(ii) 缔约方对实施细则规定的任何类型的申请,为给予在先申请申请日的利益而适用任何必要的自由。

## 第 6 条

[申 请]

(1) [申请的形式或内容] 除本条约另有规定外,任何缔约方不得要求遵守任何不同于或超出以下各项的关于申请的形式或内容的要求:

(i)《专利合作条约》对国际申请所规定的形式或内容的要求;

(ii) 一旦按《专利合作条约》第 23 条或第 40 条所述开始对国际申请进行处理或审查,该条约的任何缔约国的主管局或代表该条约的任何缔约国的主管局可依照该条约要求遵守的形式或内容的要求;

(iii) 实施细则规定的任何进一步要求。

(2) [请求书表格] (a) 缔约方可要求,符合《专利合作条约》所规定的国际申请请求书内容的申请内容,须用该缔约方规定的请求书表格提出。缔约方还可要求,该请求书表格中须载有本条第(1)项第(ii)段所允许的或实施细则根据本条第(1)项第(iii)段所规定的任何进一步内容。

(b) 尽管有第(a)目的规定，在遵守第 8 条第(1)项的前提下，缔约方应接受用实施细则规定的请求书表格提交第(a)目所述的申请内容。

(3)［译文］ 缔约方可要求提供申请中未使用其主管局接受的语言的任何部分的译文。缔约方还可要求，申请中使用主管局接受的语言提交的、实施细则所规定的部分，须提供译成该局所接受的任何其他语言的译文。

(4)［费用］ 缔约方可要求对申请缴纳费用。缔约方可适用《专利合作条约》有关缴纳申请费用方面的规定。

(5)［优先权文件］ 对在先申请提出优先权要求的，缔约方可要求，须根据实施细则规定的要求提交一份该在先申请的副本，并在该在先申请未使用主管局接受的语言的情况下，提交一份译文。

(6)［证据］ 缔约方可要求，只有在其主管局可能有理由对本条第(1)项或第(2)项中或优先权声明中所述任何事项的真实性，或对本条第(3)项或第(5)项所述任何译文的准确性产生怀疑的情况下，方须在处理申请的过程中向该局提供该事项或该译文的证据。

(7)［通知］ 如果缔约方依照本条第(1)项至第(6)项所适用的一项或多项要求未得到遵守，主管局应通知申请人，并为在实施细则规定的期限内遵守任何此种要求和陈述意见提供机会。

(8)［未遵守要求］ (a) 如果缔约方依照本条第(1)项至第(6)项所适用的一项或多项要求在实施细则规定的期限内未得到遵守，除第(b)目和第 5 条、第 10 条规定以外，缔约方可根据其法律规定实行制裁。

(b) 如果缔约方依照本条第(1)项、第(5)项或第(6)项对优先权要求所适用的任何要求在实施细则规定的期限内未得到遵守，除第 13 条规定以外，可视为该优先权要求不存在。除第 5 条第(7)项第(b)目规定以外，不得实行任何其他制裁。

## 第 7 条

［代　表］

(1)［代表］ (a) 缔约方可要求，为进行主管局任何程序的目的指定的代表：

(i) 有权依据可适用的法律就申请和专利在该局执行业务；

(ii) 提供一个该缔约方规定领土内的地址作为该代表的地址。

(b) 除第(c)目规定以外，由符合缔约方依照第(a)目所适用的要求的代表采取的或与其相关的涉及主管局任何程序的行动，应具有由指定该代表的申请人、所有人或其他利害关系人采取的或与其相关的行动的效力。

(c) 缔约方可规定，就宣誓或声明或委托书撤销而言，代表的签字不具有指定该代表的申请人、所有人或其他利害关系人的签字的效力。

(2) [强制代表] (a) 缔约方可要求，申请人、所有人或其他利害关系人，为进行主管局的任何程序的目的，须指定一名代表，但申请的受让人、申请人、所有人或其他利害关系人在主管局的下列程序中可自己办理：

(i) 为申请日的目的提交申请；

(ii) 纯粹缴纳费用；

(iii) 实施细则规定的任何其他程序；

(iv) 主管局就本目第(i)段至第(iii)段所述的任何程序出具收据或发出通知。

(b) 维持费可由任何人缴纳。

(3) [指定代表] 缔约方应接受，代表的指定须以实施细则规定的方式向主管局作出。

(4) [禁止其他要求] 除本条约或实施细则另有规定外，任何缔约方不得要求在本条第(1)项至第(3)项所涉事项方面须遵守各该款所述以外的形式要求。

(5) [通知] 如果缔约方依照本条第(1)项至第(3)项所适用的一项或多项要求未得到遵守，主管局应通知申请的受让人、申请人、所有人或其他利害关系人，并为在实施细则规定的期限内遵守任何此种要求和陈述意见提供机会。

(6) [未遵守要求] 如果缔约方依照本条第(1)项至第(3)项所适用的一项或多项要求在实施细则规定的期限内未得到遵守，缔约方可根据其法律规定实行制裁。

## 第8条

[来文；地址]

(1) [传送来文的形式和手段] (a) 除依照第5条第(1)项确定申请日之

外,并在遵守第6条第(1)项的前提下,实施细则应除第(b)目至第(d)目规定以外,对允许缔约方在传送来文的形式和手段上所适用的要求作出规定。

(b) 任何缔约方均无义务接受以非纸件形式提交来文。

(c) 任何缔约方均无义务将以纸件形式提交来文排除在外。

(d) 缔约方应接受为遵守某期限的目的而以纸件形式提交来文。

(2) [来文的语言] 除本条约或实施细则另有规定外,缔约方可要求来文使用主管局接受的语言。

(3) [示范国际表格] 尽管有本条第(1)项第(a)目的规定,在遵守本条第(1)项第(b)目和第6条第(2)项第(b)目的前提下,缔约方应接受用与实施细则对此种来文规定的示范国际表格相符(如有的话)的表格提交来文的内容。

(4) [来文的签字] (a) 如果缔约方要求为任何来文的目的必须签字,该缔约方应接受任何与实施细则规定的要求相符的签字。

(b) 除任何准司法程序以外或除实施细则规定以外,任何缔约方不得对传给其主管局的任何签字要求出具证明、公证、认证、法律认可或其他证明材料。

(c) 在遵守第(b)目的前提下,缔约方可要求,只有在主管局可能有理由对任何签字的可靠性产生怀疑的情况下,方须向该局提供证据。

(5) [来文中的说明] 缔约方可要求任何来文中均载有实施细则所规定的一项或多项说明。

(6) [通信地址、送达地址及其他地址] 在遵守实施细则所作任何规定的前提下,缔约方可要求申请人、所有人或其他利害关系人在任何来文中说明:

(i) 通信地址;

(ii) 送达地址;

(iii) 实施细则规定的任何其他地址。

(7) [通知] 如果缔约方依照本条第(1)项至第(6)项对来文所适用的一项或多项要求未得到遵守,主管局应通知申请人、所有人或其他利害关系人,并为在实施细则规定的期限内遵守任何此种要求和陈述意见提供机会。

(8)［未遵守要求］ 如果缔约方依照本条第(1)项至第(6)项所适用的一项或多项要求在实施细则规定的期限内未得到遵守，除第5条和第10条的规定和实施细则所规定的任何例外以外，缔约方可根据其法律规定实行制裁。

## 第9条

［通　知］

(1)［充分通知］ 依本条约或实施细则的任何通知，只要是由主管局按照依第8条第(6)项所说明的通信地址或送达地址或者按照实施细则为本条规定的目的所规定的任何其他地址发出的，并符合有关该通知的各项规定，即应构成为本条约和实施细则目的的充分通知。

(2)［如未提交能与之取得联系的说明］ 如果未向主管局提交能与申请人、所有人或其他利害关系人取得联系的说明，本条约和实施细则的任何内容均不得要求缔约方必须向申请人、所有人或其他利害关系人发出通知。

(3)［未作出通知］ 除第10条第(1)项规定以外，如果主管局未将本条约或实施细则的任何规定未得到遵守这一事实通知申请人、所有人或其他利害关系人，不得因未作出通知而免除申请人、所有人或其他利害关系人遵守该要求的义务。

## 第10条

［专利的有效性；撤销］

(1)［专利的有效性不受未遵守若干形式要求的影响］ 不得以第6条第(1)、(2)、(4)和(5)项以及第8条第(1)至(4)项所述的关于申请的一项或多项形式要求未得到遵守为由，而全部或部分地撤销专利或宣告其无效，但因欺诈的意图致使未遵守形式要求者除外。

(2)［在准备撤销或宣告无效时陈述意见、作出修正或更正的机会］ 未给予所有人机会以在合理期限内对准备撤销或宣告无效陈述意见，并在可适用的法律的允许下作出修正或更正的，不得全部或部分地撤销专利或宣告其无效。

(3)［无设立特别程序的义务］ 本条第(1)项和第(2)项不产生任何设立用于专利权执法的、有别于一般执法程序的司法程序的义务。

## 第11条

［期限上的救济］

(1)［期限的延长］ 缔约方的主管局收到对按照实施细则规定的要求向该局提出的延长期限的请求，并且该请求根据缔约方的选择是在以下时间提交的，该缔约方可按照实施细则规定的时间将该局对申请或专利采取该局程序中的行动所确定的期限延长：

(i) 期限届满之前提交的；或

(ii) 期限届满之后，但在实施细则规定的期限内提交的。

(2)［继续处理］ 申请人或所有人未能遵守缔约方的主管局对申请或专利采取该局程序中的行动所确定的期限，并且该缔约方未依照本条第(1)项第(ii)段规定将期限延长的，如果符合以下规定，该缔约方应规定可继续对申请或专利进行处理并在必要时恢复申请人或所有人对该申请或专利的权利：

(i) 按照实施细则规定的要求向该局提出这一内容的请求；

(ii) 该请求是在实施细则规定的期限内提交的，而且采取有关行动所适用的期限方面的所有要求在实施细则规定的期限内均得到遵守。

(3)［例外］ 不得要求任何缔约方对实施细则所规定的例外给予本条第(1)项或第(2)项所述的救济。

(4)［费用］ 缔约方可要求对本条第(1)项或第(2)项所述的请求缴纳费用。

(5)［禁止其他要求］ 除本条约或实施细则另有规定外，任何缔约方不得要求在本条第(1)项或第(2)项所规定的救济方面须遵守本条第(1)项至第(4)项所述以外的要求。

(6)［在准备驳回时陈述意见的机会］ 未给予申请人或所有人机会以在合理期限内对准备驳回陈述意见的，不得驳回依照本条第(1)项或第(2)项提出的请求。

## 第12条

［在主管局认为已作出应作的努力或认为非故意行为之后的权利恢复］

(1)［请求］ 缔约方应规定，申请人或所有人未能遵守采取主管局的程序中的行动所适用的期限，并且因未遵守期限而直接带来丧失对申请或专利的权利的后果的，如果符合以下规定，该局应恢复申请人或所有人对该有关申请或专利的权利：

(i) 按照实施细则规定的要求向主管局提出这一内容的请求；

(ii) 该请求是在实施细则规定的期限内提交的，而且采取这一行动所适用的期限方面的所有要求在实施细则规定的期限内均得到遵守；

(iii) 该请求说明未遵守期限的理由；并且

(iv) 主管局认为尽管已作出在具体情况下应作的努力而仍未能遵守期限，或根据缔约方的选择，主管局认为任何延误并非出于故意。

(2)［例外］ 不得要求任何缔约方对实施细则所规定的例外予以本条第(1)项所述的权利恢复。

(3)［费用］ 缔约方可要求对本条第(1)项所述的请求缴纳费用。

(4)［证据］ 缔约方可要求在主管局确定的期限内，向该局提供证实本条第(1)(iii)段所述理由的声明或其他证据。

(5)［在准备驳回时陈述意见的机会］ 未给予请求方机会以在合理期限内对准备驳回陈述意见的，不得全部或部分地驳回依照本条第(1)项提出的请求。

## 第13条

### ［优先权要求的更正或增加；优先权的恢复］

(1)［优先权要求的更正或增加］ 除实施细则另有规定外，如果符合以下规定，缔约方应规定可更正或增加一项申请（“后一申请”）的优先权要求：

(i) 按照实施细则规定的要求向主管局提出这一内容的请求；

(ii) 该请求是在实施细则规定的期限内提交的；并且

(iii) 后一申请的申请日不晚于自优先权要求所根据的最早申请的申请日算起的优先权期限届满之日。

(2)［后一申请的推迟提交］ 考虑到本条约第15条，缔约方应规定，对某在先申请提出优先权要求或本可提出优先权要求的申请（“后一申请”），其申请日晚于优先权期限届满之日但在实施细则规定的期限之内的，如果符合以下规定，主管局应恢复优先权：

(i) 按照实施细则规定的要求向主管局提出这一内容的请求;

(ii) 该请求是在实施细则规定的期限内提交的;

(iii) 该请求说明未遵守优先权期限的理由;并且

(iv) 主管局认为尽管已作出在具体情况下应作的努力而仍未能在优先权期限内提交后一申请,或根据缔约方的选择,主管局认为未提交该申请并非出于故意。

(3) [未提供在先申请副本] 缔约方应规定,在实施细则根据第6条所规定的期限之内未向主管局提交第6条第(5)项所要求提交的在先申请副本的,如果符合以下规定,该局应恢复优先权:

(i) 按照实施细则规定的要求向主管局提出这一内容的请求;

(ii) 该请求是在实施细则根据第6条第(5)项对提交在先申请副本所规定的期限之内提交的;

(iii) 主管局认为提供该副本的请求已在实施细则规定的期限内向受理该在先申请的主管局提交;并且

(iv) 在实施细则规定的期限之内提交在先申请副本。

(4) [费用] 缔约方可要求对本条第(1)项至第(3)项所述的请求缴纳费用。

(5) [证据] 缔约方可要求在主管局确定的期限之内,向该局提交证实本条第(2)(iii)段所述理由的声明或其他证据。

(6) [在准备驳回时陈述意见的机会] 未给予请求方机会以在合理期限内就准备驳回陈述意见的,不得全部或部分地驳回依照本条第(1)项至第(3)项提出的请求。

## 第14条

[实施细则]

(1) [内容] (a) 本条约所附实施细则对涉及以下内容的细则作出规定:

(i) 本条约明文规定将由"实施细则规定的"事项;

(ii) 对实施本条约的规定有用的细节;

(iii) 行政要求、事项或程序。

(b) 实施细则也对涉及允许缔约方在以下请求方面所适用的形式要求的

细则作出规定：

(i) 名称或地址变更登录；

(ii) 申请人或所有人变更登录；

(iii) 许可证或质权登录；

(iv) 错误更正。

(c) 实施细则还对大会在国际局的协助下制定示范国际表格，以及为第6条第(2)项第(b)目的目的制定请求书表格事宜作出规定。

(2) [实施细则的修正] 除本条第(3)项规定以外，对实施细则的任何修正需有所投票数的四分之三。

(3) [对一致同意的要求] (a) 实施细则可规定实施细则的哪些条款只能经一致同意修正。

(b) 对实施细则作出的会致使在实施细则根据第(a)目所规定的条款中增加条款或删除条款的任何修正须经一致同意。

(c) 在确定是否达成一致同意时，只应考虑实际投票。弃权不应认为是投票。

(4) [本条约与实施细则之间相抵触] 本条约的规定与实施细则的规定之间发生抵触时，应以前者为准。

## 第15条

[与《巴黎公约》的关系]

(1) [遵守《巴黎公约》的义务] 每一缔约方均应遵守《巴黎公约》关于专利的规定。

(2) [依《巴黎公约》的义务和权利] (a) 本条约的任何内容均不得减损缔约方相互之间依照《巴黎公约》承担的义务。

(b) 本条约的任何内容均不得减损申请人和所有人依照《巴黎公约》享有的权利。

## 第16条

[《专利合作条约》的修订、修正和修改的效力]

(1) [《专利合作条约》的修订、修正和修改的可适用性] 除本条第(2)项规定以外，2000 年 6 月 2 日之后对《专利合作条约》作出的与本条约的各条规定相一致的任何修订、修正或修改，如果大会经投票的四分之三票数就各具体情况作出关于予以适用的决定，即应适用于本条约和实施细则。

(2)［《专利合作条约》过渡规定的不可适用性］ 如果根据《专利合作条约》的任何规定，该条约的经修订、修正或修改的规定只要继续与该条约的缔约国或者此种缔约国的主管局或代表此种缔约国的主管局所适用的国内法不一致，即不适用于该国或该主管局，则该前述的任何规定不得适用于本条约和实施细则。

## 第 17 条

［大　会］

(1)［组成］ (a) 缔约方应设大会。

(b) 每一缔约方应在大会中有一名代表，该代表可由副代表、顾问和专家辅助。每一代表只能代表一个缔约方。

(2)［任务］ 大会应：

(i) 处理有关维持和发展本条约以及适用和执行本条约的一切事宜；

(ii) 在国际局的协助下制定第 14 条第(1)项第(c)目所述的示范国际表格和请求书表格；

(iii) 修正实施细则；

(iv) 确定本项第(ii)段所述的每一示范国际表格和请求书表格，以及第(iii)段所述的每一修正案的适用日期的条件；

(v) 根据第 16 条第(1)项，决定《专利合作条约》的任何修订、修正或修改是否应适用于本条约和实施细则；

(vi) 履行按照本条约是适当的其他职责。

(3)［法定人数］ (a) 大会成员国的半数构成法定人数。

(b) 尽管有第(a)目的规定，如果在任何一次会议上，出席会议的大会成员国的数目不足大会成员国的半数，但达到或超过三分之一，大会可以作出决定，但除关于大会本身程序的决定外，所有决定只有符合下列条件才能生效。国际局应将所述决定通知未出席会议的大会成员国，请其于通知之日起三个月的期限内以书面形式进行表决或表示弃权。如果在该期限届满时，以此种方式进行表决或表示弃权的成员国数目达到构成会议本身法定人数所缺的成员国数目，只要同时法定多数的规定继续适用，所述决定即应生效。

(4)［在大会上表决］ (a) 大会应努力通过协商一致作出决定。

(b) 无法通过协商一致作出决定的，应通过表决对争议的问题作出决定。在此种情况下，

(i) 每一个国家缔约方有一票表决权，并只能以其自己的名义表决；以及

(ii) 任何政府间组织缔约方可代替其成员国参加表决，表决票数与其参加本条约的成员国的数目相等。如果此种政府间组织的任何一个成员国行使其表决权，则该组织不得参加表决，反之亦然。此外，如果此种政府间组织的任何一个参加本条约的成员国是另一此种政府间组织的成员国，而该另一政府间组织参加该表决，则前一组织不得参加表决。

(5)［多数］ (a) 除第14条第(2)项和第(3)项、第16条第(1)项以及第19条第(3)项规定以外，大会的决定需有所投票数的三分之二。

(b) 在确定是否达到所需多数时，只应考虑实际投票，弃权不应认为是投票。

(6)［会议］ 大会应每两年由总干事召集举行一次例会。

(7)［议事规则］ 大会应制定自己的议事规则，包括召集特别会议的规则。

## 第18条

［国际局］

(1)［行政任务］ (a) 国际局应执行有关本条约的行政任务。

(b) 特别是，国际局应为大会及大会可能设立的专家委员会和工作组筹备会议并提供秘书处。

(2)［除大会会议以外的会议］ 总干事应召集举行大会所设立的任何委员会和工作组的会议。

(3)［国际局在大会及其他会议中的作用］ (a) 总干事及其指定的人员应参加大会的所有会议、大会所设立的委员会和工作组会议，但没有表决权。

(b) 总干事或其指定的一名工作人员是大会以及第(a)目所述的委员会和工作组的当然秘书。

(4) [会议] (a) 国际局应按照大会的指示,筹备一切修订会议。

(b) 国际局可就所述筹备工作与本组织的成员国、政府间组织和国际及国家非政府组织进行协商。

(c) 总干事及其所指定的人员应参加修订会议的讨论,但没有表决权。

(5) [其他任务] 国际局应执行所分派的与本条约有关的任何其他任务。

## 第19条

[修 订]

(1) [本条约的修订] 除本条第(2)项规定以外,本条约可由缔约方的会议加以修订。任何修订会议的召集应由大会决定。

(2) [本条约若干条款的修订或修正] 第17条第(2)项和第(6)项可由修订会议或由大会根据本条第(3)项的规定加以修正。

(3) [大会对本条约若干条款的修正] (a) 由大会对第17条第(2)项和第(6)项加以修正的提案,可由任何缔约方或由总干事提出。此类提案应至少于提交大会审议前六个月由总干事转交各缔约方。

(b) 对第(a)目所述各条款的任何修正的通过,需有所投票数的四分之三。

(c) 对第(a)目所述各条款的任何修正,应于总干事收到大会通过该修正之时为大会成员的四分之三缔约方依照各自宪法程序所作出的书面接受通知起一个月后生效。以此种方式接受的对所述各条款的任何修正,应对该修正生效时的所有缔约方或于随后日期成为本条约缔约方的国家和政府间组织有约束力。

## 第20条

[成为本条约的缔约方]

(1) [国家] 任何参加《巴黎公约》或属本组织成员并且通过其本国的主

管局或通过另一国家或政府间组织的主管局能授予专利的国家，均可成为本条约的缔约方。

(2)［政府间组织］ 如果任何政府间组织至少有一个成员国参加《巴黎公约》或属本组织的成员，并且该政府间组织作出关于其根据内部程序被正式授权要求成为本条约缔约方的声明以及以下声明，则该政府间组织可成为本条约的缔约方：

(i) 该组织主管授予对其成员国产生效力的专利；或

(ii) 该组织主管本条约所涉事项，并订有对其所有成员国均有约束力的关于本条约所涉事项的其自己的立法，而且设有或委托一个地区局负责根据该立法授予在其领土内有效的专利。

除本条第(3)项规定以外，任何此种声明均应在交存批准书或加入书时作出。

(3)［地区专利组织］ 在通过本条约的外交会议上作出本条第(2)项第(i)段或第(ii)段所述声明的欧洲专利组织、欧亚专利组织和非洲地区工业产权组织，在交存批准书或接受书时声明，其根据内部程序被正式授权要求成为本条约缔约方的，可作为政府间组织成为本条约的缔约方。

(4)［批准或加入］ 满足本条第(1)项、第(2)项或第(3)项要求的任何国家或政府间组织：

(i) 已签署本条约的，可交存批准书，或

(ii) 尚未签署本条约的，可交存加入书。

## 第21条

［生效；批准和加入的生效日期］

(1)［本条约的生效］ 本条约应在十个国家向总干事交存了批准书或加入书后三个月生效。

(2)［批准和加入的生效日期］ 本条约应：

(i) 自本条约生效之日起，对本条第(1)项所述的十个国家有约束力；

(ii) 自各其他国家向总干事交存批准书或加入书之日后三个月期限届满

时起，或自该文书中所指明的任何更晚的日期起，但最晚于交存日之后六个月，对各该其他国家有约束力；

(iii) 自欧洲专利组织、欧亚专利组织和非洲地区工业产权组织每一个组织交存批准书或加入书之后三个月期限届满时起，或如果此种文书是在本条约根据本条第(1)项生效之后交存的，自该文书中所指明的任何更晚的日期起，或如果此种文书是在本条约生效之前交存的，于本条约生效之后三个月，但最晚于交存日之后六个月，对各该组织有约束力；

(iv) 自有资格成为本条约缔约方的任何其他政府间组织交存批准书或加入书之后三个月期限届满时起，或自该文书中所指明的任何更晚的日期起，但最晚于交存日之后六个月，对该组织有约束力。

## 第22条

［本条约对现有申请和专利的适用］

(1)［原则］ 除本条第(2)项规定以外，缔约方应将除第5条和第6条第(1)项和第(2)项以及相关实施细则以外的本条约和实施细则的规定适用于在本条约依照第21条对该缔约方有约束力之日未决的申请和已生效的专利。

(2)［程序］ 如果处理本条第(1)项所述的申请和专利的任何程序在本条约依照第21条对缔约方有约束力之日前已经开始，任何此种缔约方均无义务将本条约和实施细则的规定适用于这一程序。

## 第23条

［保　留］

(1)［保留］ 任何国家或政府间组织均可通过保留的形式声明，第6条第(1)项的规定不适用于依照《专利合作条约》可适用于国际申请的任何有关发明单一性的要求。

(2)［形式］ 本条第(1)项所述的任何保留应采用声明的形式，附上作出保留的国家或政府间组织批准或加入本条约的文书中。

(3)［撤回］ 本条第(1)项所述的任何保留可随时撤回。

(4)［禁止其他保留］ 除本条第(1)项所允许的保留外，不得对本条约有任何其他保留。

## 第24条

［退　约］

(1)［通知］ 任何缔约方可通过向总干事发出通知的形式退出本条约。

(2)［生效日期］ 任何退出应于总干事收到通知之日起一年或于通知中所指明的任何更晚的日期生效。退约不得影响本条约对在退约生效时就宣布退约的缔约方提出的任何未决申请或任何已生效的专利的适用。

## 第25条

［本条约的语言］

(1)［作准文本］ 本条约的签字原始文本为一份，用汉语、阿拉伯语、英语、法语、俄语和西班牙语写成，各种文本分别同等作准。

(2)［正式文本］ 总干事在与有关各方协商后，应制定本条第(1)项所述以外的任何其他语言的正式文本。为本款的目的，有关各方是指涉及其官方语言或官方语言之一的任何参加本条约或依照第20条第(1)项有资格成为本条约缔约方的国家，并指欧洲专利组织、欧亚专利组织和非洲地区工业产权组织以及如果涉及其官方语言之一，任何参加本条约或有可能成为本条约缔约方的其他政府间组织。

(3)［以作准文本为准］ 对作准文本和正式文本之间的解释出现不同意见时，应以作准文本为准。

## 第26条

［本条约的签字］

本条约通过之后应以一年为期在本组织总部开放供任何依照第20条第(1)项有资格成为本条约缔约方的国家，以及欧洲专利组织、欧亚专利组织和非洲地区工业产权组织签字。

## 第27条

[保存人;登记]

(1)[保存人] 总干事为本条约的保存人。

(2)[登记] 总干事应将本条约交联合国秘书处登记。

# 专利法条约实施细则

## 目　录

## 第 1 则

［缩略语］

(1)［“条约”;“条”］ (a) 在本实施细则中,“条约”指《专利法条约》。

(b) 在本实施细则中,“条”指具体指明的条约某条。

(2)［条约中所下定义的缩略语］ 条约第 1 条中为条约的目的所下定义的缩略语,其意义与本实施细则中的相同。

## 第 2 则

［关于条约第 5 条所述申请日的细节］

(1)［条约第 5 条第(3)项和第(4)项第(b)目所述期限］ 除本则第(2)项的规定外,条约第 5 条第(3)项和第(4)项第(b)目所述期限,应自条约第 5 条第(3)项所述的通知之日起不少于两个月。

(2)［条约第 5 条第(4)项第(b)目所述期限的例外］ 因未提交能使主管局与申请人取得联系的说明而未依条约第 5 条第(3)项发出通知的,条约第 5 条第(4)项第(b)目所述期限应自该局第一次收到条约第 5 条第(1)项第(a)目所述的一项或多项组成部分之日起不少于两个月。

(3)［条约第 5 条第(6)项第(a)目和第(b)目所述期限］ 条约第 5 条第(6)项第(a)目和第(b)目所述期限:

(i) 依条约第 5 条第(5)项发出通知的,应自该通知之日起不少于两个月;

(ii) 未发出通知的,应自主管局第一次收到条约第 5 条第(1)项第(a)目所述的一项或多项组成部分之日起不少于两个月。

(4)［条约第 5 条第(6)项第(b)目所述要求］ 除本细则第 4 则第(3)项规定以外,任何缔约方可要求,为了能依条约第 5 条第(6)项第(b)目的规定确定申请日:

(i) 须在依本则第(3)项可适用的期限内提交一份在先申请副本；

(ii) 须根据主管局的通知，在该通知之日起不少于四个月的期限内或在依本细则第4则第(1)项可适用的期限内(两者中以期限先届满者为准)，提供经受理在先申请的主管局证实无误的在先申请副本和在先申请的申请日；

(iii) 在先申请未使用主管局接受的语言的，须在依本则第(3)项可适用的期限内提交该在先申请的译文；

(iv) 遗漏的说明书部分或遗漏的附图须完全包括在在先申请中；

(v) 在主管局第一次收到条约第5条第(1)项第(a)目所述的一项或多项组成部分之日，申请中载有关于在先申请的内容已通过述及而包含在该申请中的说明；

(vi) 须在依本则第(3)项可适用的期限内提交关于在先申请中或第(iii)段所述译文中哪一部分载有遗漏的说明书部分或遗漏的附图的说明。

(5) [条约第5条第(7)项第(a)目所述要求] (a) 在按照条约第5条第(7)项第(a)目所称的述及以前提交的申请时应说明，为申请日的目的，说明书和任何附图已通过述及以前提交的申请而已被取代；该述及还应说明该申请的申请号以及受理该申请的主管局。缔约方可要求述及时还须说明以前提交的申请的申请日。

(b) 除本细则第4则第(3)项规定以外，缔约方可要求：

(i) 在主管局收到载有条约第5条第(7)项第(a)目所称的述及的申请之日起不少于两个月的期限内，向该局提交一份以前提交的申请的副本，以及该以前提交的申请未使用该局所接受的语言的，并提交一份该以前提交的申请的译文；

(ii) 在载有条约第5条第(7)项第(a)目所称的述及的申请收到之日起不少于四个月的期限内，向主管局提交一份以前提交的申请的经认证的副本。

(c) 缔约方可要求条约第5条第(7)项第(a)目所称的述及应指述及由申请人或其前权利人或权利继承人提交的以前提交的申请。

(6) [条约第5条第(8)项第(ii)段所述例外] 条约第5条第(8)项第(ii)段所述的申请类型应指：

(i) 分案申请；

(ii) 继续申请或部分继续申请；

(iii) 由被确定为对在先申请中所载的发明享有权利的新申请人提出的申请。

## 第3则

［关于条约第6条第(1)项、第(2)项和第(3)项所述申请的细节］

(1)［条约第6条第(1)项第(iii)段所述进一步要求］ (a)缔约方可要求,希望将申请作为本细则第2则第(6)项第(i)段所述分案申请对待的申请人须说明:

(i)他希望该申请这样对待;

(ii)被该申请所分案的申请的申请号和申请日。

(b)缔约方可要求,希望将申请作为本细则第2则第(6)项第(iii)段所述申请对待的申请人须说明:

(i)他希望该申请这样对待;

(ii)在先申请的申请号和申请日。

(2)［条约第6条第(2)项第(b)目所述请求书表格］ 缔约方应接受用以下表格提出条约第6条第(2)项第(a)目所述的内容:

(i)请求书表格符合依本细则第20则第(2)项作出任何修改之后的《专利合作条约》请求书表格的,用该请求书表格;

(ii)《专利合作条约》请求书表格中附有关于申请人希望将该申请作为国家申请或地区申请对待的说明的(在这一情况下,该请求书表格应视为已包含本款第(i)段所述的修改),用该请求书表格;

(iii)《专利合作条约》规定可使用载有关于申请人希望将申请作为国家申请或地区申请对待的说明的请求书表格的,用此种请求书表格。

(3)［条约第6条第(3)项所述要求］ 缔约方可依条约第6条第(3)项要求提供将使用主管局接受的语言提交的申请的发明名称、权利要求书和摘要译成该局所接受的任何其他语言的译文。

## 第4则

［条约第6条第(5)项和本细则第2则第(4)项所述在先申请或本细则第2则第(5)项第(b)目所述以前提交的申请的提供］

(1)［条约第6条第(5)项所述在先申请的副本］ 除本则第(3)项规定以

外，缔约方可要求在自在先申请的申请日起，或在先申请有一件以上的，自各该在先申请中最早的申请日起不少于十六个月的期限内，向主管局提交条约第 6 条第(5)项所述的在先申请的副本。

(2)［证明］ 除本则第(3)项规定以外，缔约方可要求，本则第(1)项所述的副本和在先申请的申请日须经受理该在先申请的主管局证实无误。

(3)［在先申请或以前提交的申请的提供］ 如果在先申请或以前提交的申请是向缔约方的主管局提交的，或是在该局为该目的所接受的数字式图书馆中向该局提供的，任何缔约方不得要求提交本则第(1)项和第(2)项以及本细则第 2 则第(4)项所述的在先申请的副本或经证明的副本或申请日的证明，或本细则第 2 则第(5)项第(b)目所述的以前提交的申请的副本或经证明的副本。

(4)［译文］ 如果在先申请未使用主管局接受的语言，而优先权要求的有效性与确定所涉及的发明是否具有专利性相关，缔约方可要求申请人根据主管局或其他主管机关的通知，在自该通知之日起不少于两个月的期限并不少于依本则第(1)项所适用的期限(如有的话)之内，提交该款所述的在先申请的译文。

## 第 5 则

［条约第 6 条第(6)项和第 8 条第(4)项第(c)目以及本细则第 7 则第(4)项、第 15 则第(4)项、第 16 则第(6)项、第 17 则第(6)项或第 18 则第(4)项所述证据］

如果主管局通知申请人、所有人或其他人，依条约第 6 条第(6)项或第 8 条第(4)项第(c)目或者本细则第 7 则第(4)项、第 15 则第(4)项、第 16 则第(6)项、第 17 则第(6)项或第 18 则第(4)项需提供证据，该通知应视具体情况说明该局对事项、说明或签字的真实性，或对译文的准确性产生怀疑的理由。

## 第 6 则

［关于条约第 6 条第(7)项和第(8)项所述申请期限］

(1)［条约第 6 条第(7)项和第(8)项所述期限］ 除本则第(2)项和第(3)

项的规定外，条约第6条第(7)项和第(8)项所述的期限，应自条约第6条第(7)项所述的通知之日起不少于两个月。

(2)［条约第6条第(8)项所述期限的例外］ 除本则第(3)项的规定外，因未提交能使主管局与申请人取得联系的说明而未依第6条第(7)项发出通知的，条约第6条第(8)项所述的期限应自主管局第一次收到条约第5条第(1)项第(a)目所述的一项或多项组成部分之日起不少于三个月。

(3)［条约第6条第(7)项和第(8)项所述的与根据《专利合作条约》缴纳申请费用相关的期限］ 如果依条约第6条第(4)项要求应缴纳任何费用而未缴纳的，缔约方可依条约第6条第(7)项和第(8)项适用包括滞纳金在内的缴费方面的期限，该期限与《专利合作条约》关于国际费中的基本费部分可适用的期限相同。

## 第7则

［关于条约第7条所述代表的细节］

(1)［条约第7条第(2)项第(a)目第(iii)段所述其他程序］ 条约第7条第(2)项第(a)目第(iii)段所述的缔约方可以不要求指定代表的其他程序是：

(i) 依本细则第2则第(4)项提交在先申请的副本；

(ii) 依本细则第2则第(5)项第(b)目提交以前提交的申请的副本。

(2)［条约第7条第(3)项所述的指定代表］ (a) 缔约方应接受，代表的指定须以如下方式向主管局提交：

(i) 以由申请人、所有人或其他利害关系人签字并说明代表的名称和地址的单独来文(以下称为"委托书")的方式；或根据申请人的选择，

(ii) 以条约第6条第(2)项所述的由申请人签字的请求书表格的方式。

(b) 一份单一委托书，即使其涉及同一人的一件以上申请或一项以上专利，或涉及同一人的一件或多件申请和一项或多项专利，只要该单一委托书中指明所有有关的申请和专利，即应足够。一份单一委托书，即使其涉及委托人的除该人所说明的任何例外以外的现有和未来的所有申请或专利，亦应足够。主管局可要求，如果单一委托书是用纸件或该局所允许的其他方式提交的，须对其所涉及的每件申请和每项专利单独提交一份该单一委托书的副本。

(3)［委托书的译文］ 缔约方可要求，委托书未使用主管局接受的语言的，须附译文。

(4)［证据］ 缔约方可要求，只有在主管局可能有理由对本则第(2)条第(a)目所述的任何来文中所载的任何说明的真实性产生怀疑的情况下，方须向该局提供证据。

(5)［条约第7条第(5)项和第(6)项所述期限］ 除本则第(6)项的规定外，条约第7条第(5)项和第(6)项所述的期限，应自条约第7条第(5)项所述的通知之日起不少于两个月。

(6)［条约第7条第(6)项所述期限的例外］ 因未提交能使主管局与申请人、所有人或其他利害关系人取得联系的说明而未作出条约第7条第(5)项所述通知的，条约第7条第(6)项所述的期限应自条约第7条第(5)项所述程序开始之日起不少于三个月。

## 第8则

［条约第8条第(1)项所述的提交来文］

(1)［以纸件形式提交的来文］ (a) 2005年6月2日之后，除条约第5条第(1)项和第8条第(1)项第(d)目规定以外，任何缔约方可将以纸件形式提交来文排除在外，或者可继续允许以纸件形式提交来文。在该日之前，所有缔约方均应允许以纸件形式提交来文。

(b) 除条约第8条第(3)项和第(c)目规定以外，缔约方可规定有关纸件来文形式的要求。

(c) 如果缔约方允许以纸件的形式提交来文，主管局应允许依据《专利合作条约》规定的关于纸件来文形式的要求以纸件形式提交来文。

(d) 尽管有第(a)目的规定，如果认为由于纸件来文的特点或其规模使得其在受理或处理上不实际，缔约方可要求以另一种形式或通过其他传送手段提交来文。

(2)［以电子形式或通过电子传送手段提交来文］ (a) 如果缔约方允许用某种具体语言以电子形式或通过电子传送手段向其主管局提交来文，包括通过电报、电传、传真或其他类似传送手段提交来文，而且《专利合作条约》中有可适用于该缔约方的关于用该语言以电子方式或通过电子传送手段提交来文的要求，该局应根据这些要求允许用该语言以电子形式或通过电子传送手段提交来文。

(b) 凡允许以电子形式或通过电子传送手段向其主管局提交来文的缔约方，应将其可适用的法律中关于此类来文的要求通知国际局。国际局应以该通知所用的语言并以依条约第 25 条制定本条约作准正式文本所用的语言公布任何此种通知。

(c) 如果缔约方依第(a)目允许通过电报、电传、传真或其他类似传送手段提交来文，该缔约方可要求在自传送之日起不少于一个月的期限内，以纸件形式向主管局提交通过此种手段传送的任何文件的原件，并附一封对该先期的传送予以说明的信函。

(3)［以电子形式或通过电子传送手段提交以纸件形式提交来文的副本］

(a) 如果缔约方允许用主管局接受的语言以电子形式或通过电子传送手段提交以纸件形式提交来文的副本，而且《专利合作条约》中有可适用于该缔约方的关于提交此种来文的副本的要求，该局应根据这些要求允许以电子形式或通过电子传送手段提交来文的副本。

(b) 本则第(2)项第(b)目应比照适用于以电子形式或通过电子传送手段提交以纸件形式提交来文的副本。

## 第 9 则

［关于条约第 8 条第(4)项所述签字的细节］

(1)［签字时须写明的事项］ 缔约方可要求，签字的自然人在签字时：

(i) 须用字母写明该人的姓或主姓和名或副名，或根据该人的选择，写明该人所惯用的一个或几个名字；

(ii) 如果从来文中看，签字的人身份不明显，须写明该人的身份。

(2)［签字日期］ 缔约方可要求签字时写明签字的日期。如果要求写明日期而未写明日期，应以主管局收到带有签字的来文的日期，或如果缔约方允许的话，以比这一日期更早的某一日期作为被视为签字的日期。

(3)［纸件来文的签字］ 如果寄给缔约方的主管局的来文是纸件并须签

字，该缔约方：

(i) 除本项第(iii)段规定以外，应接受手写签字；

(ii) 可允许使用印刷或戳记等其他形式的签字，或使用印章或条形码标签，而不使用手写签字；

(iii) 如果在来文上签字的自然人是缔约方的国民，而且该人的地址在该缔约方领土内，或如果在来文上签字所代表的法人是依据该缔约方的法律组成的，并在该缔约方领土内有住所或真实和有效的工商业营业所，可要求使用印章，而不使用手写签字。

(4) [以电子形式或通过电子传送手段提交来文的签字以图形表现形式出现] 如果缔约方允许以电子形式或通过电子传送手段提交来文，只要该缔约方依本则第(3)项所接受的签字以图形表现形式出现在该缔约方的主管局所收到的此种来文上，该缔约方即应认为该来文已签字。

(5) [以电子形式提交来文的签字未以签字的图形表现形式出现]

(a) 如果缔约方允许以电子形式提交来文，而该缔约方依本则第(3)项所接受的签字未以图形表现形式出现在该缔约方的主管局所收到的此种来文上，该缔约方可要求使用该缔约方所规定的电子形式的签字在来文上签字。

(b) 尽管有第(a)目的规定，如果缔约方允许用某种具体语言以电子形式提交来文，而且《专利合作条约》中有可适用于该缔约方的关于在用该语言以电子形式进行的而签字未以图形表现形式出现的来文上使用电子形式的签字的要求，该缔约方的主管局应根据这些要求接受以电子形式的签字。

(c) 应比照适用本细则第8则第(2)项第(b)目。

(6) [条约第8条第(4)项第(b)目所述签字证明的例外] 缔约方可要求，本则第(5)项所述的任何签字须经该缔约方所规定的认证以电子形式的签字的程序确认。

## 第10则

[关于条约第8条第(5)项、第(6)项和第(8)项所述说明的细节]

(1) [条约第8条第(5)项所述说明] (a) 缔约方可要求，在任何来文中：

(i) 须说明申请人、所有人或其他利害关系人的姓名和地址；

(ii) 须说明其所涉及的申请号或专利号；

(iii) 申请人、所有人或其他利害关系人已在主管局登记的，须说明其登记号或其他说明。

(b) 缔约方可要求，代表为主管局程序的目的而提交的任何来文须包含：

(i) 代表的姓名和地址；

(ii) 对代表依据以采取行动的委托书或指定该代表的其他来文的述及；

(iii) 代表已在主管局登记的，其登记号或其他说明。

(2) [通信地址和送达地址] 缔约方可要求，条约第 8 条第(6)项第(i)段所述的通信地址和条约第 8 条第(6)项第(ii)段所述的送达地址须在该缔约方所规定的领土内。

(3) [未指定代表时的地址] 如果未指定代表，而且申请人、所有人或其他利害关系人提供了一个在缔约方依本则第(2)项所规定的领土内的地址作为其地址，该缔约方应认为是该地址，按照该缔约方的要求，即为条约第 8 条第(6)项第(i)段所述的通信地址或条约第 8 条第(6)项第(ii)段所述的送达地址，除非该申请人、所有人或其他利害关系人依据条约第 8 条第(6)项明确说明另一地址为此种地址。

(4) [指定代表时的地址] 如果指定了代表，缔约方应认为是该代表的地址，按照该缔约方的要求，即为条约第 8 条第(6)项第(i)段所述的通信地址或条约第 8 条第(6)项第(ii)段所述的送达地址，除非该申请人、所有人或其他利害关系人依据条约第 8 条第(6)项明确说明另一地址为此种地址。

(5) [条约第 8 条第(8)项规定的对未遵守要求的制裁] 任何缔约方不得规定对未遵守任何关于依本则第(1)项第(a)目第(iii)段和第(b)目第(iii)段提交登记号或其他说明的要求的申请予以驳回。

## 第 11 则

[关于条约第 8 条第(7)项和第(8)项所述来文的期限]

(1) [条约第 8 条第(7)项和第(8)项所述期限] 除本则第(2)项的规定外，条约第 8 条第(7)项和第(8)项所述的期限，应自条约第 8 条第(7)项所述的通知之日起不少于两个月。

(2)[条约第8条第(8)项所述期限的例外] 因未提交能使主管局与申请人、所有人或其他利害关系人取得联系的说明而未依条约第8条第(7)项作出通知的,条约第8条第(8)项所述的期限应自该局收到条约第8条第(7)项所述来文之日起不少于三个月。

## 第12则

[关于条约第11条所述期限上的救济的细节]

(1)[条约第11条第(1)项所述要求] (a)缔约方可要求,条约第11条第(1)项所述的请求:

(i)由申请人或所有人签字;

(ii)含有关于请求延长期限的说明和对该期限的具体说明。

(b)如果延长期限的请求是在期限届满之后提交的,缔约方可要求,在提交该请求的同时须遵守采取有关行动所适用的期限方面的所有要求。

(2)[条约第11条第(1)项所述时间和期限] (a)条约第11条第(1)项所述的期限延长时间应为自延长前的期限届满之日起不少于两个月。

(b)条约第11条第(1)项第(ii)段所述的期限不得在延长前的期限届满之日起两个月之前届满。

(3)[条约第11条第(2)项第(i)段所述要求] 缔约方可要求,条约第11条第(2)项所述的请求:

(i)由申请人或所有人签字;

(ii)含有关于请求对未遵守期限给予救济的说明和关于该期限的具体说明。

(4)[依条约第11条第(2)项第(ii)段提交请求的期限] 条约第11条第(2)项第(ii)段所述期限的届满时间不得早于在主管局发出关于申请人或所有人未遵守该局确定的期限之后的两个月。

(5)[条约第11条第(3)项所述例外] (a)不得依条约第11条第(1)项或第(2)项要求任何缔约方:

(i)对已依条约第11条第(1)项或第(2)项给予救济的期限再一次或随后

又给予任何救济；

(ii) 对依条约第 11 条第(1)项或第(2)项提交救济请求或依条约第 12 条第(1)项提交权利恢复请求给予救济；

(iii) 对缴纳维持费用的期限给予救济；

(iv) 对条约第 13 条第(1)项、第(2)项或第(3)项所述的期限给予救济；

(v) 对向上诉委员会或在主管局的框架中所设立的其他复审机构采取行动的期限给予救济；

(vi) 对采取当事人之间的程序中的行动的期限给予救济。

(b) 不得依条约第 11 条第(1)项或第(2)项要求任何为遵守主管局程序的所有要求规定了最长期限的缔约方对在该最长期限之后就这些要求中的任何一项要求采取该程序中行动的期限给予救济。

## 第13则

[关于条约第 12 条所述在主管局认为已作出应作的努力或认为非故意行为之后的权利恢复的细节]

(1) [条约第 12 条第(1)项第(i)段所述要求] 缔约方可要求条约第 12 条第(1)项第(i)段所述的请求由申请人或所有人签字。

(2) [条约第 12 条第(1)项第(ii)段所述期限] 依条约第 12 条第(1)项第(ii)段提出请求和遵守要求的期限,应以以下期限中先届满者为准:

(i) 自致使不能遵守采取该有关行动的期限的原因消除之日起不少于两个月;

(ii) 自采取该有关行动的期限届满之日起不少于十二个月,或者请求涉及未缴纳维持费的,自依照《巴黎公约》第 5 条之 2 规定的宽限期届满之日起不少于十二个月。

(3) [条约第 12 条第(2)项中所述例外] 条约第 12 条第(2)项所述的例外是指未遵守以下期限:

(i) 向上诉委员会或在主管局的框架中所设立的其他复审机构采取行动;

(ii) 依条约第 11 条第(1)项或第(2)项提出救济请求或依条约第 12 条第(1)项提出权利恢复请求;

(iii) 条约第 13 条第(1)项、第(2)项或第(3)项所述的；

(iv) 采取当事方之间的程序中的行动。

## 第 14 则

[关于条约第 13 条所述优先权要求的更正或增加以及优先权的恢复的细节]

(1) [条约第 13 条第(1)项所述例外] 如果条约第 13 条第(1)项第(i)段所述的请求是在申请人提出关于提早公布或关于紧急或快速处理的请求之后收到的，除非关于提早公布或关于紧急或快速处理的请求在为公布该申请所进行的技术性准备工作完成之前撤回，否则任何缔约方均无义务依条约第 13 条第(1)项规定可更正或增加优先权要求。

(2) [条约第 13 条第(1)项第(i)段所述要求] 缔约方可要求条约第 13 条第(1)项第(i)段所述的请求由申请人签字。

(3) [条约第 13 条第(1)项第(ii)段所述期限] 条约第 13 条第(1)项第(ii)段所述的期限，应不少于依据《专利合作条约》可适用于国际申请的在国际申请提交之后提出优先权要求的期限。

(4) [条约第 13 条第(2)项所述期限] (a) 条约第 13 条第(2)项引语部分所述的期限，应于自优先权期届满之日起不少于两个月届满。

(b) 条约第 13 条第(2)项第(ii)段所述的期限，应为依第(a)目所适用的期限，或任何为公布后一申请所进行的技术性准备工作完成的时间，两者中以期限先届满者为准。

(5) [条约第 13 条第(2)项第(i)段所述要求] 缔约方可要求，条约第 13 条第(2)项第(i)段所述的请求：

(i) 由申请人签字；

(ii) 申请中未对在先申请提出优先权要求的，并附优先权要求。

(6) [条约第 13 条第(3)项所述要求] (a) 缔约方可要求，条约第 13 条第(3)项第(i)段所述的请求：

(i) 由申请人签字；并

(ii) 说明已向哪一个主管局提出要求提供在先申请副本的请求以及该请

求的日期。

(b) 缔约方可要求：

(i) 在主管局确定的期限之内向该局提交证实条约第13条第(3)项所述请求的声明或其他证据；

(ii) 在自受理在先申请的主管局向申请人提供条约第13条第(3)项第(iv)段所述的在先申请副本之日起不少于一个月的期限内向主管局提交该副本。

(7) [条约第13条第(3)项第(iii)段所述期限] 条约第13条第(3)项第(iii)段所述的期限，应于本细则第4则第(1)项所规定的期限届满之前两个月届满。

## 第15则

[名称或地址变更登录请求]

(1) [请求] 申请人或所有人本人未变更但其名称或地址变更的，缔约方应接受，变更登录请求须以由申请人或所有人签字并载有以下说明的来文的形式提出：

(i) 关于请求登录名称或地址变更的说明；

(ii) 有关的申请号或专利号；

(iii) 需登录的变更；

(iv) 变更前的申请人或所有人名称和地址。

(2) [费用] 缔约方可要求对本则第(1)项所述的请求缴纳费用。

(3) [单一请求书] (a) 即使变更同时涉及申请人或所有人的名称和地址，一份单一请求书即应足够。

(b) 即使变更涉及同一人的一件以上申请或一项以上专利，或涉及同一人的一件或多件申请和一项或多项专利，只要请求书中说明所有有关的申请号和专利号，一份单一请求书即应足够。缔约方可要求，如果单一请求书是用纸件或主管局所允许的其他方式提交的，须对其所涉的每件申请和每项专利单独提交一份该单一请求书的副本。

(4) [证据] 缔约方可要求，只有在主管局可能有理由对请求书中所载任何说明的真实性产生怀疑的情况下，方须向该局提供证据。

(5)［禁止其他要求］ 除条约或本实施细则另有规定外，任何缔约方不得要求在本则第(1)项所述的请求方面须遵守本则第(1)项至第(4)项所述以外的形式要求，尤其不得要求提交有关变更的任何证明。

(6)［通知］ 如果缔约方依本则第(1)项至第(4)项所适用的一项或多项要求未得到遵守，主管局应通知申请人或所有人，并为在自通知之日起不少于两个月之内遵守任何此种要求和陈述意见提供机会。

(7)［未遵守要求］ (a) 如果缔约方依本则第(1)项至第(4)项所适用的一项或多项要求在第(b)目规定的期限内未得到遵守，缔约方可规定驳回请求，但不得实行任何更为严厉的制裁。

(b) 第(a)目所述的期限：

(i) 除本目第(ii)段规定以外，应自通知之日起不少于两个月；

(ii) 未提交能使主管局与提出本则第(1)项所述请求的人取得联系的说明的，应自该局收到该请求之日起不少于三个月。

(8)［代表的名称或地址变更或通信地址或送达地址变更］ 本则第(1)项至第(7)项应比照适用于代表的名称或地址的任何变更，和涉及通信地址或送达地址的任何变更。

## 第16则

［申请人或所有人变更登录请求］

(1)［申请人或所有人变更登录请求］ (a) 如果变更申请人或所有人本人，缔约方应接受，变更登录请求须以由申请人或所有人或由新申请人或新所有人签字并载有以下说明的来文的形式提出：

(i) 关于请求登录变更申请人或所有人的说明；

(ii) 有关的申请号或专利号；

(iii) 申请人或所有人的名称和地址；

(iv) 新申请人或新所有人的名称和地址；

(v) 变更申请人或所有人本人的日期；

(vi) 新申请人或新所有人是其国民的国家的名称(如他是任何国家的国

民的话），新申请人或新所有人的住所（如有的话）所在国家的名称，以及新申请人或新所有人的真实和有效的工商业营业所（如有的话）所在国家的名称；

（vii）所请求的变更的依据。

（b）缔约方可要求请求书中包含：

（i）关于请求书中所载信息真实无误的声明；

（ii）涉及该缔约方的任何政府利益的信息。

（2）［作为申请人或所有人变更的依据的文件］（a）如果申请人或所有人变更是由合同引起的，缔约方可要求，依可适用的法律必须对合同进行注册的，请求书中须包括有关该合同注册的信息，并要求请求书中须根据请求方的选择附有以下内容之一：

（i）合同的副本，缔约方可要求该副本须根据请求方的选择，由政府公证机关或任何其他政府主管机关，或如果依可适用的法律允许，由有权在该局执行业务的代表证明系与该合同的原件相符；

（ii）载明该变更的合同摘要，缔约方可要求该摘要须根据请求方的选择，由政府公证机关或任何其他政府主管机关，或如果依可适用的法律允许，由有权在主管局执行业务的代表证明系该合同的真实摘要；

（iii）依根据关于转让证明的示范国际表格规定内容订立的并由申请人和新申请人双方或由所有人和新所有人双方签字的合同所进行的所有权转让的未经认证的证明。

（b）如果申请人或所有人变更是由合并或因法人的重组或分立引起的，缔约方可要求请求书中附有由主管机关发出的证实该项合并或法人的重组或分立的文件的副本以及任何所涉及的权利的归属，例如商务注册簿中的摘要副本。缔约方还可要求该副本须根据请求方的选择，由颁发文件的机关，或由政府公证机关或任何其他政府主管机关，或如果依可适用的法律允许，由有权在主管局执行业务的代表证明系与文件原件相符。

（c）如果申请人或所有人变更非由合同、合并、法人的重组或分立引起，而由另一原因引起的，例如因执行法律或法院裁决引起的，缔约方可要求请求书中附有证实该变更的文件的副本。缔约方还可要求该副本须根据请求方的选择，由颁发文件的机关，或由政府公证机关或任何其他政府主管机关，或如果依可适用用的法律允许，由有权在该局执行业务的代表证明系与文件原件相符。

(d) 如果申请人或所有人本人的变更所涉及的是几个共同申请人或共同所有人中的一个或多个，但非全部，缔约方可要求向主管局提供未变更的任何共同申请人或共同所有人同意该项变更的证据。

(3)［译文］ 缔约方可要求，依本则第(2)项提交的任何文件未使用主管局接受的语言的，须提交译文。

(4)［费用］ 缔约方可要求对本则第(1)项所述的请求缴纳费用。

(5)［单一请求书］ 即使变更涉及同一人的一件以上申请或一项以上专利，或涉及同一人的一件或多件申请和一项或多项专利，只要申请人或所有人变更对所有有关的申请和专利相同，并且请求书中说明所有有关的申请号和专利号，一份单一请求书即应足够。缔约方可要求，如果单一请求书是用纸件或主管局所允许的其他方式提交的，须对其所涉及的每件申请和每项专利单独提交一份该单一请求书的副本。

(6)［证据］ 缔约方可要求，只有在主管局可能有理由对请求书中所载任何说明或本则所述任何文件的真实性，或对本则第(3)项所述任何译文的准确性产生怀疑的情况下，方须向该局提供证据，或在本则第(2)项的情况下，方须提供进一步证据。

(7)［禁止其他要求］ 除本条约或本实施细则另有规定外，任何缔约方不得要求在本则所述的请求方面须遵守本则第(1)项至第(6)项所述以外的形式要求。

(8)［通知；未遵守要求］ 如果依本则第(1)项至第(5)项所适用的一项或多项要求未得到遵守，或如果依本则第(6)项需提供证据或提供进一步证据，应比照适用本细则第15则第(6)项和第(7)项。

(9)［发明人身份的排除］ 缔约方可将发明人身份的变更排除在外，不适用本则的规定。关于发明人身份的定义应依可适用的法律确定。

## 第17则

### ［许可证或质权登录请求］

(1)［许可证登录请求］ (a) 如果依可适用的法律可以登录申请或专利

的许可证，缔约方应接受，该许可证登录的请求须以由许可人或被许可人签字并载有以下说明的来文的形式提出：

(i) 关于请求登录许可证的说明；

(ii) 有关的申请号或专利号；

(iii) 许可人的名称和地址；

(iv) 被许可人的名称和地址；

(v) 关于许可证为独占许可证或为非独占许可证的说明；

(vi) 被许可人是其国民的国家的名称(如他是任何国家的国民的话)，被许可人的住所(如有的话)所在国家的名称，以及被许可人的真实和有效的工商业营业所(如有的话)所在国家的名称。

(b) 缔约方可要求请求书中包含：

(i) 关于请求书中所载信息真实、准确的声明；

(ii) 关于该缔约方的任何政府利益的信息；

(iii) 依可适用的法律必须对许可证进行注册的，有关该许可证注册的信息；

(iv) 许可证的日期及其有效期。

(2)［作为许可证的依据的文件］ (a) 如果许可证是自愿缔结的协议，缔约方可要求，请求书中须根据请求方的选择附有以下内容之一：

(i) 协议的副本，缔约方可要求该副本须根据请求方的选择，由政府公证机关或任何其他政府主管机关，或如果依可适用的法律允许，由有权在主管局执行业务的代表证明系与该协议原件相符；

(ii) 由协议中载明被许可的权利及其范围的各部分构成的协议摘要，缔约方可要求该摘要须根据请求方的选择，由政府公证部门或任何其他政府主管部门，或如果依可适用的法律允许，由有权在主管局执行业务的代表证明系该协议的真实摘要。

(b) 如果许可证是自愿缔结的协议，缔约方可要求，非该协议的当事方的任何申请人、所有人、独占被许可人、共同申请人、共同所有人或共同独占被许可人须以向主管局提交来文的形式对登录该协议表示同意。

(c) 如果许可证不是自愿缔结的协议，例如是因执行法律或法院裁决引起的，缔约方可要求请求书中附有证实该许可证的文件的副本。缔约方还可要求该副本须根据请求方的选择，由颁发文件的机关，或由政府公证机关或任何其他政府主管机关，或如果依可适用的法律允许，由有权在该局执行业务的代表证明系与文件原件相符。

(3)［译文］ 缔约方可要求，依本则第(2)项提交的任何文件未使用主管局接受的语言的，须提交译文。

(4)［费用］ 缔约方可要求对本则第(1)项所述的请求缴纳费用。

(5)［单一请求书］ 本细则第16则第(5)项应比照适用于许可证登录请求。

(6)［证据］ 本细则第16则第(6)项应比照适用于许可证登录请求。

(7)［禁止其他要求］ 除条约或本实施细则另有规定外，任何缔约方不得要求在本则第(1)项所述的请求方面须遵守本则第(1)项至第(6)项所述以外的形式要求。

(8)［通知；未遵守要求］ 如果依本则第(1)项至第(5)项所适用的一项或多项要求未得到遵守，或如果依本则第(6)项需提供证据或提供进一步证据，应比照适用本细则第15则第(6)项和第(7)项。

(9)［质权登录请求及许可证或质权登录撤销请求］ 本则第(1)项至第(8)项应比照适用于：

(i) 申请或专利的质权登录请求；

(ii) 申请或专利的许可证或质权登录撤销请求。

## 第18则

［错误更正请求］

(1)［请求］ (a) 如果申请、专利或向主管局提交的任何关于申请或专利的请求书中有主管局依可适用的法律可予以更正的、不涉及检索或实质审查的错误，该局应接受，要求在该局的文档和出版物中更正这一错误的请求须以由申请人或所有人签字并载有以下说明的向该局提交的来文的形式提出：

(i) 关于请求更正错误的说明；

(ii) 有关的申请号或专利号；

(iii) 需更正的错误；

(iv) 拟作出的更正;

(v) 请求方的名称和地址。

(b) 缔约方可要求请求书中附有替换部分或含有更正的部分,或适用本则第(3)项的,附有请求书所涉及的每件申请和每项专利的替换部分或含有更正的部分。

(c) 缔约方可要求,请求方须作出关于错误系出自善意的声明,方可提出这一请求。

(d) 缔约方可要求,请求方须作出声明,表示在发现错误之后,未不当拖延请求的提出,或根据该缔约方的选择,未无故拖延请求的提出,方可提出这一请求。

(2) [费用] (a) 除第(b)目规定以外,缔约方可要求对本则第(1)项所述的请求缴纳费用。

(b) 主管局应依职权或根据请求更正自己的错误,无须缴纳费用。

(3) [单一请求书] 只要错误以及所要求作出的更正对所有有关的申请和专利相同,本细则第 16 则第(5)项即应比照适用于要求更正错误的请求。

(4) [证据] 缔约方可要求,只有在主管局可能有理由对声称的错误是否确实为错误产生怀疑,或主管局可能有理由对要求更正错误的请求书中所载的任何事项的真实性或所提交的任何有关文件的真实性产生怀疑的情况下,方须向该局提供证实该项请求的证据。

(5) [禁止其他要求] 除条约或本实施细则另有规定外,任何缔约方不得要求在本则第(1)项所述的请求方面须遵守本则第(1)项至第(4)项所述以外的形式要求。

(6) [通知;未遵守要求] 如果依本则第(1)项至第(3)项所适用的一项或多项要求未得到遵守,或如果依本则第(4)项需提供证据,应比照适用本细则第 15 则第(6)项和第(7)项。

(7) [排除在外] (a) 缔约方可将发明人身份的变更排除在外,不适用本则的规定。关于发明人身份的定义应依可适用的法律确定。

(b) 缔约方可将该缔约方必须依再颁发专利的程序更正的任何错误排除在外,不适用本则规定。

## 第19则

[无申请号申请的标明方式]

(1)[标明方式] 如果申请需以申请号标明,而该申请号尚未授予或尚不为有关人员或其代表所知,只要根据该人的选择提供以下内容之一,即应认为申请已经标明:

(i) 主管局对该申请所授予的临时号码(如有的话);

(ii) 申请的请求书部分的副本以及向主管局递交该申请的日期;

(iii) 申请人或其代表为申请所编的并写在申请上的编号,以及申请人的名称和地址、发明名称和向主管局递交该申请的日期。

(2)[禁止其他要求] 任何缔约方不得要求为了能在申请的申请号尚未授予或尚不为有关人员或其代表所知时标明该申请而须提供本则第(1)项所述以外的标明手段。

## 第20则

[示范国际表格的制定]

(1)[示范国际表格] 大会应根据条约第14条第(1)项第(c)目以条约第25条第(1)项所述的每一种语言制定以下内容的示范国际表格:

(i) 委托书;

(ii) 名称或地址变更登录请求;

(iii) 申请人或所有人变更登录请求;

(iv) 转让证明;

(v) 许可证登录或登录撤销请求;

(vi) 质权登录或登录撤销请求;

(vii) 错误更正请求。

(2)[本细则第3则第(2)项第(i)段所述的修改] 大会应对本细则第3则第(2)项第(i)段所述的《专利合作条约》请求书表格作出修改。

(3)[国际局的建议] 国际局应就以下问题向大会提出建议:

(i) 制定本则第(1)项所述的示范国际表格;

(ii) 修改本则第(2)项所述的《专利合作条约》请求书表格。

## 第21则

[条约第14条第(3)项所述需一致同意的要求]

本细则以下条款的制定或修正应需一致同意:

(i) 条约第5条第(1)项第(a)目规定的任何细则;

(ii) 条约第6条第(1)项第(iii)段规定的任何细则;

(iii) 条约第6条第(3)项规定的任何细则;

(iv) 条约第7条第(2)项第(a)目第(iii)段规定的任何细则;

(v) 本细则第8则第(1)项第(a)目;

(vi) 本则。

# 专利合作条约

1970年6月19日在华盛顿签订，1979年9月28日修正，1984年2月3日和2001年10月3日修改。

## 目　　录*



* 本条约签字本中没有这个目录，本目录是为了便于读者查阅而增加的。

第 13 条　向指定局提供国际申请副本
第 14 条　国际申请中的某些缺陷
第 15 条　国际检索
第 16 条　国际检索单位
第 17 条　国际检索单位的程序
第 18 条　国际检索报告
第 19 条　向国际局提出对权利要求书的修改
第 20 条　向指定局的送达
第 21 条　国际公布
第 22 条　向指定局提供副本、译本和缴纳费用
第 23 条　国家程序的推迟
第 24 条　在指定国的效力可能丧失
第 25 条　指定局的复查
第 26 条　向指定局提出改正的机会
第 27 条　国家的要求
第 28 条　向指定局提出对权利要求书、说明书和附图的修改
第 29 条　国际公布的效力
第 30 条　国际申请的保密性

## 第二章　国际初步审查

第 31 条　要求国际初步审查
第 32 条　国际初步审查单位
第 33 条　国际初步审查
第 34 条　国际初步审查单位的程序
第 35 条　国际初步审查报告
第 36 条　国际初步审查报告的送交、翻译和送达
第 37 条　国际初步审查要求或选定的撤回
第 38 条　国际初步审查的保密性
第 39 条　向选定局提供副本、译本和缴纳费用

第 40 条　国家审查和其他处理程序的推迟

第 41 条　向选定局提出对权利要求书、说明书和附图的修改

第 42 条　选定局的国家审查的结果

## 第三章　共 同 规 定

第 43 条　寻求某些种类的保护

第 44 条　寻求两种保护

第 45 条　地区专利条约

第 46 条　国际申请的不正确译文

第 47 条　期限

第 48 条　延误某些期限

第 49 条　在国际单位执行业务的权利

## 第四章　技 术 服 务

第 50 条　专利信息服务

第 51 条　技术援助

第 52 条　与本条约其他规定的关系

## 第五章　行 政 规 定

第 53 条　大会

第 54 条　执行委员会

第 55 条　国际局

第 56 条　技术合作委员会

第 57 条　财务

第 58 条　实施细则

## 第六章　争　　议

第 59 条　争议

请或地区专利，则指述及规定提出地区申请或授予地区专利的条约；

（xi）为计算期限的目的，“优先权日”是指：

ⓐ 国际申请中包含按第8条提出的一项优先权要求的，指作为优先权基础的申请的提出日期；

ⓑ 国际申请中包含按第8条提出的几项优先权要求的，指作为优先权基础的最早申请的提出日期；

ⓒ 国际申请中不包含按第8条提出的优先权要求的，指该申请的国际申请日。

（xii）“国家局”是指缔约国授权发给专利的政府机关；凡提及“国家局”时，应解释为也是指几个国家授权发给地区专利的政府间机关，但这些国家中至少应有一国是缔约国，而且这些国家已授权该机关承担本条约和细则为各国家局所规定的义务并行使该条约和细则为各国家局所规定的权力；

（xiii）“指定局”是指申请人按照本条约第Ⅰ章所指定的国家的国家局或代表该国的国家局；

（xiv）“选定局”是指申请人按照本条约第Ⅱ章所选定的国家的国家局或代表该国的国家局；

（xv）“受理局”是指受理国际申请的国家局或政府间组织；

（xvi）“本联盟”是指国际专利合作联盟；

（xvii）“大会”是指本联盟的大会；

（xviii）“本组织”是指“世界知识产权组织”；

（xix）“国际局”是指本组织的国际局和保护知识产权联合国际局（在后者存在期间）；

（xx）“总干事”是指本组织的总干事和保护知识产权联合国际局（在该局存在期间）的局长。

## 第一章　国际申请和国际检索

### 第3条

［国际申请］

（1）在任何缔约国，保护发明的申请都可以按照本条约作为国际申请提出。

（2）按照本条约和细则的规定，国际申请应包括请求书、说明书、一项或几项权利要求、一幅或几幅附图（需要时）和摘要。

（3）摘要仅作为技术信息之用，不能考虑作为任何其他用途，特别是不能用来解释所要求的保护范围。

（4）国际申请应该：

（i）使用规定的语言；

（ii）符合规定的形式要求；

（iii）符合规定的发明单一性的要求；

（iv）按照规定缴纳费用。

## 第4条

［请求书］

（1）请求书应该包括：

（i）请求将国际申请按本条约的规定予以处理；

（ii）指定一个或几个缔约国，要求这些国家在国际申请的基础上对发明给予保护（“指定国”）；如果对于任何指定国可以获得地区专利，并且申请人希望获得地区专利而非国家专利的，应在请求书中说明；如果按照地区专利条约的规定，申请人不能将其申请限制在该条约的某些缔约国的，指定这些国家中的一国并说明希望获得地区专利，应认为是指定该条约的所有缔约国；如果按照指定国的本国法，对该国的指定具有申请地区专利的效力的，对该国的指定应认为声明希望获得地区专利；

（iii）申请人和代理人（如果有的话）的姓名和其他规定事项；

（iv）发明的名称；

（v）发明人的姓名和其他规定事项——如果指定国中至少有一国的本国法规定在提出国家申请时应该提供这些事项。在其他情况下，上述这些事项可以在请求书中提供，也可以在写给每一个指定国的通知中提供，如果该国本国法要求提供这些事项，但是允许提出国家申请以后提供这些事项。

（2）每一个指定都应在规定的期限内缴纳规定的费用。

(3) 除申请人要求第43条所述的其他任何一种保护外，指定国家是指希望得到的保护是由指定国授予专利或者代表指定国授予专利。为本项的目的，不适用第2条第(ii)段的规定。

(4) 指定国的本国法要求提供发明人的姓名和其他规定事项，但允许在提出国家申请以后提供的，请求书中没有提供这些事项在这些指定国不应产生任何后果。指定国的本国法不要求提供这些事项的，没有另行提供这些事项在这些指定国也不应产生任何后果。

## 第5条

[说明书]

说明书应对发明作出清楚和完整的说明，足以使本技术领域的技术人员能实施该项发明。

## 第6条

[权利要求书]

权利要求应确定要求保护的内容。权利要求应清楚和简明，并应以说明书作为充分依据。

## 第7条

[附　图]

(1) 除本条第(2)项第(ii)段另有规定外，对理解发明有必要时，应有附图。

(2) 对理解发明虽无必要，但发明的性质容许用附图说明的：

(i) 申请人在提出国际申请时可以将这些附图包括在内；

(ii) 任何指定局可以要求申请人在规定的期限内向该局提供这些附图。

## 第8条

[要求优先权]

(1) 国际申请可以按照细则的规定包含一项声明，要求在保护工业产权巴黎公约缔约国提出或对该缔约国有效的一项或几项在先申请的优先权。

(2) (a) 除第(b)目另有规定外,按第(1)项提出的优先权要求的条件和效力,应按照《保护工业产权巴黎公约的斯德哥尔摩议定书》第 4 条的规定。

(b) 国际申请要求在一个缔约国提出或对该缔约国有效的一项或几项在先申请的优先权的,可以包含对该国的指定。国际申请要求在一个指定国提出或对该指定国有效的一项或几项国家申请的优先权的,或者要求仅指定一个国家的国际申请的优先权的,在该国要求优先权的条件和效力应按照该国本国法的规定。

## 第 9 条

[申请人]

(1) 缔约国的任何居民或国民均可提出国际申请。

(2) 大会可以决定,允许《保护工业产权巴黎公约》缔约国但不是本条约缔约国的居民或国民提出国际申请。

(3) 居所和国籍的概念,以及这些概念在有几个申请人或者这些申请人对所有指定国并不相同的情形的适用,由细则规定。

## 第 10 条

[受理局]

国际申请应向规定的受理局提出。该受理局应按照本条约和细则的规定对国际申请进行检查和处理。

## 第 11 条

[国际申请的申请日和效力]

(1) 受理局应以收到国际申请之日作为国际申请日,但以该局在收到申请时认定该申请符合下列要求为限:

(i) 申请人并不因为居所或国籍的原因而明显缺乏向该受理局提出国际申请的权利;

(ii) 国际申请是用规定的语言撰写;

(iii) 国际申请至少包括下列项目：

ⓐ 说明是作为国际申请提出的；

ⓑ 至少指定一个缔约国；

ⓒ 按规定方式写明的申请人的姓名或者名称；

ⓓ 有一部分表面上看像是说明书；

ⓔ 有一部分表面上看像是一项或几项权利要求。

(2) (a) 如果受理局在收到国际申请时认定该申请不符合本条第(1)项列举的要求，该局应按细则的规定，要求申请人提供必要的改正。

(b) 如果申请人按细则的规定履行了上述的要求，受理局应以收到必要的改正之日作为国际申请日。

(3) 除第64条第(4)项另有规定外，国际申请符合本条第(1)项第(i)段至第(iii)段列举的要求并已被给予国际申请日的，在每个指定国内自国际申请日起具有正规的国家申请的效力。国际申请日应认为是在每个指定国的实际申请日。

(4) 国际申请符合本条第(1)项第(i)段至第(iii)段列举的要求的，即相当于《保护工业产权巴黎公约》所称的正规国家申请。

## 第12条

[将国际申请送交国际局和国际检索单位]

(1) 按照细则的规定，国际申请一份由受理局保存(“受理本”)，一份送交国际局(“登记本”)，另一份送交第116条所述的主管国际检索单位(“检索本”)。

(2) 登记本应被视为是国际申请的正本。

(3) 如果国际局在规定的期限内没有收到登记本，国际申请即被视为撤回。

## 第13条

[向指定局提供国际申请副本]

(1) 任何指定局可以要求国际局在按照第20条规定送达之前将一份国

际申请副本送交该局，国际局应在从优先权日起一年期满后尽快将一份国际申请副本送交该指定局。

(2) (a) 申请人可以在任何时候将其一份国际申请副本送交任一指定局。

(b) 申请人可以在任何时候要求国际局将其一份国际申请副本送交任一指定局。国际局应尽快将该国际申请副本送交该指定局。

(c) 任何国家局可以通知国际局，说明不愿接受第(b)目规定的副本。在这种情况下，该项规定不适用于该局。

## 第14条

[国际申请中的某些缺陷]

(1) (a) 受理局应检查国际申请是否有下列缺陷，即：

(i) 国际申请没有按照细则的规定签字；

(ii) 国际申请没有按照规定载明申请人的情况；

(iii) 国际申请没有发明名称；

(iv) 国际申请没有摘要；

(v) 国际申请不符合细则规定的形式要求。

(b) 如果受理局发现上述缺陷，应要求申请人在规定期限内改正该国际申请，期满不改正的，该申请即被视为撤回，并由受理局作相应的宣布。

(2) 如果国际申请提及附图，而实际上该申请并没有附图，受理局应相应地通知申请人，申请人可以在规定的期限内提供这些附图；如果申请人在规定期限内提供这些附图的，应以受理局收到附图之日为国际申请日。否则，应认为该申请没有提及附图。

(3) (a) 如果受理局发现在规定的期限内没有缴纳第3条第(4)项第(iv)段所规定的费用，或者对于任何一个指定国都没有缴纳第4条第(2)项规定的费用，国际申请即被视为撤回，并由受理局作相应的宣布。

(b) 如果受理局发现，已经在规定的期限内就一个或几个指定国家(但不是全部国家)缴清第4条第(2)项规定的费用，对其余指定国家没有在规定期限内缴清该项费用的，其指定即被视为撤回，并由受理局作相应的宣布。

(4) 如果在国际申请被给予国际申请日之后，受理局在规定的期限内发现，第 11 条第(1)项第(i)段至第(iii)段列举的任何一项要求在该日没有履行，上述申请即被视为撤回，并由受理局作相应的宣布。

## 第 15 条

［国际检索］

(1) 每一国际申请都应经过国际检索。

(2) 国际检索的目的是发现有关的现有技术。

(3) 国际检索应在权利要求书的基础上进行，并适当考虑到说明书和附图(如果有的话)。

(4) 第 16 条所述的国际检索单位应在其条件允许的情况下，尽量努力发现有关的现有技术，但无论如何应当查阅细则规定的文献。

(5) (a) 如果缔约国的本国法允许，向该国或代表该国的国家局提出国家申请的申请人，可以按照该本国法规定的条件要求对该申请进行一次与国际检索相似的检索(“国际式检索”)。

(b) 如果缔约国的本国法允许，该国或代表该国的国家局可以将向其提出的国家申请交付国际式检索。

(c) 国际式检索应由第 16 条所述的国际检索单位进行，这个国际检索单位也就是假设国家申请是向第(a)目和第(b)目所述的专利局提出的国际申请时有权对之进行国际检索的国际检索单位。如果国家申请是用国际检索单位认为自己没有人能处理的语言撰写的，该国际式检索应该用申请人准备的译文进行，该译文的语言应该是为国际申请所规定并且是国际检索单位同意接受的国际申请的语言。如果国际检索单位要求，国家申请及其译文应按照为国际申请所规定的形式提出。

## 第 16 条

［国际检索单位］

(1) 国际检索应由国际检索单位进行。该单位可以是一个国家局，或者是一个政府间组织，如国际专利机构，其任务包括对作为申请主题的发明提出现有技术的文献检索报告。

(2) 在设立单一的国际检索单位之前，如果存在几个国际检索单位，每个受理局应按照本条第(3)项第(b)目所述的适用协议的规定，指定一个或几个有权对向该局提出的国际申请进行检索的国际检索单位。

(3) (a) 国际检索单位应由大会指定。符合第(c)目要求的国家局和政府间组织均可以被指定为国际检索单位。

(b) 前项指定以取得将被指定的国家局或政府间组织的同意，并由该局或该组织与国际局签订协议为条件，该协议须经大会批准。该协议应规定双方的权利和义务，特别是上述局或组织正式承诺执行和遵守国际检索的所有各项共同规则。

(c) 细则应规定，国家局或政府间组织在其被指定为国际检索单位之前必须满足，而且在其被指定期间必须继续满足的最低要求，尤其是关于人员和文献的要求。

(d) 指定应有一定的期限，期满可以延长。

(e) 在大会对任何国家局或政府间组织的指定或对其指定的延长作出决定之前，或在大会听任此种指定终止之前，大会应听取有关局或组织的意见，一旦第 56 条所述的技术合作委员会成立之后，并应征求该委员会的意见。

## 第 17 条

［国际检索单位的程序］

(1) 国际检索单位的检索程序应依照本条约、细则以及国际局与该单位签订的协议的规定，但该协议不得违反本条约和细则的规定。

(2) (a) 如果国际检索单位认为：

(i) 国际申请涉及的内容按细则的规定不要求国际检索单位检索，而且该单位对该特定案件决定不作检索；或者

(ii) 说明书、权利要求书或附图不符合规定要求，以至于不能进行有意义的检索的；

上述检索单位应作相应的宣布，并通知申请人和国际局将不作出国际检索报告。

(b) 如果第(a)目所述的任何一种情况仅存在于某些权利要求，国际检索

报告中应对这些权利要求加以相应的说明，而对其他权利要求则应按第 18 条的规定作出国际检索报告。

(3) (a) 如果国际检索单位认为国际申请不符合细则中规定的发明单一性的要求，该检索单位应要求申请人缴纳附加费。国际检索单位应对国际申请的权利要求中首先提到的发明（“主要发明”）部分作出国际检索报告；在规定期限内付清要求的附加费后，再对国际申请中已经缴纳该项费用的发明部分作出国际检索报告。

(b) 指定国的本国法可以规定，如果该国的国家局认为第(a)目所述的国际检索单位的要求是正当的，而申请人并未付清所有应缴纳的附加费，国际申请中因此而未经检索的部分，就其在该国的效力而言，除非申请人向该国的国家局缴纳特别费用，即被视为撤回。

## 第 18 条

［国际检索报告］

(1) 国际检索报告应在规定的期限内按规定的格式作出。

(2) 国际检索单位作出国际检索报告后，应尽快将报告送交申请人和国际局。

(3) 国际检索报告或依照第 17 条第(2)项第(a)目所述的宣布，应按细则的规定予以翻译。译文应由国际局作出，或在其承担责任的情况下作出。

## 第 19 条

［向国际局提出对权利要求书的修改］

(1) 申请人在收到国际检索报告后，有权享受一次机会，在规定的期限内对国际申请的权利要求向国际局提出修改。申请人可以按细则的规定同时提出一项简短声明，解释上述修改并指出其对说明书和附图可能产生的影响。

(2) 修改不应超出国际申请提出时对发明公开的范围。

(3) 如果指定国的本国法准许修改超出上述公开范围，不遵守本条第(2)项的规定在该国不应产生任何后果。

## 第20条

［向指定局的送达］

(1) (a) 国际申请连同国际检索报告(包括按第 17 条第(2)项第(b)目所作的任何说明)或者按第 17 条第(2)项第(a)目所作的宣布,应按细则的规定送达每一个指定局,除非该指定局全部或部分放弃这种要求。

(b) 送达的材料应包括上述报告或宣布的(按规定的)译文。

(2) 如果根据第 19 条第(1)项对权利要求作出了修改,送达的材料应包括原提出的和经过修改的权利要求的全文,或者包括原提出的权利要求的全文并具体说明修改的各点,并且还应包括第 19 条第(1)项所述的声明(如果有时)。

(3) 国际检索单位根据指定局或申请人的请求,应按细则的规定,将国际检索报告中引用的文件副本分别送达上述指定局或申请人。

## 第21条

［国际公布］

(1) 国际局应公布国际申请。

(2) (a) 除本项第(b)目和第 64 条第(3)项规定的例外以外,国际申请的国际公布应在自该申请的优先权日起满十八个月后迅速予以办理。

(b) 申请人可以要求国际局在本项第(a)目所述的期限届满之前的任何时候公布其国际申请。国际局应按照细则的规定予以办理。

(3) 国际检索报告或第 17 条第(2)项第(a)目所述的宣布应按细则的规定予以公布。

(4) 国际公布所用的语言和格式以及其他细节,应按照细则的规定。

(5) 如果国际申请在其公布的技术准备完成以前被撤回或被视为撤回,即不进行国际公布。

(6) 如果国际局认为国际申请含有违反道德或公共秩序的词句或附图,或者国际局认为国际申请含有细则所规定的贬低性陈述,国际局在公布时可以删去这些词句、附图和陈述,同时指出删去的文字或附图的位置和字数或号数。根据请求，国际局提供删去部分的副本。

## 第22条

［向指定局提供副本、译本和缴纳费用］

(1) 申请人应在不迟于自优先权日起三十[①]个月届满之日，向每个指定局提供国际申请的副本(除非已按第20条的规定送达)及其译本(按照规定)各一份，并缴纳国家费用(如果有这种费用的话)。如果指定国的本国法要求写明发明人的姓名和其他规定的事项，但准许在提出国家申请之后提供这些说明的，除请求书中已包括这些说明外，申请人应在不迟于自优先权日起的三十个月届满之日，向该国或代表该国的国家局提供上述说明。

(2) 如果国际检索单位按照第17条第(2)项第(a)目的规定，宣布不作出国际检索报告，则完成第(1)项所述各项行为的期限与第(1)项所规定的期限相同。

(3) 为完成本条第(1)项或第(2)项所述的行为，任何缔约国的本国法可以另行规定期限，该期限可以在前两项规定的期限之后届满。

## 第23条

［国家程序的推迟］

(1) 在按照第22条适用的期限届满以前，任何指定局不应处理或审查国际申请。

(2) 尽管有本条第(1)项的规定，指定局根据申请人的明确的请求，可以在任何时候处理或审查国际申请。

## 第24条

［在指定国的效力可能丧失］

(1) 有下列情况之一的，除在下列第(ii)段的情况下第25条另有规定外，

① 编者注：自2002年4月1日施行的三十个月期限不适用于已通知国际局其适用的国内法与该期限不符的指定局。只要修改后的第22条第(1)项的规定继续与其适用的国内法不符，至2002年3月31日有效的二十个月期限在该日后对这些指定局继续有效。国际局收到的任何有关这种不符的信息将在公报以及WIPO下述网站上公告：www.wipo.int/pct/en/texts/reservations/res_incomp.html。

第11条第(3)项规定的国际申请的效力,在任何指定国家中应即终止,其后果和该国的任何国家申请的撤回相同:

(i) 如果申请人撤回其国际申请或撤回对该国的指定;

(ii) 如果根据第12条第(3)项、第14条第(1)项第(b)目、第14条第(3)项第(a)目或第14条第(4)项,国际申请被视为撤回,或者如果根据第14条第(3)项第(b)目,对该国的指定被视为撤回;

(iii) 如果申请人没有在适用的期限内履行第22条所述的行为。

(2) 尽管有本条第(1)项的规定,任何指定局仍可以保持第11条第(3)项所规定的效力,甚至这种效力根据第25条第(2)项并不需要保持也一样。

## 第25条

[指定局的复查]

(1) (a) 如果受理局拒绝给予国际申请日,或者宣布国际申请已被视为撤回,或者如果国际局已经按第12条第(3)项作出认定,国际局应该根据申请人的请求,立即将档案中任何文件的副本送交申请人指明的任何指定局。

(b) 如果受理局宣布对某一国家的指定已被视为撤回,国际局应该根据申请人的请求立即将档案中任何文件的副本送交该国的国家局。

(c) 按照第(a)目或第(b)目的请求应在规定的期限内提出。

(2) (a) 除第(b)目另有规定外,如果在规定的期限内国家费用已经缴纳(如需缴费),并且适当的译文(按规定)已经提交,每个指定局应按本条约和细则的规定,决定第(1)项所述的拒绝、宣布或认定是否正当;如果指定局认为拒绝或宣布是由于受理局的错误或疏忽所造成,或者认定是由于国际局的错误或疏忽所造成,就国际申请在指定局所在国的效力而言,该局应和未发生这种错误或疏忽一样对待该国际申请。

(b) 如果由于申请人的错误或疏忽,登记本到达国际局是在第12条第(3)项规定的期限届满之后,本项第(a)目的规定只有第48条第(2)项所述的情况下才应适用。

## 第 26 条

［向指定局提出改正的机会］

任何指定局在按照本国法所规定的对国家申请在相同或类似情况下允许改正的范围和程序，给予申请人以改正国际申请的机会之前，不得以不符合本条约和细则的要求为理由驳回国际申请。

## 第 27 条

［国家的要求］

(1) 任何缔约国的本国法不得就国际申请的形式或内容提出与本条约和细则的规定不同的或其他额外的要求。

(2) 指定局一旦开始处理国际申请后，第(1)项的规定既不影响第 7 条第(2)项规定的适用，也不妨碍任何缔约国的本国法要求提供下列各项：

(i) 申请人是法人时，有权代表该法人的职员的姓名；

(ii) 并非国际申请的一部分，但构成该申请中提出的主张或声明的证明的文件，包括该国际申请提出时是由申请人的代表或代理人签署，申请人以签字表示对该申请认可的文件。

(3) 就指定国而言，如果申请人依照该国本国法因为不是发明人而没有资格提出国家申请，指定局可以驳回国际申请。

(4) 如果从申请人的观点看，本国法对国家申请的形式或内容的要求比本条约和细则对国际申请所规定的要求更为有利，除申请人坚持对其国际申请适用本条约和细则规定的要求外，指定国或代表该指定国的国家局、法院和任何其他主管机关可以对该国际申请适用前一种要求以代替后一种要求。

(5) 本条约和细则的任何规定都不得解释为意图限制任何缔约国按其意志规定授予专利权的实质性条件的自由。特别是，本条约和细则关于现有技术的定义的任何规定是专门为国际程序使用的，不构成对申请的形式和内容的要求。因而，各缔约国在确定国际申请中请求保护的发明的专利性时，可以自由适用其本国法关于现有技术及其他专利性条件的标准。

(6) 缔约国的本国法可以要求申请人提供该法规定的关于专利性的任何

实质条件的证据。

(7) 任何受理局或者已开始处理国际申请的指定局，在本国法有关要求申请人指派有权在该局代表其自己的代理人以及(或者)要求申请人在指定国有一地址以便接受通知的范围内，可以适用本国法。

(8) 本条约和细则中，没有一项规定的意图可以解释为限制任何缔约国为维护其国家安全而采用其认为必要的措施，或者为保护该国一般经济利益而限制其居民或国民提出国际申请的权利的自由。

## 第28条

［向指定局提出对权利要求书、说明书和附图的修改］

(1) 申请人应有机会在规定的期限内，向每个指定局提出对权利要求书、说明书和附图的修改。除经申请人明确同意外，任何指定局，在该项期限届满前，不应授予专利权，也不应拒绝授予专利权。

(2) 修改不应超出国际申请提出时对发明公开的范围，除非指定国的本国法允许修改超出该范围。

(3) 在本条约和细则所没有规定的一切方面，修改应遵守指定国的本国法。

(4) 如果指定局要求国际申请的译本，修改应使用该译本的语言。

## 第29条

［国际公布的效力］

(1) 就申请人在指定国的任何权利的保护而言，国际申请的国际公布在该国的效力，除第(2)项至第(4)项另有规定外，应与指定国本国法对未经审查的本国申请所规定的强制国家公布的效力相同。

(2) 如果国际公布所使用的语言和在指定国按本国法公布所使用的语言不同，该本国法可以规定第(1)项规定的效力仅从下列时间起才能产生：

(i) 使用后一种语言的译本已经按本国法的规定予以公布；或者

(ii) 使用后一种语言的译本已经按本国法的规定通过公开展示而向公众提供；或者

(iii) 使用后一种语言的译本已经由申请人送达实际的或未来的未经授权而使用国际申请中请求保护的发明的人;或者

(iv) 上列第(i)段和第(iii)段所述的行为,或第(ii)段和第(iii)段所述的行为已经发生。

(3) 如果根据申请人的要求,在自优先权日起的十八个月期限届满以前国际申请已经予以国际公布,任何指定国的本国法可以规定,本条第(1)项规定的效力只有自优先权日起十八个月期限届满后才能产生。

(4) 任何指定国的本国法可以规定,第(1)项规定的效力,只有自按第 21 条公布的国际申请的副本已为该国的或代表该国的国家局收到之日起才能产生。该局应将收到副本的日期尽快在其公报中予以公布。

## 第 30 条

[国际申请的保密性]

(1) (a) 除第(b)目另有规定外,国际局和国际检索单位除根据申请人的请求或授权外,不得允许任何人或机构在国际申请的国际公布前接触该申请。

(b) 上列第(a)目的规定不适用于将国际申请送交主管国际检索单位,不适用于按第 13 条规定的送交,也不适用于按第 20 条规定的送达。

(2) (a) 除根据申请人的请求或授权外,任何国家局均不得允许第三人在下列各日期中最早的日期之前接触国际申请:

(i) 国际申请的国际公布日;

(ii) 按第 20 条送达的国际申请的收到日期;

(iii) 按第 22 条提供国际申请副本的收到日期。

(b) 上列第(a)目的规定并不妨碍任何国家局将该局已经被指定的事实告知第三人,也不妨碍其公布上述事实。但这种告知或公布只能包括下列事项:受理局的名称、申请人的姓名或名称、国际申请日、国际申请号和发明名称。

(c) 上列第(a)目的规定并不妨碍任何指定局为提供给司法当局使用而允许接触国际申请。

(3) 上列第(2)项第(a)目的规定除涉及第12条第(1)项规定的送交外,适用于任何受理局。

(4) 为本条的目的,“接触”一词包含第三人可以得知国际申请的任何方法,包括个别传递和普遍公布,但条件是在国际公布前,国家局不得普遍公布国际申请或其译本,或者如果在自优先权日起的二十个月期限届满时,还没有进行国际公布,那么在自优先权日起的二十个月届满前,国家局也不得普遍公布国际申请或其译本。

# 第二章 国际初步审查

## 第31条

[要求国际初步审查]

(1) 经申请人要求,对国际申请应按下列规定和细则进行国际初步审查。

(2) (a) 凡受第Ⅱ章约束的缔约国的居民或国民(按照细则的规定)的申请人,在其国际申请已提交该国或代表该国的受理局后,可以要求进行国际初步审查。

(b) 大会可以决定准许有权提出国际申请的人要求国际初步审查,即使他们是没有参加本条约的国家或不受第Ⅱ章约束的国家的居民或国民。

(3) 国际初步审查的要求应与国际申请分别提出,这种要求应包括规定事项,并使用规定的语言和格式。

(4) (a) 国际初步审查的要求应说明申请人预定在哪些缔约国使用国际初步审查的结果(“选定国”)。以后还可选定更多的缔约国。选定应只限于按第4条已被指定的缔约国。

(b) 上列第(2)项第(a)目所述的申请人可以选定受第Ⅱ章约束的任何缔约国。本条第(2)项第(b)目所述的申请人只可以选定已经声明准备接受这些申请人选定的那些受第Ⅱ章约束的缔约国。

(5) 要求国际初步审查,应在规定的期限内缴纳规定的费用。

(6) (a) 国际初步审查的要求应向第 32 条所述的主管国际初步审查单位提出。

(b) 任何以后的选定都应向国际局提出。

(7) 每个选定局应接到其被选定的通知。

## 第32条

[国际初步审查单位]

(1) 国际初步审查应由国际初步审查单位进行。

(2) 受理局(指第 31 条第(2)项第(a)目所述的要求的情形)和大会(指第 31 条第(2)项第(b)目所述的要求的情形)应按照有关的国际初步审查单位与国际局之间适用的协议,确定一个或几个主管初步审查的国际初步审查单位。

(3) 第 16 条第(3)项的规定比照适用于国际初步审查单位。

## 第33条

[国际初步审查]

(1) 国际初步审查的目的是对下述问题提出初步的无约束力的意见,即请求保护的发明看来是否有创新性,是否有创造性(非显而易见性)和是否有工业实用性。

(2) 为国际初步审查的目的,请求保护的发明如果是细则所规定的现有技术中所没有的,应认为具有创新性。

(3) 为国际初步审查的目的,如果按细则所规定的现有技术考虑,请求保护的发明在规定的相关日期对本行业的技术人员不是显而易见的,它应被认为具有创造性。

(4) 为国际初步审查的目的,请求保护的发明如果根据其性质可以在任何一种工业中制造或使用(从技术意义来说),应认为具有工业实用性。对“工业”一词应如同在《保护工业产权巴黎公约》中那样作最广义的理解。

(5) 上述标准只供国际初步审查之用。任何缔约国为了决定请求保护的发明在该国是否可以获得专利,可以采用附加的或不同的标准。

(6) 国际初步审查应考虑国际检索报告中引用的所有文件。该审查也可以考虑被认为与特定案件有关的任何附加文件。

## 第34条

[国际初步审查单位的程序]

(1) 国际初步审查单位的审查程序,应遵守本条约、细则以及国际局与该单位签订的协议,但该协议不得违反本条约和细则的规定。

(2) (a) 申请人有权以口头和书面与国际初步审查单位进行联系。

(b) 在国际初步审查报告作出之前,申请人有权依照规定的方式,并在规定的期限内修改权利要求书、说明书和附图。这种修改不应超出国际申请提出时对发明公开的范围。

(c) 除国际初步审查单位认为下列所有条件均已具备外,申请人应从该单位至少得到一份书面意见:

(i) 发明符合第33条第(1)项所规定的标准;

(ii) 经该单位检查,国际申请符合本条约和细则的各项要求;

(iii) 该单位不准备按照第35条第(2)项最后一句提出任何意见。

(d) 申请人可以对上述书面意见作出答复。

(3) (a) 如果国际初步审查单位认为国际申请不符合细则所规定的发明单一性要求,可以要求申请人选择对权利要求加以限制,以符合该要求,或缴纳附加费。

(b) 任何选定国的本国法可以规定,如果申请人按第(a)目规定选择对权利要求加以限制,国际申请中因限制的结果而不再是国际初步审查对象的那些部分,就其在该国的效力而言,应该认为已经撤回,除非申请人向该国的国家局缴纳特别的费用。

(c) 如果申请人在规定的期限内不履行本项第(a)目所述的要求,国际初步审查应就国际申请中看来是主要发明的那些部分作出国际初步审查报告,并在该报告中说明有关的事实。任何选定国的本国法可以规定,如果该国的国家局认为国际初步审查单位的要求是正当的,该国际申请中与主要发明无关的那些部分,就其在该国的效力来说,应认为已经撤回,除非申请人向该局缴纳特别的费用。

(4)(a)如果国际初步审查单位认为:

(i)国际申请涉及的主题按照细则的规定并不要求国际初步审查单位进行国际初步审查,并且国际初步审查单位已决定不对该特定案件进行这种审查;或者

(ii)说明书、权利要求书或附图不清楚,或者权利要求在说明书中没有适当的依据,因而不能对请求保护的发明的创新性、创造性(非显而易见性)或工业实用性形成有意义的意见;

则所述单位将不就第33条第(1)项规定的各项问题进行审查,并应将这种意见及其理由通知申请人。

(b)如果认为本项第(a)目所述的任何一种情况只存在于某些权利要求或只与某些权利要求有关,该项规定只适用于这些权利要求。

## 第35条

[国际初步审查报告]

(1)国际初步审查报告应在规定的期限内并按规定的格式写成。

(2)国际初步审查报告不应包括关于下列问题的说明,即请求保护的发明按照任何国家的本国法可以或看来可以取得专利或不可以取得专利。除第(3)项另有规定外,报告应就每项权利要求作出说明,即该权利要求看来是否符合第33条第(1)项至第(4)项为国际初步审查的目的所规定的创新性、创造性(非显而易见性)和工业实用性的标准。说明中应附有据以认为能证明所述结论的引用文件的清单,以及根据案件的情况可能需要作出的解释。说明还应附有细则所规定的其他意见。

(3)(a)如果国际初步审查单位在作出国际初步审查报告时,认为存在着第34条第(4)项第(a)目所述的任何一种情况,该报告应说明这一意见及其理由。报告不应包括第(2)项所规定的任何说明。

(b)如果发现存在着第34条第(4)项第(b)目所述的情况,国际初步审查报告应对涉及的权利要求作出第(a)目所规定的说明,而对其他权利要求则应作出本条第(2)项规定的说明。

## 第36条

[国际初步审查报告的送交、翻译和送达]

(1) 国际初步审查报告,连同规定的附件,应送交申请人和国际局。

(2) (a) 国际初步审查报告及其附件应译成规定的语言。

(b) 上述报告的译本应由国际局作出或在其承担责任的情况下作出,而上述附件的译本则应由申请人作出。

(3) (a) 国际初步审查报告,连同其译本(按规定)以及其附件(用原来的语言),应由国际局送达每个选定局。

(b) 附件的规定译本应由申请人在规定期限内送交各选定局。

(4) 第20条第(3)项的规定比照适用于国际初步审查报告中引用而在国际检索报告中未引用的任何文件的副本。

## 第37条

[国际初步审查要求或选定的撤回]

(1) 申请人可以撤回任何一个或所有的选定。

(2) 如果对所有选定国的选定都撤回,国际初步审查的要求应视为撤回。

(3) (a) 任何撤回都应通知国际局。

(b) 国际局应相应通知有关的选定局和有关的国际初步审查单位。

(4) (a) 除本项第(b)目另有规定外,撤回国际初步审查的要求或撤回对某个缔约国的选定,就该国而言,除非该国的本国法另有规定,应视为撤回国际申请。

(b) 如果撤回国际初步审查的要求或撤回选定是在第22条规定的适用期限届满之前,这种撤回不应该视为撤回国际申请;但是任何缔约国可以在其本国法中规定,只有在其国家局已在该期限内收到国际申请的副本及其译本(按照规定),以及国家费用的情形,本规定才适用。

## 第38条

[国际初步审查的保密性]

(1) 国际初步审查报告一经作出,除经申请人请求或授权,国际局或国际初步审查单位均不得准许除选定局外的任何个人或单位，以第30条第(4)项规定的意义并按其规定的限制，在任何时候接触国际初步审查的档案。

(2) 除本条第(1)项、第36条第(1)项和第(3)项以及第37条第(3)项第(b)目另有规定外，如未经申请人请求或授权，无论国际局或国际初步审查单位均不得就国际初步审查报告的发布或不发布，以及就国际初步审查要求或选定的撤回或不撤回提供任何信息。

## 第39条

[向选定局提供副本、译本和缴纳费用]

(1) (a) 如果在自优先权日起第十九个月届满前已经选定缔约国、第22条的规定不适用于该国，申请人应在不迟于自优先权日起三十个月届满之日向每个选定局提供国际申请副本(除非已按第20条的规定送达)和译本(按照规定)各一份，并缴纳国家费用(如果需要缴纳)。

(b) 为履行本条第(a)目所述的行为，任何缔约国的本国法可以另行规定期限比该项所规定的期限届满更迟。

(2) 如果申请人没有在按第(1)项第(a)目或第(b)目适用的期限内履行第(1)项第(a)目所述的行为，第11条第(3)项规定的效力即在选定国终止，其结果和在该选定国撤回国家申请相同。

(3) 即使申请人不遵守第(1)项第(a)目或第(b)目的要求，任何选定局仍可维持第11条第(3)项所规定的效力。

## 第40条

[国家审查和其他处理程序的推迟]

(1) 如果在自优先权日起第十九个月届满之前已经选定某个缔约国，第23条的规定不适用于该国，该国的国家局或代表该国的国家局，除第(2)项另有规定外，在第39条适用的期限届满前，对国际申请不应进行审查和其他处理程序。

(2) 尽管有本条第(1)项的规定，任何一个选定局根据申请人的明确请求，可以在任何时候对国际申请进行审查和其他处理程序。

### 第41条

［向选定局提出对权利要求书、说明书和附图的修改］

(1) 申请人应有机会在规定的期限内向每一个选定局提出对权利要求书、说明书和附图的修改。除经申请人明确同意外，任何选定局，在该项期限届满前，不应授予专利权，也不应拒绝授予专利权。

(2) 修改不应超出国际申请提出时对发明公开的范围，除非选定国的本国法允许修改超出该范围。

(3) 在本条约和细则所没有规定的一切方面，修改应遵守选定国的本国法。

(4) 如果选定局要求国际申请的译本，修改应使用该译本的语言。

### 第42条

［选定局的国家审查的结果］

接到国际初步审查报告的选定局，不得要求申请人提供任何其他选定局对同一国际申请的审查有关的任何文件副本或有关其内容的信息。

## 第三章　共 同 规 定

### 第43条

［寻求某些种类的保护］

在任何指定国或选定国，按照其法律授予发明人证书、实用证书、实用新型、增补专利或增补证书、增补发明人证书或增补实用证书的，申请人可以按细则的规定，表示其国际申请就该国而言是请求授予发明人证书、实用证书或实用新型，而不是专利，或者表示请求授予增补专利或增补证书，增补发明人证书或增补实用证书，随此产生的效果取决于申请人的选择。为本条和其细则中有关本条的目的，第2条第(ii)段不应适用。

## 第44条

［寻求两种保护］

在任何指定国或选定国，按照其法律允许一项申请要求授予专利或第43条所述的其他各种保护之一的同时，也可以要求授予所述各种保护中另一种保护的，申请人可以按细则的规定，表明他所寻求的两种保护，随此产生的效果取决于申请人的表示。为本条的目的，第2条第(ii)段不应适用。

## 第45条

［地区专利条约］

(1) 任何条约规定授予地区专利（"地区专利条约"），并对按照第9条有权提出国际申请的任何人给予申请此种专利的权利的，可以规定，凡指定或选定既是地区专利条约又是本条约的缔约国的国际申请，可以作为请求此种专利的申请提出。

(2) 上述指定国或选定国的本国法可以规定，在国际申请中对该国的指定或选定，具有表明要求按照地区专利条约取得地区专利的效力。

## 第46条

［国际申请的不正确译文］

如果由于国际申请的不正确译文，致使根据该申请授予的专利的范围超出了使用原来语言的国际申请的范围，有关缔约国的主管当局可以相应地限制该专利的范围，并且对该专利超出使用原来语言的国际申请范围的部分宣告无效。这种限制和无效宣告有追溯既往的效力。

## 第47条

［期　限］

(1) 计算本条约所述的期限的细节，由细则规定。

(2) (a) 本第Ⅰ章和第Ⅱ章规定的所有期限，除按第60条规定的修改外，可以按照各缔约国的决定予以修改。

(b) 上述决定应在大会作出，或者经由通讯投票作出，而且必须一致通过。

(c) 程序的细节由细则规定。

## 第 48 条

[延误某些期限]

(1) 如果本条约或细则规定的任何期限由于邮政中断或者由于邮递中不可避免地丢失或延误而未能遵守的，应视为该期限在该情况下已经遵守，但应有细则规定的证明和符合细则规定的其他条件。

(2) (a) 任何缔约国，就该国而言，应按照其本国法所许可的理由，对期限的任何延误予以宽恕。

(b) 任何缔约国，就该国而言，可以按照第(a)目所述理由以外的理由，对期限的任何延误予以宽恕。

## 第 49 条

[在国际单位执行业务的权利]

任何律师、专利代理人或其他人员有权在提出国际申请的国家局执行业务的，应有权就该申请在国际局和主管的国际检索单位以及主管的国际初步审查单位执行业务。

# 第四章　技 术 服 务

## 第 50 条

[专利信息服务]

(1) 国际局可以根据已公布的文件，主要是已公布的专利和专利申请，将其所得到的技术信息和任何其他有关信息提供服务(在本条中称为“信息服务”)。

(2) 国际局可以直接地，或通过与该局达成协议的一个或一个以上的国际检索单位或其他国家的或国际的专门机构，来提供上述信息服务。

(3) 信息服务进行的方式，应特别便利本身是发展中国家的缔约国获得技术知识和技术，包括可以得到的已公布的技术诀窍在内。

(4) 信息服务应向缔约国政府及其国民和居民提供。大会可以决定也可以向其他人提供这些服务。

(5) (a) 向缔约国政府提供的任何服务应按成本收费，但该政府是一个发展中国家的缔约国政府时，提供服务的收费应低于成本，如果不足之数能够从向缔约国政府以外的其他人员提供服务所获得的利润中弥补，或能从第 51 条第(4)项所述的来源中弥补。

(b) 本项第(a)目所述的成本费应该理解为高于国家局进行服务或国际检索单位履行义务正常征收的费用。

(6) 有关实行本条规定的细节应遵照大会和大会为此目的可能设立的工作组(在大会规定的限度内)作出的决定。

(7) 大会认为必要时，应建议筹措资金的方法，作为本条第(5)项所述办法的补充。

## 第51条

[技术援助]

(1) 大会应设立技术援助委员会(本条称为"委员会")。

(2) (a) 委员会委员应在各缔约国中选举产生，适当照顾发展中国家的代表性。

(b) 总干事应依照其倡议或经委员会的请求，邀请向发展中国家提供技术援助的有关的政府间组织的代表参加委员会的工作。

(3) (a) 委员会的任务是组织和监督对本身是发展中国家的缔约国个别地或在地区的基础上发展其专利制度的技术援助。

(b) 除其他事项外，技术援助应包括训练专门人员、借调专家以及为表演示范和操作目的提供设备。

(4) 为了依据本条进行的计划项目筹措资金，国际局应一方面寻求与国际金融组织和政府间组织，特别是联合国、联合国各机构以及与联合国有联系的有关技术援助的专门机构达成协议,另一方面寻求与接受技术援助的各国政府达成协议。

(5) 有关实行本条规定的细节,应遵照大会和大会为此目的可能设立的工作组(在大会规定的限度内)作出的决定。

## 第52条

[与本条约其他规定的关系]

本章中的任何规定均不影响本条约其他章中所载的财政规定。其他章的财政规定对本章或本章的执行均不适用。

# 第五章　行 政 规 定

## 第53条

[大　会]

(1) (a) 除第57条第(8)项另有规定外,大会应由各缔约国组成。

(b) 每个缔约国政府应有一名代表,该代表可以由副代表、顾问和专家辅助。

(2) (a) 大会应:

(i) 处理有关维持和发展本联盟及执行本条约的一切事项;

(ii) 执行本条约其他条款特别授予大会的任务;

(iii) 就有关修订本条约会议的筹备事项对国际局给予指示;

(iv) 审议和批准总干事有关本联盟的报告和活动,并就有关本联盟职权范围内的事项对总干事给予一切必要的指示;

(v) 审议和批准按第(9)项建立的执行委员会的报告和活动,并对该委员会给予指示;

(vi) 决定本联盟的计划,通过本联盟的三年[①]预算,并批准其决算;

---

① 编者注:自1980年起,本联盟的计划和预算是两年制。

(vii) 通过本联盟的财务规则；

(viii) 为实现本联盟的目的，成立适当的委员会和工作组；

(ix) 决定接纳缔约国以外的哪些国家，以及除第(8)项另有规定外，哪些政府间组织和非政府间国际组织作为观察员参加大会的会议；

(x) 采取旨在促进本联盟目的的任何其他适当行动，并履行按本条约是适当的其他职责。

(b) 关于本组织管理的其他联盟共同有关的事项，大会应在听取本组织的协调委员会的意见后作出决定。

(3) 一个代表只可代表一个国家，并且以该国名义投票。

(4) 每个缔约国只有一票表决权。

(5) (a) 缔约国的半数构成开会的法定人数。

(b) 在未达到法定人数时，大会可以作出决议，但除有关其自己的议事程序的决议以外，所有决议只有在按照细则规定，依照通信投票的方法达到法定人数和必要的多数时，才有效力。

(6) (a) 除第47条第(2)项第(b)目、第58条第(2)项第(b)目、第58条第(3)项和第61条第(2)项第(b)目另有规定外，大会的各项决议需要有所投票数的三分之二票。

(b) 弃权票不应认为是投票。

(7) 对于仅与受第Ⅱ章约束的国家有关的事项，第(4)项、第(5)项和第(6)项中所述的缔约国，都应认为只适用于受第Ⅱ章约束的国家。

(8) 被指定为国际检索单位或国际初步审查单位的任何政府间组织，应被接纳为大会的观察员。

(9) 缔约国超过四十国时，大会应设立执行委员会。本条约和细则中所述的执行委员会，一旦该委员会设立后，应解释为这种委员会。

(10) 在执行委员会设立前，大会应在计划和三年①预算的限度内，批准由总干事制定的年度计划和预算。

(11) (a) 大会应每两年召开一次通常会议，由总干事召集，如无特殊情

① 编者注：自1980年起，本联盟的计划和预算是两年制。

况，应和本组织的大会同时间和同地点召开。

(b) 大会的临时会议由总干事应执行委员会或四分之一的缔约国的要求召开。

(12) 大会应通过其自己的议事规则。

## 第54条

[执行委员会]

(1) 大会设立执行委员会后，该委员会应遵守下列的规定。

(2) (a) 除第57条第(8)项另有规定外，执行委员会应由大会从大会成员国中选出的国家组成。

(b) 执行委员会的每个委员国政府应有一名代表，该代表可以由副代表、顾问和专家若干人辅助。

(3) 执行委员会委员国的数目应相当于大会成员国数目的四分之一。在确定席位数目时，用四除后的余数不计。

(4) 大会在选举执行委员会委员时，应适当考虑公平的地理分配。

(5) (a) 执行委员会每个委员的任期，应自选出该委员会的大会会议闭幕开始，到大会下次通常会议闭幕为止。

(b) 执行委员会委员可以连选连任，但连任的委员数目最多不能超过全体委员的三分之二。

(c) 大会应制定有关执行委员会委员选举和可能连选连任的详细规则。

(6) (a) 执行委员会的职权如下：

(i) 拟定大会议事日程草案；

(ii) 就总干事拟定的本联盟计划和两年预算草案，向大会提出建议；

(iii) [已删除]

(iv) 向大会递交总干事的定期报告和对账目的年度审计报告，并附以适当的意见；

(v) 按照大会的决定并考虑到大会两次通常会议之间发生的情况，采取一切必要措施，以保证总干事执行本联盟的计划；

(vi) 执行按照本条约授予的其他职责。

(b) 关于与本组织管理下的其他联盟共同有关的事项,执行委员会应在听取本组织协调委员会的意见后作出决定。

(7) (a) 执行委员会每年应举行一次通常会议,由总干事召集,最好和本组织协调委员会同时间和同地点召开。

(b) 执行委员会临时会议应由总干事依其本人倡议,或根据委员会主席或四分之一的委员的要求而召开。

(8) (a) 执行委员会每个委员国应有一票表决权。

(b) 执行委员会委员的半数构成开会的法定人数。

(c) 决议应有所投票数的简单多数。

(d) 弃权票不应认为是投票。

(e) 一个代表只可代表一个国家,并以该国的名义投票。

(9) 非执行委员会委员的缔约国,以及被指定为国际检索单位或国际初步审查单位的任何政府间组织,应被接纳为观察员参加委员会的会议。

(10) 执行委员会应通过其自己的议事规则。

## 第55条

[国际局]

(1) 有关本联盟的行政工作应由国际局执行。

(2) 国际局应提供本联盟各机构的秘书处。

(3) 总干事为本联盟的最高行政官员,并代表本联盟。

(4) 国际局应出版公报和细则规定的或大会要求的其他出版物。

(5) 协助国际局、国际检索单位和国际初步审查单位执行本条约规定的各项任务,细则应规定国家局应提供的服务。

(6) 总干事和他所指定的工作人员应参加大会、执行委员会以及按本条约或细则设立的其他委员会或工作小组的所有会议,但无表决权。总干事或由他指定的一名工作人员应为这些机构的当然秘书。

(7) (a) 国际局应按照大会的指示并与执行委员会合作,为修订本条约的会议进行准备工作。

(b) 关于修订本条约会议的准备工作,国际局可与政府间组织和非政府间国际组织进行磋商。

(c) 总干事及其指定的人员应在修订本条约会议上参加讨论，但无表决权。

(8) 国际局应执行指定的任何其他任务。

## 第56条

[技术合作委员会]

(1) 大会应设立技术合作委员会(在本条中称为“委员会”)。

(2) (a) 大会应决定委员会的组成，并指派其委员，适当注意发展中国家的公平代表性。

(b) 国际检索单位和国际初步审查单位应为委员会的当然委员。如果该单位是缔约国的国家局，该国在委员会不应再有代表。

(c) 如果缔约国的数目允许，委员会委员的总数应是当然委员数的两倍以上。

(d) 总干事应依其本人倡议或根据委员会的要求，邀请有利害关系组织的代表参加与其利益有关的讨论。

(3) 委员会的目的是提出意见和建议，以致力于：

(i) 不断改进本条约所规定的各项服务；

(ii) 在存在几个国际检索单位和几个国际初步审查单位的情况下，保证这些单位的文献和工作方法具有最大程度的一致性，并使其提出的报告同样具有最大程度的高质量；并且

(iii) 在大会或执行委员会的倡议下，解决在设立单一的国际检索单位过程中所特有的技术问题。

(4) 任何缔约国和任何有利害关系的国际组织，可以用书面就属于委员会权限以内的问题和委员会进行联系。

(5) 委员会可以向总干事或通过总干事向大会、执行委员会，所有或某些国际检索单位和国际初步审查单位，以及所有或某些受理局提出意见和建议。

(6) (a) 在任何情况下，总干事应将委员会的所有意见和建议的文本送交执行委员会。总干事可以对这些文本表示意见。

(b) 执行委员会可以对委员会的意见、建议或其他活动表示其看法,并且可以要求委员会对属于其主管范围内的问题进行研究并提出报告。执行委员会可将委员会的意见、建议和报告提交大会,并附以适当的说明。

(7) 在执行委员会建立前,本条第(6)项中所称执行委员会应解释为大会。

(8) 委员会议事程序的细节应由大会以决议加以规定。

## 第57条

[财　务]

(1) (a) 本联盟应有预算。

(b) 本联盟的预算应包括本联盟自己的收入和支出,及其对本组织管理下各联盟的共同支出预算应缴的份额。

(c) 并非专属于本联盟而同时也属于本组织管理下的一个或一个以上其他联盟的支出,应认为是这些联盟的共同支出。本联盟在这些共同支出中应负担的份额,应和本联盟在其中的利益成比例。

(2) 制定本联盟的预算时,应适当注意到与本组织管理下的其他联盟的预算进行协调的需要。

(3) 除本条第(5)项另有规定外,本联盟预算的资金来源如下:

(i) 国际局提供有关本联盟的服务应收取的费用;

(ii) 国际局有关本联盟的出版物的出售所得或版税;

(iii) 捐款、遗赠和补助金;

(iv) 租金、利息和其他杂项收入。

(4) 确定应付给国际局的费用的金额及其出版物的价格时,应使这些收入在正常情况下足以支付国际局为执行本条约所需要的一切开支。

(5) (a) 如果任何财政年度结束时出现赤字,缔约国应在遵守第(b)目和第(c)目规定的情况下,缴纳会费以弥补赤字。

(b) 每个缔约国缴纳会费的数额,应由大会决定,但应适当考虑当年来自各缔约国的国际申请的数目。

(c) 如果有暂时弥补赤字或其一部分的其他办法,大会可以决定将赤字转入下一年度，而不要求各缔约国缴纳会费。

(d) 如果本联盟的财政情况允许，大会可以决定把按第(a)目缴纳的会费退还给原缴款的缔约国。

(e) 缔约国在大会规定的应缴会费日的两年内没有缴清第(b)目规定的会费的，不得在本联盟的任何机构中行使表决权。但是，只要确信缴款的延误是由于特殊的和不可避免的情况，本联盟的任何机构可以允许该国继续在该机构中行使表决权。

(6) 如果在新财政期间开始前预算尚未通过，按财务规则的规定，此预算的水平应同前一年的预算一样。

(7) (a) 本联盟应有一笔工作基金，由每个缔约国一次缴款构成。如果基金不足，大会应安排予以增加。如果基金的一部分已不再需要，应予退还。

(b) 每个缔约国首次向上述基金缴付的数额，或参与增加上述基金的数额，应由大会根据与本条第(5)项第(b)目所规定的相似的原则予以决定。

(c) 缴款的条件应由大会按照总干事的建议并且在听取本组织协调委员会的意见后，予以规定。

(d) 退还应与每个缔约国原缴纳的数额成比例，并且考虑到缴纳的日期。

(8) (a) 本组织与其总部所在国签订的总部协议中应规定，在工作基金不足时，该国应给予贷款。贷款的数额和条件应按每次的情况由该国和本组织订立单独的协议加以规定。只要该国仍负有给予贷款的义务，该国在大会和执行委员会就应享有当然席位。

(b) 本项第(a)目中所述的国家和本组织的每一方都有权以书面通知废除贷款的义务。废除自通知发出的当年年底起三年后产生效力。

(9) 账目的审核应按财务规则的规定，由一个或一个以上缔约国或外界审计师进行。这些缔约国或审计师应由大会在征得其同意后指定。

## 第58条

[实施细则]

(1) 本条约所附的细则规定以下事项的规则：

(i) 关于本条约明文规定应按细则办理的事项,或明文规定由或将由细则规定的事项;

(ii) 关于管理的要求、事项或程序;

(iii) 关于在贯彻本条约的规定中有用的细节。

(2) (a) 大会可以修改细则。

(b) 除本条第(3)项另有规定外,修改需要有所投票数的四分之三。

(3) (a) 细则应规定哪些规则只有按照下列方法才能修改:

(i) 全体一致同意;或者

(ii) 其国家局担任国际检索单位或国际初步审查单位的各缔约国都没有表示异议,而且在这种单位是政府间组织时,经该组织主管机构内其他成员国为此目的授权的该组织的成员国兼缔约国并没有表示异议。

(b) 将来如从应予适用的要求中排除上述任何一项规则,应分别符合第(a)目第(i)段或第(ii)段规定的条件。

(c) 将来如将任何一项规则包括在第(a)目所述的这一段或那一段要求中,应经全体一致同意。

(4) 细则应规定,总干事应在大会监督下制定行政规程。

(5) 本条约的规定与细则的规定发生抵触时,应以条约规定为准。

## 第六章　争　　议

### 第59条

［争　议］

除第64条第(5)项另有规定外,两个或两个以上缔约国之间有关本条约或细则的解释或适用发生争议,通过谈判未解决的,如果有关各国不能就其他的解决方法达成协议,有关各国中任何一国可以按照国际法院规约的规定将争议提交该法院。将争议提交国际法院的缔约国应通知国际局;国际局应将此事提请其他缔约国予以注意。

# 第七章 修订和修改

## 第60条

[本条约的修订]

(1) 本条约随时可以由缔约国的特别会议加以修订。

(2) 修订会议的召开应由大会决定。

(3) 被指定为国际检索单位或国际初步审查单位的政府间组织,应被接纳为修订会议的观察员。

(4) 第53条第(5)项、第(9)项和第(11)项,第54条,第55条第(4)项至第(8)项,第56条和第57条,可以由修订会议修改,或按照第61条的规定予以修改。

## 第61条

[本条约某些规定的修改]

(1) (a) 大会的任何成员国、执行委员会或总干事可以对第53条第(5)项、第(9)项和第(11)项,第54条,第55条第(4)项至第(8)项,第56条以及第57条提出修改建议。

(b) 总干事应将这些建议在大会进行审议前至少六个月通知各缔约国。

(2) (a) 对本条第(1)项所述各条的任何修改应由大会通过。

(b) 通过需要有所投票数的四分之三。

(3) (a) 对第(1)项所述各条的任何修改,应在总干事从大会通过修改时的四分之三成员国收到按照其各自宪法程序办理的书面接受通知起一个月后开始生效。

(b) 对上述各条的任何修改经这样接受后,对修改生效时是大会成员的所有国家均具有约束力,但增加缔约国财政义务的任何修改只对那些已通知接受该修改的国家具有约束力。

(c) 凡按第(a)目的规定已经接受的任何修改,在按该项规定生效后,对于以后成为大会成员国的所有国家都具有约束力。

## 第八章 最后条款

### 第62条

［加入本条约］

（1）凡保护工业产权国际联盟的成员国，通过以下手续可以加入本条约：

（i）签字并交存批准书；或

（ii）交存加入书。

（2）批准书或加入书应交总干事保存。

（3）《保护工业产权巴黎公约的斯德哥尔摩议定书》第24条应适用于本条约。

（4）在任何情况下，本条第（3）项不应理解为意味着一个缔约国承认或默示接受有关另一缔约国根据该项将本条约适用于某领地的事实状况。

### 第63条

［本条约的生效］

（1）（a）除本条第（3）项另有规定外，本条约应在八个国家交存其批准书或加入书后三个月生效，但其中至少应有四国各自符合下列条件中的任一条件：

（i）按照国际局公布的最新年度统计，在该国提出的申请已超过四万件；

（ii）按照国际局公布的最新年度统计，该国的国民或居民在某一外国提出的申请至少已达一千件；

（iii）按照国际局公布的最新年度统计，该国的国家局收到外国国民或居民的申请至少已达一万件。

（b）为本项的目的，“申请”一词不包括实用新型申请。

（2）除本条第（3）项另有规定外，在本条约按第（1）项生效时未成为缔约国的任何国家，在该国交存其批准书或加入书三个月后，应受本条约的约束。

(3) 但是,第Ⅱ章的规定和附于本条约的细则的相应规定,只是在有三个国家至少各自符合本条第(1)项规定的三项条件之一而加入本条约之日,并且没有按第 64 条第(1)项声明不受第Ⅱ章规定的约束,才能适用。但是,该日期不得先于按第(1)项最初生效的日期。

## 第64条

[保　留①]

(1) (a) 任何国家可以声明不受第Ⅱ章规定的约束。

(b) 按第(a)目作出声明的国家,不受第Ⅱ章的规定和细则的相应规定的约束。

(2) (a) 没有按第(1)项第(a)目作出声明的任何国家可以声明:

(i) 不受第 39 条第(1)项关于提供国际申请副本及其译本(按照规定)各一份的规定的约束;

(ii) 按第 40 条的规定推迟国家处理程序的义务并不妨碍由国家局或通过国家局公布国际申请或其译本,但应理解为该国并没有免除第 30 条和第 38 条规定的限制。

(b) 作出以上声明的国家应受到相应的约束。

(3) (a) 任何国家可以声明,就该国而言,不要求国际申请的国际公布。

(b) 如果在自优先权日起十八个月期满时,国际申请只包含对作出本项第(a)目声明的国家的指定,该国际申请不应按第 21 条第(2)项的规定予以公布。

(c) 在适用本项第(b)目规定时,如遇下列情况,国际申请仍应由国际局公布:

(i) 按细则的规定,根据申请人的请求;

(ii) 当已经按第(a)目规定作出了声明的任何以国际申请为基础的国家申请或专利已被指定国的国家局或代表该国的国家局公布,立即在该公布后

① 编者注:国际局收到的有关依照条约第 64 条第(1)项至第(5)项作出的保留的信息将在公报以及 WIPO 下述网站上公告:www. wipo. int/pct/en/texts/reservations/res_incomp. html。

并在不早于自优先权日起十八个月届满前。

(4) (a) 当任何本国法规定，其专利的现有技术效力自公布前的某一个日期起计算，但不将为现有技术的目的，按照《保护工业产权巴黎公约》所要求的优先权日等同于在该国的实际申请日的，该国可以声明，为现有技术的目的，在该国之外提交的指定该国的国际申请不等同于在该国的实际申请日。

(b) 按本项第(a)目作出声明的任何国家，在该项规定的范围内，不受第11条第(3)项规定的约束。

(c) 按本项第(a)目作出声明的国家，应同时以书面声明指定该国的国际申请的现有技术效力在该国开始生效的日期和条件。该项声明可以在任何时候通知总干事予以修改。

(5) 每个国家可以声明不受第59条的约束。关于作出这种声明的缔约国与其他缔约国之间的任何争议，不适用第59条的规定。

(6) (a) 按本条作出的任何声明均应是书面的声明。它可以在本条约上签字时或交存批准书或加入书时作出，或者除第(5)项所述的情况外，在以后任何时候以通知总干事的方式作出。在通知总干事的情况下，上述声明应在总干事收到通知之日起六个月后生效，对于在六个月期满前提出的国际申请没有影响。

(b) 按本条所作的任何声明，均可以在任何时候通知总干事予以撤回。这种撤回应在总干事收到通知之日起三个月后生效，在撤回按本条第(3)项所作声明的情形，撤回对在三个月期满前提出的国际申请没有影响。

(7) 除按本条第(1)项至第(5)项提出保留外，不允许对本条约作任何其他保留。

## 第65条

[逐步适用]

(1) 如果在与国际检索单位或国际初步审查单位达成的协议中，对该单位承担处理的国际申请的数量或种类规定临时性的限制，大会应就某些种类的国际申请逐步适用本条约和细则采取必要措施。本规定应同样适用于按第

15 条第(5)项提出的国际式检索的请求。

(2) 除本条第(1)项另有规定外,大会应规定可以提出国际申请和可以要求国际初步审查的开始日期。这些日期应分别不迟于本条约按第 63 条第(1)项的规定生效后六个月,或按第 63 条第(3)项第Ⅱ章适用后六个月。

## 第 66 条

[退　约]

(1) 任何缔约国可以通知总干事退出本条约。

(2) 退出应自总干事收到所述通知六个月后生效。如果国际申请是在上述六个月期满以前提出,并且,在宣布退出的国家是选定国的情况下,如果是在上述六个月届满以前选定,退出不影响国际申请在宣布退出国家的效力。

## 第 67 条

[签字和语言]

(1) (a) 本条约在用英语和法语写成的一份原本上签字,两种文本具有同等效力。

(b) 总干事在与有利害关系的各国政府协商后,应制定德语、日语、葡萄牙语、俄语和西班牙语,以及大会可能指定的其他语言的官方文本。

(2) 本条约在 1970 年 12 月 31 日以前可以在华盛顿签字。

## 第 68 条

[保管的职责]

(1) 本条约停止签字后,其原本由总干事保管。

(2) 总干事应将经其证明的本条约及其附件细则两份送交《保护工业产权巴黎公约》的所有缔约国政府,并根据要求送交任何其他国家的政府。

(3) 总干事应将本条约送联合国秘书处登记。

(4) 总干事应将经其证明的本条约及其细则的任何修改的附本两份,送交所有缔约国政府,并根据要求送交任何其他国家的政府。

## 第69条

[通　知]

总干事应将下列事项通知《保护工业产权巴黎公约》的所有缔约国政府：

(i) 按第62条的签字；

(ii) 按第62条批准书或加入书的交存；

(iii) 本条约的生效日期以及按第63条第(3)项开始适用第Ⅱ章的日期；

(iv) 按第64条第(1)项至第(5)项所作的声明；

(v) 按第64条第(6)项第(b)目所作任何声明的撤回；

(vi) 按第66条收到的退出声明；

(vii) 按第31条第(4)项所作的声明。

# 专利合作条约实施细则

2016 年 7 月 1 日起生效*

有关《专利合作条约实施细则》修改的详细情况，以及有关国际专利合作联盟大会（PCT 大会）关于上述修改生效和过渡性安排的决定，请参考从国际局或者 WIPO 网址：www. wipo. int/pct/en/meetings/assemblies/reports. htm 上获取的 PCT 大会的相关报告。以前有效的条款已经删除的，只有在为避免条款顺序空缺而必要时才予以注明。

## 目　　录**

### 第一部分　绪　　则



---

* 编者注：本实施细则于 1970 年 6 月 19 日通过，并于下列日期修订过：1978 年 4 月 14 日、1978 年 10 月 3 日、1979 年 5 月 1 日、1980 年 6 月 16 日、1980 年 9 月 26 日、1981 年 7 月 3 日、1982 年 9 月 10 日、1983 年 10 月 4 日、1984 年 2 月 3 日、1984 年 9 月 28 日、1985 年 10 月 1 日、1991 年 7 月 12 日、1991 年 10 月 2 日、1992 年 9 月 29 日、1993 年 9 月 29 日、1995 年 10 月 3 日、1997 年 10 月 1 日、1998 年 9 月 15 日、1999 年 9 月 29 日、2000 年 3 月 17 日、2000 年 10 月 3 日、2001 年 10 月 3 日、2002 年 10 月 1 日、2003 年 10 月 1 日、2004 年 10 月 5 日、2005 年 10 月 5 日、2006 年 10 月 3 日、2007 年 11 月 12 日、2008 年 5 月 15 日、2008 年 9 月 29 日、2009 年 10 月 1 日、2010 年 9 月 29 日、2011 年 10 月 5 日、2012 年 10 月 9 日、2013 年 10 月 2 日、2014 年 9 月 30 日和 2015 年 10 月 14 日。

** 本目录仅为方便读者而增加，不是本细则的组成部分。

2.4 “优先权期限”

## 第二部分　有关条约第一章的细则

第3条　请求书(形式)

3.1　请求书表格

3.2　表格的提供

3.3　清单

3.4　细节

第4条　请求书(内容)

4.1　必要内容和非强制性内容;签字

4.2　请求

4.3　发明名称

4.4　姓名、名称和地址

4.5　申请人

4.6　发明人

4.7　代理人

4.8　共同代表

4.9　国家的指定;保护类型;国家和地区专利

4.10　优先权要求

4.11　对继续或部分继续申请、主申请或主权利的说明

4.12　考虑在先检索的结果

4.13　[删除]

4.14　[删除]

4.14之2　国际检索单位的选择

4.15　签字

4.16　某些词的音译或者意译

4.17　本细则51之2.1第(a)目第(v)段所述国家要求的声明

4.18　援引加入的说明

4.19　附加事项

13之2.4　记载：提交说明的期限

13之2.5　为一个或者多个指定国而作的记载和说明：为不同的指定国作的不同的保藏；向通知以外的保藏单位提交的保藏

13之2.6　提供样品

13之2.7　国家的要求：通知和公布

第13条之3　核苷酸和/或者氨基酸序列表

13之3.1　国际检索单位的程序

13之3.2　国际初步审查单位的程序

13之3.3　提交给指定局的序列表

第14条　传送费

14.1　传送费

第15条　国际申请费

15.1　国际申请费

15.2　数额

15.3　缴费期限；缴费数额

15.4　退款

第16条　检索费

16.1　要求缴费的权利

16.2　退款

16.3　部分退款

第16条之2　缴费期限的延长

16之2.1　受理局的通知

16之2.2　滞纳金

第17条　优先权文件

17.1　提交在先国家或国际申请副本的义务

17.2　副本的取得

第18条　申请人

18.1　居所和国籍

18.2　[删除]

40.2 附加费
第 41 条 考虑在先检索的结果
41.1 考虑在先检索的结果
第 42 条 国际检索的期限
42.1 国际检索的期限
第 43 条 国际检索报告
43.1 标明
43.2 日期
43.3 分类
43.4 语言
43.5 引证
43.6 检索的领域
43.6 之 2 明显错误更正的考虑
43.7 关于发明单一性的说明
43.8 授权官员
43.9 附加内容
43.10 格式
第 43 条之 2 国际检索单位的书面意见
43 之 2.1 书面意见
第 44 条 国际检索报告、书面意见等的传送
44.1 报告或者宣布以及书面意见的副本
44.2 发明名称或者摘要
44.3 引用文件的副本
第 44 条之 2 国际检索单位的专利性国际初步报告
44 之 2.1 作出报告;传送给申请人
44 之 2.2 向指定局的送达
44 之 2.3 给指定局的译文
44 之 2.4 对译文的意见
第 45 条 国际检索报告的译文

**第三部分 有关条约第二章的细则**

65.2　有关日期

第66条　国际初步审查单位的程序

66.1　国际初步审查的基础

66.1之2　国际检索单位的书面意见

66.1之3　扩展检索

66.2　国际初步审查单位的书面意见

66.3　对国际初步审查单位的正式答复

66.4　提出修改或者答辩的追加机会

66.4之2　对修改、答辩和明显错误更正的考虑

66.5　修改

66.6　与申请人的非正式联系

66.7　优先权文件副本和译文

66.8　修改的形式

第67条　条约第34条第(4)项第(a)目第(i)段所述的主题

67.1　定义

第68条　缺乏发明单一性(国际初步审查)

68.1　不通知限制权利要求或者缴费

68.2　通知限制权利要求或者缴费

68.3　附加费

68.4　对权利要求书限制不充分时的程序

68.5　主要发明

第69条　国际初步审查的启动和期限

69.1　国际初步审查的启动

69.2　国际初步审查的期限

第70条　国际初步审查单位的专利性国际初步报告(国际初步审查报告)

70.1　定义

70.2　报告的基础

70.3　标明

70.4 日期

70.5 分类

70.6 条约第35条第(2)项的说明

70.7 条约第35条第(2)项的引证

70.8 条约第35条第(2)项的解释

70.9 非书面公开

70.10 某些公布的文件

70.11 修改的记述

70.12 某些缺陷和其他事项的记述

70.13 关于发明单一性的说明

70.14 授权官员

70.15 格式;标题

70.16 报告的附件

70.17 报告和附件使用的语言

第71条 国际初步审查报告的传送

71.1 收件人

71.2 引用文件的副本

第72条 国际初步审查报告和国际检索单位书面意见的译文

72.1 语言

72.2 给申请人的译文副本

72.2之2 国际检索单位根据本细则第43条之2.1作出的书面意见的译文

72.3 对译文的意见

第73条 国际初步审查报告或者国际检索单位书面意见的送达

73.1 副本的制备

73.2 向选定局的送达

第74条 国际初步审查报告附件的译文及其传送

74.1 译文的内容和传送的期限

第75条 [删除]

## 第四部分　有关条约第三章的细则

82.1 邮递的延误或者邮件的丢失
第82条之2 指定国或者选定国对延误某些期限的宽免
82之2.1 条约第48条第(2)项中"期限"的含义
82之2.2 权利的恢复以及条约第48条第(2)项适用的其他规定
第82条之3 受理局或者国际局所犯错误的更正
82之3.1 有关国际申请日和优先权要求的错误
第82条之4 期限延误的宽免
82之4.1 期限延误的宽免
第83条 在各国际单位执行业务的权利
83.1 权利的证明
83.1之2 国际局是受理局的情形
83.2 通知

## 第五部分 有关条约第五章的细则

第84条 代表团的费用
84.1 费用由政府负担
第85条 大会不足法定人数
85.1 通信投票
第86条 公报
86.1 内容
86.2 语言;公布的形式和方式;期限
86.3 出版周期
86.4 出售
86.5 公报名称
86.6 其他细节
第87条 出版物的送达
87.1 根据请求进行的出版物送达
第88条 本细则的修改
88.1 需要一致同意

## 第六部分 有关条约各章的细则

# 第一部分　绪　　则

## 第1条

［缩略语］

1.1　缩略语的含义

(a) 在本细则中,“条约”一词指专利合作条约。

(b) 在本细则中,“章”和“则”指条约的特定的“章”或者“则”。(译者注:在本译文中均加“条约”二字)

## 第2条

［对某些词的释义］

2.1　“申请人”

凡使用“申请人”一词时,应解释为也指申请人的代理人或者其他代表,除非从规定的措辞或者本意,或者从该词的上下文来看,该词明显表示与此相反的意思,例如特别是在述及申请人的居所或者国籍的规定中。

2.2　“代理人”

凡使用“代理人”一词时,应解释为是指根据本细则90.1委托的代理人,除非从规定的措辞或者本意,或者从该词的上下文来看,该词明显表示与此相反的意思。

2.2之2　“共同代表”

凡使用“共同代表”一词时,应解释为是指根据本细则90.2被委托为或者被认为是共同代表的申请人。

2.3　“签字”

凡使用“签字”一词时，如果受理局或者主管国际检索单位或者国际初步审查单位所适用的本国法要求用盖章代替签字，则为该局或者该单位的目的，该签字即指盖章。

2.4 “优先权期限”

(a) 凡涉及优先权要求而使用“优先权期限”一词时，应当解释为自作为优先权基础的在先申请的申请日起十二个月期限。在先申请的申请日当天不包括在该期限中。

(b) 优先权期限应当比照适用本细则 80.5 的规定。

## 第二部分　有关条约第一章的细则

### 第3条

［请求书(形式)］

3.1　请求书表格

请求书应填写在印制的表格上或者用计算机打印出来。

3.2　表格的提供

印就的表格应由受理局免费向申请人提供，如果受理局希望的话，也可由国际局提供。

3.3　清单

(a) 请求书应包括一份清单，注明：

(i) 国际申请文件的总页数和国际申请如下每一部分的页数：请求书、说明书(单独标注说明书中序列表部分的页数)、权利要求书、附图、摘要；

(ii) 在适用的情况下，提交国际申请所附具的委托书(即委托代理人或者共同代表的文件)、总委托书的副本、优先权文件、电子形式的序列表、关于缴费的文件或(需要在清单中注明的)任何其他文件；

(iii) 申请人建议在摘要公布时与摘要一起公布的附图的号码；在例外情况下，申请人可以建议一幅以上的附图。

(b) 清单应由申请人填写。如果申请人漏填，则由受理局作必要的注明，但第(a)目第(iii)段中所述的号码不应由受理局指定。

3.4　细节

除本细则3.3规定之外,印就的请求书表格的细节和用计算机打印的请求书的细节应在行政规程中予以规定。

## 第4条

［请求书(内容)］

4.1　必要内容和非强制性内容;签字

(a) 请求书应包括:

(i) 请求;

(ii) 发明名称;

(iii) 关于申请人和代理人(如有代理人的话)的事项;

(iv) 关于发明人的事项,如果至少有一个指定国的国家法要求在提出国家申请时提供发明人的姓名。

(b) 在适用的情况下,请求书还应包括:

(i) 优先权要求;

(ii) 本细则4.12第(i)段、12之2.1第(c)目和第(f)目规定的与在先检索有关的说明;

(iii) 有关主专利申请或者主专利的说明;

(iv) 申请人选择主管国际检索单位的说明。

(c) 请求书中可以包括:

(i) 关于发明人的事项,如果任何指定国的国家法都不要求在提出国家申请时提供发明人的姓名;

(ii) 要求受理局准备优先权文件并向国际局传送的请求,如果作为优先权基础的在先申请是向国家局或者政府间组织提出,而该国家局或者政府间组织又是受理局时;

(iii) 本细则4.17规定的声明;

(iv) 本细则4.18规定的说明;

(v) 恢复优先权权利的请求;

(vi) 本细则 4.12 第(ii)段规定的说明。

(d) 请求书应签字。

4.2 请求

请求的作用如下,并最好这样措辞:"下列签字人请求按照专利合作条约的规定处理本国际申请。"

4.3 发明名称

发明名称应当简短(用英文或者译成英文时,最好是 2~7 个词)和明确。

4.4 姓名、名称和地址

(a) 自然人的姓名应写明其姓和名字,姓应写在名字之前。

(b) 法人的名称应写明其正式全称。

(c) 地址的写法应符合按照所写明的地址能迅速邮递的通常要求,在任何情况下,它应包括所有有关的行政区划名称,如果有门牌号的话,直到包括门牌号。如果指定国的本国法并不要求写明门牌号,则不写明门牌号在该国不产生影响。为了能与申请人迅速通讯,建议写明申请人,或者代理人或者共同代表(如果有代理人或者共同代表)的电传、电话和传真号码,或者其他类似通讯方式的有关数据。

(d) 每一个申请人、发明人或者代理人只应写明一个地址,但在未委托代理人代表申请人或者在申请人不止一个时未委托代理人代表所有申请人的情形下,申请人或者在申请人不止一个时申请人的共同代表,除在请求书中写明的任何其他地址以外,可以写明一个送达通知的地址。

4.5 申请人

(a) 请求书应写明申请人(如有几个申请人,则应写明每个申请人)的:

(i) 姓名或名称;

(ii) 地址;

(iii) 国籍和居所。

(b) 申请人的国籍应写明他是其国民的那个国家的名称。

(c) 申请人的居所应写明他是其居民的那个国家的名称。

(d) 对不同的指定国,请求书可以写明不同的申请人。在这种情况下,请求书应写明对每一个指定国或者每组指定国的申请人。

(d) 如果于 1999 年 9 月 29 日修订、于 2000 年 1 月 1 日开始施行的第(a)目和第(b)目规定与某一指定局适用的本国法不符,只要该修改后的规定与其本国法继续不符,有效期至 1999 年 12 月 31 日的上述两项规定在该日期后将继续适用于该指定局。但该局应当在 1999 年 10 月 31 日之前通知国际局,国际局应当将收到信息迅速在公报上公布。

4.11　对继续或部分继续申请、主申请或主权利的说明

(a) 如果:

(i) 申请人想根据本细则 49 之 2.1 第(a)目或第(b)目表明希望其国际申请在任一指定国作为增补专利、增补证书、增补发明人证书或者增补实用证书的申请;或

(ii) 申请人想根据本细则 49 之 2.1 第(d)目表明希望其国际申请在任一指定国作为一项在先申请的继续申请或者部分继续申请;

请求书应如此说明,并指明相关的主申请或主专利或其他主权利。

(b) 在请求书中包含本则第(a)目的说明应不影响本细则 4.9 的适用。

4.12　考虑在先检索的结果

如果申请人希望国际检索单位在制作检索报告时,考虑由同一或其他国际检索单位或国家局作出的在先国际检索、国际式检索或者国家检索("在先检索")的结果:

(i) 请求书应如此说明,并且应当详细说明涉及作出在先检索的单位或局以及申请;

(ii) 在适用的情况下,请求书可以包含一个说明,其效力是说明该国际申请与作出在先检索的申请内容一致或基本一致,或者说明该国际申请与在先申请除使用不同的语言提交外,内容一致或基本一致。

4.13 和 4.14　[删除]

4.14 之 2　国际检索单位的选择

如果有两个或者两个以上的国际检索单位主管国际申请的检索,申请人应在请求书中写明其所选择的国际检索单位。

4.15　签字

请求书应由申请人签字,如果有一个以上申请人时,应由所有申请人

签字。

4.16　某些词的音译或者意译

(a) 任何姓名、名称或者地址，如果是用拉丁字母以外的文字写的，还应该通过音译，或者通过意译译成英文用拉丁字母表示出来。申请人应确定哪些词用音译，哪些词用意译。

(b) 任何国家的名称用拉丁字母以外的文字书写的，还应用英文表明。

4.17　本细则 51 之 2.1 第(a)目第(v)段所述国家要求的声明

为一个或多个指定国所适用的本国法的目的，请求书可以包括下述一项或多项按照行政规程规定的方式撰写的声明：

(i) 本细则 51 之 2.1 第(a)目第(i)段所述发明人身份的声明；

(ii) 本细则 51 之 2.1 第(a)目第(ii)段所述申请人有权在国际申请日申请并被授予专利的声明；

(iii) 本细则 51 之 2.1 第(a)目第(iii)段所述申请人在国际申请日有权要求在先申请的优先权的声明；

(iv) 本细则 51 之 2.1 第(a)目第(iv)段所述应按照行政规程规定的方式签字的发明人身份的声明；

(v) 本细则 51 之 2.1 第(a)目第(v)段所述不影响创新性的公开或丧失创新性的例外的声明。

4.18　援引加入的说明

如果一件国际申请，在受理局首次收到条约第 11 条第(1)项第(iii)段所述一个或者多个项目之日，要求在先申请的优先权，那么请求书中可以包含这样的说明，如果条约第 11 条第(1)项第(iii)段第(d)目或第(e)目所述的国际申请的某一项目，或者本细则 20.5 第(a)目所述的说明书、权利要求书或附图的某一部分不包含在本国际申请中，但是全部包含在在先申请中，根据本细则 20.6 的确认，则该项目或该部分可以为本细则 20.6 的目的援引加入到该国际申请中。这样的说明如果在当日没有包含在请求书中，可以允许增加到请求书中，但仅限于这一说明包含在国际申请中或者当日随国际申请一起提交。

4.19　附加事项

(a) 请求书中不得包含本细则 4.1 至 4.18 规定以外的事项，除非行政规程允许在请求书中包含该规程所规定的任何其他附加事项。但行政规程不得强制要求在请求书中包含这些其他附加事项。

(b) 如果请求书中包含有本细则 4.1 至 4.18 规定以外的事项,或者包含第(a)目中所述行政规程允许的事项以外的事项,受理局应依照职权删去这些附加的事项。

## 第5条

[说明书]

5.1 撰写说明书的方式

(a) 说明书应首先写明发明名称,该名称应与请求书中的发明名称相同,并应:

(i) 说明发明所属的技术领域;

(ii) 指出就申请人所知,对发明的理解、检索和审查有用的背景技术,最好引用反映这些背景技术的文件;

(iii) 将要求保护的发明予以公开,应使人能理解技术问题(即使不是明确说明也可以)及其解决方案,如果具有有益效果,应该对照背景技术说明该发明的有益效果;

(iv) 如果有附图,简略地说明附图中的各幅图;

(v) 至少说明申请人认为实施要求保护的发明的最佳方式;在适当的情况下,应举例说明,如果有附图的话,还应参照附图;如果指定国的法律不要求描述最佳实施方式,而允许描述任何实施方式(不论是否是最佳方式),则不描述所知的最佳实施方式在该国并不产生影响;

(vi) 如果从发明的描述或者性质不能明显看出该发明能在工业上利用的方法及其制造和使用方法,应明确指出这种方法;如果该发明只能被使用,则应明确指出该使用方法。这里的"工业"一词应如在《保护工业产权巴黎公约》中那样,作最广义的理解。

(b) 上面第(a)目中规定的撰写方式和顺序应予遵守,除非由于发明的性质,用不同的方式或者不同的顺序撰写说明书能使人更好地理解发明,并能使说明书更简明。

(c) 除第(b)目规定之外,第(a)目中所述的每一部分之前最好按照行政规程的建议加上合适的标题。

5.2 核苷酸和/或者氨基酸序列的公开

(a) 如果国际申请包含一个或多个核苷酸和/或者氨基酸序列的公开,说明书应包括符合行政规程规定的标准的序列表,并根据该标准将其作为说明书的单独部分提交。

(b) 如果说明书序列表部分含有行政规程规定的标准定义的自由内容,则该自由内容也应用撰写说明书所用的语言写入说明书的主要部分内。

## 第6条

### [权利要求书]

6.1 权利要求的数目和编号

(a) 考虑到要求保护的发明的性质,权利要求的数目应适当。

(b) 如果有几项权利要求,应用阿拉伯数字连续编号。

(c) 在修改权利要求时,编号的方法应按行政规程的规定进行。

6.2 引用国际申请的其他部分

(a) 权利要求在说明发明的技术特征时,除非绝对必要,不得依赖引用说明书或者附图,特别是不得依赖这样的引用:"如说明书第……部分所述",或者"如附图第……图所示"。

(b) 如果国际申请有附图,在权利要求描述的技术特征后面最好加上有关该特征的引用标记。在使用引用标记时,最好放在括号内,如果加上引用标记并不能使人更快地理解权利要求,就不应加引用标记。指定局为了公布申请的目的可以删去这些引用标记。

6.3 权利要求的撰写方式

(a) 请求保护的主题应以发明的技术特征来确定。

(b) 在适当的情况下,权利要求应包括:

(i) 前叙部分,写明对确定要求保护的主题所必要的技术特征,但这些技术特征的结合是现有技术的一部分;

(ii) 特征部分:开头使用"其特征是","其特征在于","其改进部分包括"

或者其他类似的用语，简洁写明技术特征，这些特征与第(i)段中所述的特征一起，是请求保护的内容。

(c) 如果指定国的本国法并不要求按第(b)目规定的方式撰写权利要求，则不采取这种方式撰写权利要求在该国不产生影响，只要其实际采用的撰写权利要求的方式满足了该国本国法的要求。

6.4　从属权利要求

(a) 包括一个或者多个其他权利要求的全部特征的权利要求(从属形式的权利要求，以下称为“从属权利要求”)，如果可能，应在开始部分引用所述一个或者多个权利要求，然后写明要求保护的附加特征。引用一个以上其他权利要求的从属权利要求(多项从属权利要求)只能择一地引用这些权利要求。多项从属权利要求不得作为另一多项从属权利要求的基础。如果作为国际检索单位的国家局的本国法不允许使用与上述两句话中所说的方式不同的方式撰写多项从属权利要求，则未用该种方式撰写权利要求可能导致按照条约第17条第(2)项第(b)目的规定在国际检索报告中作一说明。如果实际所用的撰写权利要求的方式满足指定国本国法的要求，则未用上述方式撰写权利要求在该指定国不产生任何影响。

(b) 任何从属权利要求应解释为包含其所引用的权利要求中的所有限定，如果该从属权利要求是一多项从属权利要求，则应解释为包含其所特指的权利要求中的所有限定。

(c) 所有引用一项在前权利要求的从属权利要求，以及所有引用几项在前权利要求的所有从属权利要求，都应尽可能用最切实可行的方式归并在一起。

6.5　实用新型

申请人依据国际申请，请求指定国授予实用新型的，只要国际申请的处理已在该国开始，关于本细则6.1至6.4规定的事项，该指定国可以适用该国本国法关于实用新型的规定，而不适用本细则上述的规定，但应允许申请人自条约第22条规定的期限届满日起至少有两个月的时间，以调整其申请适应该国本国法的要求。

## 第7条

[附 图]

7.1 流程图和图表

流程图和图表应认为是附图。

7.2 期限

条约第7条第(2)项第(ii)段所述的期限，根据案件的具体情况应该适当，但无论如何不能比根据该规定书面通知要求申请人提交附图或者补充附图之日起两个月的期限短。

## 第8条

[摘 要]

8.1 摘要的内容和格式

(a) 摘要应包括下述内容：

(i) 说明书、权利要求书和任何附图中所包含的公开内容的概要；概要应写明发明所属的技术领域，并应撰写得使人能清楚地理解要解决的技术问题、通过发明解决该问题的方案的要点以及发明的主要用途；

(ii) 在适用的情况下，国际申请包括的所有各种化学式中最能表示发明特征的化学式。

(b) 摘要应在公开的限度内写得尽可能简洁(用英文或者翻译成英文后最好是50～150个词)。

(c) 摘要不得包含对要求保护的发明的所谓优点或者价值，或者属于推测性的应用的说明。

(d) 摘要中提到的每一主要技术特征并在国际申请的附图中说明的，应在特征之后加引用标记，放在括号内。

8.2 图

(a) 如果申请人未按本细则3.3第(a)目第(iii)段的规定作出注明，或者如果国际检索单位认为在所有附图中，有一幅或者几幅图比申请人所建议的图能更好地表示发明的特征，除第(b)目的规定之外，该单位应指明该一幅或几幅图应于国际局公布摘要时与摘要一起公布。在这种情况下，摘要就应包括国际检索单位所指明的一幅或几幅图。否则，除第(b)目的规定之外，摘要应包括申请人所建议的图。

(b) 如果国际检索单位认为附图中没有任何图对于理解摘要有用，该单位应将此事通知国际局。在这种情况下，国际局公布摘要时不应包括附图中的任何一幅图，尽管申请人已按照本细则 3.3 第(a)目第(iii)段的规定建议了附图。

8.3　撰写的指导原则

摘要应撰写成使其成为对特定技术进行检索的有效查阅工具，尤其应有助于科学家、工程师或者研究人员作出是否需要参阅国际申请本身的决定。

## 第9条

［不得使用的词语］

9.1　定义

国际申请中不应包括：

(i) 违反道德的用语和附图；

(ii) 违反公共秩序的用语和附图；

(iii) 贬低申请人以外任何特定人的产品或者方法的说法，或者贬低申请人以外任何特定人的申请或者专利的优点或者有效性的说法(仅仅与现有技术作比较本身不应认为是贬低行为)；

(iv) 根据情况明显是无关或者不必要的说明或者其他事项。

9.2　发现不符合规定

受理局、国际检索单位、指定补充检索单位和国际局可能发现国际申请与本细则 9.1 的规定不符，可以建议申请人自愿对其国际申请作相应修改，在此情况下，应当将该建议，在适用的情况下，通知受理局、主管国际检索单位、主管指定补充检索单位和国际局。

9.3　与条约第 21 条第(6)项的关系

条约第 21 条第(6)项中所指的“贬低性陈述”，应具有本细则 9.1 第(iii)段所规定的含义。

## 第10条

［术语和标记］

10.1 术语和标记

(a) 计量单位应用公制单位，或者，如果首先用其他方式表示，也应加注公制单位。

(b) 温度应用摄氏度表示，或者，如果首先用其他方式表示，也应加注摄氏度数。

(c) ［删除］

(d) 对于热、能、光、声和磁的表示，以及对数学公式和电的单位的表示，应遵循国际通用的规则；对于化学公式，应使用通用的符号、原子量和分子式。

(e) 总的来说，只应使用在有关技术领域里一般公认的技术术语、标记和符号。

(f) 在国际申请或者其译文是用汉语、英语或者日语书写时，任何小数部分的前面应标有圆点，国际申请或者其译文是用汉语、英语或者日语以外的语言书写时，任何小数部分的前面则应标有逗号。

10.2 一致性

术语和标记在整个国际申请中应前后一致。

## 第11条

［国际申请的形式要求］

11.1 副本的份数

(a) 除第(b)目另有规定以外，国际申请和清单（本细则3.3第(a)目第(ii)段）中所述的每一种文件都应提交一份。

(b) 任何受理局可以要求国际申请以及清单（本细则3.3第(a)目第(ii)段）中所述的任何文件各提交两份或者三份，除费用收据或者缴费清单以外。在这种情况下，受理局应负责核实第二副本和第三副本与原登记本的一致性。

11.2 适于复制

(a) 递交的国际申请的各个组成部分（即请求书、说明书、权利要求书、附图和摘要),都应可供摄影、静电方法、照相胶印和摄制缩微胶卷等方法直接复制任何数目的副本。

(b) 所有的纸张都应无折痕和裂纹;不得折叠。

(c) 每张纸应单面使用。

(d) 除了本细则 11.10 第(d)目和 11.13 第(j)目另有规定以外,每张纸应竖向使用(即短的两边在上方和下方)。

11.3 使用的材料

国际申请的各个组成部分都应写在柔韧、结实、洁白、平滑、无光和耐久的纸上。

11.4 分页等

(a) 国际申请的各个组成部分(请求书、说明书、权利要求书、附图、摘要)都应另起一页。

(b) 国际申请的所有纸张应连接得易于翻阅、易于分开以及分开复制后易于重新合在一起。

11.5 纸张的规格

纸张的规格应采用 A4 型(29.7 厘米×21 厘米)。但是,任何受理局可以接受用其他规格纸张的国际申请。但是送交国际局的登记本,或者如果主管国际检索单位有同样要求,送交该单位的检索本,应该用 A4 规格的纸张。

11.6 空白边缘

(a) 说明书、权利要求书和摘要各页的最小空白边缘应如下:

— 上边:2 厘米

— 左边:2.5 厘米

— 右边:2 厘米

— 底边:2 厘米

(b) 上面第(a)目中所规定的空白边缘,建议最大的限度为:

— 上边:4 厘米

— 左边:4 厘米

— 右边:3 厘米

— 底边:3 厘米

(c) 在有附图的页上，可以使用的区域不得超过 26.2 厘米×17.0 厘米，在可以使用或者已使用的区域周围不得带边框，其最小空白边缘应如下：

— 上边：2.5 厘米

— 左边：2.5 厘米

— 右边：1.5 厘米

— 底边：1 厘米

(d) 上面第(a)目至第(c)目规定的空白边缘适用于 A4 型纸，因此即使受理局接受其他规格的纸张，其 A4 型纸的登记本，以及如果主管国际检索单位也这样要求的话，其 A4 型纸的检索本，都应按上述规定留出空白边缘。

(e) 除第(f)目和本细则 11.8 第(b)目另有规定外，提出国际申请时，其空白边缘应完全空白。

(f) 上边空白边缘的左角可以记载申请人的档案号，但该档案号应位于自纸张顶端起 1.5 厘米的范围内。申请人档案号的字数不应超过行政规程规定的最大限度。

11.7 纸页的编号

(a) 国际申请中的所有纸页都应用阿拉伯数字连续编号。

(b) 编号应写在纸张顶部或者底部左右居中位置，但不应写在空白边缘上。

11.8 行的编号

(a) 强烈建议在说明书和权利要求书的每一页上，每逢第 5 行注明行数。

(b) 行的编号应写在左边空白边缘的右半部分。

11.9 文字内容的书写

(a) 请求书、说明书、权利要求书和摘要应打字或者印刷。

(b) 只有图解符号和字符，化学式或者数学式以及中文和日文中的某些字，必要时可以手写和描绘。

(c) 打字应用 1.5 倍的行距。

(d) 所有文字内容应采用其大写字母不小于 0.28 厘米高的字体，并采用不易消除的黑色，以符合本细则 11.2 规定的要求，但是请求书的任何文字内容可以采用其大写字母不小于 0.21 厘米高的字体。

(e) 就打字的行距和字体的大小而言，第(c)目和第(d)目的规定不适用于汉语和日语书写的文件。

11.10 文字内容中的附图、公式和表格

(a) 请求书、说明书、权利要求书和摘要中不应有附图。

(b) 说明书、权利要求书和摘要可以包括化学式或者数学式。

(c) 说明书和摘要可以包括表格;任何权利要求只有在其主题需要利用表格来限定时,才能包括表格。

(d) 如果表格和化学式或数学式无法令人满意地竖向绘制在纸张上,它们也可以横向绘制在纸张上;如果表格或者化学式或者数学式是横向绘制在纸张上的,则表格或者数学式的顶部位于纸张的左边。

11.11 附图中的文字

(a) 附图中不得包括文字内容,除非绝对必要,可使用例如“水”、“汽”、“开”、“关”、“AB的剖面”等个别词,在电路图、框图或者流程图中,可使用为理解所必不可少的几个关键词。

(b) 所使用的任何词都应该放在恰当的位置,以便翻译后可以被盖住,而不致妨碍附图中的任何线条。

11.12 改动等

每页纸都应合乎情理地无擦痕,无改动,无字迹重叠,也无行间加字。如果内容的真实性不会发生问题,并且良好的复制效果不会受到影响,可以允许不符合这一规定。

11.13 对附图的特殊要求

(a) 附图应用耐久的、黑色的、足够深而浓的、粗细均匀并且轮廓分明的无彩色的线条和笔画制成。

(b) 剖面应用剖面线表明,剖面线不得妨碍引用标记和引线的清楚识别。

(c) 附图的比例及制图的清晰度应使该图在线性缩小至三分之二的照相复制品时,仍能容易地辨认所有细节。

(d) 在例外的情况下,附图上注明比例时,应用图形表示。

(e) 在附图上的所有数字、字母和引用线条都应简单、清楚。括号、圆圈或者引号都不得与数字和字母一起使用。

(f) 附图中的所有线条通常都应该用制图工具绘制。

(g) 每幅图的每一组成部分同该图中的其他组成部分应成适当比例，但为了使该图清楚可看而必须采用另外一种比例的除外。

(h) 数字和字母的高度不得低于 0.32 厘米，附图中的字母应该使用拉丁字母，也可以按照惯例使用希腊字母。

(i) 同一页附图纸上可以包括几幅附图。两页或者两页以上纸上的几幅图实际上形成一幅完整的图时，这数页上的图的排列应该能使各图组成一幅完整的图，而不致遮盖各页上的任何一图的任何部分。

(j) 不同的图安排在一页或者几页纸上时应注意节约篇幅，最好采用竖向放置，彼此明显地分开。如果图不是竖向放置的，它们可以横向放置，这时图的顶部应位于纸的左边。

(k) 不同的图应用阿拉伯数字连续编号，图的编号与页的编号无关。

(l) 说明书中未提到的引用标记不得在附图中出现，反之亦然。

(m) 当用引用标记标识特征时，在整个国际申请中，同一特征用同一引用标记标识。

(n) 如果附图中包括许多引用标记，强烈建议申请人另附一页，列出所有引用标记及其所标识的特征。

11.14　后交的文件

本细则第 10 条和 11.1 至 11.13 的规定也适用于在提出国际申请之后提交的任何文件，例如替换页、修改后的权利要求、译文。

## 第 12 条

［国际申请的语言和为国际检索和国际公布目的的译文］

12.1　所接受的提出国际申请的语言

(a) 提出国际申请应使用受理局为此目的所接受的任何一种语言。

(b) 每一个受理局对国际申请的提出应至少接受一种符合以下两个条件的语言：

(i) 是国际检索单位所接受的语言，或在适用的情况下，是对该受理局受理的国际申请有权进行国际检索的至少一个国际检索单位所接受的语言；

(ii) 是公布使用的语言。

(c) 尽管有第(a)目的规定,请求书应以受理局为本款目的所接受的任何公布语言提出。

(d) 尽管有第(a)目的规定,本细则 5.2 第(a)目所述说明书序列表部分包含的任何文字应符合行政规程制定的标准。

12.1 之 2　根据本细则 20.3、20.5 或者 20.6 提交项目和部分内容所用的语言

申请人根据本细则 20.3 第(b)目或者 20.6 第(a)目提交的、涉及条约第 11 条第(1)项第(iii)段第(d)目或者第(e)目的项目和申请人根据本细则 20.5 第(b)目或者 20.6 第(a)目提交的说明书、权利要求书或者附图的部分内容,应使用国际申请提出时的语言;或者,如果根据本细则 12.3 第(a)目或者 12.4 第(a)目要求提交申请的译文的,应使用申请提出时使用的语言和译文使用的语言两种语言提交。

12.1 之 3　根据本细则 13 之 2.4 提交说明的语言

根据本细则 13 之 2.4 提交的有关保藏生物材料的任何说明应使用国际申请提出时的语言,如果根据本细则 12.3 第(a)目或者 12.4 第(a)目要求提交申请的译文的,应使用申请提出时使用的语言和译文使用的语言两种语言提交。

12.2　国际申请变动时的语言

(a) 除本细则 46.3 和 55.3 另有规定之外,国际申请的任何修改都应使用申请提出时使用的语言。

(b) 根据本细则 91.1 对国际申请中的明显错误所作的任何更正,都应使用申请提出时使用的语言,但是:

(i) 如果根据本细则 12.3 第(a)目、12.4 第(a)目或 55.2 第(a)目的规定,要求提交国际申请的译文的,本细则 91.1 第(b)目第(ii)段和第(iii)段所述的更正应使用申请提出时使用的语言和译文使用的语言两种语言提交;

(ii) 如果根据本细则 26.3 之 3 第(c)目需要提交请求书的译文的,本细则 91.1 第(b)目第(i)段所述的更正只需要使用译文使用的语言提交。

(c) 根据本细则第 26 条对国际申请文件中缺陷的任何改正,应使用申请提出时使用的语言。根据本细则 12.3 或 12.4 的规定提交的根据本细则第 26

条对国际申请文件译文缺陷的任何改正，或根据本细则 55.2 第(a)目的规定提交的根据本细则 55.2 第(c)目对译文缺陷的任何改正，或根据本细则 26.3 之 3 第(c)目的规定提交的对请求书的译文的缺陷的任何改正，均应使用译文使用的语言。

12.3 为国际检索目的的译文

(a) 如果提出国际申请时所使用的语言不为进行国际检索的国际检索单位所接受，申请人应自受理局收到国际申请之日起一个月内，向该局提交一份该国际申请的译文，其使用的语言应符合以下条件：

(i) 是该检索单位接受的语言；和

(ii) 是公布使用的语言；和

(iii) 是受理局根据本细则 12.1 第(a)目所接受的语言，除非国际申请使用的是公布的语言。

(b) (a)既不适用于请求书也不适用于说明书的序列表部分。

(c) 在受理局根据本细则 20.2 第(c)目给申请人发通知时，如果申请人尚没有提交根据第(c)目所要求的译文，受理局应最好连同该通知一起，要求申请人：

(i) 在第(a)目规定的期限内提交要求的译文；

(ii) 如果没有在第(a)目规定的期限内提交要求的译文，则自通知之日起一个月内，或者自受理局收到国际申请之日两个月内，提交要求的译文，而且在适用的情况下，缴纳第(e)目中所述的后提交费，两个期限以后到期的为准。

(d) 如果受理局根据第(c)目向申请人发出通知而申请人没有在第(c)目第(ii)段规定的期限内提交要求的译文和缴纳规定的后提交费，该国际申请应被视为撤回，受理局应作出这样的宣告。如果译文和费用是受理局在根据前句规定作出宣告之前并且在自优先权日起十五个月期限届满之前收到的，应视为在期限届满前收到。

(e) 对在第(a)目规定的期限届满后提交的译文，受理局为其自身的利益，可以责令缴纳后提交费，其数额为费用表第 1 项国际申请费的 25%，不考虑国际申请超过 30 页部分每页的费用。

12.4 为国际公布目的的译文

(a) 如果提出国际申请时所使用的语言不是公布的语言，而且不需要根据本细则 12.3 第(a)目提交译文，申请人应自优先权日起十四个月内向受理局提供该国际申请的译文，使用受理局为本款目的所接受的任何公布语言。

(b) (a)的规定既不适用于请求书，也不适用于说明书的序列表部分。

(c) 如果申请人没有在第(a)目规定的期限内提交该款所要求的译文，受理局应通知申请人在自优先权日起十六个月内提交要求的译文，而且在适用的情况下，缴纳第(e)目所要求的后提交费。如果译文是受理局在根据前句规定发出通知之前收到的，应视为在第(a)目规定的期限届满前收到。

(d) 如果申请人没有在第(c)目规定的期限内提交要求的译文和缴纳规定的后提交费，该国际申请应被视为撤回，受理局应作出这样的宣告。如果译文和费用是受理局在根据前句规定作出宣告之前并且在自优先权日起十七个月期限届满之前收到的，应视为在期限届满前收到。

(e) 对在第(a)目规定的期限届满后提交的译文，受理局为其自身的利益，可以责令缴纳后提交费，其数额为费用表第 1 项国际申请费的 25%，不考虑国际申请超过 30 页部分每页的费用。

## 第 12 条之 2

[在先检索结果和在先申请的副本；译文]

12 之 2.1 在先检索结果和在先申请的副本；译文

(a) 如果申请人根据细则 4.12 已要求国际检索单位考虑由同一或其他国际检索单位或国家局制定的在先检索的结果，除本则第(c)目至第(f)目另有规定外，申请人可以将相关单位或局制定的在先检索结果的副本以任何形式(例如，以检索报告的形式，引用现有技术的清单或者审查报告的形式)与国际申请一起提交给受理局。

(b) 除第(c)目至第(f)目另有规定外，国际检索单位可以要求申请人根据情况在合理期限内提交下列文件：

(i) 相关在先申请的副本；

(ii) 如果在先申请的语言不是国际检索单位所接受的语言，提交该单位接受语言的在先申请的译文；

(iii) 如果在先检索结果的语言不是国际检索单位所接受的语言，提交该单位接受语言的在先检索结果的译文；

(iv) 在先检索结果中所引用任何文件的副本。

(c) 如果在先检索是由作为受理局的同一个局进行的，申请人可以不提交本则第(a)目和第(b)目第(i)段及第(iv)段所述的副本，而是表明希望受理局准备并向国际检索单位传送本则第(a)目和第(b)目第(i)段及第(iv)段所述的副本。该请求应在请求书中提出，受理局可以为了自己的利益，收取相应费用。

(d) 如果在先检索是由同一国际检索单位，或者作为国际检索单位的同一局进行的，那么本则第(a)目和第(b)目所述的副本或译文无须提交。

(e) 根据本细则 4.12 第(ii)段，如果请求书中包含一个说明，其效力是说明国际申请与作出在先检索的申请内容一致或基本一致，或者除在先申请是用不同语言提交外，国际申请与在先申请内容一致或基本一致，则无需提交本则第(b)目第(i)段和第(ii)段所述的副本或译文。

(f) 如果本则第(a)目和第(b)目涉及的副本或者译文是以国际检索单位可接受的形式或方式能够获得，例如，通过数字图书馆或者以优先权文件的形式，同时申请人在请求书中也如此说明，则无需提交本则第(a)目和第(b)目所述的副本或者译文。

## 第13条

[发明的单一性]

13.1 要求

一件国际申请应只涉及一项发明或者由一个总的发明构思联系在一起的一组发明("发明单一性的要求")。

13.2 被认为满足发明单一性要求的情形

在同一件国际申请中要求保护一组发明的，只有在这些发明之间存在着技术关联，含有一个或者多个相同或者相应的特定技术特征时，才应被认为满足本细则 13.1 所述的发明单一性的要求。"特定技术特征"一词应指，在每个要求保护的发明作为一个整体考虑时，对现有技术作出贡献的技术特征。

13.3 发明单一性的确定不受权利要求撰写方式的影响

在确定一组发明是否由一个总的发明构思联系在一起时,不应考虑这些发明是在不同的权利要求中要求保护,还是在同一个权利要求中作为选择方案要求保护。

13.4 从属权利要求

除本细则 13.1 另有规定之外,同一件国际申请中允许包括适当数目的从属权利要求,以便要求保护独立权利要求所要求保护的发明的特定形式,即使任何从属权利要求的一些特征本身可能被认为构成一项发明。

13.5 实用新型

申请人依据国际申请请求指定国授予实用新型的,只要国际申请的处理已在该国开始,关于本细则 13.1 至 13.4 规定的事项,该指定国可以适用该国本国法关于实用新型的规定,而不适用本细则上述的规定,但应允许申请人自条约第 22 条规定的期限届满日起至少有两个月的时间,以调整其申请适应该国本国法的要求。

## 第 13 条之 2

[与生物材料有关的发明]

13 之 2.1 定义

为本则的目的,“对某一保藏的生物材料的记载”是指国际申请中有关某保藏单位保藏生物材料的事项,或有关已保藏的生物材料的事项。

13 之 2.2 记载(总则)

对保藏的生物材料的任何记载应符合本细则的规定。任何记载如果是这样作出的,应认为满足每个指定国本国法的要求。

13 之 2.3 记载:内容;未作记载或者说明

(a) 对保藏的生物材料的记载应说明下列事项:

(i) 进行保藏的保藏单位的名称和地址;

(ii) 在该单位保藏生物材料的日期;

(iii) 该单位对保藏物给予的人藏号;

(iv) 依照本细则 13 之 2.7 第(a)目第(i)段,已经通知国际局的任何补充事项,但条件是有关记载该事项的要求已经根据本细则 13 之 2.7 第(c)目的规定在提出国际申请之前至少两个月在公报上公布。

(b) 未包括对保藏的生物材料的记载,或对保藏的生物材料的记载中未包括按第(a)目的规定的说明,对本国法不要求在本国申请中作出这种记载或这种说明的任何指定国不产生后果。

13 之 2.4　记载:提交说明的期限

(a) 除第(b)目和第(c)目的规定之外,如果本细则 13 之 2.3 第(a)目所述的任何说明未包括在提交的国际申请有关保藏的生物材料的记载中而是送到了国际局,则

(i) 如果是在自优先权日起十六个月内送交的,任何指定局应认为该说明已按时提交;

(ii) 如果是在自优先权日起十六个月期限届满之后送交的,但是是在国际局完成国际公布的技术准备工作之前到达国际局的,则任何指定局应认为该说明已在期限的最后一天提交。

(b) 如果指定局适用的本国法对国家申请有同样的要求,则该局可以要求任何根据本细则 13 之 2.3 第(a)目的说明在自优先权日起十六个月之前提交,条件是该要求已经根据本细则 13 之 2.7 第(a)目第(ii)段通知了国际局,并且国际局在国际申请提交之前至少两个月已经根据本细则 13 之 2.7 第(c)目在公报中公布了该要求。

(c) 如果申请人根据条约第 21 条第(2)项第(b)目要求提前公布,任何指定局可以认为未在国际公布的技术准备完成前提交的任何说明是未及时提交。

(d) 国际局应将其收到的任何根据第(a)目提交的说明的日期通知申请人,并且:

(i) 如果根据第(a)目提交的说明是在国际公布的技术准备完成之前收到的,应当将该说明以及收到日期的说明与国际申请一同公布;

(ii) 如果根据第(a)目提交的说明是在国际公布的技术准备完成之后收到的,应当将收到该说明的日期和该说明中的相关数据通知指定局。

13之2.5　为一个或者多个指定国而作的记载和说明：为不同的指定国作的不同的保藏；向通知以外的保藏单位提交的保藏

(a) 对保藏的生物材料的记载应认为是为所有指定国而作，除非该记载明确表示是仅为某几个指定国而作；这也适用于记载中包括的说明。

(b) 为不同的指定国可以作出不同的生物材料保藏的记载。

(c) 任何指定局对向其根据本细则13之2.7第(b)目的规定通知的保藏单位以外的其他保藏单位提交的保藏，可以置之不理。

13之2.6　提供样品

根据条约第23条和第40条的规定，除非申请人允许，在根据这两则的规定可开始国内程序的适用期限届满前，不得提供国际申请中记载的保藏的生物材料的样品。但是，如果申请人在国际公布之后但在上述期限届满前履行条约第22条或者第39条所述的行为，一旦该行为已经履行，即可提供已保藏的生物材料的样品。尽管有前述规定，按照任何指定局所适用的本国法，一旦国际公布对未审查的国内申请有强制国内公布的效力，就可以按照该国法律提供已保藏的生物材料的样品。

13之2.7　国家要求：通知和公布

(a) 任何国家局均可将其本国法规定的任何要求通知国际局：

(i) 除了本细则13之2.3第(a)目第(i)段、第(ii)段和第(iii)段所述的事项外，通知中规定的任何事项均应包括在本国申请对保藏的生物材料的记载中；

(ii) 本细则13之2.3第(a)目中所述的一项或者几项说明应包括在所提交的本国申请中，或者应在通知中规定的在自优先权日起十六个月以前的某个时候提交。

(b) 每一个国家局应通知国际局其本国法认可的并为了该局的专利程序对生物材料进行保藏的保藏单位名称，或者如果本国法未规定或者不允许这种保藏，则应将该事实通知国际局。

(c) 国际局应将根据第(a)目的规定向其通知的各项要求和根据第(b)目的规定向其通知的有关信息在公报上迅速予以公布。

# 第13条之3

［核苷酸和/或者氨基酸序列表］

13之3.1 国际检索单位的程序

(a) 如果国际申请包括了一个或多个核苷酸和/或氨基酸序列的公开，为了国际检索的目的，国际检索单位可以要求申请人提交符合行政规程规定标准的电子形式的序列表，除非该电子形式的序列表已经能够由该国际检索单位以一种其能接受的形式和方式所获得，并且在适用的情况下，要求申请人于通知规定的期限内缴纳本款第(c)目所述的后提交费。

(b) 如果至少国际申请的一部分是以纸件提出的，并且国际检索单位发现说明书不符合本细则5.2第(a)目的规定，为了国际检索的目的，该国际检索单位可以要求申请人提交符合行政规程规定标准的纸件形式序列表，除非该纸件形式的序列表已经能够由该国际检索单位以一种其接受的形式和方式所获得，无论是否已经根据本款第(a)目要求提交电子形式的序列表，以及在适用的情况下，是否要求申请人于通知规定的期限内缴纳本款第(c)目所述的后提交费。

(c) 根据第(a)目或第(b)目所述通知而提交序列表的，国际检索单位为其自身的利益，可以要求向其缴纳后提交费，其数额由国际检索单位决定，但不应超过费用表第1项所述的国际申请费的25%，不考虑国际申请超过30页部分每页的任何费用，但是后提交费只能根据本款第(a)目或第(b)目之一要求缴纳，而不能同时根据上述两项要求缴纳。

(d) 如果申请人没有在第(a)目或第(b)目所述通知规定的期限内提交所要求的序列表和缴纳任何所要求的后提交费，国际检索单位只需在没有序列表的情况下可以进行的有意义检索的范围内对国际申请进行检索。

(e) 任何不包括在提出时国际申请中的序列表，无论是否是根据第(a)目或第(b)目所述通知提交的，还是以其他方式提交的，均不能成为国际申请的一部分，但本款并不妨碍申请人根据条约第34条第(2)项第(b)目修改涉及序列表的说明书。

(f) 如果国际检索单位发现说明书不符合本细则5.2第(b)目，应通知申请人提交要求的改正。申请人所提出的任何改正应比照适用本细则 26.4 的规定。国际检索单位应将改正送交受理局和国际局。

13 之 3.2　国际初步审查单位的程序

国际初步审查单位的程序应比照适用本细则 13 之 3.1 的规定。

13 之 3.3　提交给指定局的序列表

任何指定局都不得要求申请人提交符合行政规程规定标准的序列表之外的序列表。

## 第 14 条

［传送费］

14.1　传送费

(a) 任何受理局,因受理国际申请,因向国际局和主管国际检索单位送交申请副本,以及因作为受理局履行其对国际申请所必须履行的一切其他任务,可以为该局自身利益要求申请人向其缴纳费用(传送费)。

(b) 如果有传送,其数额应由受理局确定。

(c) 传送费应自国际申请收到之日起一个月内缴纳。应缴数额为该收到日所适用的数额。

## 第 15 条

［国际申请费］

15.1　国际申请费

每件国际申请都应为国际局的利益缴纳费用(“国际申请费”),该费用由受理局收取。

15.2　数额

(a) 国际申请费的数额由费用表规定。

(b) 国际申请费应以受理局规定的货币或其中的一种缴纳(“规定货币”)。

(c) 当规定货币是瑞士法郎时,受理局应当迅速将上述费用以瑞士法郎汇交国际局。

(d) 当规定货币不是瑞士法郎，且该货币：

(i) 能够自由兑换成瑞士法郎的，对于每一个规定以此种货币缴纳国际申请费的受理局，总干事应根据大会的指示为之确定以该种规定货币缴纳所述费用的等值数额，受理局应当按该数额将规定货币迅速汇交国际局。

(ii) 不能自由兑换成瑞士法郎的，受理局应负责将国际申请费从规定货币转换成瑞士法郎，并迅速按费用表列出的数额以瑞士法郎汇交国际局。或者，如果受理局愿意，可以将国际申请费从规定货币转换成欧元或美元，并迅速按第(i)段中所述由总干事根据大会指示确定的等值数额、以欧元或者美元汇交国际局。

15.3 缴费期限；缴费数额

国际申请费应当自收到国际申请之日起一个月内向受理局缴纳。缴费数额应当是收到日所适用的数额。

15.4 退款

如有下列情况之一，受理局应将国际申请费退还给申请人：

(i) 如果根据条约第11条第(1)项所作的决定是否定的；

(ii) 如果在将登记本送交国际局之前，该国际申请已被撤回或者被视为撤回的；或者

(iii) 如果根据有关国家安全的规定，该国际申请未作为国际申请处理的。

## 第16条

[检索费]

16.1 要求缴费的权利

(a) 每一国际检索单位，因完成国际检索，履行条约和本细则委托国际检索单位的一切其他任务，可以为其自身利益要求申请人缴纳费用(“检索费”)。

(b) 检索费应由受理局收取。该费用应以该局规定的货币缴纳(“规定货币”)。

(c) 如果规定货币是国际检索单位用以确定该费数额的货币(“确定货币”)，受理局应迅速将上述费用以该货币汇交国际检索单位。

(d) 当规定货币不是确定货币，且该货币：

(i) 能够自由兑换成确定货币的,对于每一个规定以此种货币缴纳检索费的受理局,总干事应根据大会的指示为之确定以该种规定货币缴纳所述费用的等值数额,受理局应当按该数额将规定货币迅速汇交国际检索单位;

(ii) 不能自由兑换成确定货币的,受理局应负责将检索费从规定货币转换成确定货币,并迅速按照国际检索单位确定的数额,以确定货币汇交国际检索单位。

(e) 用确定货币以外的规定货币缴纳检索费时,如果国际检索单位根据本则第(d)目第(i)段规定实际收到的规定货币数额换算成确定货币后低于其确定的数额,则该差额应由国际局付给国际检索单位,如果实际收到的数额高于确定的数额,则余额应属于国际局。

(f) 关于缴纳检索费的期限和数额,应比照适用本细则 15.3 有关国际申请费的规定。

16.2 退款

如果有下列情况之一,受理局应将检索费退还给申请人:

(i) 根据条约第 11 条第(1)项所作的决定是否定的;

(ii) 在将检索本送交国际检索单位之前,该国际申请已被撤回或者被视为撤回的;或者

(iii) 根据有关国家安全的规定,该国际申请未作为国际申请处理的。

16.3 部分退款

根据本细则 41.1,如果国际检索单位在国际检索时考虑了在先检索的结果,该单位应将申请人为该在后国际申请所缴纳的检索费退还给申请人,退还的程度和条件根据条约第 16 条第(3)项第(b)目中协议的规定办理。

## 第 16 条之 2

[缴费期限的延长]

16 之 2.1 受理局的通知

(a) 如果根据本细则 14.1 第(c)目、15.3 和 16.1 第(f)目规定的缴费期限已到,受理局发现尚未向其缴费,或者向其缴纳的数额不足以付清传送费、国际申请费和检索费的,除第(d)目另有规定外,受理局应通知申请人在自通知之日起一个月的期限内向其缴纳足以付清那些费用所需的数额,以及(在适用

的情况下)本细则16之2.2规定的滞纳金。

(b) [删除]

(c) 如果受理局已根据第(a)目的规定向申请人发出了通知,而申请人在该项所述的期限内没有缴纳应缴的全部数额,包括在适用的情况下本细则16之2.2规定的滞纳金的,除第(e)目另有规定外,受理局应:

(i) 根据条约第14条第(3)项的规定作相应的宣布;以及

(ii) 根据本细则第29条的规定进行处理。

(d) 在受理局根据第(a)目发出通知之前收到的任何费用,根据情况应认为是在本细则14.1第(c)目、15.3或16.1第(f)目规定的期限届满前收到的。

(e) 在受理局根据条约第14条第(3)项作出相应的宣布之前收到的任何费用,应认为是在第(a)目中所述的期限届满前收到的。

16之2.2　滞纳金

(a) 受理局可以规定,按本细则16之2.1第(a)目中规定的通知缴纳费用的,为该局的利益,应向其缴纳滞纳金。滞纳金的数额应为:

(i) 通知中指明的未缴纳的费用的数额的50%;或者

(ii) 如果根据第(i)段计算的数额少于传送费,滞纳金数额应与传送费相等。

(b) 但滞纳金的数额不应超过费用表中第1项所述的国际申请费数额的50%,不考虑国际申请超出30页部分每页的费用。

## 第17条

[优先权文件]

17.1　提交在先国家或国际申请副本的义务

(a) 如果根据条约第8条的规定要求享有一项在先国家申请或者国际申请的优先权,除非在提出要求优先权的国际申请的同时已经把优先权文件提交给受理局,以及除第(b)目和第(b之2)目另有规定外,申请人应将经原受理机构证明的在先申请文件副本("优先权文件"),在自优先权日起十六个月内,向国际局或者受理局提交。但国际局在上述期限届满之后收到的该在先申请的任何副本，如果是在国际申请的国际公布日之前到达国际局的，应认为国际局已在上述期限的最后一天收到。

(b) 如果优先权文件是由受理局出具，申请人不提交优先权文件，而是可以请求受理局准备优先权文件并将该文件送交国际局。该请求应在优先权日起十六个月期限届满之前提出，并且受理局还可以要求申请人为此缴纳费用。

(b之2) 如果优先权文件已经可以由国际局根据行政规程在国际申请的国际公布日之前从电子图书馆获得，申请人可以不提交优先权文件，而是在国际公布日之前请求国际局从电子图书馆获取该优先权文件。

(c) 如果上述三项中的规定都不符合，任何指定局，除第(d)目另有规定外，可以不理会优先权要求，但是任何指定局在根据情况给予申请人在合理的期限内提供优先权文件的机会之前，不得对其优先权要求置之不理。

(d) 任何指定局不得对第(c)目中的优先权要求置之不理，只要该局作为国家局受理了第(a)目中所述的在先申请，或者根据行政规程优先权文件可以通过电子图书馆获取。

17.2 副本的取得

(a) 如果申请人遵守本细则17.1第(a)目、第(b)目或者第(b之2)目的规定，国际局根据指定局的特定请求，应迅速地但不在国际申请国际公布以前，向该局提供一份优先权文件副本。任何指定局不得要求申请人本人向该局提供优先权文件副本。不应要求申请人在条约第22条适用的期限届满以前向指定局提供译本。如果申请人在国际申请国际公布之前根据条约第23条第(2)项向指定局提出明确请求，则根据该指定局的特定请求，国际局应在收到优先权文件后向该指定局迅速提供优先权文件副本。

(b) 在国际申请的国际公布以前，国际局不得将优先权文件副本向公众提供。

(c) 如果国际申请已按条约第21条的规定予以公布，国际局应根据请求向任何人提供优先权文件的副本，并收取成本费，除非在公布前：

(i) 该国际申请已被撤回；

(ii) 有关的优先权要求已被撤回或者依据本细则26之2.2第(b)目被视

为未提出。

## 第18条

[申请人]

18.1 居所和国籍

(a) 除第(b)目和第(c)目另有规定外,关于申请人是否如其所声明的是某一缔约国的居民或国民的问题,应取决于该国的本国法,并应由受理局决定。

(b) 在任何情况下,

(i) 在缔约国内拥有实际有效的工商业营业所,应认为在该国有居所;

(ii) 按照某一缔约国的本国法成立的法人,应认为是该国的国民。

(c) 如果国际申请是向作为受理局的国际局递交的,国际局在行政规程指明的情况下,应要求有关缔约国的国家局或者代表该国的国家局决定第(a)目所述的问题。国际局应将这种要求告知申请人。申请人应有机会直接向国家局提出意见。该国家局应迅速对上述问题作出决定。

18.2 [删除]

18.3 两个或者两个以上申请人

如果有两个或者两个以上申请人,只要其中至少有一人根据条约第9条有权提出国际申请,就应认为有权提出国际申请。

18.4 关于本国法对申请人的要求情况

(a)和(b) [删除]

(c) 国际局应将各国法中关于谁(发明人、发明人的权利继受人、发明的所有人等)有资格提出国家申请的情况时常公布,并同时告诫,国际申请在指定国的效力可能取决于在国际申请中为该国的目的指定为申请人的人,根据该国的本国法,是否有资格提出国家申请。

## 第19条

[主管受理局]

19.1 在哪里申请

(a) 除第(b)目另有规定之外,国际申请应按照申请人的选择:

(i) 向申请人是其居民的缔约国的或者代表该国的国家局提出;或

(ii) 向申请人是其国民的缔约国的或者代表该国的国家局提出;

(iii) 向国际局提出,而与申请人是其居民或者国民的缔约国无关。

(b) 任何缔约国可以与另一个缔约国或者任何政府间组织达成协议,规定为了所有或者某些目的,后一国的国家局或者该政府间组织代表前一国的国家局,作为前一国居民或者国民的申请人的受理局。尽管有这样的协议,为了条约第15条第(5)项的目的,前一国的国家局应被认为是主管受理局。

(c) 结合按照条约第9条第(2)项所作的决定,大会应委托国家局或者政府间组织,作为大会指定国家的居民或者国民申请专利的受理局。这种委托应事先获得上述国家局或者政府间组织的同意。

19.2 两个或者两个以上申请人

如果有两个或者两个以上申请人,

(i) 只要接受国际申请的国家局是一个缔约国的或者代表一个缔约国的国家局,而且申请人中至少有一人是该缔约国的居民或者国民,则应认为已经符合本细则19.1的要求;

(ii) 只要申请人中至少有一人是某缔约国的国民或者居民,根据本细则19.1第(a)目第(iii)段,国际申请可以向国际局递交。

19.3 公布委托受理局任务的事实

(a) 本细则19.1第(b)目所述的任何协议应由将受理局的任务委托给另一缔约国的或者代表另一缔约国的国家局或者政府间组织行使的缔约国迅速通知国际局。

(b) 国际局收到通知后,应迅速在公报上公布该通知。

19.4 向作为受理局的国际局传送

(a) 如果国际申请是向按照条约作为受理局的某一国家局提出的,但是,在下列情形下:

(i) 该国家局依照本细则19.1或者19.2无权受理该国际申请;或者

(ii) 该国际申请所使用的语言不是该国家局根据本细则12.1第(a)目应接受的语言,而是国际局作为受理局依照该条细则所接受的语言;或者

(iii) 由于第(i)段和第(ii)段规定之外的任何理由,并征得申请人的授权后,国家局和国际局同意适用本则的程序,则除第(b)目另有规定外,应认为该国际申请已被该国家局代表按本细则 19.1 第(a)目第(iii)段作为受理局的国际局所受理。

(b) 按照第(a)目的规定,国际申请是由某一国家局代表按本细则 19.1 第(a)目第(iii)段作为受理局的国际局受理的,除有关国家安全的规定禁止送交该国际申请外,该国家局应迅速将该申请送交国际局。国家局为其本身的利益可以对该送交收取费用,数额与该局根据本细则第 14 条所要求的传送费相等。如此送交的国际申请应认为已经由按照本细则 19.1 第(a)目第(iii)段作为受理局的国际局在该国家局受理之日所受理。

(c) 为了本细则 14.1 第(c)目、15.3 和 16.1 第(f)目的目的,国际申请已经依照第(b)目被送交国际局的,国际申请的收到日应认为是国际局实际收到该国际申请之日。为了本项的目的,第(b)目的最后一句应不予适用。

## 第20条

[国际申请日]

20.1　根据条约第 11 条第(1)项所作的决定

(a) 受理局收到据称是国际申请的文件后,应立即决定该文件是否符合条约第 11 条第(1)项的要求。

(b) 为条约第 11 条第(1)项第(iii)段第(c)目的目的,申请人姓名的记载只要能确认出申请人的身份,即使申请人姓名有拼写错误或者名字没有全部拼写出来,或者在申请人为法人时,名称用了缩写或者写得不完全,即应被视为是充分符合条件。

(c) 为条约第 11 条第(1)项第(ii)段的目的,看似说明书的部分(除其任何序列表部分外)以及看似权利要求书的部分,是用根据本细则 12.1 第(a)目受理局接受的一种语言撰写的,就足够了。

(d) 如果,在 1997 年 10 月 1 日,第(c)目的规定与受理局所适用的本国法不一致,只要它继续与该本国法相抵触,第(c)目就不适用于该受理局,但该局应将此情况于 1997 年 12 月 31 日前通知国际局。国际局应将所收到的信息迅速地在公报①上予以公布。

20.2 根据条约第11条第(1)项所作的肯定决定

(a) 受理局收到据称为国际申请的文件时,如果确定所述文件符合条约第11条第(1)项的要求,受理局应当把国际申请的收到日记录为国际申请日。

(b) 受理局应当按照行政规程的规定,在记录了国际申请日的国际申请请求书上盖章。请求书上盖了上述印章的文本应为国际申请的登记本。

(c) 受理局应迅速地将国际申请号和国际申请日通知申请人。同时,受理局除已经或者正在同时按照本细则22.1第(a)目的规定将登记本送交国际局外,应将寄给申请人的通知副本送交国际局。

20.3 不满足条约第11条第(1)项的缺陷

(a) 在确定收到据称为国际申请的文件是否满足条约第11条第(1)项的要求时,受理局如果发现不满足条约第11条第(1)项的要求,或者看似不满足,受理局应迅速地通知申请人,并让申请人作出选择:

(i) 根据条约第11条第(2)项提交必要的改正;或者

(ii) 如果上述要求是有关条约11条第(1)项第(iii)段第(d)目或第(e)目所述项目的,申请人根据本细则20.6第(a)目确认按本细则4.18通过援引加入所述项目;并且,在根据本细则20.7适用的期限内作出说明,如果有说明的话。如果该期限在所要求优先权的在先申请的申请日起十二个月后届满,受理局应通知申请人注意这种情况。

(b) 在根据第(a)目通知之后,或者其他情况下:

(i) 如果在据称为国际申请的收到日之后,但是在根据本细则20.7适用的期限内的某一天,申请人向受理局提交了根据条约第11条第(2)项的必要改正,受理局应当记录后面的提交日为国际申请日,并且根据本细则20.2第(b)目和本细则20.2第(c)目的规定处理;

(ii) 如果根据本细则20.6第(b)目,认为条约11条第(1)项第(iii)段第(d)目或第(e)目所述项目,在受理局首次收到条约第11条第(1)项第(iii)段

① 编者注:该信息也在WIPO的下述网页上公布:www.wipo.int/pct/en/texts/reservations/res_incomp.html。

所述一个或多个项目的当天，已经包含在国际申请中，受理局应将满足条约第11条第(1)项所有要求的日期记录为国际申请日，并且根据细则20.2第(b)目和第(c)目的规定处理。

(c) 如果受理局后来发现，或者在申请人答复的基础上发现，根据第(a)目发出的通知是错误的，因为在收到申请文件时其就已经符合条约第11条第(1)项的规定，受理局应当根据细则20.2的规定处理。

20.4 根据条约第11条第(1)项所作的否定决定

在根据本细则20.7适用的期限内，如果受理局没有收到本细则20.3第(a)目所述的改正或确认，或者如果已经收到改正或确认，但是申请仍然不符合条约第11条第(1)项规定的要求，受理局应：

(i) 迅速通知申请人，其申请没有作为国际申请进行处理，将来也不会给予处理，并说明理由；

(ii) 通知国际局，受理局在该文件上标明的编号将不作为国际申请号使用；

(iii) 按照本细则93.1的规定，保管该据称是国际申请所包含的文件和与其有关的信件；以及

(iv) 应申请人根据条约第25条第(1)项提出的请求，国际局需要并特别提出要求上述文件时，受理局应将上述文件的副本送交国际局。

20.5 遗漏部分

(a) 当确定据称为国际申请的文件是否满足条约第11条第(1)项的要求时，受理局发现说明书、权利要求书或者附图的一部分被遗漏，或者看似被遗漏，包括所有附图被遗漏或者看似被遗漏的情况，但是不包括条约11条第(1)项第(iii)段第(d)目或第(e)目所述一个完整项目被遗漏或者看似被遗漏的情况，受理局应迅速地通知申请人，并让申请人作出选择：

(i) 通过提交遗漏部分使据称的国际申请变得完整；或者

(ii) 根据本细则20.6第(a)目的规定，确认根据本细则4.18通过援引方式加入遗漏部分；

并且，在适用本细则20.7所规定的期限内作出说明，如果有说明的话。如果该期限在所要求优先权的在先申请的申请日起十二个月后届满，受理局

应通知申请人注意这种情况。

(b) 在根据第(a)目通知申请人之后或者其他情况下，在满足条约第 11 条第(1)项的所有要求之日或者之前，但是在根据本细则 20.7 适用的期限内，申请人将第(a)目中所述的遗漏部分提交给受理局以使国际申请完整，该部分应包括在申请中，受理局应将满足条约第 11 条第(1)项的所有要求之日记录为国际申请日，并且根据细则 20.2 第(b)目和第(c)目的规定处理。

(c) 在根据第(a)目通知之后或者其他情况下，在满足条约第 11 条第(1)项的要求之日后但是在根据本细则 20.7 适用的期限内，申请人将第(a)目中所述的遗漏部分提交给受理局，以使国际申请完整，该遗漏部分应包括在申请中，受理局应将国际申请日修改为受理局收到该遗漏部分之日，并相应的通知申请人，并且根据行政规程的规定处理。

(d) 在根据第(a)目通知之后或者其他情况下，如果根据本细则 20.6 第(b)目，认为在受理局首次收到条约第 11 条第(1)项第(iii)段所述一个或者多个项目之日，第(a)目所述的遗漏部分已经包含在据称的国际申请中，受理局应将满足条约第 11 条第(1)项的所有要求之日记录为国际申请日，并且根据本细则 20.2 第(b)目和第(c)目的规定处理。

(e) 如果根据第(c)目更改了国际申请日，申请人可以自根据第(c)目的通知之日起一个月内向受理局提交意见陈述书，请求不考虑有关遗漏部分，在这种情况下，将视为没有提交遗漏部分，并且认为没有根据该款的规定更改国际申请日，受理局应根据行政规程的规定处理。

20.6　确认援引加入的项目和部分

(a) 申请人可以在根据本细则 20.7 适用的期限内向受理局提交一份书面意见，确认根据本细则 4.18 援引加入国际申请的项目或者部分，并附具：

(i) 涉及包含于在先申请的整个项目或者部分的一页或者多页；

(ii) 如果申请人没有满足本细则 17.1 第(a)目、第(b)目或者第(b 之 2)目涉及优先权文件的规定，应附在先申请的副本；

(iii) 当在先申请没有使用国际申请提出时的语言时，附具用国际申请提出时的语言翻译的在先申请译文；或者，如果根据本细则 12.3 第(a)目或者 12.4 第(a)目要求提交国际申请的译文的，附具用提交国际申请时的语言和

译文使用的语言两种语言的在先申请译文;以及

(iv) 如果是说明书、权利要求书或者附图的一部分,说明该部分包含于在先申请中的位置,以及在适用的情况下,包含于第(iii)段所述的任何译文中的位置。

(b) 如果受理局发现满足本细则4.18和本则第(a)目的要求,并且本则第(a)目所述的项目或者部分完全包含在所涉及的在先申请中,则应认为在受理局首次收到条约第11条第(1)项第(iii)段所述的一个或者多个项目之日,该项目或者部分已经包含在据称的国际申请中。

(c) 如果受理局发现不满足本细则4.18和本则第(a)目的要求,或者本则第(a)目所述的项目或者部分没有完全包含在所涉及的在先申请中,受理局应根据情况,根据本细则20.3第(b)目第(i)段,20.5第(b)目或20.5第(c)目的规定处理。

20.7 期限

(a) 本细则20.3第(a)目和第(b)目、20.4、20.5第(a)目、20.5第(b)目和20.5第(c)目以及20.6第(a)目所述的适用期限应为:

(i) 根据本细则20.3第(a)目或者20.5第(b)目的通知(在适用的情况下)发送给申请人,适用的期限为通知之日起两个月;

(ii) 没有这样的通知发送给申请人时,适用的期限为自受理局首次收到条约第11条第(1)项第(iii)段所述的一个或者多个项目之日起两个月。

(b) 如果在根据第(a)目适用的期限届满之前,受理局既没有收到根据条约第11条第(2)项的改正,也没有收到根据本细则20.6第(a)目确认援引加入条约第11条第(1)项第(iii)段第(d)目或第(e)目所述的项目的意见,但在该期限届满之后、受理局根据本细则20.4第(i)段通知申请人之前,受理局收到改正或者意见,则该改正或者意见应认为是在该期限内收到的。

20.8 国家法的保留

(a) 如果在2005年10月5日时,本细则20.3第(a)目第(ii)段和第(b)目第(ii)段、20.5第(a)目第(ii)段和第(d)目以及20.6中的任一规定与受理局所适用的本国法不符,只要该局在2006年4月5日之前通知国际局,那么所述细则规定不应适用于向该受理局提交的国际申请,直至其与本国法一致为止。国际局收到该信息后应迅速在公报上公布。①

(a之2) 如果由于本则第(a)目的执行，遗漏的项目或者部分不能根据本细则4.18和20.6援引加入国际申请中，受理局应视情况，根据细则20.3第(b)目第(i)段，20.5第(b)目或20.5第(c)目的规定处理。当受理局根据本细则20.5第(c)目的规定处理时，申请人可以根据本细则20.5第(e)目的规定处理。

(b) 如果在2005年10月5日时，本细则20.3第(a)目第(ii)段和第(b)目第(ii)段、20.5第(a)目第(ii)段和第(d)目以及20.6的任一规定与指定局所适用的本国法不符，只要该局在2006年4月5日之前通知国际局，那么所述细则规定不应适用于该指定局根据条约第22条处理国际申请的情况，直至其与所述本国法一致为止。国际局收到该信息后应迅速在公报上公布。②

(c) 当由于受理局根据细则20.6第(b)目已将一个项目或者部分通过援引加入国际申请中，但是由于本则第(b)目的执行，为了指定局的程序目的，所述通过援引加入并不适用于为了指定局程序目的的国际申请，指定局可以视情况处理国际申请，将国际申请日认定是根据细则20.3第(b)目第(i)段或者20.5第(b)目记录的国际申请日，或者根据细则20.5第(c)目改正的国际申请日，并应当比照适用本细则82之3.1第(c)目和第(d)目的规定。

## 第21条

[副本的准备]

21.1 受理局的责任

(a) 如果只要求提交一份国际申请文本，受理局应负责准备按照条约第12条第(1)项要求的受理本和检索本。

(b) 如果要求提交两份国际申请文本，受理局应负责准备受理本。

(c) 如果国际申请提交的份数少于本细则11.1第(b)目中要求的份数，受理局应负责迅速准备所要求的份数，并应有权确定履行该项任务的费用和

① 编者注：该信息也在WIPO的下述网页上公布：www.wipo.int/pct/en/texts/reservations/res_incomp.html。

② 编者注：该信息也在WIPO的下述网页上公布：www.wipo.int/pct/en/texts/reservations/res_incomp.html。

向申请人收取该项费用。

21.2 向申请人提供经认证的副本

应申请人的要求，并在收取费用后，受理局应当向申请人提供原国际申请文件及其任何改正的经认证的副本。

## 第22条

[登记本和译文的传送]

22.1 程序

(a) 如果根据条约第11条第(1)项所作的决定是肯定的，除非有关国家安全的规定禁止将国际申请进行处理，受理局应将登记本传送给国际局。这种传送应在收到国际申请后迅速进行，或者如果必须经过国家安全检查，应在获得必要的批准后迅速传送。无论如何，受理局应及时传送登记本，使其能在自优先权日起第十三个月届满前到达国际局。如果传送通过邮寄进行，受理局应在不迟于自优先权日起第十三个月届满前五天寄出登记本。

(b) 如果国际局已收到根据本细则20.2第(c)目的通知副本，但在自优先权日起十三个月届满时还未得到登记本，国际局应提醒受理局将登记本迅速传送给国际局。

(c) 如果国际局已收到根据本细则20.2第(c)目的通知副本，但在自优先权日起十四个月届满时还未得到登记本，国际局应将此情况通知申请人和受理局。

(d) 自优先权日起十四个月届满后，申请人可以请求受理局认证其国际申请副本与原始提交的国际申请一致，并可以将经过认证的副本传送给国际局。

(e) 根据第(d)目所作的认证不应收费，并且只能因下列理由之一才可以拒绝认证：

(i) 要求受理局认证的副本与原始提交的国际申请不一致；

(ii) 有关国家安全的规定禁止对该国际申请进行处理；

(iii) 受理局已将登记本传送给国际局，并且国际局通知受理局已收到了登记本。

(f) 除非国际局已收到登记本，或者至国际局收到登记本以前，根据第(e)目认证并已由国际局收到的副本应被认为是登记本。

(g) 如果根据条约第 22 条适用的期限届满时，申请人已履行该条所述的各项行为，但指定局尚未收到国际局关于已收到登记本的通知，指定局应通知国际局。如果国际局没有登记本，应迅速通知申请人和受理局，除非国际局已经按第(c)目的规定通知了申请人和受理局。

(h) 如果国际申请将以根据本细则 12.3 或者 12.4 提交的译文的语言公布，受理局应将该译文连同根据第(a)目传送的登记本一起传送给国际局，或者，如果受理局已经根据第(a)目将登记本传送给国际局，应在收到译文后迅速将其传送给国际局。

22.2 [删除]

22.3 条约第 12 条第(3)项规定的期限

条约第 12 条第(3)项所述的期限，应为根据本细则 22.1 第(c)目或者第(g)目，国际局通知申请人之日起三个月。

## 第 23 条

### [检索本、译文和序列表的传送]

23.1 程序

(a) 如果根据本细则 12.3 第(a)目不需要提交国际申请的译文，受理局应将检索本传送给国际检索单位，最迟应于受理局将登记本传送给国际局的同一日进行，没有缴纳检索费的除外。在后一种情况下，检索本应在缴纳检索费后迅速传送。

(b) 如果根据本细则 12.3 提交了国际申请的译文，受理局应将译文的副本和请求书的副本(两者一起应认为是条约第 12 条第(1)项所称的检索本)传送给国际检索单位，没有缴纳检索费的除外。在后一种情况下，该译文的副本和请求书的副本应在缴纳检索费后迅速传送。

(c) 为本细则第 13 条之 3 的目的而提交的任何电子形式序列表，如果提交给了受理局而不是提交给了国际检索单位，该受理局应迅速传送给该国际检索单位。

## 第24条

［国际局收到登记本］

24.1 ［删除］

24.2 收到登记本的通知

(a) 国际局应将收到登记本的事实以及收到登记本的日期迅速通知：

(i) 申请人；

(ii) 受理局，和

(iii) 国际检索单位(除非它已通知国际局不希望得到这样的通知)。

通知中应标明国际申请号、国际申请日、申请人的姓名，并应标明所要求优先权的在先申请的申请日。在送交申请人的通知中还应包括一份指定局名单，若某指定局是负责授予地区专利的，还应包括为该地区专利所指定的成员国名单。

(b) ［删除］

(c) 如果登记本是在本细则22.3规定的期限届满后收到的，国际局应迅速将此事通知申请人，受理局和国际检索单位。

## 第25条

［国际检索单位收到检索本］

25.1 收到检索本的通知

国际检索单位应将收到检索本的事实和收到日期迅速通知国际局、申请人和受理局(除非该国际检索单位本身就是受理局)。

## 第26条

［受理局对国际申请某些部分的检查和改正］

26.1 根据条约第14条第(1)项第(b)目的改正通知

受理局应尽快发出条约第14条第(1)项第(b)目所规定的改正通知，最好在收到国际申请后的一个月内发出。在通知中，受理局应当要求申请人在本细则26.2规定的期限内提交必要的改正，并且给申请人陈述意见的机会。

26.2　改正的期限

本细则 26.1 涉及的期限应为自发出改正通知之日起两个月。在作出决定前的任何时候，受理局可以延长该期限。

26.2 之 2　根据条约第 14 条第(1)项第(a)目第(i)段和第(ii)段要求的检查

(a) 为条约第 14 条第(1)项第(a)目第(i)段的目的，如果有多个申请人，请求书由其中一个申请人签字即满足要求。

(b) 为条约第 14 条第(1)项第(a)目第(ii)段的目的，如果有多个申请人，其中一个根据本细则 19.1 的规定有权向该受理局提交国际申请的申请人提供了本细则 4.5 第(a)目第(ii)段和第(iii)段要求的说明，即满足要求。

26.3　根据条约第 14 条第(1)项第(a)目第(v)段对形式要求的检查

(a) 如果国际申请使用公布的语言提交，受理局应：

(i) 只在为达到适度统一国际公布的目的所必要的限度内，检查国际申请是否符合本细则第 11 条所述的形式要求；

(ii) 在为达到令人满意的复制的目的所必要的限度内，检查根据本细则 12.3 提交的译文是否符合本细则第 11 条所述的形式要求。

(b) 如果国际申请不是使用公布的语言提交的，受理局应：

(i) 只在为达到令人满意的复制的目的所必要的限度内，检查国际申请是否符合本细则第 11 条所述的形式要求；

(ii) 在为达到适度统一国际公布的目的所必要的限度内，检查根据本细则 12.3 或者 12.4 提交的任何译文及附图是否符合本细则第 11 条所述的形式要求。

26.3 之 2　根据条约第 14 条第(1)项第(b)目通知改正不符合本细则第 11 条的缺陷

如果国际申请在本细则 26.3 所要求的程度上符合本细则第 11 条所述的形式要求，受理局不应被要求根据条约第 14 条第(1)项第(b)目发出通知要求改正不符合本细则第 11 条所述的缺陷。

26.3 之 3　根据条约第 3 条第(4)项第(i)段通知改正缺陷

(a) 如果摘要或附图的任何文字内容使用不同于说明书和权利要求书的

语言提交，受理局应通知申请人提交摘要或附图文字内容的译文，所述译文使用该国际申请公布所要使用的语言，本细则 26.1、26.2、26.3、26.3 之 2、26.5 和 29.1 应予以比照适用，但下列情况除外：

(i) 国际申请的译文是本细则 12.3 第(a)目所要求的，或

(ii) 摘要或附图的文字内容使用该国际申请的公布语言。

(b) 如果在 1997 年 10 月 1 日，第(a)目的规定不符合受理局适用的国家法，如果该局在 1997 年 12 月 31 日前通知国际局，则只要这种不一致继续存在，第(a)目的规定就不应适用于该受理局。国际局应将收到的信息迅速在公报上公布。①

(c) 如果请求书不符合本细则 12.1 第(c)目，受理局应通知申请人提交符合该条要求的译文。本细则第 3 条 26.1、26.2、26.5 和 29.1 应予以比照适用。

(d) 如果在 1997 年 10 月 1 日，第(c)目的规定不符合受理局适用的国家法，如果该局在 1997 年 12 月 31 日之前通知国际局，则只要这种不一致继续存在，则第(c)目的规定就不应适用于该受理局。国际局应将收到的信息迅速在公报上予以公布。②

26.4 程序

向受理局提出改正请求书可以在写给受理局的信件中说明，只要改正能从信件移至请求书上，而不致影响将改正移至其上的纸页的清晰性和直接复制；然而，在改正国际申请的除请求书以外的任何部分的情况下，应要求申请人提交包含改正的替换页，同时附以信件说明被替换页和替换页之间的不同之处。

26.5 受理局的决定

受理局应决定申请人是否已在本细则 26.2 规定的适用期限内提交了改正，并且，如果该改正已在该期限内提交，受理局应决定经过改正的国际申请应该或者不应该视为撤回，如果国际申请在为适度统一国际公布的目的所必

---

① 编者注：该信息也在 WIPO 的下述网页上公布：www.wipo.int/pct/en/texts/reservations/res_incomp.html。

② 编者注：该信息也在 WIPO 的下述网页上公布：www.wipo.int/pct/en/texts/reservations/res_incomp.html。

要的程度上符合本细则第 11 条所述的形式要求，就不得以其不符合本细则第 11 条所述的形式要求为理由而视为撤回。

## 第 26 条之 2

［优先权要求的改正或增加］

26 之 2.1　优先权要求的改正或增加

(a) 申请人可以通过向受理局或国际局递交一份通知而在请求书中改正或增加一项优先权要求，期限是自优先权日起十六个月内，或者如果所做的改正或增加将导致优先权日改变，期限是自改变了的优先权日起十六个月内，以先届满的任一个十六个月期限为准，但是，此项通知可以在自国际申请日起四个月届满之前提交为限。对一项优先权要求的改正可以包括增加本细则 4.10 所述的说明。

(b) 如果受理局或者国际局收到第(a)目所述的任何通知是在申请人根据条约第 21 条第(2)项第(b)目提出提前公布的请求之后，该通知应视为未提交，但提前公布的请求在国际公布的技术准备完成之前已撤回的除外。

(c) 如果对一项优先权要求的改正或增加导致优先权日发生改变，则自原适用的优先权日起计算并且尚未届满的任何期限，应自改变后的优先权日起计算。

26 之 2.2　优先权要求中的缺陷

(a) 当受理局发现，或者如果受理局没有发现而国际局发现优先权要求中存在如下缺陷的：

(i) 国际申请的国际申请日迟于优先权期限届满日，并且没有提交根据本细则 26 之 2.3 的恢复优先权权利的请求；

(ii) 优先权要求不符合本细则 4.10 的要求；或者

(iii) 优先权要求的某项说明与优先权文本中的相应说明不一致；

根据具体情况，受理局或者国际局应当通知申请人改正优先权要求。在第(i)段所述的情况下，如果国际申请日在自优先权期限届满日起的两个月内，根据具体情况，受理局或者国际局也应当通知申请人，可以依照本细则 26 之 2.3 提交优先权权利的恢复请求，除非受理局已根据本细则 26 之

2.3第(j)目通知国际局,本细则26之2.3第(a)目至第(i)目与该局适用的国家法冲突。

(b) 如果在本细则26之2.1第(a)目规定的期限届满前,申请人没有提交一份改正优先权要求的通知,除第(c)目另有规定外,为了条约程序的目的,该优先权要求应视为未提出("视为无效"),根据具体情况,受理局或者国际局应当作出上述宣布,并应相应的通知申请人。在受理局或者国际局根据具体情况作出上述宣布之前,并且在不迟于本细则26之2.1第(a)目规定的期限届满日起一个月内,收到的任何改正优先权要求的请求,应当被视为是在期限届满前收到的。

(c) 优先权要求不应仅仅因为下述原因而被视为未提出:

(i) 没有写明本细则4.10第(a)目第(ii)段涉及的在先申请号;

(ii) 优先权要求中的某一说明与优先权文本中的相应说明不一致;或者

(iii) 国际申请的国际申请日晚于优先权期限届满日,但是国际申请日在自该届满日起的两个月期限内。

(d) 如果受理局或者国际局已经根据第(b)目作出宣布,或者如果优先权要求仅由于适用第(c)目而没有被视为无效,国际局应当将行政规程所规定的优先权要求的相关信息以及国际局在国际公布准备技术完成之前收到的由申请人提交的关于优先权要求的任何信息与国际申请一起公布。如果国际申请依照条约第64条第(3)项没有被公布,这些信息应当包含在根据条约第20条的通信中。

(e) 如果申请人希望改正或者增加一个优先权要求,但是本细则26之2.1所规定的期限已经届满,申请人可以在优先权之日起三十个月届满前,并且缴纳数额由行政规程规定的特别费用后,要求国际局将有关信息公布,国际局应迅速公布该信息。

26之2.3 由受理局作出优先权权利的恢复

(a) 如果国际申请的国际申请日在优先权期限届满日之后,但是在自该优先权期限届满日起的两个月期限内,根据本则第(b)目至第(g)目的规定,且应申请人的要求,如果受理局认为符合该局所适用的标准("恢复标准"),即因未能在优先权期限内提交国际申请是因为:

(i) 尽管已采取了适当的注意,但仍出现了未能满足期限的疏忽;或者

(ii) 非故意的。

则受理局应恢复优先权。

每一个受理局至少应当选择适用上述一项标准,或者两项都适用。

(b) 根据第(a)目的要求应:

(i) 在第(e)目适用的期限内,提交给受理局;

(ii) 说明未在优先权期限内提交国际申请的原因;以及

(iii) 最好和根据第(f)目要求的声明或者其他证据一起提交。

(c) 如果国际申请中没有包含关于在先申请的优先权要求,申请人应当在第(e)目适用的期限内,根据本细则 26 之 2.1 第(a)目提交一份增加优先权要求的通知。

(d) 受理局为了其自身的利益,可以要求申请人在提交本则第(a)目所述请求时,在本则第(e)目适用的期限内缴纳恢复请求费。如果有的话,该费用的数额应当由受理局决定。受理局可以选择延长缴纳费用的期限,上限为自本则第(e)目适用的期限届满后两个月。

(e) 第(b)目第(i)段、第(c)目和第(d)目所述的期限,应当是自优先权届满之日起两个月,但是,如果申请人根据条约第 21 条第(2)项第(b)目要求提前公布,则在国际公布技术准备完成之后,根据第(a)目提交的任何要求或者第(c)目所述的任何通知,或者第(d)目所述的任何费用,均应当被认为没有及时提交或缴纳。

(f) 受理局可以要求申请人在根据具体情况是合理的期限内提交声明或者其他证据来支持第(b)目第(ii)段所述的原因说明。

(g) 在没有根据具体情况给申请人在合理期限内针对欲驳回事项发表意见的机会前,受理局不应当全部或者部分驳回根据第(a)目的请求。受理局发给申请人的欲拒绝的通知中,可以附有根据第(f)目提交的声明或者其他证据的通知。

(h) 受理局应当迅速:

(i) 通知国际局收到根据第(a)目的请求;

(ii) 根据该请求作出决定;

(iii) 将决定和决定所依据的恢复标准通知申请人和国际局；

(iv) 除第(h 之 2)目另有规定外，向国际局传送所收到的申请人针对第(a)目请求所提交的所有文件(包括该请求本身的副本、第(b)目第(ii)段所述的任何原因说明，以及第(f)目所述的任何声明或者其他证据)。

(h 之 2) 如果受理局发现存在下述情况，应根据申请人写明理由的请求，或者自行决定，不传送所收到的申请人针对第(a)目请求所提交的文件或者其部分：

(i) 该文件或部分明显不是为使公众了解国际申请的目的；

(ii) 公开或允许公众获取该文件或部分会明显损害任何人的个人或经济利益；并且

(iii) 没有更重要的公共利益需要获取该文件或部分。

如果受理局决定不将该文件或部分传送给国际局，应当相应地通知国际局。

(i) 每一个受理局应当将其所适用的恢复标准以及以后就此的任何变化通知国际局。国际局应迅速将此信息公布在公报上。

(j) 如果在 2005 年 10 月 5 日时，第(a)目至第(i)目与受理局适用的本国法不符，则只要它们与该本国法继续不符，第(a)目至第(i)目不应适用于该局，但该局应当在 2006 年 4 月 5 日之前通知国际局。国际局应迅速将所收到的信息在公报上予以公布。①

## 第 26 条之 3

[根据本细则 4.17 声明的改正或增加]

26 之 3.1　声明的改正或增加

在自优先权日起十六个月的期限内，申请人可以通过向国际局提交通知对请求书中本细则 4.17 中所述的任何声明进行改正或增加。只要国际局是在国际公布的技术准备工作完成之前收到该通知，则在该期限届满之后国际

① 编者注：该信息也在 WIPO 的下述网页上公布：www. wipo. int/pct/en/texts/reservations/res_incomp. html。

局收到的任何该通知应当视为是在该期限的最后一天收到。

26之3.2　声明的处理

(a) 如果受理局或国际局发现本细则4.17所述的任何声明未按照规定的要求撰写,或在本细则4.17第(iv)段所述发明人资格的声明未按照要求签字的情况下,该受理局或国际局根据具体情况,可以通知申请人在自优先权日起十六个月的期限内对声明进行改正。

(b) 如果在本细则26之3.1规定的期限届满之后,国际局收到根据本细则26之3.1的任何声明或改正,国际局应当相应通知申请人,并应按照行政规程的规定进行处理。

## 第27条

[未缴纳费用]

27.1　费用

(a) 为条约第14条第(3)项第(a)目的目的,"条约第3条第(4)项第(iv)段规定的费用"是指:传送费(本细则第14条)、国际申请费(本细则15.1)、检索费(本细则第16条)以及在需要的情况下,滞纳金(本细则16之2.2)。

(b) 为条约第14条第(3)项第(a)目和第(b)目的目的,"条约第4条第(2)项规定的费用"是指国际申请费(本细则15.1)以及在需要的情况下,滞纳金(本细则16之2.2)。

## 第28条

[国际局发现的缺陷]

28.1　对某些缺陷的发现

(a) 如果国际局认为国际申请中包含有条约第14条第(1)项第(a)目第(i)段、第(ii)段或者第(v)段中所述的任何缺陷,国际局应通知受理局注意这些缺陷。

(b) 除非不同意上述意见,受理局应按照条约第14条第(1)项第(b)目和本细则第26条的规定处理。

## 第29条

［国际申请被视为撤回］

29.1 受理局的决定

如果受理局根据条约第14条第(1)项第(b)目和本细则26.5(未改正某些缺陷),或者根据条约第14条第(3)项第(a)目(未缴纳本细则27.1第(a)目规定的费用),或者根据条约第14条第(4)项(后来认定申请与条约第11条第(1)项第(i)段至第(iii)段列举的要求不符),或者根据本细则12.3第(d)目或12.4第(d)目(未提交要求的译文,或者在适用的情况下未缴纳后提交费),或者根据本细则92.4第(g)目第(i)段(未提交文件的原件),宣布国际申请被视为撤回:

(i) 受理局应将登记本(除非已经传送)和申请人提交的任何改正传送给国际局;

(ii) 受理局应将上述宣布迅速通知申请人和国际局,国际局应随即通知每一个曾被通知指定的指定局;

(iii) 受理局将不按照本细则第23条的规定传送检索本,或者如检索本已经传送,受理局应将上述宣布通知国际检索单位;

(iv) 不应要求国际局通知申请人已经收到登记本;

(v) 如果受理局将撤回通知传送到国际局的时间在国际公布技术准备完成之前,那么该国际申请将不会被国际公布。

29.2 ［删除］

29.3 提请受理局注意某些事实

如果国际局或者国际检索单位认为受理局应根据条约第14条第(4)项作出决定时,该局或者该单位应将有关事实提请受理局注意。

29.4 准备根据条约第14条第(4)项作出宣布的通知

(a) 受理局在根据条约第14条第(4)项发出任何宣布前,应将其准备作出该宣布的意图及理由通知申请人。如果申请人不同意受理局准备作出的宣布,可以自通知之日起两个月内提出反对意见。

(b) 如果受理局准备根据条约第14条第(4)项发出的宣布是关于条约第

11 条第(1)项第(iii)段第(d)目或第(e)目的项目,受理局应在本则第(a)目所提到的通知中,要求申请人根据本细则 20.6 第(a)目确认该项目是根据本细则 4.18 通过援引方式加入的。为本细则 20.7 第(a)目第(i)段的目的,根据本则给申请人的通知被视为根据本细则 20.3 第(a)目第(ii)段的通知。

(c) 如果受理局根据细则 20.8 第(a)目已经通知国际局细则 20.3 第(a)目第(ii)段和第(b)目第(ii)段、20.6 的规定与该局适用的本国法规定不符,不适用第(b)目的规定。

## 第 30 条

[条约第 14 条第(4)项规定的期限]

30.1 期限

条约第 14 条第(4)项规定的期限为自国际申请日起四个月。

## 第 31 条

[条约第 13 条要求的副本]

31.1 要求副本

(a) 条约第 13 条第(1)项的要求,可以涉及指定该局的全部、某些种类或者个别的国际申请。关于全部和某些种类国际申请的要求应每年续展,由该国家局在前一年的 11 月 30 日以前通知国际局。

(b) 申请人根据条约第 13 条第(2)项第(b)目提出要求时,应为准备和邮寄该副本缴纳费用。

31.2 副本的准备

条约第 13 条要求的副本应由国际局负责准备。

## 第 32 条

[国际申请的效力延伸至某些后继国]

32.1 国际申请向后继国的延伸

(a) 国际申请日在第(b)目规定的期间内的任何国际申请的效力,延伸至另一国(后继国),该后继国在独立前领土是国际申请中指定的一个后来不再存在的缔约国（“原有国”）领土的一部分，条件是该后继国已通过向总干事交存说明条约继续适用于该国的声明而成为缔约国。

（b）第（a）目所述的期间从原有国存在的最后一日的次日开始至总干事将第（a）目所述的声明通知保护工业产权巴黎公约成员国政府之日后两个月为止。但是，如果后继国的独立日早于原有国存在的最后一日的次日，后继国可以声明上述期间从其独立日开始；该声明应和第（a）目所述的声明一起作出，并应指明独立日。

（c）国际申请日在第（b）目规定的适用期间内并且效力延伸到后继国的任何国际申请的信息，应由国际局在公报中予以公布。

32.2　向后继国延伸的效力

（a）如果根据本细则 32.1 国际申请的效力延伸至后继国，

（i）应视为已在国际申请中指定该后继国，并且

（ii）条约第 22 条或者条约第 39 条第（1）项的适用期限对该国应延长至自按照本细则 32.1 第（c）目公布信息之日起至少六个月届满时止。

（b）后继国可以规定期限在第（a）目第（ii）段规定的期限以后届满。国际局应将有关这种期限的信息在公报上公布。

## 第 33 条

### ［与国际检索有关的现有技术］

33.1　与国际检索有关的现有技术

（a）为条约第 15 条第（2）项的目的，有关的现有技术应包括世界上任何地方公众可以通过书面公开（包括绘图和其他图解）得到并能有助于确定要求保护的发明是否是新的和是否具有创造性（即是否是显而易见的）的一切事物，条件是公众可以得到的事实发生在国际申请日之前。

（b）当任何书面公开涉及口头公开、使用、展示或者其他方式，公众通过这些方式可以得到书面公开的内容，并且公众通过这些方式可以得到的事实发生在国际申请日之前时，如果公众可以得到该书面公开的事实发生在国际申请日的同一日或者之后，国际检索报告应分别说明该事实以及该事实发生的日期。

(c) 任何公布的申请或者专利,其公布日在检索的国际申请的国际申请日之后或者同一日,而其申请日或者(在适用的情况下)要求的优先权日在该国际申请日之前,假如它们在国际申请日之前公布,就会构成为条约第 15 条第(2)项的有关现有技术时,国际检索报告应特别指明这些专利申请或专利。

33.2　国际检索应覆盖的领域

(a) 国际检索应覆盖可能包含与发明有关的材料的所有技术领域,并应在所有那些检索文档的基础上进行。

(b) 因此,不仅应检索发明所属分类的技术领域,还应检索与该发明类似的技术领域,而不管该类似的技术领域分类在哪个领域。

(c) 在任何特定的申请案中,对于什么领域应认为与发明类似,应根据看来是该发明的必要实质性功能或者用途来考虑,而不仅仅是根据该国际申请中明确写明的特定功能来考虑。

(d) 国际检索应包括通常被认为与要求保护的发明主题的全部或者部分特征等同的所有主题,即使在其细节方面,国际申请中所描述的发明与上述主题并不相同。

33.3　国际检索的方向

(a) 国际检索应根据权利要求书进行,适当考虑说明书和附图(如果有),并应特别注重权利要求所针对的发明构思。

(b) 在可能和合理的范围内,国际检索应包括权利要求所针对的所有主题,或者可以合理预期的在权利要求修改后可能针对的所有主题。

## 第34条

[最低限度文献]

34.1　定义

(a) 条约第 2 条第(i)段和第(ii)段的定义不适用于本则。

(b) 条约第 15 条第(4)项所述的文献("最低限度文献")应包括:

(i) 下面第(c)目指定的"国家专利文献";

(ii) 公布的国际(PCT)申请,公布的地区专利申请和发明人证书申请,以及公布的地区专利和发明人证书;

(iii) 公布的其他非专利文献，这些非专利文献应经各国际检索单位同意，并由国际局在首次同意时以及在任何时候变化时以清单公布。

(c) 除了第(d)目和第(e)目另有规定以外，“国家专利文献”应包括：

(i) 在 1920 年和该年以后由法国、前德国专利局、日本、前苏联、瑞士(只限于使用法文和德文)、英国和美国颁发的专利；

(ii) 德意志联邦共和国、中华人民共和国、韩国和俄罗斯联邦颁发的专利；

(iii) 第(i)段和第(ii)段中所提到的国家在 1920 年和该年以后公布的专利申请(如果有的话)；

(iv) 前苏联颁发的发明人证书；

(v) 法国颁发的实用证书和已公布的法国实用证书申请；

(vi) 1920 年以后在任何其他国家用英语、法语、德语或者西班牙语颁发的专利或者公布的专利申请，而且这些专利或者专利申请没有要求优先权，但条件是这些利益有关国家的国家局分检出了这些文献，并提供给每个国际检索单位随意使用。

(d) 在一份申请文件再次公布(如联邦德国的公开说明书和展出说明书)或者再次公布一次以上时，任何国际检索单位均无义务在其文献中保存所有版本；因此，每一个检索单位应有权只保存一种版本。此外，在申请已获批准，并已发给专利或者实用证书(法国)时，任何国际检索单位均无义务在其文献中同时保存申请和专利或者实用证书(法国)；因此，每一个国际检索单位应有权只保存申请，或者只保存专利或者实用证书(法国)。

(e) 任何一个国际检索单位其官方语言或者官方语言之一不是汉语、日语、韩语、俄语或西班牙语的，有权在其文献中不收入那些一般没有英语摘要的中华人民共和国、日本、韩国、俄罗斯联邦、前苏联的专利文件以及西班牙语的专利文件。本细则生效之日以后英语摘要一般可以得到的，应在该英语摘要一般可以得到后不超过六个月内，将该英语摘要所涉及的专利文件包括在专利文献中。在以前一般可以得到英语摘要的技术领域内，如果英语摘要服务工作中断，大会应采取适当措施迅速恢复上述领域内的英语摘要服务工作。

(f) 为本则的目的，仅仅为提供公众查阅而公开展示的申请，不认为是公布的申请。

## 第35条

［主管的国际检索单位］

35.1　主管的国际检索单位只有一个时

每个受理局应根据条约第16条第(3)项第(b)目所述的有关协议，将负责对该局受理的国际申请进行检索的国际检索单位通知国际局。国际局应迅速公布这一信息。

35.2　主管的国际检索单位有几个时

(a) 任何受理局均可根据条约第16条第(3)项第(b)目所述的有关协议，通过下述方式指定几个国际检索单位：

(i) 宣布这些国际检索单位均可负责对该局受理的任何国际申请进行检索，而由申请人进行选择，或者

(ii) 宣布一个或者几个国际检索单位负责对该局受理的某些种类的国际申请进行检索，宣布另外一个或者几个国际检索单位负责对该局受理的其他种类的国际申请进行检索，但是，如果对有些种类的国际申请宣布有几个国际检索单位可以负责进行检索，应由申请人进行选择。

(b) 凡决定行使第(a)目所规定的权能的任何受理局应迅速通知国际局，国际局应迅速公布这一信息。

35.3　根据本细则19.1第(a)目第(iii)段国际局是受理局时

(a) 如果国际申请是根据本细则19.1第(a)目第(iii)段向作为受理局的国际局提出，对该国际申请进行国际检索的主管国际检索单位应是，当该国际申请是向根据本细则19.1第(a)目第(i)段或第(ii)段，第(b)目或第(c)目或本细则19.2第(i)段有权受理的受理局提出时，主管对该国际申请进行检索的国际检索单位。

(b) 按照第(a)目的规定有两个或者两个以上的主管国际检索单位的，应由申请人选择。

(c) 本细则35.1和35.2不适用于按照本细则19.1第(a)目第(iii)段作为受理局的国际局。

## 第36条

[对国际检索单位的最低要求]

36.1 最低要求的定义

条约第16条第(3)项第(c)目所述的最低要求如下：

(i) 国家局或者政府间组织至少必须拥有100名具有足以胜任检索工作的技术资格的专职人员；

(ii) 该局或者该组织至少必须拥有或能够利用本细则第34条所述的最低限度文献，并且为检索目的而妥善整理的载于纸件、缩微品或储存在电子媒介上；

(iii) 该局或者该组织必须拥有一批工作人员，能够对所要求的技术领域进行检索，并且具有至少能够理解用来撰写或者翻译本细则第34条所述最低限度文献的语言的语言能力；

(iv) 该局或该组织必须根据国际检索共同规则，设置质量管理系统和内部复查措施；

(v) 该局或该组织必须被指定为国际初步审查单位。

## 第37条

[发明名称遗漏或者有缺陷]

37.1 发明名称的遗漏

如果国际申请没有包含发明名称，并且受理局已将要求申请人改正这一缺陷之事通知国际检索单位，除非该单位接到该申请已被视为撤回的通知，否则该单位应进行国际检索，直到接到该申请已被视为撤回的通知。

37.2 发明名称的制定

如果国际申请没有包含发明名称，并且国际检索单位没有接到受理局关于已经要求申请人提交发明名称的通知，或者如果该国际检索单位认为发明名称不符合本细则4.3，该国际检索单位应自行确定一个发明名称。确定名称应使用该国际申请的公布语言，或者，如果根据本细则23.1第(b)目译成另一种语言的国际申请译本已被传送，并且国际检索单位愿意的话，确定名称应使用该译本的语言。

## 第38条

［摘要遗漏或者有缺陷］

38.1　摘要的遗漏

如果国际申请没有包含摘要，并且受理局已将要求申请人改正这一缺陷之事通知了国际检索单位，除非该单位接到该申请已被视为撤回的通知，否则该单位应进行国际检索，直至该单位接到该申请已被视为撤回的通知。

38.2　摘要的制定

如果国际申请没有包含摘要，并且国际检索单位没有接到受理局关于已经要求申请人提交摘要的通知，或者如果该单位认为摘要不符合本细则第8条，该单位应自行制定摘要。制定摘要应使用国际申请的公布语言，或者，如果根据本细则23.1第(b)目译成另一种语言的国际申请的译本已经传送，并且该国际检索单位愿意的话，制定摘要应使用该译本的语言。

38.3　摘要的修改

申请人可以自国际检索报告寄出之日起一个月届满之前向国际检索单位提交：

(i) 修改摘要的请求；或者

(ii) 如果摘要已由该单位制定，对该摘要进行修改的请求或意见陈述，或者请求修改的同时附有意见陈述；

该单位应当决定是否相应地修改摘要。如果该单位修改了摘要，应当将该修改通知国际局。

## 第39条

［条约第17条第(2)项第(a)目第(i)段规定的主题］

39.1　定义

国际申请主题有下列情形之一，并且在有下列情形之一的限定内，国际检索单位无须对该国际申请进行检索：

(i) 科学和数学理论；

(ii) 植物或者动物品种或者主要是用生物学方法生产植物或者动物的方法,但微生物学方法和由该方法获得的产品除外;

(iii) 经营业务、纯粹智力行为或者游戏比赛的方案、规则或者方法;

(iv) 处置人体或者动物体的外科手术方法或治疗方法,以及诊断方法;

(v) 单纯的信息提供;

(vi) 计算机程序,在国际检索单位不具备条件检索与该程序有关的现有技术的限度内。

## 第40条

[缺乏发明单一性(国际检索)]

40.1 通知缴纳附加费;期限

按照条约第17条第(3)项第(a)目的规定缴纳附加费的通知应:

(i) 明确指出认为国际申请不符合发明单一性要求的理由;

(ii) 通知申请人自通知之日起一个月内缴纳附加费,并说明应缴纳的费用数额;以及

(iii) 在适用的情况下,通知申请人自通知之日起一个月内缴纳本细则40.2第(e)目涉及的异议费,并说明应缴纳费用的数额。

40.2 附加费

(a) 条约第17条第(3)项第(a)目规定的检索附加费的数额应由主管国际检索单位确定。

(b) 条约第17条第(3)项第(a)目规定的检索附加费,应直接向该国际检索单位缴纳。

(c) 任何申请人可以在缴纳附加费时提出异议,即附一说明理由的声明,说明该国际申请符合发明单一性的要求或者说明要求缴纳的附加费数额过高。该项异议应由设立在国际检索单位机构内的一个复核组进行审查,在其认为异议有理由的限度内,应将附加费的全部或者一部分退还申请人。根据申请人的请求,异议及其决定的文本应连同国际检索报告一起通知指定局。申请人在提交条约第22条所要求的国际申请译本时,也应提交异议文件的译本。

(d) 第(c)目所述的复核组成员可以包括,但应不限于由于其作出的决定而导致异议的人。

(e) 对第(c)目所述的异议审查,国际检索单位为其自身的利益,可以要求缴纳异议费。如果申请人在本细则第 40.1 第(iii)段规定的期限内没有缴纳任何所要求的异议费,该异议应当被视为未提出并且国际检索单位应当宣布此事。如果第(c)目所述的复核组认为异议完全成立,异议费应当退还给申请人。

## 第 41 条

[考虑在先检索的结果]

41.1 考虑在先检索的结果

根据细则 4.12,如果申请人已经要求国际检索单位考虑在先检索的结果,同时符合细则 12 之 2.1 和:

(i) 在先检索是由同一国际检索单位,或者是由作为国际检索单位的同一局作出,国际检索单位在国际检索时应该尽可能地考虑那些检索结果;

(ii) 在先检索是由其他国际检索单位,或者由不同于国际检索单位的其他局作出的,国际检索单位在国际检索时可以考虑那些检索结果。

## 第 42 条

[国际检索的期限]

42.1 国际检索的期限

制定国际检索报告或者提出条约第 17 条第(2)项第(a)目所述宣布的期限应为自国际检索单位收到检索本起三个月,或者自优先权日起九个月,以后到期者为准。

## 第 43 条

[国际检索报告]

43.1 标明

国际检索报告应写明国际检索单位的名称以标明制定该报告的国际检索单位,并写明国际申请号、申请人名称和国际申请日以标明国际申请。

43.2 日期

国际检索报告应写明日期，并应写明该国际检索实际完成的日期。国际检索报告还应写明作为优先权要求的在先申请的申请日，或者如果要求一个以上在先申请的优先权时，写明其中最早一个在先申请的申请日。

43.3 分类

(a) 国际检索报告至少应有按照国际专利分类法对主题所作的分类号。

(b) 上述分类应由国际检索单位作出。

43.4 语言

每一份国际检索报告和根据条约第17条第(2)项第(a)目作出的任何宣布，均应使用所涉及的国际申请公布时所用的语言，条件是：

(i) 如果根据本细则23.1第(b)目已传送译成另一种语言的国际申请译本，并且该国际检索单位愿意时，国际检索报告和根据条约第17条第(2)项第(a)目作出的任何宣布可以使用该译本所用的语言；

(ii) 如果国际申请使用根据本细则12.4提交的译文所使用的语言公布，该语言不是国际检索单位接受的语言，并且国际检索单位愿意时，国际检索报告和根据条约第17条第(2)项第(a)目作出的任何宣布，可以使用一种语言，该语言既是该国际检索单位所接受的语言，也是本细则48.3第(a)目所述的公布语言。

43.5 引证

(a) 国际检索报告应包括对被认为是有关文件的引证。

(b) 标明任何引证的文件的方法应由行政规程规定。

(c) 特别有关文件的引证应专门予以标明。

(d) 不是与所有权利要求都相关的引证，应注明其与哪个或者哪些权利要求相关。

(e) 如果被引证的文件中只有某些段落相关或者特别相关，应予指明，例如，指出这些段落所在的页、栏或者行数。如果整篇文件都相关，而其中某些段落特别相关，应指明这些段落，除非实际上无法指明。

43.6 检索的领域

(a) 国际检索报告应列出已检索领域的分类号。如果该分类号是按照国际专利分类法以外的分类法给出的，国际检索单位应公布所用的分类。

(b) 如果国际检索扩展到本细则第 34 条规定的最低限度文献所不包括的国家、期间或者语种的专利、发明人证书、实用证书、实用新型、增补专利或者增补证书、增补发明人证书、增补实用证书或任何这些保护类型的公开申请文件，国际检索报告应在实际可行的情况下标明它扩展的文件种类、国家、期间和语言。为本项的目的，不适用条约第 2 条第(ii)段的规定。

(c) 如果国际检索依据或者扩展到任何电子数据库，国际检索报告可以写明该数据库的名称，如果认为对他人有用而且实际可行时，可以写明所用的检索术语。

43.6 之 2　明显错误更正的考虑

(a) 根据本细则 91.1 许可的明显错误更正，除第(b)目另有规定之外，国际检索单位为了国际检索的目的应该予以考虑，并应在国际检索报告中对此作出说明。

(b) 如果国际检索单位许可明显错误更正或者收到明显错误更正的通知，在适用的情况下，其发生在已开始起草国际检索报告之后，那么该国际检索单位为了国际检索的目的不必考虑该明显错误更正，在此种情况下报告中应尽可能加以说明，如果没有，国际检索单位应相应通知国际局，国际局应按照行政规程的规定进行处理。

43.7　关于发明单一性的说明

如果申请人缴纳了国际检索附加费，国际检索报告应作这样的说明。此外，如果国际检索仅仅是针对主要发明或者不是针对所有的发明进行(条约第 17 条第(3)项第(a)目)，国际检索报告应说明国际申请中哪些部分已经检索，哪些部分没有检索。

43.8　授权官员

国际检索报告应标明国际检索单位对该报告负责的官员的姓名。

43.9　附加内容

国际检索报告中应只包括本细则 33.1 第(b)目和第(c)目、43.1 至 43.3、43.5 至 43.8 和 44.2 所规定的事项，以及条约第 17 条第(2)项第(b)目所述的说明，不得包括其他内容，但行政规程可以允许在国际检索报告中包括行政规程中规定的任何附加内容。国际检索报告不应包括，并且行政规程不应允许包括有关意见、理由、论证或解释的任何词语。

43.10 格式

国际检索报告表格式的形式要求应由行政规程规定。

## 第43条之2

[国际检索单位的书面意见]

43之2.1 书面意见

(a) 除本细则69.1第(b之2)目另有规定外，国际检索单位应当在其作出国际检索报告或作出条约第17条第(2)项第(a)目所述宣布的同时就以下内容作出书面意见：

(i) 该要求保护的发明是否看起来是新的，包含创造性(非显而易见性)，并且能在工业上应用；

(ii) 根据该国际检索单位的检查，该国际申请是否符合条约和本细则的要求。

书面意见中还应附有本细则规定的其他意见。

(b) 为作出书面意见的目的，条约第33条第(2)项至第(6)项、第35条第(2)项和第(3)项以及本细则43.4，43.6之2、64、65、66.1第(e)目、66.7、67、70.2第(b)目和第(d)目、70.3、70.4第(ii)段、70.5第(a)目、70.6至70.10、70.12、70.14和70.15第(a)目应比照适用。

(c) 书面意见应当包括告知申请人的通知，如果已提出国际初步审查请求，除本细则66.1之2第(b)目另有规定外，依据本细则66.1之2第(a)目，该书面意见应被认为是国际初步审查单位为本细则66.2第(a)目目的的书面意见，在这种情况下，应要求申请人在本细则54之2.1第(a)目规定的期限届满之前，向该单位提交书面答复，在适当的情况下并应同时提交修改。

## 第44条

[国际检索报告、书面意见等的传送]

44.1 报告或者宣布以及书面意见的副本

国际检索单位应在同一日内将国际检索报告或者条约第 17 条第(2)项第(a)目所述宣布的副本,以及根据本细则 43 之 2.1 作出的书面意见的副本传送给国际局一份,并也给申请人传送一份。

44.2 发明名称或者摘要

国际检索报告应表明国际检索单位同意申请人所提交的发明名称和摘要,或者国际检索报告应附有国际检索单位根据本细则第 37 条和第 38 条确定的发明名称和/或摘要的文本。

44.3 引用文件的副本

(a) 条约第 20 条第(3)项所述的请求,可以在该国际检索报告涉及的国际申请的国际申请日起七年内随时提出。

(b) 国际检索单位可以要求提出请求的申请人或者指定局向其缴纳准备和邮寄副本的费用。准备副本的费用水平应在条约第 16 条第(3)项第(b)目所述的国际检索单位和国际局之间的协议中规定。

(c) [删除]

(d) 任何国际检索单位都可以委托向其负责的另一机构履行第(a)目和第(b)目所述的职责。

## 第 44 条之 2

[国际检索单位的专利性国际初步报告]

44 之 2.1 作出报告;传送给申请人

(a) 除非已经或即将作出国际初步审查报告,国际局应当代表国际检索单位就本细则 43 之 2.1 第(a)目所述内容作出报告(在本则中简称为“该报告”)。该报告的内容应与根据本细则 43 之 2.1 所作书面意见的内容相同。

(b) 该报告的题目应为“专利性国际初步报告(专利合作条约第Ⅰ章)”,并有关于根据本则的规定由国际局代表国际检索单位作出该报告的说明。

(c) 国际局应迅速将按照第(a)目作出的报告副本传送给申请人。

44 之 2.2 向指定局的送达

(a) 一旦根据本细则 44 之 2.1 作出报告,国际局应根据本细则 93 之 2.1 将它送达给每一个指定局,但不应早于自优先权日起三十个月。

(b) 如果申请人依据条约第 23 条第(2)项向指定局提出了明确的请求，国际局根据该局或申请人的请求应当迅速向该局送达由国际检索单位根据本细则 43 之 2.1 所作书面意见的副本。

44 之 2.3 给指定局的译文

(a) 如果根据本细则 44 之 2.1 作出的报告使用国家局官方语言以外的语言或不是其官方语言之一，任何该指定国可以要求将该报告译成英文。任何这类要求应当通知国际局，国际局应迅速在公报上予以公布。

(b) 如果根据第(a)目要求译文，该译文应由国际局准备或在国际局负责下准备。

(c) 国际局在向该局送交报告时，应同时向任何相关的指定局及申请人传送报告的译文副本。

(d) 在本细则 44 之 2 第(2)项第(b)目所述的情况下，依据本细则 43 之 2.1 作出的书面意见，根据相关指定局的请求，应当由国际局译成英文或在国际局负责下译成英文。国际局应在收到译文请求之日起两个月内向有关的指定局传送译文的副本，并同时应向申请人传送一份副本。

44 之 2.4 对译文的意见

申请人可以对本细则 44 之 2.3 第(b)目或第(d)目中所述的译文的正确性提出书面意见，并应向每个有关的指定局和国际局提交该意见的副本。

## 第 45 条

[国际检索报告的译文]

45.1 语言

国际检索报告和条约第 17 条第(2)项第(a)目所述的宣布，如果不是以英语撰写的，应译成英语。

## 第 45 条之 2

[补充国际检索]

45 之 2.1 补充检索请求

(a) 申请人可以在优先权日起十九个月期限届满前的任何时候，根据细则 45 之 2.9 的规定请求主管的国际检索单位对国际申请进行补充国际检索。该请求可向多个国际检索单位提出。

(b) 根据本则第(a)目提出的请求("补充检索请求")应当向国际局提交,并且应当指明:

(i) 申请人以及代理人(如有的话)的名称和地址、发明名称、国际申请日和国际申请号;

(ii) 所请求进行补充国际检索的国际检索单位("指定补充检索单位");和

(iii) 如果提出国际申请时所使用的语言不为进行补充国际检索的国际检索单位所接受,申请人是否用根据细则 12.3 或 12.4 向受理局提交的译文作为补充国际检索的基础。

(c) 适用时,应连同补充检索请求一起提交:

(i) 如果提出国际申请时所使用的语言或者根据细则 12.3 或 12.4 提交的译文(如果有)都不为指定补充检索单位接受,应当提交该单位接受的国际申请的译文;

(ii) 如果指定补充检索单位要求,最好有一份符合行政规程标准的电子形式的序列表副本。

(d) 如果国际检索单位认为国际申请不符合发明单一性的要求,补充检索请求可以包含一份声明,指明申请人希望补充国际检索限制于仅针对国际检索单位确定的发明中的一个,而不是条约第 17 条第(3)项第(a)目中所述的主要发明。

(e) 在下列情况下,补充检索请求应被视为未提出,并且国际局应作出这样的宣布:

(i) 如果该请求是在本则第(a)目所述的期限届满后收到;或者

(ii) 如果指定补充检索单位在根据条约第 16 条第(3)项第(b)目的适用协议中尚未声明其准备进行补充检索,或者根据细则 45 之 2.9 第(b)目不主管进行补充检索。

45 之 2.2 补充检索手续费

(a) 补充检索请求应为国际局的利益缴纳费用("补充检索手续费"),费用的数额由费用表规定。

(b) 补充检索手续费应以费用表规定的货币或国际局规定的其他任一种货币缴纳。该种其他货币的数额其整数应与国际局在费用表中列出的数额相当,并应在公报上公布。

(c) 补充检索手续费应在自收到补充检索请求之日起一个月内向国际局缴纳。应缴数额为该缴费日适用的数额。

(d) 如果在将本细则 45 之 2.4 第(e)目第(i)段至第(iv)段所述的文件传送给指定补充检索单位之前,国际申请已被撤回或被视为撤回,或者补充检索请求已被撤回或根据细则 45 之 2.1 第(e)目被视为未提出,国际局应将补充检索手续费退还给申请人。

45 之 2.3　补充检索费

(a) 进行补充国际检索的国际检索单位,可以为其利益要求申请人缴纳费用("补充检索费")。

(b) 国际检索费应由国际局收取。应比照适用本细则 16.1 第(b)目至第(e)目。

(c) 关于缴纳补充检索费的期限和缴费的数额,应比照适用本细则 45 之 2.2 第(c)目的规定。

(d) 如果在细则 45 之 2.4 第(e)目第(i)段至第(iv)段所述的文件传送给指定补充检索单位之前,国际申请已被撤回或被视为撤回,或者补充检索请求已被撤回或根据细则 45 之 2.1 第(e)目或者 45 之 2.4 第(d)目被视为未提出,国际局应将补充检索费退还给申请人。

(e) 如果在指定补充检索单位根据细则 45 之 2.5 第(a)目开始补充国际检索之前,补充检索请求根据细则 45 之 2.5 第(g)目被视为未提出,该单位应退还补充检索费,退还的程度和条件根据条约第 16 条第(3)项第(b)目适用的协议办理。

45 之 2.4　补充检索请求的检查;缺陷的改正;滞纳金;向指定的补充检索单位传送

(a) 收到补充检索请求后,国际局应立即检查该请求是否符合本细则 4 之 2.1 第(b)目和第(c)目第(i)段的要求,并应通知申请人在自通知之日起一个月的期限内改正缺陷；

(b) 如果根据本细则 45 之 2.2 第(c)目和 45 之 2.3 第(c)目规定的缴费期限已到，国际局发现补充检索手续费和补充检索费尚未全部缴纳，应通知申请人在自通知之日起一个月的期限内，向其缴纳付清那些费用所需的数额，以及本则第(c)目规定的滞纳金。

(c) 国际局为其自己的利益，可以规定根据本则第(b)目的通知缴纳费用的，应向其缴纳滞纳金，滞纳金的数额应为补充检索手续费的 50%。

(d) 如果申请人在本则第(a)目或第(b)目适用的期限届满前没有提供所要求的改正或者没有缴纳应付的全部数额，包括滞纳金，补充检索请求应被认为没有提出，且国际局应作出这样的宣布并相应的通知申请人。

(e) 如果满足本细则 45 之 2.1 第(b)目和第(c)目第(i)段、45 之 2.2 第(c)目和 45 之 2.3 第(c)目的要求，国际局应尽快传送下列文件的副本给指定补充检索单位，但不早于国际局收到国际检索报告的日期或自优先权日起十七个月届满之日，以先发生者为准：

(i) 补充检索请求书；

(ii) 国际申请；

(iii) 根据细则 45 之 2.1 第(c)目第(ii)段提交的序列表；和

(iv) 根据细则 12.3，12.4 或细则第 45 条之 2.1 第(c)目第(i)段提交的作为补充国际检索基础的译文；和

国际局在期限后收到下列文件的同时或之后尽快传送：

(v) 根据细则 43 之 2.1 作出的国际检索报告和书面意见；

(vi) 国际检索单位根据条约第 17 条第(3)项第(a)目作出的缴纳附加费的通知；和

(vii) 申请人根据细则 40.2 第(c)目提出的异议和由设立在国际检索单位机构内的复查组对该异议的决定。

(f) 应指定补充检索单位的请求，本则第(e)目第(v)段所述的书面意见如果不是使用英语或使用的语言不被该单位接受，应当由国际局或在国际局负责下译成英语，并应在收到译文请求之日起两个月内向有关检索单位传送译文的副本，并且同时向申请人传送一份副本。

45之2.5 补充国际检索的启动、基础和范围

(a) 指定补充检索单位在收到本细则45之2.4第(e)目第(i)段至第(iv)段所述的文件之后应当尽快启动补充国际检索,但该单位也可以选择延迟启动检索直到其收到本细则45之2.4第(e)目第(v)段所述的文件或直到自优先权日起二十二个月届满,以先发生者为准。

(b) 进行补充国际检索应以提交的国际申请或本细则45之2.1第(b)目第(iii)段或45之2.1第(c)目第(i)段中所述的译文作为基础,并且,如果根据细则43之2.1作出的国际检索报告和书面意见可以在启动补充检索之前指定补充检索单位获得,该单位应当予以考虑。如果,补充检索请求中包含一份根据本细则45之2.1第(d)目的声明,则补充国际检索可以被限制于申请人根据本细则45之2.1第(d)目指明的发明以及国际申请中与该发明相关的部分。

(c) 为补充国际检索的目的,条约第17条第(2)项和本细则第13条之3.1,第33条和第39条应予以比照适用。

(d) 如果指定补充检索单位在根据本则第(a)目启动补充检索之前可获得国际检索报告,该单位可以从补充检索中排除任何不是国际检索主题的权利要求。

(e) 如果国际检索单位根据条约第17条第(2)项第(a)目作出宣布,并且指定补充检索单位在根据本则第(a)目启动补充检索之前可获得该宣布,该单位可以决定不制定补充国际检索报告,并且应作出这样的宣布,同时迅速通知申请人和国际局。

(f) 补充国际检索至少应覆盖根据条约第16条第(3)项第(b)目适用协议中指明的文献。

(g) 除了根据本细则45之2.5第(c)目适用条约第17条第(2)项的限定而排除检索以外,如果指定补充检索单位发现该检索因本细则45之2.9第(a)目所述的限制和条件而被完全排除,则该补充检索请求应被视为未提出,该单位应当如此宣布,并且应当迅速通知申请人和国际局。

(h) 根据本细则45之2.9第(a)目所述的限制和条件,指定补充检索单位可以决定将补充检索限制于仅针对某些权利要求,在这种情况下,应在补充国

际检索报告中对此作出说明。

45之2.6　发明的单一性

(a) 如果指定补充检索单位认为国际申请不符合发明单一性的要求,应:

(i) 对国际申请涉及权利要求中首先提到的发明("主要发明")相关的部分作出补充国际检索报告;

(ii) 通知申请人国际申请不符合发明单一性要求的意见,并且明确说明得出该意见的理由;和

(iii) 通知申请人在本则第(c)目所述的期限内可以提出复查该意见。

(b) 在考虑国际申请是否符合发明单一性的要求时,补充检索单位应在启动补充国际检索之前适当考虑根据细则45之2.4第(e)目第(vi)段和第(vii)段收到的任何文件。

(c) 自根据本则第(a)目第(ii)段所发出通知之日起一个月内,申请人可以要求补充检索单位复查本则第(a)目所述的意见。对复查请求,补充检索单位为其自身的利益,可以要求缴纳复查费,并自行确定费用的数额。

(d) 如果申请人在本则第(c)目规定的期限内,提出复查补充检索单位作出的意见的要求并缴纳了所需的复查费,补充检索单位应当复查该意见。此项复查不应仅由作出待复查的意见的人进行。

如果补充检索单位:

(i) 认为被复查的意见完全正确,应相应的通知申请人;

(ii) 认为被复查的意见部分不正确,但该国际申请仍不符合发明单一性的要求,应相应地通知申请人,必要时按本则第(a)目第(i)段的规定处理;

(iii) 认为被复查的意见完全不正确,应相应地通知申请人,对国际申请的所有部分制作补充国际检索报告,并且,将复查费退还给申请人。

(e) 根据申请人的请求,请求复查和复查决定的文本应当随同补充国际检索报告一起传送指定局。根据条约第22条提供国际申请译文的要求,申请人应当提交任何相关的译文。

(f) 如果指定补充检索单位决定根据本细则45之2.5第(b)目的第二句或者细则45之2.5第(h)目限制补充国际检索,应比照适用本则第(a)目至第(e)目,但上述段落中述及的"国际申请"应分别解释为国际申请中与申请人根

据细则 45 之 2.1 第(d)目指明的发明相关的部分,或者与补充检索单位将进行检索的权利要求相关的部分。

45 之 2.7 补充国际检索报告

(a) 指定补充检索单位应当在自优先权日起二十八个月内制定补充国际检索报告,或者根据细则 45 之 2.5 第(c)目适用条约第 17 条第(2)项第(a)目作出不制作补充国际检索报告的宣布。

(b) 每一份补充国际检索报告,任何根据细则 45 之 2.5 第(c)目适用条约第 17 条第(2)项第(a)目作出的宣布和任何根据细则 45 之 2.5 第(e)目作出的宣布都应当使用公布语言。

(c) 为制定补充国际检索报告的目的,除本则第(d)目和第(e)目另有规定外,本细则 43.1、43.2、43.5、43.6、43.6 之 2、43.8 和 43.10 应比照适用。除对本细则 43.3、43.7 和 44.2 的引用应被视为不存在外,本细则 43.9 应比照适用。条约第 20 条第(3)项和本细则 44.3 应比照适用。

(d) 补充国际检索报告不必再引证国际检索报告中已引用的文件,除非该文件需要与国际检索报告中未引用的其他文件一起被引用。

(e) 补充国际检索报告可包含下述解释:

(i) 关于被认为相关的文件的引证;

(ii) 关于补充国际检索的范围。

45 之 2.8 补充国际检索报告的传送和效力

(a) 指定补充检索单位应在同一日将补充国际检索报告的或不制作补充国际检索报告的宣布的副本,如适用的话,分别传送给国际局和申请人。

(b) 除本则第(c)目另有规定外,条约第 20 条第(1)项和本细则 45.1,47.1 第(d)目和 70.7 第(a)目应适用于补充国际检索报告,就如同其是国际检索报告的一部分。

(c) 如果国际初步审查单位在开始起草书面意见或报告之后收到一份补充国际检索报告,则不必为制作书面意见或国际初步审查报告的目的考虑该报告。

45 之 2.9 补充国际检索的主管国际检索单位

(a) 如果国际检索单位在根据条约第 16 条第(3)项第(b)目适用的协议

中声明准备进行补充国际检索，则应当进行补充国际检索，除非该协议中另规定了限制和条件。

(b) 根据条约第16条第(1)项对一份国际申请进行国际检索的国际检索单位不应主管进行该国际申请的补充国际检索。

(c) 本则第(a)目所述的限制可以是，例如，除了根据本细则45之2.5第(c)目适用的条约第17条第(2)项对国际检索的限制之外的、有关补充国际检索主题的限制，在规定期限内进行补充国际检索的总数的限制，以及不对超过一定数量的权利要求进行补充国际检索的限制。

## 第46条

［向国际局提出对权利要求的修改］

46.1　期限

条约第19条所述的期限应为自国际检索单位将国际检索报告传送给国际局和申请人之日起两个月，或者自优先权日起十六个月，以后到期者为准，但国际局在适用的期限届满后收到根据条约第19条所作修改的，如果该修改在国际公布的技术准备工作完成之前到达国际局，应认为国际局已在上述期限的最后一日收到该修改。

46.2　向哪里提出

根据条约第19条所作的修改应直接向国际局提出。

46.3　修改的语言

如果提出国际申请所用的语言与该申请公布时所用的语言不同，根据条约第19条所作的任何修改，应使用申请公布时所用的语言。

46.4　声明

(a) 条约第19条第(1)项中所述的声明，应使用国际申请公布时所用的语言，且该声明用英语撰写或被译成英语后，应不超过五百字。该声明应有标题以便辨认，最好用“根据条约第19条第(1)项所作的声明”的字样，或者用该声明所用的语言的等同语。

(b) 声明中不得包括对国际检索报告或者对该报告中引证文件的相关与否发表贬低性评论。只有对特定权利要求进行修改时，声明才可涉及国际检索报告中与该权利要求有关的引证。

46.5 修改的形式

(a) 申请人在根据条约第19条作出修改时，应当提交替换页，该替换页包括一套完整的权利要求书用来替换原始提交的全部权利要求。

(b) 替换页应附有一封信件：

(i) 信件中应指出由于修改导致哪些权利要求与原始提交的权利要求不同，同时指出其不同之处；

(ii) 信件中应指出由于修改导致哪些原始提交的权利要求被删除；

(iii) 信件中应指出所做修改在原始提交的申请中的基础。

## 第47条

[向指定局送达]

47.1 程序

(a) 条约第20条规定的送达应由国际局按照本细则93之2.1向每一个指定局作出，但除本细则47.4规定的情况外，不得早于国际申请的国际公布之日。

(a之2) 国际局应按照本细则93之2.1将收到登记本的事实和日期以及收到任何优先权文件的事实和日期通知每个指定局。

(b) 国际局应将其在本细则46.1规定的期限内收到并且没有包括在条约第20条规定的送达之中的任何修改迅速地送达指定局，并应将此情况通知申请人。

(c) [①]国际局应在自优先权日起二十八个月的期限届满后迅速向申请人发出通知，说明：

(i) 已经请求按照本细则93之2.1进行条约第20条规定的送达的各指定局的名称和向这些指定局送达的日期；和

---

① 编者注：本细则47.1第(c)目和第(e)目应当适用于国际申请日为2004年1月1日当天或之后的任何国际申请，并且就那些已经根据文件PCT/A/30/7附录Ⅳ中的大会决定第(2)项发出了通知(表明条约第22条第(1)项期限的修改与该局于2001年10月3日适用的本国法不符)，且该通知尚未按照大会决定第(3)项被撤回的指定局而言，本细则47.1第(c)目和第(e)目每次提及的“二十八个月”应为“十九个月”，为此，在适用的情况下，应当就这样的申请发出本细则47.1第(c)目规定的两个通知。

国际局收到的任何有关这种不符的信息在公报和WIPO网址的下述网页上公布：www.wipo.int/pct/en/texts/reservations/res_incomp.html。

(ii) 没有请求按照本细则 93 之 2.1 进行条约第 20 条规定的送达的各指定局的名称。

(c 之 2) 指定局收到的第(c)目所述的通知:

(i) 对上述第(c)目第(i)段所述的指定局而言,应作为条约第 20 条规定的送达已于通知中要求的日期送交的确实证据;

(ii) 对上述第(c)目第(ii)段所述的指定局而言,应以该局作为指定局的缔约国不要求申请人按照条约第 22 条提交国际申请副本的确实证据。

(d) 每个指定局如果提出要求,还应得到按本细则 45.1 所述的国际检索报告和条约第 17 条第(2)项第(a)目所述的宣布的译本。

(e) ①如果任何指定局在自优先权日起二十八个月的期限届满之前没有根据本细则 93 之 2.1 请求国际局进行条约第 20 条规定的送达,以该局作为指定局的缔约国应被视为已经按照本细则 49.1 第(a 之 2)目通知了国际局其不要求申请人按照条约第 22 条的规定提供国际申请的副本。

47.2　副本

送达所需要的副本应由国际局准备。关于送达所要求的副本的具体要求由行政规程予以规定。

47.3　语言

(a) 根据条约第 20 条送达的国际申请,应使用该申请公布时所用的语言。

(b) 如果国际申请公布时所用的语言与该申请提出时所用的语言不同,根据任何指定局的请求,国际局应向其提供使用提出时所用语言的该申请的副本。

47.4　国际公布前根据条约第 23 条第(2)项的明确请求

如果在国际申请的国际公布前,申请人根据条约第 23 条第(2)项的规定向指定局提出明确请求,国际局应根据申请人或者指定局的要求迅速向该局进行条约第 20 条规定的送达。

---

① 编者注:本细则 47.1 第(c)目和第(e)目应当适用于国际申请日为 2004 年 1 月 1 日当天或之后的任何国际申请,并且就那些已经根据文件 PCT/A/30/7 附录Ⅳ中的大会决定第(2)项发出了通知(表明条约第 22 条第(1)项期限的修改与该局于 2001 年 10 月 3 日适用的本国法不符),且该通知尚未按照大会决定第(3)项被撤回的指定局而言,本细则 47.1 第(c)目和第(e)目每次提及的"二十八个月"应为"十九个月",为此,在适用的情况下,应当就这样的申请发出本细则 47.1 第(c)目规定的两个通知。

国际局收到的任何有关这种不符的信息在公报和 WIPO 网址的下述网页上公布:www.wipo.int/pct/en/texts/reservations/res_incomp.html。

## 第48条

［国际公布］

48.1 形式和方式

国际申请的公布形式和方式应由行政规程予以规定。

48.2 内容

(a) 国际申请的公布应包括：

(i) 标准格式扉页；

(ii) 说明书；

(iii) 权利要求书；

(iv) 附图(如果有的话)；

(v) 除第(g)目另有规定外，国际检索报告或者条约第17条第(2)项第(a)目所述的宣布；

(vi) 根据条约第19条第(1)项所提出的任何声明，但国际局认为该声明不符合本细则46.4的规定的除外；

(vii) 国际局在国际公布的技术准备完成之前收到的根据细则91.3第(d)目所提出的公布请求，即明显错误更正的请求、理由和细则91.3第(d)目所述的任何意见；

(viii) 根据本细则第13条之2与说明书分开提交的有关生物材料保藏的说明，以及国际局收到该说明的日期标记；

(ix) 任何依据本细则第26条之2.2第(d)目所述的关于优先权的信息；

(x) 在本细则第26条之3.1所述的期限届满前国际局收到的本细则4.17中所述的任何声明和本细则第26条之3.1所述的任何有关改正。

(xi) 任何根据本细则第26条之2.3所提出的恢复优先权请求的信息，以及受理局根据该请求所作出的恢复优先权决定的信息，包括受理局作出该决定所依据标准的相关信息。

(b) 除第(c)目另有规定外，扉页应包括：

(i) 请求书中摘出的事项以及行政规程规定的其他事项；

(ii) 除适用本细则8.2第(b)目的规定外，如果国际申请包括附图，应有一幅或者几幅图；

(iii) 摘要；如果摘要是同时用英语和另一种语言撰写的，英语摘要应放在前面；

(iv) 在适用的情况下，关于请求书中包括国际局在本细则 26 之 3.1 中所述的期限届满前收到的本细则 4.17 中所述声明的说明；

(v) 如果受理局根据本细则 4.18 和 20.6 的规定确认援引加入的项目和部分，在此基础上根据本细则 20.3 第(b)目第(ii)段或 20.5 第(d)目的规定记录了国际申请日，一份就此的说明，连同一份说明，说明为本细则 20.6 第(a)目第(ii)段目的，申请人是基于符合本细则 17.1 第(a)目、第(b)目或第(b 之 2)目规定的优先权文件或是基于单独提交的相关在先申请副本；

(vi) 在适用的情况下，公布的国际申请包含根据本细则 26 之 2.2 第(d)目信息的说明；

(vii) 在适用的情况下，公布的国际申请包含根据本细则 26 之 2.3 恢复优先权的请求以及受理局依据此请求作出决定的相关信息的说明。

(c) 如已根据条约第 17 条第(2)项第(a)目作出宣布，则应在扉页上明显地表明这一事实，并且无须包括附图和摘要。

(d) 第(b)目第(ii)段所述的图应按照本细则 8.2 的规定选出。在扉页上复制这些图时可以缩小。

(e) 如果扉页没有刊登第(b)目第(iii)段所述摘要全文的余地，该摘要应刊登在扉页的背面。根据本细则 48.3 第(c)目的规定需要公布摘要的译文时，该译文也应同样处理。

(f) 如果权利要求根据条约第 19 条的规定进行过修改，则国际申请的公布应包括原始提交的和经修改后的权利要求全文。条约第 19 条第(1)项所述的声明也应包括在内，但国际局认为该声明不符合本细则 46.4 规定的除外。国际局收到修改的权利要求的日期应予以注明。

(g) 如果在国际公布的技术准备工作完成时，尚不能得到国际检索报告，则扉页应当包括不能得到国际检索报告的说明，以及国际检索报告(在其可以得到时)将连同修订后的扉页另行公布的说明。

(h) 如果在国际公布的技术准备工作完成时，根据条约第 19 条修改权利要求的期限尚未届满，扉页应说明这一情况，并表示如果权利要求根据条约第19条进行了修改，则在国际局于本细则46.1规定的期限之内收到该修改之后，迅速将修改后的权利要求书全文连同修订后的扉页一起公布。如果申请人根据条约第19条第(1)项提出了声明，该声明也应予以公布，除非国际局认为该声明不符合本细则46.4的规定。

(i) 在国际公布技术准备完成之后，如果国际局收到受理局、国际检索单位或国际局根据本细则91.1对国际申请中明显错误更正的许可，或者在适用的情况下，国际局作出对国际申请中明显错误更正的许可，则根据具体情况，所有与更正有关的声明、包含更正的页、替换页，以及根据本细则91.2提交的信函应当一同公布，扉页也应重新公布。

(j) 如果在国际公布技术准备完成时，根据本细则26之2.3提出恢复优先权的请求仍未作出决定，公布的国际申请不包含受理局对该请求作出的决定，而应包含尚不能得到这一决定，以及一旦得到该决定，将另行公布的说明。

(k) 如果国际局在国际公布的技术准备完成之后收到根据细则91.3第(d)目所提出的公布请求，国际局在收到这一公布请求后，应迅速公布更正请求、理由和细则91.3第(d)目中涉及的相应意见，同时重新公布扉页。

(l) 如果国际局在国际公布的技术准备完成之前发现存在下述情况，应当根据申请人写明理由的请求，将有关信息不予公布：

(i) 该信息明显不是为使公众了解国际申请的目的；

(ii) 公开该信息会明显损害任何人的个人或经济利益；并且

(iii) 没有更重要的公共利益需要获取该信息。

申请人提交依据本款所提请求中所涉及的信息的方式比照适用本细则26.4。

(m) 如果受理局、国际检索单位、指定补充检索单位或国际局发现任何信息符合第(l)项中所列的标准，该局或者单位可以建议申请人根据第(l)项的规定请求将该信息不予国际公布。

(n) 如果国际局根据第(l)项的规定将有关信息不予国际公布而该信息也包含在受理局、国际检索单位、指定补充检索单位或者国际初步审查单位所持有的国际申请文档中，国际局应当迅速地通知该局和单位。

48.3 公布语言

(a) 如果国际申请是用阿拉伯语、汉语、英语、法语、德语、日语、韩语、葡萄牙语、俄语或者西班牙语(“公布语言”)提出的,该申请应以其提出时使用的语言公布。

(b) 如果国际申请未使用一种公布语言提出,并且已根据本细则12.3或者12.4提交了翻译成公布语言的译文,则该申请应以该译文的语言公布。

(c) 如果国际申请是用英语以外的一种语言公布的,根据本细则48.2第(a)目第(v)段的规定公布的国际检索报告或者条约第17条第(2)项第(a)目所述的宣布,发明的名称、摘要以及摘要附图所附的文字都应使用这种语言和英语公布。如果申请人没有提交根据本细则12.3的译文,译文应由国际局负责准备。

48.4 根据申请人的请求提前公布

(a) 如果申请人根据条约第21条第(2)项第(b)目和第64条第(3)项第(c)目第(i)段的规定要求公布,而国际检索报告或者条约第17条第(2)项第(a)目所述的宣布还不能提供以便与国际申请一起公布,国际局应收取特别公布费,其数额应由行政规程确定。

(b) 根据条约第21条第(2)项第(b)目和第64条第(3)项第(c)目第(i)段规定的公布,应在申请人提出要求后由国际局迅速进行,如果根据第(a)目规定需要收取特别公布费,则应在收到该费后迅速进行。

48.5 国家公布的通知

如果国际局公布国际申请是按照条约第64条第(3)项第(c)目第(ii)段的规定进行,有关国家局在上述条款所述的国家公布进行后,应尽快将这种国家公布的事实通知国际局。

48.6 某些事实的公告

(a) 如果根据本细则29.1第(ii)段规定的通知到达国际局之日,国际局已不能阻止国际申请的国际公布,国际局应立即在公报上发表公告,复述该通知的要点。

(b) [删除]

(c) 如果在国际公布的技术准备工作完成之后,根据本细则90之2的规定，国际申请、指定国的指定或者优先权的要求被撤回，该撤回的通知应在公报上予以公布。

## 第49条

［根据条约第22条的副本、译文和费用］

49.1 通知

(a) 任何缔约国根据条约第22条的规定要求提供译文或者缴纳国家费，或者同时要求这两者的，应将下列各项通知国际局：

(i) 缔约国要求的译文是从何种语言译成何种语言；

(ii) 国家费的数额。

(a之2) 任何缔约国不要求申请人根据条约第22条的规定提供国际申请副本的(尽管国际局在条约第22条适用的期限届满时尚未按照本细则第47条送达国际申请副本)，应该将此情况通知国际局。

(a之3) 任何缔约国，如果是指定国，即使申请人在条约第22条适用的期限届满时未向其提供国际申请副本，仍根据条约第24条第(2)项的规定保持条约第11条第(3)项所规定的该申请效力的，应该将此情况通知国际局。

(b) 国际局收到上述第(a)目、第(a之2)目或者第(a之3)目的任何通知，应迅速在公报上公布。

(c) 如果根据上述第(a)目规定的要求以后有了变更，缔约国应将此种变更通知国际局，该局应迅速在公报上公布。如果变更意味着，要求译成一种在变更前未要求的语言，这种变更应只对在公报公布通知两个月后提出的国际申请有效力。在其他情况下，任何变更的生效日期应由缔约国决定。

49.2 语言

要求译成的语言必须是指定局的官方语言。如果有几种官方语言，而国际申请使用的语言是其中的一种，则不应要求提供译文。如果有几种官方语言，而且必须提供译文，则申请人可以选择其中任何一种语言。尽管有上述规定，如果有几种官方语言，而本国法规定外国人应使用其中的某一种语言，可以要求提供该种语言的译文。

49.3 条约第 19 条规定的声明;本细则 13 之 2.4 的说明

为条约第 22 条和本则细则的目的,任何根据条约第 19 条第(1)项所作的声明和任何根据本细则 13 之 2.4 所提供的说明,除本细则 49.5 第(c)目和第(h)目另有规定外,应认为是国际申请的一部分。

49.4 国家表格的使用

在履行条约第 22 条所述行为时,不应要求申请人使用国家表格。

49.5 译文的内容和形式要求

(a) 为条约第 22 条的目的,国际申请的译文应包括说明书(除第(a 之 2)目规定情况外)、权利要求书、附图中的文字和摘要。如果指定局要求,除第(b)目、第(c 之 2)目和第(e)目另有规定外,译文还应:

(i) 包括请求书,

(ii) 如果权利要求已经根据条约第 19 条进行过修改,则既应包括原始提交的权利要求,也应包括修改后的权利要求(修改后的权利要求应以根据本细则 46.5 第(a)目规定提交的、替换全部原始权利要求的完整权利要求书的译文形式提交)以及

(iii) 附有附图的副本。

(a 之 2) 如果序列表部分符合本细则 12.1 第(d)目的规定,而且说明书符合本细则 5.2 第(b)目的规定,任何指定局不应要求申请人向其提供包含说明书序列表部分任何文字的译文。

(b) 任何指定局要求提供请求书译文的,应免费向申请人提供使用该译文语言的请求书表格。使用该译文语言的请求书表格的形式和内容不应与本细则第 3 条和第 4 条规定的请求书表格的形式和内容不同;尤其是使用该译文语言的请求书表格不应要求提供原请求书所没有的信息。该译文语言的请求书表格的使用不是强制性的。

(c) 如果申请人未提供根据条约第 19 条第(1)项所作声明的译文,指定局可以对该声明置之不理。

(c 之 2) 如果指定局根据第(a)目第(ii)段的规定要求原始提交的权利要求的译文和修改的权利要求的译文,而申请人只提交了这两种所需译文的一种,该指定局可以对未提交其译文的权利要求置之不理,或者通知申请人在根据情况

是适当的并在通知中规定的期限内提交所缺的译文。如果指定局选择通知申请人提交所缺的译文,而该译文没有在通知规定的期限内提交,该指定局可以对没有提交译文的那些权利要求置之不理,或者认为该国际申请已经被撤回。

(d) 如果附图包含有文字内容,应提供该文字内容的译文,其方式可以是提供原来附图的副本,在原来文字内容上贴以译文,也可以提供重新绘制的附图。

(e) 任何指定局根据第(a)目要求提供附图副本的,如果申请人未能在条约第 22 条适用的期限内提供该副本,应通知申请人在根据具体情况是适当的并在通知中规定的期限内提供副本。

(f) "Fig."字样无需译成任何语言。

(g) 如果根据第(d)目或者第(e)目规定提供的附图副本或者重新绘制的附图不符合本细则第 11 条所述的形式要求,指定局可以通知申请人在根据具体情况是适当的并在通知中规定的期限内改正缺陷。

(h) 如果申请人未提供摘要的译文或者根据本细则第 13 条之 2.4 所作说明的译文,指定局如果认为该译文是必要的,应通知申请人在根据具体情况是适当的并在通知中规定的期限内提供该译文。

(i) 各指定局根据第(a)目第二句话所述各种事项的要求和做法的信息,应由国际局在公报上公布。

(j) 任何指定局对国际申请的译文,除对原始国际申请规定的形式要求外,不应要求其符合其他的形式要求。

(k) 如果发明名称已由国际检索单位根据本细则 37.2 确定,译文应包括由该国际检索单位确定的该发明名称。

(l) 如果在 1991 年 7 月 12 日,第(c 之 2)目或者第(k)目的规定与指定局适用的本国法不一致,只要这种不一致继续存在,则第(c 之 2)目或者第(k)目不应适用于该指定局,但该局应在 1991 年 12 月 31 日前通知国际局。国际局应将收到的信息迅速在公报上予以公布。①

---

① 编者注:该信息也在 WIPO 网址的网页上公布:www.wipo.int/pct/en/texts/reservations/res_incomp.html。

49.6　未履行条约第22条所述行为之后的权利恢复①

(a) 如果因为申请人未在适用的期限内履行条约第22条所述的行为，条约第11条第(3)项所设定的国际申请的效力已经中止，则除了按照本细则本条第(b)目至本条第(e)目的规定外，如果发现耽误期限是非故意的，或者按照指定局的选择，如果发现尽管已采取了适当的注意，但是仍出现了未能满足期限的疏忽，指定局依据申请人的请求，应当恢复申请人关于该国际申请的权利。

(b) 本则第(a)目规定的请求应当提交给指定局，且应当在下述期限第一个届满日前履行条约第22条所述的行为：

(i) 自未能满足条约第22条规定的适用期限的原因消除之日起两个月；

(ii) 自条约第22条规定的适用期限届满之日起十二个月；

但只要指定局适用的国家法允许，申请人可在其后任何时间提出请求。

(c) (a)规定的请求应陈述未能遵守条约第22条规定的适用期限的原因。

(d) 指定局适用的国家法可以要求：

(i) 缴纳关于根据第(a)目提出的请求的费用；

(ii) 提交支持第(c)目所述原因的声明或其他证据。

(e) 在根据情况是合理的期限内，未给申请人机会对拟作出的拒绝发表意见之前，指定局不应拒绝第(a)目规定的请求。

(f) 如果第(a)目至第(e)目的规定与指定局在2002年10月1日适用的本国法不符，则只要它们与该法继续不符，这些规定对该指定局不适用，但该局应当在2003年1月1日之前通知国际局。国际局应将所收到的信息迅速

---

① 编者注：本细则49.6第(a)目至第(e)目的规定不适用于其国际申请日是在2003年1月1日之前的国际申请，但是：

(i) 除第(iii)段另有规定外，这些规定应当适用于其国际申请日是在2003年1月1日之前，并且其适用的条约第22条的期限是在2003年1月1日当天或之后届满的国际申请；

(ii) 除第(iii)段另有规定外，在这些规定是通过本细则76.5而得以适用的范围内，细则76.5的规定应当适用于其国际申请日是在2003年1月1日之前，并且其适用的条约第39条第(1)项的期限是在2003年1月1日当天或之后届满的国际申请；

(iii) 如果一个指定局依据本细则49.6第(f)目的规定已经通知国际局细则49.6第(a)目至第(e)目与该局适用的本国法不符，则第(i)段和第(ii)段应当适用于该局，但在这些款项中提及的日期2003年1月1日应解释为本细则49.6第(a)目至第(e)目在该局生效的日期。

国际局收到任何有关这种不符的信息在公报和WIPO网址的下述网页上公布：www.wipo.int/pct/en/texts/reservations/res_incomp.html。

在公报上予以公布。①

## 第49条之2

［为国家程序的目的对所要求的保护的说明］

49之2.1 某些保护类型的选择

(a) 在适用条约第43条的指定国中，如果申请人希望其国际申请不是作为专利申请，而是作为该则规定的任何一种其他授予保护的类型处理，申请人在办理条约第22条规定的手续时应向指定局如此说明。

(b) 在适用条约第44条的指定国中，如果申请人希望其国际申请作为要求获得条约第43条所述的多于一种的保护类型处理，申请人在办理条约第22条规定的手续时应向指定局如此说明，并在适用的情况下说明何种保护类型为主，何种保护类型为辅。

(c) 在上述第(a)目和第(b)目所述的情况下，如果申请人希望其国际申请在某指定国作为增补专利、增补证书、增补发明人证书或增补实用证书申请处理，申请人在办理条约第22条规定的手续时应说明涉及的主申请、主专利或其他主权利。

(d) 如果申请人希望其国际申请在某指定国作为一项在先申请的继续申请或部分继续申请处理，申请人在办理条约第22条规定的手续时应向指定局如此说明，并应说明所涉及的主申请。

(e) 如果申请人在办理条约第22条规定的手续时没有根据第(a)目作出明确说明，但申请人支付的条约第22条所述的国家费用与某一特定保护类型的国家费用相同，则该费用的支付应被认为是该申请人希望其国际申请被当作该种保护类型处理的说明，指定局应相应的通知申请人。

49之2.2 提交说明的时间

(a) 任何指定局不应要求申请人在办理条约第22条规定的手续之前提交本细则49之2.1规定的说明，或者在适用的情况下，有关申请人是否要求

① 编者注：该信息也在WIPO网址的网页上公布：www.wipo.int/pct/en/texts/reservations/res_incomp.html。

授予国家或地区专利的说明。

(b) 如果指定局适用的国家法允许，申请人可以在其后的任何时间提交所述的说明，或在适用的情况下，将一种保护类型转化为另一种保护类型。

## 第49条之3

［由受理局作出的优先权恢复的效力；指定局对优先权的恢复］

49之3.1 由受理局作出的优先权恢复的效力

(a) 如果受理局认为申请人尽管已采取了适当的注意，但仍出现未能在优先权期限内递交国际申请的疏忽，受理局根据本细则26之2.3的规定恢复了优先权，除第(c)目另有规定外，应对每个指定国都产生效力。

(b) 如果受理局认为由于申请人是非故意地导致未在优先权期限内递交国际申请，受理局根据本细则26之2.3的规定恢复了优先权，除第(c)目另有规定外，应对如下指定国产生效力，即指定国适用的本国法根据上述标准或从申请人角度看制定了一个更有利于申请人的标准规定了优先权的恢复。

(c) 如果指定国的指定局、法院，或其他主管机构发现申请人根据本细则26之2.3第(a)目向受理局提交的请求书中陈述的理由和根据本细则26之2.3第(b)目第(iii)段向受理局提交的声明或者其他证据不符合本细则26之2.3第(a)目、第(b)目第(i)段或第(c)目的规定，受理局根据本细则26之2.3作出优先权恢复的决定将不在该指定国产生效力。

(d) 指定局不应复查受理局的决定，除非有理由怀疑出现第(c)目所述的情况，此时指定局应通知申请人，说明怀疑的理由，并给申请人在合理的期限内陈述意见的机会。

(e) 指定局不必被受理局根据本细则26之2.3所作出的拒绝恢复优先权请求的决定所约束。

(f) 当受理局已经拒绝了恢复优先权的请求，指定局可以认为该请求是根据本细则49之3.2第(a)目在该细则规定期限内向该指定局提出的优先权恢复请求。

(g) 如果，第(a)目到第(d)目的规定与指定局在2005年10月5日适用的本国法不符，则只要它们与该本国法继续不符，这些规定对该局不适用，但该局应当在2006年4月5日之前通知国际局。国际局应将所收到的信息迅速在公报上予以公布。①

49之3.2 指定局对优先权的恢复

(a) 如果国际申请要求了在先申请的优先权，而其国际申请日晚于优先权期限届满之日且在自该日起两个月内，如果指定局认为申请人没能在优先权期限内提交国际申请的理由满足了该局适用的恢复优先权的标准（“恢复的标准”），那么指定局将基于申请人依据第(b)目提出的请求给予恢复优先权，该标准是：

(i) 尽管已采取了适当的注意，但仍出现了未能满足期限的疏忽；或者

(ii) 非故意的。

每一个指定局应当至少适用一项标准，或者可以两项都适用。

(b) 根据第(a)目的请求应：

(i) 在条约第22条适用期限起一个月内，或者如果申请人根据条约第23条第(2)项向指定局提出明确请求，自指定局收到该请求之日起一个月内，向指定局提交；

(ii) 说明没有在优先权日期内提交国际申请的原因，并且最好附具根据第(c)目所要求的任何声明或者其他证据；以及

(iii) 缴纳第(d)目规定的请求恢复优先权的费用。

(c) 指定局可以要求在根据具体情况是合理的期限内提供声明或其他证据来支持第(b)目第(ii)段所述的原因说明。

(d) 针对根据第(a)目提交的请求，指定局为了其自身的利益，可以收取请求恢复的费用。

(e) 指定局没有给申请人在根据具体情况是合理的期限内陈述意见的机会之前，不应当全部或部分拒绝根据第(a)目的恢复请求。指定局可以与要求申请人根据第(c)目提交声明或证据的通知一起发给申请人打算拒绝的通知。

(f) 如果指定局所适用的本国法中对优先权恢复的规定，提供了从申请人

① 编者注：该信息也在WIPO网址的下述网页上公布：www.wipo.int/pct/en/texts/reservations/res_incomp.html。

角度看比第(a)目至第(d)目的规定更有利的标准，指定局可以在确定恢复优先权时适用其本国法的相关规定，而不采用第(a)目至第(d)目的上述规定。

(g) 每个指定局应当通知国际局其所适用的恢复标准和要求，在适用的情况下，还应当通知根据第(f)目所适用的本国法的相关规定，以及由此带来的变化。国际局应当迅速将这些信息在公报上予以公布。

(h) 如果，第(a)目至第(g)目的规定与指定局在2005年10月5日适用的本国法不符，则只要它们与该本国法继续不符，这些规定对该局不适用，但该局应当在2006年4月5日之前通知国际局。国际局应将所收到的信息迅速在公报上予以公布。①

## 第50条

[条约第22条第(3)项规定的权能]

50.1 权能的行使

(a) 任何缔约国允许一项期限在条约第22条第(1)项或者第(2)项所规定的期限之后届满的，应将这样规定的期限通知国际局。

(b) 国际局收到第(a)目所述的任何通知后应迅速在公报上予以公布。

(c) 有关缩短之前已确定期限的通知，应对自国际局公布该通知之日起三个月届满以后提出的国际申请产生效力。

(d) 有关延长之前已确定期限的通知经国际局在公报上公布后，应即对当时正在处理中的国际申请，或者在这一公布日期以后提出的国际申请生效，如果发出通知的缔约国规定了某一较后的日期，则从该较后日期起生效。

## 第51条

[指定局的复查]

51.1 提出送交副本要求的期限

条约第25条第(1)项第(c)目所述的期限应为两个月，自根据本细则20.4

---

① 编者注：该信息也在WIPO网址的下述网页上公布：www.wipo.int/pct/en/texts/reservations/res_incomp.html。

第(i)段、24.2 第(c)目或者 29.1 第(ii)段的规定将通知送交申请人之日起计算。

51.2 通知书的副本

如果申请人收到根据条约第 11 条第(1)项所作的否定决定后，要求国际局根据条约第 25 条第(1)项，将据称是国际申请的档案的副本送交其打算指定的国家局，申请人应在其要求中附送本细则 20.4 第(i)段所述通知书的副本。

51.3 缴纳国家费和提供译文的期限

条约第 25 条第(2)项第(a)目所述的期限，应与本细则 51.1 所规定的期限同时届满。

## 第51条之2

［根据条约第 27 条允许的某些国家要求］

51之2.1 某些允许的国家要求

(a) 除本细则 51 之 2.2 另有规定外，指定局适用的国家法根据条约第 27 条可以要求申请人特别提供下列各项：

(i) 有关发明人身份的任何文件；

(ii) 有关该申请人有权申请或被授予专利的任何文件；

(iii) 如果申请人与提出在先申请的申请人不是同一人，或者申请人在提出在先申请后姓名改变，包含有申请人有权要求该在先申请优先权的证明的任何文件；

(iv) 如果国际申请指定的国家在 2012 年 10 月 9 日适用的本国法要求提供发明人资格的誓言或者声明，任何包括发明人资格的誓言或者声明的文件；

(v) 含有不影响创新性的公开或者丧失创新性的例外的任何证据，例如因滥用导致的公开，在某些展览会上的公开，以及申请人自己在一定期间内的公开；

(vi) 申请人未在请求书上签字的，其对该指定国确认该国际申请的任何签字；

(vii) 根据本细则 4.5 第(a)目第(ii)段和第(iii)段的要求，申请人对该指定国遗漏的任何说明。

(b) 根据条约第27条第(7)项,指定局适用的本国法可以要求:

(i) 申请人由代理人代表,代理人有权代表申请人在该局办理事务和/或为接受通知的目的在指定国中有一个地址;

(ii) 代表申请人的代理人(有代理人时)应由申请人正式委托。

(c) 根据条约第27条第(1)项,指定局适用的本国法可以要求提供一份以上的国际申请、该申请的译文或者任何与该申请有关的文件。

(d) 根据条约第27条第(2)项第(ii)段,指定局适用的本国法可以要求申请人按照条约第22条所提供的国际申请译文:

(i) 由该申请人或者翻译该国际申请的译者以声明证实,就其所知,该译文是完整的和忠实于原文的;

(ii) 已由公共主管机构或经过宣誓的译者对国际申请的译文进行认证,但仅限于指定局有理由怀疑译文的准确性之时。

(e) 根据条约第27条,指定局适用的本国法可以要求申请人提供该优先权文件的译文,但仅限于:

(i) 当优先权要求的有效性与确定该发明是否具有专利性相关之时;或者

(ii) 如果受理局在根据本细则4.18和20.6援引加入项目和部分的基础上,根据本细则20.3第(b)目第(ii)段或20.5第(d)目的规定确定了国际申请日,那么为了根据本细则82之3.1第(b)目的规定确定该项目或部分是否完全包含在相关的优先权文件中,指定局也可以根据本国法要求申请人提供优先权文件中说明书、权利要求书和附图的部分译文,并指明所包含的援引加入部分在优先权文件译文中的位置。

(f) 如果第(e)目中的限制性规定与指定局在2000年3月17日适用的本国法不符,只要该限制性规定继续与该本国法不符,该限制性规定对该指定局不适用,但该局应当在2000年11月30日之前通知国际局。国际局应当将收到的信息迅速在公报上公布。

51之2.2 可以不要求文件或证据的某些情况

除非有理由怀疑相关说明或者声明的真实性,指定局不应对下列事项要求文件或者证据:

(i) 关于发明人的身份(本细则第51条之2.1第(a)目第(i)段)(含有发明

人资格的誓言或者声明的文件(本细则第51条之2.1第(a)目第(iv)段)除外),如果根据本细则4.6,请求书中包括关于发明人的说明,或者如果根据本细则4.17第(i)段,请求书中包括发明人身份的声明或者发明人身份的声明被直接提交给指定局;

(ii) 关于该申请人在国际申请日有权申请并被授予专利(本细则第51条之2.1第(a)目第(ii)段),如果根据本细则4.17第(ii)段,请求书中包括上述内容的声明或上述内容的声明被直接提交给指定局;

(iii) 关于该申请人在国际申请日时有权要求一项在先申请的优先权(本细则第51条之2.1第(a)目第(iii)段),如果根据本细则4.17第(iii)段,请求书中包括上述内容的声明或者上述内容的声明被直接提交给指定局;

(iv) 包含发明人资格的誓言或者声明(本细则第51条之2.1第(a)目第(iv)段),如果根据本细则4.17第(iv)段,请求书中包括发明人资格的声明或者发明人资格的声明被直接提交给指定局。

51之2.3 遵守国家要求的机会

(a) 如果本细则51之2.1第(a)目第(i)段至第(iv)段和第(c)目至第(e)目规定的任何要求,或者指定局适用的本国法根据条约第27条第(1)项或第(2)项可以规定的任何其他要求,在必须遵守条约第22条要求的相同期限内还未满足,指定局应当通知申请人在自通知之日起不少于两个月的期限内符合要求。申请人为满足本国法的要求答复通知时,指定局可以要求其缴纳费用。

(b) 如果指定局按照条约第27条第(6)项或者第(7)项可以适用本国法的任何要求,在必须遵守条约第22条要求的相同期限内还未满足的,在该期限届满后申请人应有机会符合这些要求。

(c) 如果第(a)目的规定与指定局在2000年3月17日适用的本国法关于该规定中所述的期限不符,只要该规定继续与该本国法不符,该规定所述的期限对该局不适用,但该局应当在2000年11月30日之前通知国际局。国际局应当将收到的信息迅速在公报上公布。①

① 编者注:该信息也在WIPO网址的网页上公布:www.wipo.int/pct/en/texts/reservations/res_incomp.html。

## 第52条

［向指定局提出的对权利要求书、说明书和附图的修改］

52.1 期限

(a) 在无需任何特别请求即可开始处理或者审查程序的任何指定国中，如果申请人希望行使条约第28条规定的权利，那么他应在履行条约第22条规定的要求之日起一个月内进行，但是，如果在条约第22条适用的期限届满时，本细则47.1规定的送达尚未进行，申请人应在该期限届满之日起不超过四个月的期限内行使上述权利。不论在哪种情况下，只要上述国家的本国法允许，申请人可以在其后的任何时间行使上述权利。

(b) 在其本国法规定审查只能根据特别请求才能开始的任何指定国中，申请人行使条约第28条规定的权利的期限或者时间，应与该本国法规定的在根据特别请求进行对本国申请的审查时提出修改的期限或者时间相同，但该期限不应在第(a)目适用的期限届满前届满，或者该时间不应在第(a)目适用的期限届满前到来。

# 第三部分　有关条约第二章的细则

## 第53条

［国际初步审查要求书］

53.1 格式

(a) 要求书应填写在印制的表格上或者用计算机打印出来。印制要求书表格的细节和用计算机打印要求书的细节应在行政规程中予以规定。

(b) 印制的要求书表格应由受理局或者国际初步审查单位免费提供。

53.2 内容

(a) 要求书应包括：

(i) 请求；

(ii) 有关申请人和代理人(有代理人时)的记载；

(iii) 有关所涉及的国际申请的记载;

(iv) 在适用的情况下,有关修改的声明。

(b) 要求书应签字。

53.3 请求

请求的大意如下,并最好这样措辞:"根据专利合作条约第 31 条提出要求:下列签字人请求将下述的国际申请按照《专利合作条约》进行国际初步审查"。

53.4 申请人

关于申请人的记载应适用本细则 4.4 和 4.16 的规定,并比照适用本细则 4.5 的规定。

53.5 代理人或者共同代表

如果委托了代理人或者共同代表,要求书应如此写明,并应适用本细则 4.4 和 4.16 的规定,并比照适用本细则 4.7 的规定。

53.6 国际申请的标明

为了标明国际申请,要求书应写明申请人的姓名或者名称以及地址、发明名称、国际申请日(如果申请人知道)和国际申请号,或者当申请人不知道该号时,受理该国际申请的受理局的名称。

53.7 国家的选定

要求书的提交应构成对所有被指定并受条约第Ⅱ章约束的缔约国的选定。

53.8 签字

要求书应由申请人签字,如果有一个以上申请人,应由所有提出要求的申请人签字。

53.9 有关修改的声明

(a) 如果根据条约第 19 条提出过修改,有关该修改的声明应写明申请人为国际初步审查的目的,是否希望那些修改:

(i) 被考虑,在这种情况下,修改的副本和按照本细则 46.5 第(b)目要求的信函的副本最好和国际初步审查要求书一起提出;或者

(ii) 被认为撤销,因为已经根据条约第 34 条提出了修改。

(b) 如果没有根据条约第 19 条提出过修改并且提出这种修改的期限尚未届满,该声明可以写明;如果国际初步审查单位希望在根据本细则 69 第(1)项第(b)目作出国际检索的同时启动国际初步审查,申请人希望根据本细则 69.1 第(d)目将国际初步审查的启动推迟。

(c) 如果和国际初步审查要求书一起提出了根据条约第 34 条提出的修改,该声明应予以写明。

## 第 54 条

[有权提出国际初步审查要求的申请人]

54.1　居所和国籍

(a) 除第(b)目另有规定外,为了条约第 31 条第(2)项的目的,申请人的居所和国籍应按照本细则 18.1 第(a)目和第(b)目的规定予以确定。

(b) 国际初步审查单位应在行政规程指明的情况下要求受理局,或者在国际申请是向作为受理局的国际局提出的情况下,要求有关缔约国的国家局或代表该国的局,决定该自称是其居民或国民的申请人是否是该缔约国的居民或者国民。国际初步审查单位应将这种要求告知申请人。申请人应有机会直接向有关局提供他的论据。有关局应迅速对上述问题作出决定。

54.2　提出国际初步审查要求的权利

如果提出国际初步审查要求的申请人,或者如果有两个或两个以上的申请人,至少其中有一人是受条约第Ⅱ章约束的缔约国的国民或者居民,并且已向受条约第Ⅱ章约束的缔约国受理局或者代表该国的受理局提出了国际申请,就有权根据条约第 31 条第(2)项提出要求。

54.3　向作为受理局的国际局提出的国际申请

如果国际申请是向根据本细则 19.1 第(a)目第(iii)段作为受理局的国际局提出的,为条约第 31 条第(2)项第(a)目的目的,国际局应被认为代表申请人是其居民或者国民的缔约国。

54.4　无权提出国际初步审查要求的申请人

如果申请人无权提出国际初步审查要求,或者在有两个或者两个以上申请人的情况下,其中无人有权根据本细则 54.2 的规定提出上述要求,要求书应被认为未提出。

## 第54条之2

[提交要求书的期限]

54之2.1 提交要求书的期限

(a) 要求书可以在以下期限届满之前的任何时间提交,以后到期的为准:

(i) 向申请人传送国际检索报告或条约第17条第(2)项第(a)目所述声明和根据本细则43之2.1作出的书面意见之日起三个月,或

(ii) 自优先权日起二十二个月。

(b) 第(a)目规定的期限届满之后所提交的要求书将被视为未提出,国际初步审查单位并应如此宣布。

## 第55条

[语言(国际初步审查)]

55.1 要求书的语言

要求书应使用国际申请的语言,或者如果国际申请在提出时使用的语言与公布时使用的语言不同,应使用国际申请公布时的语言。但是,根据本细则55.2的规定要求提供国际申请的译文的,要求书应使用该译文所用的语言。

55.2 国际申请的译文

(a) 如果国际申请提出时使用的语言,以及国际申请公布时使用的语言,都不是进行国际初步审查的国际初步审查单位所接受的语言,除第(b)目另有规定外,申请人应连同国际初步审查要求一起,提交该国际申请的译文,所用语言应符合以下两个条件:

(i) 是该单位接受的一种语言;和

(ii) 是公布语言中的一种。

(a之2) 国际申请译成第(a)目中所述语言的译文应包括条约第11条第(1)项第(iii)段第(d)目或第(e)目所述由申请人根据本细则20.3第(b)目或20.6第(a)目的规定提交的任何项目和根据本细则20.5第(b)目或20.6第(a)目提交的任何说明书、权利要求或附图部分,原因是根据本细则20.6第

(b)目的规定，这些项目和部分已被认为包含在国际申请中。

(a之3)国际初步审查单位应检查根据第(a)目提交的译文是否符合本细则第11条所述的形式要求，以达到能够进行国际初步审查的目的。

(b)如果国际申请译成第(a)目中所述语言的译文已根据本细则23.1第(b)目送交国际检索单位，并且国际初步审查单位和国际检索单位同是一个国家局或者政府间组织的一部分的，申请人不必根据第(a)目的规定提交译文。在这种情况下，除非申请人提交了第(a)目中所述的译文，国际初步审查应在根据本细则23.1第(b)目送交的译文的基础上进行。

(c)如果申请人没有遵守第(a)目、第(a之2)目以及第(a之3)目所述的规定，并且第(b)目不适用，国际初步审查单位应通知申请人在根据情况是合理的期限内提交所规定的译文，或者根据情况提交所需的改正。该期限自通知之日起不应少于一个月。国际初步审查单位在作出决定前的任何时候可以将该期限予以延长。

(d)如果申请人在第(c)目规定的期限内满足了该通知的要求，应认为已经符合上述规定。如果申请人没有满足该通知的要求，该要求书应被认为没有提出，国际初步审查单位应作出这样的宣布。

55.3 修改和信函的语言和译文

(a)除第(b)目规定外，如果国际申请在提出时使用的语言与公布时使用的语言不同，根据条约第34条的修改以及本细则66.8第(a)目、66.8第(b)目和根据66.8第(c)目所适用的46.5第(b)目所述的信函应以公布的语言提出。

(b)如果根据本细则55.2的规定要求提交国际申请的译文：

(i)所有修改以及第(a)目中提及的信函；以及

(ii)所有根据条约第19条作出并且按照本细则66.1第(c)目或第(d)目将予以考虑的修改以及本细则46.5第(b)目提及的信函，都应使用该译文所用的语言。如果这种修改或信函已经或者正在用另一种语言提出，也应提交其译文。

(c)如果提交的修改或信函不是以第(a)目或第(b)目所要求的语言提交，国际初步审查单位应通知申请人在根据情况是合理的期限内提交规定语言要求的修改或信函。该期限自通知之日起不应少于一个月。国际初步审查单位在作出决定前的任何时候可以将该期限予以延长。

(d) 如果申请人没有在第(c)目规定的期限内按照通知要求提交规定语言的修改,该修改在国际初步审查中不应予以考虑。如果申请人没有在第(c)目规定的期限内按照通知要求提交第(a)目述及的规定语言的信函,所涉及的修改在国际初步审查中不应予以考虑。

## 第56条

[删除]

## 第57条

[手续费]

57.1　缴纳费用的要求

每份国际初步审查要求均应为国际局的利益缴纳费用(“手续费”),该费用由受理要求书的国际初步审查单位收取。

57.2　数额

(a) 手续费数额在费用表中规定。

(b) 手续费应以国际初步审查单位规定的货币或其中的一种货币缴纳(“规定货币”);

(c) 当规定货币是瑞士法郎时,国际初步审查单位应当迅速将该手续费以瑞士法郎汇交国际局。

(d) 当规定货币不是瑞士法郎,且该货币:

(i) 能够自由兑换成瑞士法郎的,对于每一个规定以此种货币缴纳手续费的国际初步审查单位,总干事应根据大会的指示为之确定以该种规定货币缴纳所述费用的等值数额,国际初步审查单位应当按照该数额将规定货币迅速汇交国际局;

(ii) 不能自由兑换成瑞士法郎的,国际初步审查单位应负责将手续费从规定货币转换成瑞士法郎,并迅速按照费用表列出的数额以瑞士法郎汇交国际局。或者,如果国际初步审查单位愿意,可以将手续费从规定货币转换成欧元或美元,并迅速按第(i)段中所述由总干事根据大会指示确定的等值数额、以欧元或者美元汇交国际局。

57.3 缴纳费用的期限;应缴的数额

(a) 除第(b)目和第(c)目另有规定外,手续费应在自提交国际初步审查要求书之日起一个月内或自优先权日起二十二个月内缴纳,以后到期的为准。

(b) 除第(c)目另有规定外,如果该要求书已根据本细则 59.3 送交国际初步审查单位的,手续费应在自该单位收到之日起一个月内或自优先权日起二十二个月内缴纳,以后到期的为准。

(c) 如果根据本细则 69.1 第(b)目,国际初步审查单位希望在进行国际检索的同时启动国际初步审查,该单位应通知申请人在自通知之日起一个月内缴纳手续费。

(d) 应缴的手续费数额是在缴纳日所适用的数额。

57.4 退款

如果有下列情形之一,国际初步审查单位应将手续费退还给申请人:

(i) 如果在该单位将国际初步审查要求书送交国际局之前,该要求书已被撤回;或者

(ii) 如果根据本细则 54.4 或 54 之 2.1 第(b)目,该要求书被认为没有提出。

## 第58条

[初步审查费]

58.1 要求缴纳费用的权利

(a) 每个国际初步审查单位为进行国际初步审查和执行根据条约和本细则委托国际初步审查单位的一切其他任务,可以为其自己的利益,要求申请人缴纳费用("初步审查费")。

(b) 初步审查费的数额,如果该费用应缴纳时,应由国际初步审查单位确定。关于缴纳初步审查费的期限以及应缴的数额,应比照适用与手续费有关的本细则 57.3 的规定。

(c) 初步审查费应直接向国际初步审查单位缴纳。如果该单位是国家

局，初步审查费应以该局规定的货币缴纳，如果该单位是政府间组织，初步审查费应以该政府间组织所在国家的货币缴纳，或者以任何可以自由兑换成该国货币的其他货币缴纳。

58.2 ［删除］

58.3 退款

国际初步审查单位应通知国际局在要求书被认为没有提出的情况下，该单位退还作为初步审查费缴纳的款项的程度(如果有时)和条件(如果有时)，国际局应将该项信息迅速予以公布。

## 第58条之2

［缴费期限的延长］

58之2.1 国际初步审查单位的通知

(a) 如果国际初步审查单位发现：

(i) 向其缴纳的数额不足以付清手续费和初步审查费；或

(ii) 本细则57.3和58.1第(b)目规定的缴费期限已到，却尚未向其缴费；

该单位应通知申请人在自通知之日起一个月的期限内，向其缴纳付清那些费用所需的数额以及在适用的情况下本细则58之2.2规定的滞纳金。

(b) 如果国际初步审查单位已根据第(a)目发出通知，而申请人在第(a)目所述的期限内没有缴纳应付的全部数额，包括在适用的情况下本细则58之2.2规定的滞纳金的，除第(c)目另有规定外，要求书应被认为没有提出，国际初步审查单位应作这样的宣布。

(c) 国际初步审查单位在根据第(a)目发出通知之前收到的费用，按照情况应认为是在本细则57.3或58.1第(b)目所规定的期限届满前收到。

(d) 国际初步审查单位在其开始第(b)目规定的程序之前收到的任何费用应认为是在第(a)目规定的期限届满前收到。

58之2.2 滞纳金

(a) 国际初步审查单位为其自己的利益，可以规定按本细则58之2.1第(a)目的通知缴纳费用的，应向其缴纳滞纳金，滞纳金的数额应为：

(i) 通知中指明的未缴纳费用数额的 50%;或者

(ii) 如果根据上述第(i)段计算的数额小于手续费,则与手续费相等的数额。

(b) 但是,滞纳金的数额不应超过手续费的两倍。

## 第59条

[主管的国际初步审查单位]

59.1 根据条约第31条第(2)项第(a)目提出的要求

(a) 对于根据条约第31条第(2)项第(a)目规定提出的国际初步审查要求,受条约第Ⅱ章规定约束的各缔约国的或者代表该国的受理局应根据条约第32条第(2)项和第(3)项所述的适用协议的条件通知国际局,说明向该局提出的国际申请应由哪一个或者哪几个国际初步审查单位进行国际初步审查。国际局应将该信息迅速予以公布。在有几个主管国际初步审查单位的情况下,应比照适用本细则35.2的规定。

(b) 如果国际申请已经根据本细则19.1第(a)目第(iii)段向作为受理局的国际局提出,应比照适用本细则35.3第(a)目和第(b)目的规定。本则第(a)目不适用于根据本细则19.1第(a)目第(iii)段作为受理局的国际局。

59.2 根据条约第31条第(2)项第(b)目提出的要求

对于根据条约第31条第(2)项第(b)目规定提出的要求,大会在指定国际申请的主管国际初步审查单位时,如果受理国际申请的国家局本身是国际初步审查单位,则大会应优先指定该单位,如果该国家局不是国际初步审查单位,则大会应优先指定该局推荐的国际初步审查单位。

59.3 向主管的国际初步审查单位传送要求书

(a) 如果国际初步审查要求书是提交给受理局、国际检索单位或者非主管该国际申请的国际初步审查的国际初步审查单位的,则该局或者单位应在要求书上标明收到日期,除决定根据第(f)目进行处理外,将要求书迅速传送给国际局。

(b) 如果要求书是提交给国际局的,国际局应在要求书上标明收到日期。

(c) 如果要求书是根据第(a)目传送给国际局的,或者根据第(b)目向其提出的，国际局应迅速：

(i) 如果仅有一个主管的国际初步审查单位，将要求书传送给该单位并通知申请人；或者

(ii) 如果有两个或者两个以上主管的国际初步审查单位，通知申请人在按本细则 54 之 2.1 第(a)目适用的时间期限或在通知之日起十五日内，以后到期的为准，指明应向其传送要求书的主管国际初步审查单位。

(d) 如果已按第(c)目第(ii)段的要求提交了指明，国际局应迅速将要求书传送给申请人指明的国际初步审查单位。如果未按此提交指明，则要求书应认为没有提出，国际局应作这样的宣布。

(e) 如果要求书是根据第(c)目传送给主管国际初步审查单位的，应认为该要求书是根据第(a)目或者第(b)目在要求书上标明的日期代表该单位收到的，而且应认为这样传送的要求书已被主管单位在该日收到。

(f) 如果根据第(a)目接到要求书的受理局或单位决定将要求书直接传送给主管国际初步审查单位，应比照适用第(c)目至第(e)目的规定。

## 第 60 条

[要求书中的某些缺陷]

60.1 要求书中的缺陷

(a) 除第(a 之 2)目和第(a 之 3)目另有规定外，如果要求书不符合本细则 53.1、53.2 第(a)目第(i)段至第(iii)段、53.2 第(b)目、53.3 至 53.8 和 55.1 的规定，国际初步审查单位应通知申请人在根据情况是合理的期限内改正该缺陷。该期限自通知之日起不应少于一个月。国际初步审查单位在作出决定前的任何时候可以将该期限予以延长。

(a 之 2) 为本细则 53.4 的目的，如果有两个或两个以上申请人，针对其中一个根据本细则 54.2 的规定有权提出国际初步审查要求的申请人写明了本细则 4.5 第(a)目第(ii)段和第(iii)段所述的内容，即足以符合规定。

(a 之 3) 为本细则 53.8 的目的，如果有两个或两个以上申请人，要求书由其中一个申请人签字的，则足以符合规定。

(b) 如果申请人在第(a)目规定的期限内满足了通知的要求，则只要原提

出的要求书足以确定该国际申请,即应认为该要求书已经在其实际提出日收到;否则该要求书应认为是在国际初步审查单位收到改正之日收到。

(c) 如果申请人在第(a)目规定的期限内未满足通知的要求,该要求书应认为没有提出,国际初步审查单位应作这样的宣布。

(d) [删除]

(e) 如果缺陷是国际局发现的,该局应提请国际初步审查单位注意该缺陷,该单位应按照第(a)目至第(c)目的规定进行处理。

(f) 如果国际初步审查要求书没有包括有关修改的声明,国际初步审查单位应根据本细则 66.1 和 69.1 第(a)目或者第(b)目的规定进行处理。

(g) 如果有关修改的声明中写明和要求书一起提交了根据条约第 34 条提出的修改(本细则 53.9 第(c)目),但实际上该修改并没有提交,国际初步审查单位应通知申请人在通知中规定的期限内提交修改,并应根据本细则 69.1 第(e)目的规定进行处理。

## 第 61 条

[要求书和选定书的通知]

61.1　给国际局和申请人的通知

(a) 国际初步审查单位应在国际初步审查要求书上注明收到日期,或者在适用的情况下,注明本细则 60.1 第(b)目所述的日期。国际初步审查单位应将要求书迅速送交国际局,并将副本存在自己的文档中,或者将要求书副本迅速送交国际局,并将要求书存在自己的文档中。

(b) 国际初步审查单位应将收到要求书的日期迅速通知申请人。根据本细则 54.4、55.2 第(d)目、58 之 2.1 第(b)目或者 60.1 第(c)目的规定要求书被认为没有提出的,国际初步审查单位应相应地通知申请人和国际局。

61.2　给选定局的通知

(a) 条约第 31 条第(7)项所规定的通知应由国际局发出。

(b) 通知应写明该国际申请的申请号和申请日,申请人的姓名或者名称,(在要求优先权的情况下)作为优先权基础的申请的申请日,国际初步审查单位收到要求书的日期。

(c) 通知应和条约第 20 条规定的送达一起送交选定局。在该送达以后作出的选定应一经作出就迅速通知。

(d) 如果在国际申请的国际公布之前，申请人根据条约第 40 条第(2)项的规定向选定局提出明确请求，国际局应根据申请人或者选定局的要求，迅速向该局进行条约第 20 条所述的送达。

61.3　给申请人的信息

国际局应将本细则 61.2 中所述的通知和根据条约第 31 条第(7)项被通知的选定局以书面形式告知申请人。

61.4　在公报上公布

国际局应在要求书提出之后，但不应在国际申请的国际公布之前，迅速在公报上按照行政规程的规定公布有关要求书和选定国的信息。

## 第 62 条

### [向国际初步审查单位传送国际检索单位书面意见副本和根据条约第 19 条提出的修改的副本]

62.1　国际检索单位书面意见副本和修改的副本在提交要求书之前传送

国际局从国际初步审查单位收到要求书或者其副本后，应迅速向该单位传送：

(i) 根据本细则 43 之 2.1 作出的书面意见的副本，除非该作为国际检索单位的国家局或政府间组织同时还是国际初步审查单位；以及

(ii) 根据条约第 19 条进行的任何修改的副本、该条所述的任何声明的副本以及本细则 46.5 第(b)目所要求的信函的副本，除非该单位已说明它已收到了这种副本。

62.2　在提交要求书后提出的修改

如果在提出根据条约第 19 条的修改时已经提出了国际初步审查要求，申请人最好在向国际局提出修改的同时，也向国际初步审查单位提交此修改的副本、该条所述的声明副本及本细则 46.5 第(b)目所要求的信函的副本。在任何情况下，国际局应迅速将此修改的副本、声明的副本和信函的副本传送该单位。

## 第62条之2

[向国际初步审查单位传送国际检索单位书面意见的译文]

62之2.1　译文和意见

(a) 应国际初步审查单位的请求,当根据本细则43之2.1作出的书面意见未使用英文或该单位所接受的语言的,则应由国际局或由其负责译成英文。

(b) 国际局应自收到提供译文请求之日起两个月内向国际初步审查单位传送译文副本,并同时向申请人传送副本。

(c) 申请人可以就译文的正确性提交书面意见并将意见副本传送给国际初步审查单位和国际局。

## 第63条

[对国际初步审查单位的最低要求]

63.1　最低要求的定义

条约第32条第(3)项中所述的最低要求如下:

(i) 国家局或者政府间组织至少必须拥有100名具有足以胜任审查工作的技术资格的专职人员;

(ii) 该局或者该组织至少必须拥有本细则第34条所述的为审查目的而妥善整理的最低限度文献;

(iii) 该局或者该组织必须拥有一批能对所要求的技术领域进行审查,并且具有至少能够理解用来撰写或者翻译本细则第34条所述的最低限度文献的语言的语言条件的工作人员;

(iv) 该局或者该组织必须根据国际初步审查共同规则设置质量管理系统和内部复查机构;

(v) 该局或者该组织必须被指定为国际检索单位。

## 第64条

[与国际初步审查有关的现有技术]

64.1　现有技术

(a) 为条约第 32 条第(2)项和第(3)项的目的,在世界上任何地方,公众通过书面公开(包括绘图和其他图解)可以得到的一切事物,应认为是现有技术,但以公众可以得到发生在有关日期之前为限。

(b) 为第(a)目的目的,相关日期应当是指:

(i) 除第(ii)段和第(iii)段另有规定外,在国际初步审查中国际申请的国际申请日;

(ii) 在国际初步审查中国际申请要求了一项在先申请的优先权的且国际申请日在优先权期限内,该在先申请的申请日,除非国际初步审查单位认定该优先权请求无效;

(iii) 在国际初步审查中,国际申请要求了一项在先申请的优先权,并且其国际申请日晚于优先权期限,但是在自优先权期限届满日起两个月内,该在先申请的申请日,除非国际初步审查单位以国际申请日迟于优先权期限届满日以外的其他理由认定该优先权请求无效。

64.2 非书面公开

在本细则 64.1 第(b)目所定义的相关日期之前公众通过口头公开、使用、展览或者其他非书面方式可以得到("非书面公开"),而且这种非书面公开的日期记载在与相关日期同日或者在其之后公众可以得到的书面公开之中的,为条约第 33 条第(2)项和第(3)项的目的,该非书面公开不应认为是现有技术的一部分。但是,国际初步审查报告应依据本细则 70.9 规定的方式提请注意这种非书面公开。

64.3 某些已公布的文件

任何申请或者任何专利如果在本细则 64.1 所述相关日期之前公布即会构成条约第 33 条第(2)项和第(3)项所称的现有技术,但其实际上是在与相关日期同日或者在其之后公布,并且其申请是在该相关日期之前提出的,或者要求了一项在相关日期之前提出的在先申请的优先权,则这类已公布的申请或者专利不应认为构成条约第 33 条第(2)项和第(3)项所称现有技术的一部分。但是,国际初步审查报告应以本细则 70.10 规定的方式提请注意这类申请或者专利。

## 第65条

［创造性或者非显而易见性］

65.1　与现有技术的关系

为条约第33条第(3)项的目的，国际初步审查应对每项特定权利要求与现有技术的整体之间的关系加以考虑。不仅应考虑该权利要求与各个文件或者该文件各部分内容分开来看时之间的关系，如果这些文件或者文件的各部分内容的结合对于本技术领域的普通技术人员是显而易见的，而且还应考虑该权利要求与这种结合之间的关系。

65.2　相关日期

为条约第33条第(3)项的目的，评价创造性(非显而易见性)时的有关日期是指本细则64.1所述的日期。

## 第66条

［国际初步审查单位的程序］

66.1　国际初步审查的基础

(a) 除第(b)目至第(d)目另有规定外，国际初步审查应以原始提交的国际申请为基础。

(b) 申请人可以根据条约第34条在提交国际初步审查要求书时提出修改，或者除本细则66.4之2另有规定外，在国际初步审查报告制定之前提出修改。

(c) 在国际初步审查要求书提出之前根据条约第19条提出的任何修改在国际初步审查中都应予以考虑，除非该修改已被根据条约第34条提出的修改所代替或者被认为撤销。

(d) 在国际初步审查要求书提出之后根据条约第19条提出的任何修改，以及向国际初步审查单位提出的根据条约第34条提出的任何修改，除本细则66.4之2另有规定外，在国际初步审查中均应予以考虑。

(d之2) 根据本细则91.1许可的明显错误更正，除本细则66.4之2另有规定外，为国际初步审查的目的，在国际初步审查中均应予以考虑。

(e) 对于没有作出过任何国际检索报告的发明的权利要求，无需进行国际初步审查。

66.1之2 国际检索单位的书面意见

(a) 除第(b)目另有规定外，国际检索单位根据本细则43之2.1所作出的书面意见，为本细则66.2第(a)目之目的，应被视为是国际初步审查单位的书面意见。

(b) 国际初步审查单位可以通知国际局，当书面意见是由国际检索单位或者其通知中指明的单位根据本细则43之2.1作出时，第(a)目的规定对该单位的程序不适用，但如果作为国际检索单位的该国家局或政府间组织同时也是国际初步审查单位时，该通知不予适用。国际局应将任何这类通知在公报[①]上迅速公布。

(c) 如果根据第(b)目所作的通知，国际检索单位根据本细则43之2.1所作出的书面意见不被认为是国际初步审查单位为本细则66.2第(a)目目的作出的书面意见，该国际初步审查单位应相应地书面通知申请人。

(d) 尽管根据第(b)目所作的通知，国际检索单位根据本细则43之2.1所作出的书面意见不被认为是国际初步审查单位为本细则66.2第(a)目目的作出的书面意见，国际初步审查单位在根据本细则66.2第(a)目进行处理中仍应对该书面意见予以考虑。

66.1之3 扩展检索

国际初步审查单位应当进行一项检索("扩展检索")，以发现本细则第64条所提及的在国际检索报告制定之后公开或者可以供所述国际初步审查单位检索的文件，除非该单位认为这样的扩展检索并无用处。如果该单位发现存在条约第34条第(3)项或第(4)项或者细则66.1第(e)目提及的情况，则扩展检索应当仅涉及国际申请中属于国际初步审查主题的那些部分。

66.2 国际初步审查单位的书面意见

(a) 如果国际初步审查单位认为有下列情形之一的，应相应地书面通知

---

① 编者注：该信息也在WIPO网址的网页上公布：www.wipo.int/pct/en/texts/reservations/res_incomp.html。

申请人：

(i) 国际申请有条约第 34 条第(4)项中所述情形之一的；

(ii) 任何一项权利要求要求保护的发明看来并不具备创新性和创造性(看来并不是非显而易见)，或者看来不能在工业上应用，因而国际初步审查报告对该权利要求均应予以否定；

(iii) 根据条约或者本细则的规定，国际申请的格式或者内容有某些缺陷；

(iv) 国际申请的修改超出了国际申请提出时所公开的范围；或者

(v) 希望在国际初步审查报告上附加对权利要求书、说明书和附图是否清楚的说明，或者对权利要求书是否得到说明书充分支持的意见；

(vi) 对某一权利要求涉及的发明没有制定相应的国际检索报告，并且对该权利要求已决定不进行国际初步审查；或者

(vii) 所提供的核苷酸和/或者氨基酸序列表不符合规定，以至于不能进行有意义的国际初步审查。

如果作为国际初步审查单位的国家局的本国法不允许以不同于本细则 6.4 第(a)目第二句和第三句所规定的方式撰写多项从属权利要求，则在该申请未使用该方式提出权利要求的情况下，国际初步审查单位可以适用条约第 34 条第(4)项第(b)目的规定。在这种情况下，该单位应相应地书面通知申请人。

(b) 国际初步审查单位应在通知中详细说明其持上述意见的理由。

(c) 通知应要求申请人提出书面答复，在情况需要时并应附带修改。

(d) 通知应规定答复的期限。该期限视具体情况应当合理。一般应为自通知之日起两个月。期限无论如何不得少于自通知之日起一个月。在国际检索报告与通知同时送交的情况下，该期限至少应自通知之日起两个月。除第(e)目另有规定外，该期限不得多于自通知之日起三个月。

(e) 申请人在答复通知的期限届满前提出请求的，该答复通知的期限可以延长。

66.3　对国际初步审查单位的正式答复

(a) 申请人答复本细则 66.2 第(c)目所述的国际初步审查单位的通知时

可以提出修改，或者，根据情况，如果申请人不同意该单位的意见，可以提出答辩，或者两者均采用。

(b) 任何答复应直接提交国际初步审查单位。

66.4 提出修改或者答辩的追加机会

(a) 如果国际初步审查单位愿意发出一份或者多份追加书面意见，它可以这样做，并应适用本细则 66.2 和 66.3 的规定。

(b) 应申请人的请求，国际初步审查单位可以给予一次或者多次提出修改或者答辩的追加机会。

66.4 之 2 对修改、答辩和明显错误更正的考虑

修改、答辩和明显错误更正是在国际初步审查单位已经开始起草书面意见或者国际初步审查报告后收到的、许可的或者被通知的，该单位在该意见或者报告中不必对修改、答辩或更正加以考虑。

66.5 修改

除明显错误的更正外，凡改动权利要求书、说明书或者附图，包括删去权利要求，删去说明书中某些段落，或者删去某些附图，均应认为是修改。

66.6 与申请人的非正式联系

国际初步审查单位可以随时通过电话、书信或者个人会晤与申请人非正式的联系。该单位应自行决定，如果申请人请求，是否同意进行一次以上的个人会晤，或者是否愿意答复申请人非正式的书面通信。

66.7 优先权文件副本和译文

(a) 如果国际初步审查单位需要国际申请中作为优先权基础的在先申请的副本，国际局根据请求应迅速提供该副本。如果由于申请人未满足本细则 17.1 的要求，以致未能向国际初步审查单位提供该副本，并且该在先申请未向作为国家局的该单位提交或者该单位不能按照行政规程的规定从数字图书馆中获得该优先权文件，则该国际初步审查单位可以在优先权要求视为没有提出的情况下制定国际初步审查报告。

(b) 如果国际申请中作为优先权基础的申请使用的语言不是国际初步审查单位使用的语言或者语言之一，该单位可以，当优先权要求的有效性与撰写条约第 33 条第(1)项所述意见相关时，要求申请人在自通知之日起两个月内

提交该语言或者该语言之一的译文。如果该译文没有在该期限内提交，可以在优先权要求视为没有提出的情况下制定国际初步审查报告。

66.8 修改的形式

(a) 除第(b)目另有规定外，当修改说明书或附图时，对国际申请中由于修改而导致与原始提出页不同的每一页，申请人均应提交替换页。随替换页一起提交的信函应说明被替换页与替换页之间的差别，并应当指出所做修改在原始提交的申请中的基础，并且最好解释修改的原因。

(b) 如果修改是删去某些段落或者是做小的改动或者增加，则第(a)目所述的替换页可以是国际申请含有改动或增加的有关页的复印件，条件是该页的清晰度和直接复制性没有受到不利的影响。如果修改结果导致整页删除，该项修改应以信函提出，而该信函最好对修改的原因也予以解释。

(c) 当修改权利要求时，本细则 46.5 应比照适用。根据本则适用的依据本细则 46.5 提交的权利要求应替换原始提交的，或适用情况下，根据条约第 19 条或第 34 条修改的全部权利要求。

## 第 67 条

[条约第 34 条第(4)项第(a)目第(i)段所述的主题]

67.1 定义

如果国际申请的主题是下列各项之一，并且在有下列情形之一的限度内，国际初步审查单位无须对该国际申请进行国际初步审查：

(i) 科学和数学理论；

(ii) 植物、动物品种或者主要是用生物学方法生产植物和动物的方法，但微生物学方法和由该方法获得的产品除外；

(iii) 经营业务，纯粹智力活动或者游戏比赛的方案、规则或者方法；

(iv) 治疗人体或者动物体的外科手术或者疗法以及诊断方法；

(v) 单纯的信息提供；

(vi) 计算机程序，在国际初步审查单位不具备条件对其进行国际初步审查的限度内。

# 第68条

［缺乏发明单一性（国际初步审查）］

68.1　不通知限制权利要求或者缴费

如果国际初步审查单位认为国际申请不符合发明单一性要求，并决定不通知申请人限制权利要求或者缴纳附加费的，除条约第34条第(4)项第(b)目和本细则66.1第(e)目另有规定外，该单位应就整个国际申请继续国际初步审查，但应在任何书面意见和国际初步审查报告中指出，该单位认为该申请不符合发明单一性要求，并说明理由。

68.2　通知限制权利要求或者缴费

如果国际初步审查单位认为国际申请不符合发明单一性要求，并决定通知申请人根据其自己选择限制权利要求或者缴纳附加费的，该通知应当：

(i) 至少应举出一种以国际初步审查单位的观点认为符合要求的限制权利要求的可能方案；

(ii) 写明它认为国际申请不符合发明单一性要求的理由；

(iii) 通知申请人自通知之日起一个月内满足该通知的要求；

(iv) 如果申请人选择了缴纳附加费，应指明要求缴纳的数额；以及

(v) 在适用的情况下要求申请人自通知之日起一个月内缴纳本细则68.3第(e)目所述的异议费，并指明应缴纳的数额。

68.3　附加费

(a) 条约第34条第(3)项第(a)目规定的国际初步审查附加费的数额应由主管国际初步审查单位确定。

(b) 条约第34条第(3)项第(a)目规定的国际初步审查附加费，应直接向国际初步审查单位缴纳。

(c) 任何申请人在缴纳附加费时可以提出异议，即附一说明理由的声明，说明该国际申请符合发明单一性要求或者说明要求缴纳的附加费数额过高。该项异议应由设立在国际初步审查单位的一个复审机构进行审查，并应在其认为异议理由成立的限度内命令向申请人退还全部或者部分附加费。根据申请人的请求，异议及异议决定的文本应作为国际初步审查报告的附件通知选定局。

(d) 第(c)目所述复审机构的成员可以包括,但应不限于作出被异议的决定的人。

(e) 对第(c)目所述异议的审查,国际初步审查单位为其自己的利益,可以要求缴纳异议费。如果申请人在本细则 68.2 第(v)段规定的期限内没有缴纳任何所需的异议费,该异议应当被视为未提出并且国际初步审查单位应当如此宣布。如果第(c)目所述的复审机构认为异议完全正当,异议费应当退还给申请人。

68.4　对权利要求书限制不充分时的程序

如果申请人对权利要求书作了限制,但不足以符合发明单一性要求,国际初步审查单位应按照条约第 34 条第(3)项第(c)目的规定进行处理。

68.5　主要发明

为条约第 34 条第(3)项第(c)目的目的,对于哪一项发明是主要发明如果存在疑问,应认为权利要求中首先记载的发明是主要发明。

## 第 69 条

［国际初步审查的启动和期限］

69.1　国际初步审查的启动

(a) 除第(b)目至第(e)目另有规定外,国际初步审查单位在得到以下全部文件后应启动国际初步审查:

(i) 国际初步审查要求书;

(ii) 应当缴纳的(全部)手续费和初步审查费,包括:在适用的情况下根据本细则 58 之 2.2 所收取的滞纳金;和

(iii) 国际检索报告或者国际检索单位根据条约第 17 条第(2)项第(a)目作出的关于将不制定国际检索报告的宣布,以及根据本细则 43 之 2.1 所作出的书面意见;前提是国际初步审查单位不应在本细则 54 之 2.1 第(a)目所规定的适用期限届满之前启动国际初步审查,除非申请人明确请求提早启动。

(b) 如果作为国际检索单位的国家局或政府间组织同时也是国际初步审查单位,如果该国家局或国际初步审查单位愿意,并且除第(d)目和第(e)目另有规定外,国际初步审查可以和国际检索同时启动。

(b 之 2) 如果同时作为国际检索单位和国际初步审查单位的国家局或政府间组织根据第(b)目希望在启动国际检索的同时也启动国际初步审查，并且认为已满足条约第 34 条第(2)项第(c)目第(i)段至第(iii)段的全部条件，则作为国际检索单位的该国家局或政府间组织不需要根据本细则 43 之 2.1 的规定作出书面意见。

(c) 如果有关修改的声明写明根据条约第 19 条提出的修改应予以考虑(本细则 53.9 第(a)目第(i)段)，国际初步审查单位在收到有关修改的副本之前不应启动国际初步审查。

(d) 如果有关修改的声明写明国际初步审查的启动应予以推迟(本细则 53.9 第(b)目)，国际初步审查单位在下列情形发生之前不应启动国际初步审查，以先发生者为准：

(i) 收到根据条约第 19 条提出的任何修改的副本；

(ii) 收到申请人表示无意根据条约第 19 条提出修改的通知；或者

(iii) 根据本细则 46.1 所适用的期限届满。

(e) 如果有关修改的声明写明根据条约第 34 条提出的修改已和要求书一起提出(本细则 53.9 第(c)目)，但实际上该修改并没有提出，国际初步审查单位在收到修改前或者在本细则 60.1 第(g)目所述的通知中确定的期限届满前，以先发生者为准，不应启动国际初步审查。

69.2 国际初步审查的期限

制定国际初步审查报告的期限应为以下最后到期期限届满之前：

(i) 自优先权日起二十八个月；或

(ii) 自本细则 69.1 规定的启动国际初步审查之时起六个月；或

(iii) 自国际初步审查单位收到根据本细则 55.2 递交的译文之日起六个月。

## 第 70 条

[国际初步审查单位的专利性国际初步报告
(国际初步审查报告)]

70.1 定义

为本则的目的，“报告”一词是指国际初步审查报告。

70.2 报告的基础

(a) 如果对权利要求已经进行修改,则应按照经过修改的权利要求提出报告。

(b) 如果报告是在根据本细则 66.7 第(a)目或者第(b)目的规定,在优先权要求视为没有提出的情况下制定的,报告中应相应予以注明。

(c) 如果国际初步审查单位认为修改超出了该国际申请提出时公开的范围,应按照该修改视为没有提出的情况制定报告,并应在报告中相应予以注明。报告并应写明该单位认为修改超出所述公开范围的理由。

(c之2) 如果对权利要求书、说明书或者附图进行了修改,但是没有按照本细则 46.5 第(b)目第(iii)段、本细则 66.8 第(a)目或者根据本细则 66.8 第(c)目所适用的本细则 46.5 第(b)目第(iii)段的要求,随同替换页一起提交指明所做修改在原始提交的国际申请中的基础的信函,在适用的情况下,应按照该修改视为没有提出的情况制定报告,并应在报告中相应予以注明。

(d) 如果对权利要求涉及的发明没有制定相应的国际检索报告,并且因此不是国际初步审查的主题,国际初步审查报告应相应予以注明。

(e) 如果根据本细则 66.1 所述的明显错误更正被考虑,报告应当予以注明。如果根据细则 66.4 之 2 所述的明显错误更正没有被考虑,则报告在可能的情况下,应当予以注明,如果报告漏填,则国际初步审查单位应当相应通知国际局,同时,国际局应当根据行政规程处理。

(f) 国际初步审查报告应当说明根据细则 66.1 之 3 进行扩展检索的日期,或者说明没有进行扩展检索。

70.3 标明

报告应标明制定该报告的国际初步审查单位的名称,并应写明国际申请号、申请人姓名或者名称及国际申请日以标明国际申请。

70.4 日期

报告应注明:

(i) 递交国际初步审查要求书的日期;和

(ii) 报告的日期;该日期应为报告完成的日期。

70.5 分类

(a) 如果国际初步审查单位同意根据本细则 43.3 所确定的分类，报告应重复该分类号。

(b) 否则，国际初步审查单位至少应根据国际专利分类法，在报告中注明该单位认为是正确的分类号。

70.6 条约第 35 条第(2)项的说明

(a) 条约第 35 条第(2)项所述的说明应使用“是”或者“否”，或者使用报告所使用的语言中相应的词，或者使用行政规程规定的其他适当的记号，如有引用文件清单、解释和条约第 35 条第(2)项最后一句所述的意见，应将其作为附件。

(b) 如果条约第 35 条第(2)项所述的三项标准(即创新性、创造性〈非显而易见性〉和实用性)中的任何一项未符合要求，都应作出否定的说明。在此情况下，如果这些标准中的任何一项单独来看符合要求，报告应指明该已符合要求的标准。

70.7 条约第 35 条第(2)项的引证

(a) 报告应引用那些被认为与支持依照条约第 35 条第(2)项所作出的说明有关的文件，而不论这些文件在国际检索报告中是否被引用。在国际检索报告中引用的文件仅在国际初步审查单位认为有关时才需要在报告中引用。

(b) 本细则 43.5 第(b)目和第(e)目的规定也适用于报告。

70.8 条约第 35 条第(2)项的解释

行政规程应包括是否应作出条约第 35 条第(2)项所述的解释以及这种解释的格式的基准。该基准则应根据下列原则：

(i) 对于任何一项权利要求作出否定说明时，应给予解释；

(ii) 在作出肯定说明的情况下，除根据参考所引用的文件容易想出引用该文件的理由以外，都应给予解释；

(iii) 如果认可本细则 70.6 第(b)目最后一句规定的情形，一般应给予解释。

70.9 非书面公开

因根据本细则 64.2 的规定而在报告中提及任何非书面公开时，应写明其类型，述及该非书面公开的书面公开向公众提供的日期，以及该非书面公开在公众中出现的日期。

70.10　某些公布的文件

因根据本细则 64.3 的规定而在报告中提及公布的申请或者专利时，应如实予以说明，并应写明其公布日、申请日以及其要求的优先权日（如果有的话）。对于此类文件的优先权日，报告可以指出，按照国际初步审查单位的意见，该日期尚未有效地成立。

70.11　修改的记述

如果已经向国际初步审查单位提出了修改，报告中应写明此事。如因修改而导致整页删除，报告中也应注明此事。

70.12　某些缺陷和其他事项的记述

如果国际初步审查单位在制定报告时：

(i) 认为国际申请中含有本细则 66.2 第(a)目第(iii)段所述的缺陷的，报告中应写明这种意见并说明理由；

(ii) 认为国际申请需要本细则 66.2 第(a)目第(v)段中所述的意见的，报告中可以写明这种意见；如果写明了这种意见，报告中还应说明这种意见的理由；

(iii) 认为条约第 34 条第(4)项所述的情形之一存在的，报告中应写明这种意见并说明理由；

(iv) 认为申请人没有以一种使其能进行有意义的国际初步审查的形式提供核苷酸和/或氨基酸序列表的，报告中应相应予以写明。

70.13　关于发明单一性的说明

如果申请人缴纳了国际初步审查附加费，或者如果根据条约第 34 条第(3)项的规定对国际申请或者国际初步审查作出限制，报告中应作相应的说明。另外，如果国际初步审查是根据已经限制的权利要求（条约第 34 条第(3)项第(a)目），或者是仅根据主要发明（条约第 34 条第(3)项第(c)目）进行的，报告中应写明对国际申请的哪些部分进行了国际初步审查，对哪些部分没有进行国际初步审查。如果国际初步审查单位决定不要求申请人限制权利要求或者缴纳附加费，报告中应包括本细则 68.1 中规定的说明。

70.14 授权官员

报告应写明国际初步审查单位负责该报告的官员的姓名。

70.15 格式;标题

(a) 对该报告的形式要求应由行政规程规定。

(b) 该报告的标题应为"关于专利性的国际初步报告(专利合作条约第Ⅱ章)",同时应指明它是国际初步审查单位所作的国际初步审查报告。

70.16 报告的附件

(a) 以下替换页和信函应作为报告的附件:

(i) 根据本细则 66.8 提交的、包含根据条约第 34 条作出的修改的替换页,以及根据本细则 66.8 第(a)目、66.8 第(b)目和根据本细则 66.8 第(c)目所适用的本细则 46.5 第(b)目提交的信函;

(ii) 根据本细则 46.5 提交的、包含根据条约第 19 条作出的修改的替换页,以及根据本细则 46.5 提交的信函;

(iii) 根据本细则 91.2 适用本细则 26.4 提交的、包含国际单位根据本细则 91.1 第(b)目第(iii)段许可的明显错误更正的替换页,以及根据本细则 91.2 适用本细则 26.4 规定的信函;

除非替换页被后提交的替换页所取代或者撤销,或根据本细则 66.8 第(b)目的修改导致整页删除;以及

(iv) 当报告中含有本细则 70.2 第(e)目提及的注明,根据本细则 66.4 之 2 不被国际初步审查单位考虑的与明显错误更正相关的替换页和信函。

(b) 尽管有第(a)目的规定,该段中所述的被取代或撤销的替换页以及与之相关的信函也应作为报告的附件:

(i) 国际初步审查单位认为相关的取代或撤销修改超出了国际申请中原始公开的范围,并且该报告包含有本细则 70.2 第(c)目所述的注明;

(ii) 相关的取代或撤销修改没有附信函说明修改在原始提交申请中的基础,报告是按照该修改没有提出的情况制定的,并且报告中包含根据本细则 70.2 第(c 之 2)目所述的注明。

在这种情况下,被取代或撤销的替换页应当根据行政规程的规定予以标注。

70.17 报告和附件使用的语言

报告和附件均应使用与其相关的国际申请在公布时所使用的语言，或者如果根据本细则55.2国际初步审查是在国际申请译文的基础上进行的，使用该译文的语言。

## 第71条

［国际初步审查报告的传送］

71.1 收件人

国际初步审查单位应在同日内将国际初步审查报告和附件（如果有的话）的副本传送国际局一份，并也传送给申请人一份。

71.2 引用文件的副本

(a) 条约第36条第(4)项所述的请求，可以在报告涉及的国际申请的国际申请日起七年内随时提出。

(b) 国际初步审查单位可以要求提出请求的一方（申请人或者选定局）向其缴纳准备和邮寄副本的费用。准备副本的费用金额应在条约第32条第(2)项所述的国际初步审查单位和国际局之间的协议中确定。

(c) ［删除］

(d) 任何国际初步审查单位都可以委托向其负责的另一机构履行第(a)目和第(b)目所述的职责。

## 第72条

［国际初步审查报告和国际检索单位书面意见的译文］

72.1 语言

(a) 任何选定国均可要求将使用该国国家局的官方语言或者官方语言之一以外的任何一种语言制定的国际初步审查报告译成英文。

(b) 任何此类要求均应通知国际局，国际局应迅速在公报中予以公布。

72.2 给申请人的译文副本

国际局将本细则72.1第(a)目所述的国际初步审查报告的译文送达有关的选定局时，应同时将该译文的副本传送给申请人。

72.2之2　国际检索单位根据本细则第43条之2.1作出的书面意见的译文

在本细则73.2第(b)目第(ii)段所述的情况下，应有关选定局的请求，国际检索单位根据本细则43之2.1作出的书面意见应由该局或由国际局负责翻译成英语。国际局应在收到译文请求之日起两个月内向有关的选定局传送译文的一份副本，并同时向申请人传送一份副本。

72.3　对译文的意见

申请人可以对国际初步审查报告或国际检索单位根据本细则43之2.1作出的书面意见的译文的正确性提出书面意见，并将该意见的副本传送给每个有关的选定局和国际局各一份。

## 第73条

［国际初步审查报告或者国际检索单位书面意见的送达］

73.1　副本的制备

国际局应制作根据条约第36条第(3)项第(a)目规定应予以送达的文件副本。

73.2　向选定局的送达

(a) 国际局应根据本细则93之2.1向各选定局进行条约第36条第(3)项第(a)目所规定的送达，但不应早于自优先权日起三十个月届满之日。

(b) 如果申请人根据条约第40条第(2)项向选定局提出明确请求，国际局应根据该局或申请人的请求，

(i) 如果国际初步审查报告已经按照本细则71.1传送给国际局，迅速向该局进行条约第36条第(3)项第(a)目的送达；

(ii) 如果国际初步审查报告尚未按照本细则71.1传送给国际局，迅速向该局送达由国际检索单位根据本细则43之2.1作出的书面意见的副本。

(c) 如果申请人撤回要求书或任何或所有的选定，假若国际局已经收到了国际初步审查报告，它仍应向受这一撤回影响的选定局进行第(a)目所述的送达。

## 第74条

[国际初步审查报告附件的译文及其传送]

74.1 译文的内容和传送的期限

(a) 如果选定局要求提供条约第39条第(1)项规定的国际申请的译文，申请人应在条约第39条第(1)项适用的期限内传送本细则70.16中所述的作为国际初步审查报告附件的任何替换页的译文，除非这种替换页已使用了国际申请所要求的译文所用的语言。对因根据条约第64条第(2)项第(a)目第(i)段作出声明而必须在条约第22条规定适用的期限内向选定局传送国际申请的译文的，附件译文的传送应适用同一期限。

(b) 如果选定局不要求根据条约第39条第(1)项的规定提供国际申请的译文，该局可以要求申请人在该条规定的适用期限内，对本细则70.16所述的作为国际初步审查报告附件的任何替换页，且在该替换页没有使用该国际申请公布时所使用的语言的情况下，提交使用该国际申请公布时所用语言的译文。

## 第75条

[删除]

## 第76条

[优先权文件的译文；选定局程序中某些细则的适用]

76.1、76.2和76.3 [删除]

76.4 提供优先权文件译文的期限

在根据条约第39条适用的期限届满以前，不应要求申请人向任何选定局提供优先权文件的译文。

76.5 选定局程序中某些细则的适用

本细则13之3.3、20.8第(c)目、22.1第(g)目、47.1、49、49之2、49之3和51之2应予以适用，但：

(i) 在上述规定中述及指定局或者指定国之处，应分别理解为述及选定局或者选定国；

(ii) 在上述规定中述及条约第22条、第23条第(2)项或者第24条第(2)项之处,应分别理解为述及条约第39条第(1)项、第40条第(2)项或者第39条第(3)项;

(iii) 本细则49.1第(c)目中“提出的国际申请”一语应由“提出的要求书”一语代替;

(iv) 为条约第39条第(1)项的目的,如果已经制定国际初步审查报告,根据条约第19条提出的修改只有在其作为该报告的附件时,才应要求该修改的译文;

(v) 述及本细则47.1第(a)目至47.4应理解为述及本细则61.2第(d)目。

## 第77条

[条约第39条第(1)项第(b)目规定的权能]

77.1 权能的行使

(a) 任何缔约国允许一项期限在条约第39条第(1)项第(a)目所确定的期限之后届满的,应将这样规定的期限通知国际局。

(b) 国际局收到第(a)目所述的任何通知后应迅速在公报上予以公布。

(c) 有关缩短前已确定的期限的通知,应对自国际局公布该通知之日起三个月届满以后提出的国际初步审查要求书产生效力。

(d) 有关延长前已确定的期限的通知经国际局在公报上公布后,应即对当时正在审查中的国际初步审查要求书,或者在这一公布日期以后提出的这种要求书生效;如果发出通知的缔约国规定了某一较后的日期,则自该较后日期起生效。

## 第78条

[向选定局递交的对权利要求书、说明书和附图的修改]

78.1 期限

(a) 如果申请人愿意,应在满足条约第39条第(1)项第(a)目的规定之后一个月内行使其在条约第41条中的权利,即向有关的选定局提出有关权利要求书、说明书和附图的修改；但是，在条约第 39 条规定的适用期限届满时条约第 36 条第(1)项规定的国际初步审查报告的送交尚未进行的，申请人应在该期限届满之日起不超过四个月的期限内行使上述权利。不论在哪种情形下，只要上述国家的本国法允许，申请人可以在任何以后的时间行使上述权利。

(b) 在其本国法规定审查只有根据一项特别请求才能启动的任何选定国中，该本国法可以规定申请人行使根据条约第 41 条规定权利的期限或者时间，应与该本国法规定的在根据特别请求进行对本国申请的审查时提出修改的期限或者时间相同，但该期限不得在第(a)目规定的适用期限届满前届满，或者该时间不得在第(a)目规定的适用期限届满前到来。

78.2 [删除]

78.3 实用新型

选定局应比照适用本细则 6.5 和 13.5 的规定。如果在优先权日起十九个月届满前进行了选定，根据条约第 22 条所述的适用期限应被根据条约第 39 条所述的适用期限替代。

## 第四部分 有关条约第三章的细则

### 第 79 条

[历 法]

79.1 日期的表示

申请人、国家局、受理局、国际检索单位、国际初步审查单位以及国际局，为条约和本细则的目的，应使用耶稣纪元和公历表示任何日期；或者，如果它们使用其他纪元和历法，也应一并使用耶稣纪元和公历表示任何日期。

### 第 80 条

[期限的计算]

80.1 以年表示的期限

当期限以一年或者若干年表示时，期限的计算应自有关事件发生的次日开始，并在以后的有关年份中，于该事件发生的月和日的相应月和相应日届满，但如果在后来的有关月份中没有相应日，则该期限应在该月的最后一日届满。

80.2 以月表示的期限

当期限以一个月或者若干月表示时，期限的计算应自有关事件发生的次日开始，并在以后的有关月份中，于该事件发生日的相应日届满，但如果在后来的有关月份中没有相应日，则该期限应在该月的最后一日届满。

80.3 以日表示的期限

当期限以若干日表示时，期限的计算应自有关事件发生的次日开始，并在计算日数的最后一日届满。

80.4 当地日期

(a) 计算任何期限时作为开始日加以考虑的日期应为有关事件发生时当地的日期。

(b) 期限届满的日期应为在当地必须递交所要求的文件或者缴纳所要求的费用的日期。

80.5 在非工作日或法定假日届满

如果任何文件或者费用必须送达国家局或者政府间组织的任何期限的届满日是下述日子之一：

(i) 是该局或者该组织不为处理公务向公众开放的日子；

(ii) 是在该局或者该组织所在地不投递普通邮件的日子；

(iii) 在该局或组织位于多个地方时，是该局或组织至少一个所在地的法定假日，并且该局或组织适用的本国法规定，就国家申请而言，在此情况下该期限应于次日届满；或者

(iv) 在该局是某成员国委托授予专利权的政府部门时，是该成员国某部分的法定假日，并且该局适用的本国法规定，就国家申请而言，在此情况下该期限应于次日届满，则该期限应顺延至上述四种情形均不存在的次日届满。

80.6 文件的日期

当期限是从国家局或者政府间组织的文件或者信函的发出日开始时，利害有关的一方可以证明该文件或者信函是在其记载的日期以后的一日寄出

的。在此情况下，为计算期限的目的，实际邮寄日应认为是期限的开始日。无论该文件或者信函是在何日邮寄的，如果申请人向该国家局或者该政府间组织提供证据，使其确信该文件或者信函是在其所记载日期起七日以后收到的，该局或者政府间组织应将自该文件或者信函的日期开始的期限，推迟若干日届满，推迟的日数应与在文件或者信函上记载日期七日以后收到该文件或者信函的日数相等。

80.7 工作日的结束

(a) 在某一确定日届满的任何期限，应在必须向其递交文件或者必须向其缴纳费用的国家局或者政府间组织该日停止办公的时刻届满。

(b) 任何局或者组织可以不按照第(a)目的规定，而将期限届满的时刻推迟至有关日期的午夜。

## 第81条

[对条约所规定的期限的修改]

81.1 提议

(a) 任何缔约国或者总干事均可根据条约第47条第(2)项的规定提出修改期限的提案。

(b) 缔约国的提案应送交总干事。

81.2 大会的决议

(a) 当提案向大会提出时，总干事应在其议程中包括该提案的那届大会以前至少两个月将提案文本分送所有缔约国。

(b) 在大会讨论上述提案期间，对提案可以进行修改，或者提出修正案。

(c) 如果投票时出席的缔约国没有一个投票反对，提案即被认为通过。

81.3 通信投票

(a) 选择用通信方式投票时，总干事应向各缔约国发出包括有提案在内的书面通知，要求缔约国以书面形式投票。

(b) 通知中应指定期限，在该期限内包括书面投票的答复应送达国际局。该期限自通知之日起不得少于三个月。

(c) 答复应在赞成或者反对之中选择其一。提出修正案或者只是提出意见将不认为是投票。

(d) 如果没有缔约国反对修改,而且至少有半数缔约国表示赞成、中立或者弃权的,提案应被认为通过。

## 第82条

[邮递业务异常]

82.1 邮递的延误或者邮件的丢失

(a) 任何利害有关的当事人可以提出证据,证明他在期限届满前五天已将文件或者信函付邮。除了在正常情况下非航空邮件付邮后两天内可送达目的地,或者如果没有航空邮递业务,只有邮件是航空邮寄时才可以提出这种证据。无论何种情形,只有邮件是由邮政当局挂号时才可提出此类证据。

(b) 如果根据第(a)目对文件或者信函的邮寄的证明能使作为收件人的国家局或者政府间组织满意,邮递的延误应予以宽免,或者,如果文件或者信函在邮递中丢失,应允许用一份新副本代替,但利害有关当事人应证明作为代替的文件或者信函与丢失的文件或者信函相同,并使该国家局或政府间组织满意。

(c) 在第(b)目规定的情形中,关于在规定的期限内付邮的证据,以及在文件或者信函丢失的情况下,代替的文件或者信函和关于其与原件相同的证据,应在利害有关的当事人注意到,或者经适当努力应注意到该延误或者丢失之日起一个月内提出,无论如何不得迟于特定案件适用的期限届满后六个月。

(d) 任何国家局或者政府间组织已通知国际局愿意委托快递服务机构而不是邮政当局来寄送文件或者信函的,应将快递服务机构认为邮政当局,适用第(a)目至第(c)目的规定。在此情况下,第(a)目最后一句不适用,但是只有在快递服务机构在接受寄件时对交寄细节进行登记的,其证据才能接受。上述通知可以包含一项说明,通知只适用于使用某些特定的快递服务机构或者满足某些特定标准的快递服务机构的寄件。国际局应将通知中的信息在公报中予以公布。

(e) 任何国家局或者政府间组织在下列情况下也可以适用第(d)目的规定:

(i) 在适用的情况下,即使所委托的快递服务机构不是第(d)日的有关通

知中说明的特定机构，或者不满足所说明的特定标准；或者

(ii) 即使该局或者该组织没有向国际局送交(d)所述的通知。

## 第82条之2

[指定国或者选定国对延误某些期限的宽免]

82之2.1 条约第48条第(2)项中“期限”的含义

条约第48条第(2)项中述及的“期限”应解释为：

(i) 条约或者本细则中规定的任何期限；

(ii) 受理局、国际检索单位、国际初步审查单位或者国际局规定的任何期限，或者受理局根据其本国法可以适用的任何期限；

(iii) 申请人在指定局或者选定局办理任何事务时，各该局规定的，或者各该局所适用的本国法规定的任何期限。

82之2.2 权利的恢复以及条约第48条第(2)项适用的其他规定

条约第48条第(2)项所述指定国或者选定国的本国法对于延误期限给予宽免的规定，是指那些尽管未能遵守期限但给予恢复权利、复原、恢复原状或继续程序的条款，以及任何其他规定延长期限或者对延误期限给予宽免的条款。

## 第82条之3

[受理局或者国际局所犯错误的更正]

82之3.1 有关国际申请日和优先权要求的错误

(a) 如果申请人提出证明使指定局或者选定局满意地认为，由于受理局的错误而使国际申请日有误，或者优先权的要求被受理局或国际局错误地认为无效，而且这种错误是这样的错误，假如其为指定局或者选定局自己所犯，该局即可根据本国法或者本国惯例予以更正，则该局即应更正该错误，并应将国际申请看做是已经给予了更正后的国际申请日，或者该优先权要求未被认为无效。

(b) 如果受理局根据本细则4.18和20.6的规定确认援引加入的项目和部分，在此基础上根据本细则20.3第(b)目第(ii)段或20.5第(d)目的规定确定了国际申请日，但是指定局或者选定局发现：

(i) 关于优先权文件，申请人不符合本细则17.1第(a)目、第(b)目或者第

(b之2)目的规定；

(ii) 不符合本细则4.18、20.6第(a)目第(i)段或者51之2.1第(e)目第(ii)段的规定；或者

(iii) 项目或者部分没有完全包含在涉及的优先权文件中；

除第(c)目另有规定外，指定局或者选定局可以根据本细则20.3第(b)目第(i)段或者20.5第(b)目的规定，认为国际申请的国际申请日已记录，或者，也可以根据本细则20.5第(c)目认为已修改，在适用的情况下，应比照适用本细则17.1第(c)目的规定。

(c) 根据第(b)目，指定局或者选定局不应在依据专利合作条约规定的根据具体情况是合理的期限内，且没有给申请人发表意见的机会之前，认为国际申请日已经根据本细则20.3第(b)目第(i)段或者20.5第(b)目被记录，或者根据20.5第(c)目被修改。

(d) 如果指定局或者选定局，根据第(c)目已经通知申请人，其打算按国际申请日已根据细则20.5第(c)目修改的情况处理国际申请，申请人可以在第(c)目规定的期限内向该局提交一份答复，请求为国家程序的目的不考虑相关遗漏部分，在这种情况下，这部分内容应被视为未提交过，同时该局应在其国际申请日从未被修改的条件下处理该国际申请。

## 第82条之4

［期限延误的宽免］

82之4.1　期限延误的宽免

(a) 任何相关当事人可以提交证据证明，其未能遵守本细则中所规定的向受理局、国际检索单位、指定补充检索单位、国际初步审查单位或者国际局办理手续的期限是由于在其居住地、营业地或者逗留地发生的战争、革命、内乱、罢工、自然灾害、电子通信服务普遍不可用或者其他类似原因造成的，并且已经在合理限度内尽快办理了相关手续。

(b) 这种证据应当在不迟于具体适用的期限届满后六个月，视情况提交至受理局、国际单位或者国际局。如果对上述情况的证明能使收件机构满意，期限的延误应予以宽免。

(c) 如果在对期限延误作出宽免决定时，申请人已经履行本条约第 22 条或者第 39 条的行为，则指定局或者选定局不必考虑对期限延误作出的宽免。

## 第 83 条

[在各国际单位执行业务的权利]

83.1　权利的证明

国际局、主管国际检索单位和主管国际初步审查单位可以要求提供条约第 49 条所述的有执行业务权利的证明。

83.1 之 2　国际局是受理局的情形

(a) 有权在申请人是其居民或者国民，或者在几个申请人之一是其居民或者国民的缔约国的国家局或者代表该国的局执行业务的任何人，有权在根据本细则 19.1 第(a)目第(iii)段作为受理局的国际局就该国际申请执行业务。

(b) 任何人有权在作为受理局的国际局执行有关国际申请业务的，有权在国际局的任何其他工作中以及主管国际检索单位或主管国际初步审查单位执行与该申请有关的业务。

83.2　通知

(a) 利害相关人员声称有权在某国家局或者政府间组织执行业务的，该局或者该组织应根据请求通知国际局、主管国际检索单位或者主管国际初步审查单位，说明该人是否享有在该局或者该组织执行业务的权利。

(b) 上述通知应视情况对国际局、国际检索单位或者国际初步审查单位具有约束力。

# 第五部分　有关条约第五章的细则

## 第 84 条

[代表团的费用]

84.1　费用由政府负担

参加条约所设立的或者在条约之下的任何机构的各代表团的费用，应由指派该代表团的政府负担。

## 第85条

[大会不足法定人数]

85.1 通信投票

在条约第53条第(5)项第(b)目所规定的情形下,国际局应将大会的决议(有关大会本身程序以外的决议)送达未派代表出席会议的各缔约国,并邀请其自送达之日起三个月内以书面表示其投票或者弃权。如果在该期限届满时,以这种方式表示其投票或者弃权的缔约国数目达到了构成那次会议本身开会的法定人数所缺少的缔约国的数目,同时只要达到了所需要的多数,该决议即应生效。

## 第86条

[公　报]

86.1 内容

条约第55条第(4)项所述的公报应包含:

(i) 对于公布的每项国际申请,从国际申请公布的扉页摘出的行政规程规定的事项,该扉页上的附图(如果有时)和摘要;

(ii) 向受理局、国际局以及国际检索单位和国际初步审查单位缴纳各种费用的费用表;

(iii) 根据条约或者本细则的规定需要公布的通知;

(iv) 指定局或者选定局向国际局提供的关于指定或者选定该局的国际申请是否符合本条约第22条或者第39条要求的信息;

(v) 行政规程规定的任何其他有用的信息,但以条约或者本细则不禁止接触这些信息为限。

86.2 语言;公布的形式和方式;期限

(a) 公报应同时以英语和法语出版。国际局应当确保英语和法语的译文。

(b) 大会可以命令出版第(a)目所述语种以外语种的公报版本。

(c) 公报出版的形式和方式应当在行政规程中予以规定。

(d) 对于每件公布的国际申请,国际局应当确保本细则 86.1 第(i)段所述的信息,能够在公布国际申请的当日或其后尽可能短的时间内在公报中予以公布。

86.3　出版周期

公报的出版周期应由总干事确定。

86.4　出售

公报的预订价格和其他售价应由总干事确定。

86.5　公报名称

公报的名称应由总干事确定。

86.6　其他细节

有关公报的其他细节可在行政规程中予以规定。

## 第 87 条

[出版物的送达]

87.1　根据请求进行的出版物送达

根据相关国际检索单位、国际初步审查单位以及国家局的请求,国际局应当免费向其送达由国际局出版的与条约和细则有关的已经公布的国际申请、公报以及任何其他具有普遍影响的出版物。有关出版物送达的形式和方式的其他细节应当由行政规程予以规定。

## 第 88 条

[本细则的修改]

88.1　需要一致同意

修改本细则的以下规定需要在大会上有投票权的国家对修改提议均不投反对票:

(i) 本细则 14.1(传送费);

(ii) [删除]

(iii) 本细则 22.3(根据条约第 12 条第(3)项规定的期限);

(iv) 本细则第 33 条(与国际检索有关的现有技术);

(v) 本细则第 64 条(与国际初步审查有关的现有技术);

(vi) 本细则第 81 条(对条约所规定的期限的修改);

(vii) 本则(即本细则 88.1)。

88.2 [删除]

88.3 要求某些国家不反对

修改本细则的以下规定要求条约第 58 条第(3)项第(a)目第(ii)段中所述的并且在大会上有投票权的国家对修改提议均不投反对票:

(i) 本细则第 34 条(最低限度文献);

(ii) 本细则第 39 条(根据条约第 17 条第(2)项第(a)目第(i)段规定的事项);

(iii) 本细则第 67 条(根据条约第 34 条第(4)项第(a)目第(i)段规定的事项);

(iv) 本则(即本细则 88.3)。

88.4 程序

修改本细则 88.1 或者 88.3 所述各规定的提案,如该提案须由大会决定,应在大会为就此提案作出决定而举行的会议召开之前至少两个月将提案送交各缔约国。

## 第 89 条

[行政规程]

89.1 范围

(a) 行政规程应包含下列规定:

(i) 关于本细则明确规定由行政规程规定的事项;

(ii) 有关适用本细则的细节。

(b) 行政规程不得与条约、本细则的规定,或者与国际局和国际检索单位或者国际初步审查单位所缔结的任何协议的规定相抵触。

89.2 渊源

(a) 行政规程应由总干事在与受理局、国际检索单位和国际初步审查单位磋商后予以拟订和颁布。

(b) 行政规程可以由总干事在与同修改有直接利益关系的局或者单位磋商后予以修改。

(c) 大会可以要求总干事修改行政规程,总干事应当办理。

89.3 公布和生效

(a) 行政规程及其修改均应在公报中公布。

(b) 每次公布应说明公布的规定的生效日期。不同的规定可有不同的生效日期,但任何规定均不得在公报公布之前生效。

## 第六部分 有关条约各章的细则

### 第89条之2

[国际申请和其他文件用电子形式或以电子方法的提出、处理和传送]

89之2.1 国际申请

(a) 除第(b)目至第(e)目另有规定外,按照行政规程,国际申请可以用电子形式或以电子方法提出和处理,条件是任何受理局应允许用纸件形式提出国际申请。

(b) 除行政规程另有特别规定外,本细则的规定比照适用于用电子形式或以电子方法提出的国际申请。

(c) 行政规程应对全部或部分用电子形式或以电子方法提出的国际申请的提出和处理制定规定和要求,包括但不限于有关的收件通知,给予国际申请日的程序、形式要求及不符合这些要求的后果,文件的签字,文件的证明方法以及与各局和单位通信的当事人的识别方法,以及条约第12条对受理本、登记本和检索本的操作,并且可以包含对用不同语言提出的国际申请的不同规定和要求。

(d) 任何国家局或政府间组织均无义务受理或处理用电子形式或以电子方法提出的国际申请,除非它已通知国际局准备按行政规程中适用的规定受理或处理用电子形式或以电子方法提出的国际申请。国际局应将得到的这种通知的信息在公报上予以公布。

(e) 任何已经根据第(d)目向国际局发出通知的受理局,不得拒绝处理用电子形式或以电子方法提出的符合行政规程要求的国际申请。

89之2.2 其他文件

本细则89之2.1的规定比照适用于与国际申请有关的其他文件和信函。

89之2.3 各局之间的传送

当条约、本细则或行政规程规定国际申请的送达、通知或传送(送达)以及通知、通讯、通信或其他文件由一个国家局或政府间组织传送给另一个国家局或政府间组织时,在发送方和接受方同意的情况下,这种送达可以用电子形式或通过电子方法进行。

## 第89条之3

[以纸件提出的文件的电子形式副本]

89之3.1 以纸件提出的文件的电子形式副本

任何国家局或政府间组织可以规定,如果国际申请或与国际申请有关的其他文件是用纸件提出的,申请人可以提出一份符合行政规程规定的该文件的电子形式副本。

## 第90条

[代理人和共同代表]

90.1 委托代理人

(a) 申请人可以委托有权在提交国际申请的国家局执行业务的人,或者如果国际申请向国际局提交,有权在作为受理局的国际局执行关于国际申请的业务的人为其代理人,以代表申请人在受理局、国际局、国际检索单位、指定的补充检索单位和国际初步审查单位办理事务。

(b) 申请人可以委托有权在作为国际检索单位的国家局或者政府间组织办理事务的人为其代理人,代表申请人专门在该单位办理事务。

(b之2) 申请人可以委托有权在作为指定的补充检索单位的国家局或者政府间组织办理事务的人为其代理人,代表申请人专门在该单位办理事务。

(c) 申请人可以委托有权在作为国际初步审查单位的国家局或者政府间组织办理事务的人为其代理人，代表申请人专门在该单位办理事务。

(d) 根据第(a)目接受委托的代理人，除委托文件中另有规定外，可以委托一个或者多个副代理人作为申请人的代理人代表申请人：

(i) 在受理局、国际局、国际检索单位、任何指定补充检索单位和国际初步审查单位办理事务，但条件是接受委托为副代理人的人有权在国际申请提交的国家局办理事务或者有权在作为受理局的国际局根据具体情况办理关于国际申请的事务；

(ii) 专门在国际检索单位、任何指定补充检索单位或者国际初步审查单位办理事务，但条件是接受委托为副代理人的人有权在作为国际检索单位、指定的补充检索单位或者国际初步审查单位的国家局或者政府间组织根据具体情况执行业务。

90.2　共同代表

(a) 如果有两个或者两个以上申请人，并且他们没有根据本细则 90.1 第(a)目委托一个代理人代表他们全体("共同代理人")，如果其中一个申请人有权根据条约第 9 条提出国际申请，可以被其他申请人委托为他们的共同代表。

(b) 如果有两个或者两个以上申请人，并且他们没有根据本细则 90.1 第(a)目委托一个共同代理人或者根据第(a)目委托一个共同代表，请求书中名列第一位的有权根据本细则 19.1 向受理局提出国际申请的申请人，应被认为是所有申请人的共同代表。

90.3　代理人和共同代表的行为，或者对其进行的行为的效力

(a) 代理人的行为或者对代理人进行的行为，应具有该申请人的行为，或者对该申请人进行的行为的效力。

(b) 如果有两个或者两个以上申请人或者有几个代理人代表同一个申请人，其中任何一个代理人的行为，或者对其中任何一个代理人进行的行为，应具有该申请人或者该几个申请人的行为，或者对该申请人或者该几个申请人进行的行为的效力。

(c) 除本细则 90 之 2.5 第二句另有规定外，共同代表或者其代理人的行为，或者对共同代表或者其代理人进行的行为，应具有全体申请人的行为，或

者对全体申请人进行的行为的效力。

90.4 委托代理人或者共同代表的方式

(a) 委托代理人应由申请人通过签署请求书、要求书或者单独的委托书来进行。如果有两个或者两个以上申请人，委托共同代理人或者共同代表应由每个申请人，由其自己选择，签署请求书、要求书或者单独的委托书。

(b) 除本细则 90.5 另有规定外，单独的委托书应提交给受理局或者国际局，但是，如果委托书是根据本细则 90.1 第(b)目、第(b 之 2)目、第(c)目或者第(d)目第(ii)段委托代理人，应根据具体情况将委托书提交给国际检索单位、指定的补充检索单位或者国际初步审查单位。

(c) 如果单独的委托书没有签字，或者如果没有所要求的单独委托书，或者如果被委托人的姓名或者地址的记载不符合本细则 4.4 的规定，除该缺陷被改正外，该委托书应被认为不存在。

(d) 除本则第(e)目另有规定之外，任何受理局、国际检索单位、任何主管补充检索单位、国际初步审查单位和国际局都可以放弃本则第(b)目要求的向其提交单独的委托书的要求，在这种情况下，本则第(c)目不适用。

(e) 当代理人或共同代表提交任何本细则 90 之 2.1 至 90 之 2.4 所述的撤回通知，则不能根据第(d)目的规定放弃第(b)目对单独的代理委托书的要求。

90.5 总委托书

(a) 就一个特定的国际申请委托代理人，申请人可以通过在请求书、要求书或者单独的通知中引用现存的单独的委托书来进行，表示申请人委托该代理人代表申请人办理该申请人可能提出的任何国际申请的事务(即“总委托书”)，但条件是：

(i) 该总委托书已根据第(b)目的规定提出；并且

(ii) 该总委托书的一份副本已根据情况附在请求书、要求书或者单独的通知的后面；该副本无须签字。

(b) 该总委托书应提交给受理局，但是，如果申请人根据本细则 90.1 第(b)目、第(b 之 2)目、第(c)目或者第(d)目第(ii)段委托代理人，应根据具体情况将总委托书提交给国际检索单位、指定的补充检索单位或者国际初步审查单位。

(c) 任何受理局、国际检索单位、主管补充检索单位和国际初步审查单位可以放弃本则第(a)目第(ii)段要求的根据具体情况在请求书、要求书或者单独的通知后面附有总委托书副本。

(d) 尽管有本则第(c)目的规定,当代理人向受理局、指定的补充检索单位、国际初步审查单位或国际局提交任何本细则 90 之 2.1 至 90 之 2.4 所述的撤回通知时,应根据具体情况向该局或单位提交总委托书的副本。

90.6 撤销和辞去委托

(a) 对任何代理人或者共同代表的委托都可以由委托人或者其权利继受人予以撤销,在这种情况下,任何由该代理人根据本细则 90.1 第(d)目进行的副代理人的委托也应被认为撤销。根据本细则 90.1 第(d)目委托的副代理人也可以由有关的申请人予以撤销。

(b) 根据本细则 90.1 第(a)目委托的代理人,除另有说明外,应具有撤销根据该规定以前委托的任何代理人的效力。

(c) 委托共同代表,除另有说明外,应具有撤销以前委托的任何共同代表的效力。

(d) 代理人或者共同代表可以通过一份由他亲笔签字的通知辞去对其的委托。

(e) 本细则 90.4 第(b)目和第(c)目应比照适用于根据本规定提出的撤销或者辞去的任何文件。

## 第 90 条之 2

[撤　回]

90 之 2.1 国际申请的撤回

(a) 申请人可以在自优先权日起三十个月届满前的任何时候撤回国际申请。

(b) 撤回应在收到申请人,根据其选择,提交给国际局或受理局,或者在条约第 39 条第(1)项适用的情况下,提交给国际初步审查单位的通知时生效。

(c) 如果申请人提交的,或者由受理局或者国际初步审查单位送交的撤回通知是在国际公布的技术准备完成前到达国际局的，不应进行国际申请的国际公布。

90之2.2　指定的撤回

(a) 申请人可以在自优先权日起三十个月届满前的任何时候撤回对任何指定国的指定。对已选国家的指定的撤回应导致撤回根据本细则90之2.4所作的相应的选择。

(b) 如果指定一个国家的目的是为了既获得国家专利又获得地区专利，除另有说明外，撤回对该国的指定应认为仅撤回为获得国家专利的指定。

(c) 撤回对所有指定国的指定，应作为根据本细则90之2.1撤回国际申请来处理。

(d) 撤回应在收到申请人，根据其选择，提交给国际局或受理局，或者在条约第39条第(1)项适用的情况下，提交给国际初步审查单位的通知时生效。

(e) 如果申请人提交的或者由受理局或者国际初步审查单位送交的撤回通知是在国际公布的技术准备完成前到达国际局的，不应进行指定的国际公布。

90之2.3　优先权要求的撤回

(a) 申请人可以在自优先权日起三十个月届满前的任何时候，撤回在国际申请中根据条约第8条第(1)项提出的优先权要求。

(b) 如果国际申请包含一个以上的优先权要求，申请人可以对一个或者多个或者全部优先权要求行使本则第(a)目规定的权利。

(c) 撤回应在收到申请人，根据其选择，提交给国际局或受理局，或者如果在条约第39条第(1)项适用的情况下提交给国际初步审查单位的通知时生效。

(d) 如果优先权要求的撤回引起优先权日的变更，任何自原优先权日起计算并且尚未届满的期限，除本则第(e)目另有规定外，应自变更后的优先权日起计算。

(e) 对于条约第21条第(2)项第(a)目所述的期限，如果申请人提交的或者受理局或者国际初步审查单位送交的撤回通知是在国际公布的技术准备完成后到达国际局的，国际局仍然可以在所述的自原优先权日起计算期限的基础上进行国际公布。

90 之 2.3 之 2　补充检索请求的撤回

(a) 申请人可以撤回补充检索请求，撤回期限为向申请人和国际局根据细则 45 之 2.8 第(a)目传送补充国际检索报告或者宣布不制定这样的报告之前的任何时间。

(b) 在本则第(a)目规定的期限内，撤回应在收到申请人根据其选择，提交给指定的补充检索单位或者国际局的通知时生效，除非通告没有及时到达指定的补充检索单位，以致没能阻止传送本则第(a)目述及的报告或者宣布，那么由于适用细则 45 之 2.8 第(b)目，根据条约第 20 条第(1)项，报告或者宣布的传送将不受到影响。

90 之 2.4　国际初步审查要求书或者选定的撤回

(a) 申请人可以在自优先权日起三十个月届满前的任何时候撤回国际初步审查要求书或者任何一个选定或者全部选定。

(b) 撤回自国际局收到申请人提交的通知时生效。

(c) 如果申请人将撤回通知提交给了国际初步审查单位，该单位应在通知上标明收到的日期并将其迅速送交国际局。该通知应被认为于所标明的日期提交给了国际局。

90 之 2.5　签字

本细则 90 之 2.1 至 90 之 2.4 所述的任何撤回通知应由申请人签字，如果有两个或者两个以上申请人，则由所有申请人签字。根据本细则 90.2 第(b)目被认为是共同代表的申请人，无权代表其他申请人在这样的通知上签字。

90 之 2.6　撤回的效力

(a) 根据本细则 90 之 2 撤回国际申请、任何指定、任何优先权要求、国际初步审查要求书或者任何选定，对已根据条约第 23 条第(2)项或者第 40 条第(2)项开始处理或者审查国际申请的任何指定局或者选定局没有效力。

(b) 根据本细则 90 之 2.1 撤回国际申请的，该国际申请的国际处理应即终止。

(b 之 2) 根据本细则 90 之 2.3 之 2 撤回补充检索请求的，有关单位进行的补充国际检索应即终止。

(c) 根据本细则 90 之 2.4 撤回要求书或者所有的选定的，国际初步审查单位对该国际申请的处理应即终止。

90 之 2.7 条约第 37 条第(4)项第(b)目规定的权能

(a) 任何缔约国其本国法规定了条约第 37 条第(4)项第(b)目后半部分所述内容的，应以书面通知国际局。

(b) 国际局应将第(a)目所述的通知迅速在公报上予以公布，并且该通知应对在这种公布之日起一个月以后提出的国际申请生效。

## 第 91 条

［国际申请和其他文件中明显错误的更正］

91.1 明显错误的更正

(a) 如果申请人要求，申请人提交的国际申请或者其他文件中的明显错误可以根据本细则更正。

(b) 错误的更正，应当由“主管单位”许可，意思是：

(i) 国际申请的请求书或其改正中存在错误的情况下——通过受理局；

(ii) 说明书、权利要求书、附图或其改正中存在错误的情况下，除根据(iii)由主管的国际初步审查单位处理外——通过国际检索单位；

(iii) 如果国际初步审查要求已经提出且没有撤回，并且根据细则 69.1 启动国际初步审查的日期已过，说明书、权利要求书、附图或其改正，或者根据条约第 19 条或者第 34 条进行的修改中存在错误的情况下——通过国际初步审查单位；

(iv) 文件中存在的错误不是根据上述第(i)段至第(iii)段所述提交到受理局、国际检索单位、国际初步审查单位或者国际局的情况下，除摘要或者根据条约第 19 条修改外——应当根据情况通过受理局、国际检索单位、国际初步审查单位或者国际局。

(c) 仅限于主管单位在根据第(f)目所述的合适日期内，认为以下事实对其来说是明显的，即申请文件原本想写的内容不是实际出现在文件上的内容，并且除了建议更正的内容以外不可能是其他更正内容，在此情况下，主管单位应当根据本细则许可更正明显错误。

(d) 在说明书、权利要求书或者附图，或者相关改正或修改中存在错误的情况下，为了第(c)目的目的，主管单位应当在适用的情况下，仅考虑说明书、权利要求书、附图及改正或者修改的内容。

(e) 在错误或相关更正出现在国际申请的请求书中或者在第(b)目第(iv)段所述文件中时，为了第(c)目的目的，主管单位应当在适用的情况下，仅考虑国际申请本身，以及所涉及的更正，或者第(b)目第(iv)段所涉及的文件，以及随请求书、更正或文件同时提交的其他文件，在可能的情况下，任何根据行政规程的规定由该单位可以获得国际申请的优先权文件，和在根据第(f)目所述合适日期内提交该国际申请包括的任何其他文件。

(f) 对于第(c)目和第(e)目而言，合适日期应当是：

(i) 在原始国际申请的部分中有错误的情况下——国际申请日；

(ii) 在原始国际申请以外的其他文件有错误，包括在国际申请中改正或修改中存在错误的情况下——该文件的提交日；

(g) 根据本细则，下述错误不应当被更正：

(i) 条约第3条第(2)项所涉及的国际申请的一项或多项，或者国际申请的一页或多页内容遗漏的错误；

(ii) 摘要中的错误；

(iii) 根据条约第19条修改中的错误，除非根据第(b)目第(ii)段主管国际初步审查单位许可其错误的更正；或者

(iv) 优先权要求或者根据细则26之2.1第(a)目改正或增加优先权中的错误，更正错误可能导致优先权日期的改变。

但是本则不影响本细则20.4、20.5、26之2和38.3的执行。

(h) 如果受理局、国际检索单位、国际初步审查单位或者国际局发现国际申请或者其他文件中存在可更正的明显错误，它可以通知申请人根据本细则要求更正。

91.2　更正请求

根据本细则91.1的更正请求，应当在自优先权日起二十六个月内送交到主管单位。该更正请求应当指明需要被更正的错误以及建议的更正内容，同时，申请人可以选择，在更正请求中包含一个简短的解释。本细则26.4关于更正需要被指明的方式应当比照适用。

91.3 更正的许可和效力

(a) 主管单位应当根据细则 91.1 迅速决定是否许可或者拒绝许可更正，同时应当迅速地将许可或者拒绝的决定通知申请人和国际局，在拒绝的情况下，应说明拒绝的理由。国际局应当按照行政规程的规定处理，必要时，包括将许可或者拒绝的决定通知受理局、国际检索单位、国际初步审查单位，指定局和选定局。

(b) 如果明显错误更正根据本细则 91.1 被许可，文件涉及的内容应当按照行政规程规定被更正。

(c) 如果明显错误更正被许可，应当在下述条件下生效：

(i) 在原始国际申请中有错误的情况下——自国际申请日起生效；

(ii) 存在在除原始国际申请文本以外的其他文件中存在错误的情况下，包括改正和修改国际申请中的错误，自文件提交日起生效。

(d) 主管单位拒绝根据本细则 91.1 许可更正，国际局应当根据申请人在自拒绝之日起两个月内提交的请求，同时缴纳特别费用(该项费用数额应在行政规程中予以规定)后，将更正请求、主管单位拒绝更正的原因以及任何由申请人提交的详细而简短的意见陈述一起公布，在可能的情况下，应当与国际申请一起公布。如果国际申请根据条约第 64 条第(3)项不被公布，那么请求、原因和意见陈述(如果有的话)的副本应当根据条约第 20 条的规定送达。

(e) 明显错误更正，不需要被那些在得到主管单位根据本细则 91.3 第(a)目更正许可通知之前，就已经开始处理或者审查国际申请的指定局考虑。

(f) 仅当指定局发现若其自身作为主管单位根据本细则 91.1 的规定不会许可这些更正时，指定局可以忽略根据本细则 91.1 所许可的更正。但前提是，在忽略所述更正之前，指定局应当根据具体情况在合理期限内给予申请人陈述意见的机会。

## 第 92 条

[通 信]

92.1 信函和签字的必要性

(a) 申请人在条约和本细则规定的国际程序中送交的任何文件，除国际申请本身以外，如其本身并非信函形式，则应附有一信函，说明与其有关的国际申请。该信函应由申请人签字。

(b) 如果第(a)目规定的要求没有遵守，应将没有遵守要求的情况通知申请人，并请其在通知中规定的期限内将遗漏补正。规定的期限根据情况应合理；即使规定的期限在提交文件适用的期限届满之后(或者即使后一期限已经届满)，该期限自通知邮寄日起仍不得少于十日和多于一个月。如果遗漏在通知中规定的期限内已经补正，该遗漏应不予理会；否则，应通知申请人说明该文件已被置之不理。

(c) 如果第(a)目规定的要求没有遵守之事被忽视，并且该文件在国际程序中已经予以考虑，则没有遵守要求之事在随后的程序中不产生影响。

92.2 语言

(a) 除本细则55.1、55.3和第(b)目另有规定外，申请人向国际检索单位或者国际初步审查单位提交的任何信函或者文件，均应使用与其有关的国际申请相同的语言。但是，如果国际申请的译文根据本细则23.1第(b)目已经送交，或者根据本细则55.2已经提交的，应使用该译文的语言。

(b) 申请人向国际检索单位或者国际初步审查单位提交的任何信函可以使用不同于国际申请的语言，但以该单位许可使用该语言为限。

(c) [删除]

(d) 申请人写给国际局的信函应当使用英语、法语或者行政规程允许的任何其他公布语言。

(e) 国际局向申请人或者向任何国家局发出的任何信函或者通知应使用英语或者法语。

92.3 国家局或者政府间组织的邮件

国家局或者政府间组织发出或者送交的任何文件或者信函的日期构成条约或者本细则所规定的期限的起算日的，该文件或者信函应以航空邮递，只有非航空邮件在正常情况下付邮后两天内可到达目的地或者没有航空邮递业务的情况下才可以用非航空邮递代替航空邮递。

92.4 电报机、电传机、传真机等的使用

(a) 尽管有本细则11.14和92.1第(a)目的规定，但除第(h)目另有规定

外，构成国际申请的文件以及在申请之后提交的与其有关的任何文件或者信函，在可行的范围内，可以使用电报机、电传机、传真机或者其他类似的能产生打印或书面文件的通信手段送交。

(b) 通过传真送交的文件上的签字，为条约和本细则的目的，应认为是适当的签字。

(c) 如果申请人已试图通过第(a)目所述的任何手段送交文件，但收到的部分或者全部文件字迹不清，或者部分文件没有收到，在收到的文件字迹不清或者试图进行的送交失败的限度内，该文件应作为没有收到处理。国家局或者政府间组织应迅速相应地通知申请人。

(d) 任何国家局或者政府间组织可以要求，依照第(a)目所述的任何方法传送的任何文件的原件以及说明该在先送交的附信应于传送日起十四日内提交，但是条件是，这种要求已经通知国际局，并且国际局已在公报上公布了该信息。该通知应指明这种要求是涉及全部文件还是仅涉及某些种类的文件。

(e) 如果申请人没有提交第(d)目规定的文件的原件，有关的国家局或者政府组织，根据送交的文件种类并且考虑了本细则第 11 条和 26.3 的规定，可以

(i) 放弃第(d)目规定的要求；或者

(ii) 通知申请人在通知书中规定的根据情况是合理的期限内提交送交的文件的原件。

但是，如果送交的文件有缺陷，或者已显示出原件有缺陷，而且这种缺陷是国家局或者政府间组织可以发通知要求改正的，该局或者该组织可以在根据第(i)段或者第(ii)段的处理的同时发出改正通知，或者以发出改正通知取代根据第(i)段或者第(ii)段的处理。

(f) 如果根据第(d)目的规定不需要提交文件的原件，但国家局或者政府间组织认为有必要收到原件的，它可以根据第(e)目第(ii)段的规定发出通知。

(g) 如果申请人没有履行第(e)目第(ii)段或者第(f)目通知的要求：

(i) 当有关的文件是国际申请，该国际申请应被认为撤回，并且受理局应如此宣布；

(ii) 当有关的文件是国际申请之后的文件，该文件应被认为没有提交。

(h) 任何国家局或者政府间组织无义务接受通过第(a)目所述的方法提交的任何文件,除非它已通知国际局准备通过这种方法接受文件,并且国际局已将这种信息在公报上予以公布。

## 第92条之2

[请求书或者要求书中某些事项变更的记录]

92之2.1 由国际局记录变更

(a) 根据申请人或者受理局的请求,国际局应对请求书或者国际初步审查要求书中下列事项的变更予以记录:

(i) 申请人的姓名或者名称、居所、国籍或者地址;

(ii) 代理人、共同代表或者发明人的姓名或者名称、地址。

(b) 对其在自优先权日起三十个月的期限届满后收到的变更记录请求,国际局对请求的变更不应予以记录。

## 第93条

[记录和文档的保存]

93.1 受理局

各受理局应保存与每一个国际申请或据称的国际申请有关的记录,包括受理本,至少十年,自国际申请日起,或者如未确定国际申请日的,自收到日起计算。

93.2 国际局

(a) 国际局应保存任何国际申请的文档,包括登记本,至少三十年,自收到登记本之日起计算。

(b) 国际局的基本记录应无限期地保存。

93.3 国际检索单位和国际初步审查单位

各国际检索单位和各国际初步审查单位应保存它收到的每一个国际申请的文档至少十年,自国际申请日起计算。

93.4 复制件

为本则的目的,记录、副本和文档也可用摄影的、电子的或其他形式的复制件保存，条件是这些复制件能够符合本细则93.1至93.3规定的关于保存记录、副本和文档的义务。

## 第93条之2

［文件送达的方式］

93之2.1　根据请求的送达；通过数字图书馆的送达

(a) 条约、本细则或行政规程规定国际申请、通知、通讯、通信或其他文件（“文件”）由国际局送达、通知或传送（“送达”）给任一指定局或选定局的，这种送达应仅根据有关局的请求，并在该局确定的时间进行。这种请求可以就个别文件或某一类或多类文件提出。

(b) 在国际局和指定局或选定局同意的情况下，第(a)目所述的送达应认为是自国际局按照行政规程的规定以电子形式将该文件放入数字图书馆中并且该局能够检索得到该文件之时起生效。

## 第94条[①]

［文档的获得］

94.1　获得国际局持有的文档

(a) 根据申请人或者申请人授权的任何人的请求，国际局以收取服务费用为条件，应提供其文档中所包含的任何文件的副本。

(b) 国际局根据任何人的请求，但不在国际申请的国际公布以前，并除条约第38条和第(d)目至第(g)目另有规定外，应提供其文档中所包含的任何文件的副本。提供副本可以以收取服务成本费为条件。

(c) [②]国际局根据选定局的请求，应以国际局的名义根据第(b)目提供国

---

① 编者注：1998年7月1日生效的本细则第94条只适用于在该日或该日之后提出的国际申请。1998年6月30日前有效的本细则第94条在该日之后对在该日之前提出的国际申请继续有效。1998年6月30日前有效的本细则第94条的内容复述如下：“第94条　［国际局和国际初步审查单位提供的副本］，94.1　提供的义务，根据申请人或者申请人授权的任何人的请求，国际局和国际初步审查单位以收取服务费用为条件，应当提供申请人的国际申请或者据称是国际申请的文档中所包含的任何文件的副本。”

② 编者注：2004年1月1日生效的本细则94.1第(c)目适用于在该日以及该日之后提交的国际申请。本细则94.1第(c)目也适用于在2004年1月1日或该日之后提交的任何国际申请的国际初步审查报告的副本，无论该国际申请的国际申请日是在2004年1月1日之前、当天或之后。

际初步审查报告的副本。国际局应在公报[①]上迅速公布任何这类请求的细节。

(d) 国际局不应当提供包含在其文档中的、已根据本细则 48.2 第(1)项不予公布的任何信息，也不应当提供包含在其文档中的与根据该细则所提请求相关的任何文件。

(e) 根据申请人写明理由的请求，如果国际局发现存在如下情况，则不应当提供包含在其文档中的任何有关信息，也不应当提供包含在其文档中与该请求相关的任何文件：

(i) 该信息明显不是为使公众了解国际申请的目的；

(ii) 公布该信息会明显损害任何人的个人或经济利益；并且

(iii) 没有更重要的公共利益需要获取该信息。

申请人提交依据本款所提请求中所涉及的信息的方式比照适用本细则 26.4。

(f) 如果国际局根据第(d)目或第(e)目的规定不向公众提供有关信息而该信息也包含在受理局、国际检索单位、指定补充检索单位或国际初步审查单位持有的国际申请文档中，国际局应当迅速地相应通知该局和单位。

(g) 国际局不应当提供包含在其文档中的仅为国际局内部使用的任何文件。

94.1 之 2　获得受理局持有的文档

(a) 根据申请人或者申请人授权的任何人的请求，受理局应当提供包含在其文档中的任何文件。提供文件副本可以以收取服务成本费为条件。

(b) 受理局根据任何人的请求，但不在国际申请的国际公布以前，并除第(c)目另有规定外，可以提供其文档中所包含的任何文件。提供文件副本可以以收取服务成本费为条件。

(c) 受理局不应当根据第(b)目提供任何国际局已经通知已根据本细则 48.2 第(1)项不予公布的信息或者已根据本细则 94.1 第(d)目或第(e)目不提供公众查阅的信息。

---

① 编者注：有关选定局已经请求国际局向其提供国际初审报告副本的信息也在 WIPO 网址的网页上公布：www.wipo.int/pct/en/texts/access_iper.html。

94.1之3 获得国际检索单位持有的文档

(a) 根据申请人或者申请人授权的任何人的请求，国际检索单位应当提供其文档中所包含的任何文件。提供文件副本可以以收取服务成本费为条件。

(b) 国际检索单位根据任何人的请求，但不在国际申请的国际公布以前，并除第(c)目另有规定外，可以提供其文档中所包含的任何文件。提供文件副本可以以收取服务成本费为条件。

(c) 国际检索单位不应当根据第(b)目提供任何国际局已经通知已根据本细则48.2第(1)项不予公布的信息或者已根据本细则94.1第(d)目或第(e)目不提供公众查阅的信息。

(d) 对于指定补充检索单位，第(a)目至第(c)目应比照适用。

94.2 获得国际初步审查单位持有的文档

(a) 根据申请人或者申请人授权的任何人的请求，国际初步审查单位应提供其文档中所包含的任何文件的副本。提供文件副本可以以收取服务成本费为条件。

(b) 根据任何选定局的请求，但不在国际初步审查报告作出以前，并除第(c)目另有规定外，国际初步审查单位应提供其文档中所包含的任何文件。提供文件副本可以以收取服务成本费为条件。

(c) 国际初步审查单位不应当根据第(b)目提供任何国际局已经通知已根据本细则48.2第(1)项不予公布的信息或者已根据本细则94.1第(d)目或第(e)目不提供公众查阅的信息。

94.2之2 获得指定局持有的文档

如果指定局适用的本国法允许第三方查阅国家申请的文档，该局可以允许在本国法规定的查阅国家申请文档的相同限度内，但不得在条约第30条第(2)项第(a)目规定的各日期中最早的日期之前，查阅其文档中所包含的与国际申请相关的任何文件。提供文件副本可以以收取服务成本费为条件。

94.3 获得选定局持有的文档

如果选定局适用的本国法允许第三方查阅国家申请的文档，该局可以允许在本国法规定的查阅国家申请文档的相同限度内，但不得在条约第30条第

(2)项第(a)目规定的各日期中最早的日期之前,查阅其文档中所包含的与国际申请相关的任何文件,包括与国际初步审查相关的任何文件。文件副本的提供可以以收取服务成本费为条件。

## 第95条

[译本的取得]

95.1 提供译文的副本

(a) 根据国际局的请求,任何指定局或者选定局应向国际局提供申请人向该局提供的国际申请的译文副本。

(b) 根据请求,国际局以收费为条件可以向任何人提供根据第(a)目规定收到的译文副本。

## 第96条

[费用表]

96.1 附于本细则的费用表

本细则第15条、45之2.2和第57条所述的费用数额应以瑞士货币表示,并应在费用表中列出,费用表附于本细则,并且是本细则不可分割的一部分。

# 费用表

| 费用名称 | 数 额 |
|---|---|
| 1. 国际申请费(本细则15.2): | 1 330瑞士法郎,外加国际申请超出30页部分的每页15瑞士法郎 |
| 2. 补充检索手续费(本细则45之2.2): | 200瑞士法郎 |
| 3. 手续费(本细则57.2): | 200瑞士法郎 |

费用减免

4. 如果国际申请按照行政规程的规定以下列形式提交,国际申请费按照以下数额减少:

(a) 电子形式，请求书没有使用字符码格式： 100 瑞士法郎

(b) 电子形式，请求书使用字符码格式： 200 瑞士法郎

(c) 电子形式，请求书、说明书、权利要求书以及摘要使用字符码格式： 300 瑞士法郎

5. 如果国际申请由以下申请人提交，项目 1 的国际申请费（适用的情况下，按照项目 4 减少后）、项目 2 的补充检索手续费和项目 3 的手续费减少 90%：

(a) 申请人是自然人，并且是名单上所列的符合下述条件的国家的国民且居民，即该国人均国内生产总值低于 25 000 美元（依据联合国发布的以 2005 年不变美元价值计算的最近十年平均人均国内生产总值数据），并且依据国际局发布的最近五年的年平均申请数据，该国属于自然人的国民且居民提交的国际申请按每百万人口计少于每年 10 件，或者按绝对数计少于每年 50 件；或者

(b) 无论是否自然人，申请人是名单上所列的由联合国确定为最不发达国家的国民且居民；

但如果有多个申请人，每一个申请人都需要满足第(a)目或第(b)目的条件。上述 5 第(a)目和 5 第(b)目所述的国家名单①应由总干事根据大会指令，至少每五年更新一次。上述 5 第(a)目和 5 第(b)目中所列的标准应由大会至少每五年审查一次。

① 编者注：首次国家名单已在 2015 年 2 月 12 日出版的公报的第 32 页上公布（参见：http://www.wipo.int/pct/en/official_notices/index.html）。

# 视听表演北京条约

本条约由保护音像表演外交会议于2012年6月24日在北京通过。

## 目　　录*



* 本目录是为了方便读者阅读而加，它并没有出现在条约的签字本之中。

## 序　言

缔约各方：

出于以尽可能有效和一致的方式发展和维护保护表演者对其视听表演的权利的愿望，回顾《建立世界知识产权组织（WIPO）公约》大会 2007 年所通过的旨在确保发展方面的考虑构成本组织工作的组成部分的发展议程各项建议的重要性，承认有必要采用新的国际规则，以提供解决由经济、社会、文化和技术发展所提出的问题的适当方法，承认信息与通信技术的发展和交汇对视听表演的制作与使用的深刻影响，承认有必要保持表演者对其视听表演的权利与广大公众的利益，尤其是教育、研究和获得信息的利益之间的平衡，承认 1996 年 12 月 20 日在日内瓦签订的《世界知识产权组织表演和录音制品条约》（WPPT）对表演者的保护不延伸到其以视听录制品录制的表演方面，提及关于版权和邻接权若干问题的外交会议于 1996 年 12 月 20 日通过的《关于视听表演的决议》，达成协议如下：

## 第1条

［与其他公约和条约的关系］

(1) 本条约的任何内容均不得减损缔约方相互之间依照《世界知识产权组织表演和录音制品条约》或依照1961年10月26日在罗马签订的《保护表演者、录音制品制作者和广播组织国际公约》已承担的现有义务。

(2) 依本条约给予的保护不得触动或以任何方式影响对文学和艺术作品版权的保护。因此，本条约的任何内容均不得被解释为损害此种保护。

(3) 除《世界知识产权组织表演和录音制品条约》之外，本条约不得与任何其他条约有任何关联，亦不得损害任何其他条约所规定的任何权利和义务。①②

## 第2条

［定　义］

在本条约中：

(a)“表演者”系指演员、歌唱家、音乐家、舞蹈家以及对文学或艺术作品或民间文学艺术表达进行表演、歌唱、演说、朗诵、演奏、表现或以其他方式进行表演的其他人员；③

(b)“视听录制品”系指活动图像的体现物，不论是否伴有声音或声音表现物，从中通过某种装置可感觉、复制或传播该活动图像；④

(c)“广播”系指以无线方式的传送，使公众能接收声音或图像，或图像和声音，或图像和声音的表现物；通过卫星进行的此种传送亦为“广播”；传

---

① 关于第1条第(1)项的议定声明：各方达成共识，本条约的任何内容均不得影响《世界知识产权组织表演和录音制品条约》(WPPT)所规定的任何权利或义务或其解释；另外，各方达成共识，第(3)项不对本条约缔约方增加批准或加入《世界知识产权组织表演和录音制品条约》或遵守其任何规定的任何义务。

② 关于第1条第(3)项的议定声明：各方达成共识，系世界贸易组织成员的缔约方承认《与贸易有关的知识产权协定》(《TRIPS协定》)的各项原则与目标，并达成共识：本条约的任何内容均不影响《TRIPS协定》的规定，包括但不限于涉及反竞争行为的规定。

③ 关于第2条第(a)目的议定声明：各方达成共识，表演者的定义涵盖凡对表演过程中创作的或首次录制的文学或艺术作品进行表演的人。

④ 关于第2条第(b)目的议定声明：特此确认，载于第2条第(b)目的“视听录制品”的定义，不损害《世界知识产权组织表演和录音制品条约》的第2条第(c)目。

送密码信号，只要广播组织或经其同意向公众提供了解码的手段，即为“广播”；

（d）“向公众传播”表演系指通过除广播以外的任何媒体向公众传送未录制的表演或以视听录制品录制的表演。在第11条中，“向公众传播”包括使公众能听到或看到，或能听到并看到以视听录制品形式录制的表演。

## 第3条

［保护的受益人］

（1）缔约各方应将本条约规定的保护给予系其他缔约方国民的表演者。

（2）非缔约方国民但在一个缔约方境内有惯常居所的表演者，在本条约中视同该缔约方的国民。

## 第4条

［国民待遇］

（1）在本条约所专门授予的专有权以及本条约第11条所规定的获得合理报酬的权利方面，每一缔约方均应将其给予本国国民的待遇给予其他缔约方的国民。

（2）在本条约第11条第（1）项和第11条第（2）项授予的权利方面，缔约方应有权将其依本条第（1）项给予另一缔约方国民的保护限制在其本国国民在该另一缔约方享有的那些权利的范围和期限之内。

（3）如果另一缔约方使用了本条约第11条第（3）项允许的保留，本条第（1）项规定的义务对缔约方不再适用；如果某一缔约方作出了此种保留，本条第（1）项规定的义务也不适用于该缔约方。

## 第5条

［精神权利］

（1）不依赖于表演者的经济权利，甚至在这些权利转让之后，表演者仍应对于其现场表演或以视听录制品录制的表演有权：

（i）要求承认其系表演的表演者，除非因使用表演的方式而决定可省略不

提其系表演者;以及

(ii) 反对任何对其表演进行的将有损其声誉的歪曲、篡改或其他修改,但同时应对视听录制品的特点予以适当考虑。

(2) 根据本条第(1)项授予表演者的权利在其死亡后应继续保留,至少到其经济权利期满为止,并可由被要求提供保护的缔约方立法所授权的个人或机构行使。但批准或加入本条约时其立法尚未规定在表演者死亡后保护上项所述全部权利的国家,则可规定其中部分权利在表演者死亡后不再保留。

(3) 为保障本条所授予的权利而采取的补救方法应由被要求提供保护的缔约方立法规定。①

## 第6条

[表演者对其尚未录制的表演的经济权利]

表演者应享有专有权,对于其表演授权:

(i) 广播和向公众传播其尚未录制的表演,除非该表演本身已属广播表演;和

(ii) 录制其尚未录制的表演。

## 第7条

[复制权]

表演者应享有授权以任何方式或形式对其以视听录制品录制的表演直接或间接地进行复制的专有权。②

---

① 关于第5条的议定声明:为本条约的目的,并在不损害任何其他条约的前提下,会议达成共识:鉴于视听录制品及其制作和发行的特点,在正常利用表演的过程中以及在经表演者授权的使用过程中对该表演所作的修改,诸如使用现有或新的媒体或格式进行编辑、压缩、配音或格式化编排,将不足以构成第5条第(1)项第(ii)段意义下的修改。只有在客观上对表演者的声誉造成重大损害的改动才涉及第5条第(1)项第(ii)段所规定的权利。会议还达成共识:纯粹使用新的或改进的技术或媒体,其本身不足以构成第5条第(1)项第(ii)段意义下的修改。

② 关于第7条的议定声明:第7条所规定的复制权及其通过第13条所允许的例外,完全适用于数字环境,尤其是以数字形式使用表演的情况。各方达成共识,在电子媒体中以数字形式存储受保护的表演,构成该条意义下的复制。

## 第8条

[发行权]

(1) 表演者应享有授权通过销售或其他所有权转让形式向公众提供其以视听录制品录制的表演的原件或复制品的专有权。

(2) 对于已录制表演的原件或复制品经表演者授权被首次销售或其他所有权转让之后适用本条第(1)项中权利的用尽所依据的条件(如有此种条件),本条约的任何内容均不得影响缔约各方确定该条件的自由。①

## 第9条

[出租权]

(1) 表演者应享有授权按缔约各方国内法中的规定将其以视听录制品录制的表演的原件和复制品向公众进行商业性出租的专有权,即使该原件或复制品已由表演者发行或经表演者授权发行。

(2) 除非商业性出租已导致此种录制品的广泛复制,从而严重损害表演者的专有复制权,否则缔约方被免除第(1)项规定的义务。②

## 第10条

[提供已录制表演的权利]

表演者应享有专有权,以授权通过有线或无线的方式向公众提供其以视听录制品录制的表演,使该表演可为公众中的成员在其个人选定的地点和时间获得。

## 第11条

[广播和向公众传播的权利]

(1) 表演者应享有授权广播和向公众传播其以视听录制品录制的表演的

---

① 关于第8条和第9条的议定声明:这些条款中的用语“原件和复制品”,受各该条中发行权和出租权的约束,专指可以作为有形物品投放流通的固定的复制品。

② 关于第8条和第9条的议定声明:这些条款中的用语“原件和复制品”,受各该条中发行权和出租权的约束,专指可以作为有形物品投放流通的固定的复制品。

专有权。

(2) 缔约各方可以在向世界知识产权组织总干事交存的通知书中声明，它们将规定一项对于以视听录制品录制的表演直接或间接地用于广播或向公众传播获得合理报酬的权利，以代替本条第(1)项中规定的授权的权利。缔约各方还可以声明，它们将在立法中对行使该项获得合理报酬的权利规定条件。

(3) 任何缔约方均可声明其将仅对某些使用情形适用本条第(1)项或第(2)项的规定，或声明其将以某种其他方式对其适用加以限制，或声明其将根本不适用第(1)项和第(2)项的规定。

## 第12条

[权利的转让]

(1) 缔约方可以在其国内法中规定，表演者一旦同意将其表演录制于视听录制品中，本条约第7条至第11条所规定的进行授权的专有权应归该视听录制品的制作者所有，或应由其行使，或应向其转让，但表演者与视听录制品制作者之间按国内法的规定订立任何相反合同者除外。

(2) 缔约方可以要求，对于依照其国内法的规定制作的视听录制品，此种同意或合同应采用书面形式，并应由合同当事人双方或由经其正式授权的代表签字。

(3) 不依赖于上述专有权转让规定，国内法或者具有个人性质、集体性质或其他性质的协议可以规定，表演者有权依照本条约的规定，包括第10条和第11条的规定，因表演的任何使用而获得使用费或合理报酬。

## 第13条

[限制与例外]

(1) 缔约各方可以在其国内立法中，对给予表演者的保护规定与其国内立法给予文学和艺术作品的版权保护相同种类的限制或例外。

(2) 缔约各方应使本条约中所规定权利的任何限制或例外仅限于某些不与表演的正常利用相抵触也不致不合理地损害表演者合法利益的特

殊情况。[①]

## 第14条

［保护期］

依本条约给予表演者的保护期,应自表演录制之年年终算起,至少持续到五十年期满为止。

## 第15条

［关于技术措施的义务］

缔约各方应规定适当的法律保护和有效的法律补救办法,制止规避由表演者为行使本条约所规定的权利而使用并限制对其表演实施未经该有关表演者许可的或法律不允许的行为的有效技术措施。[②③]

## 第16条

［关于权利管理信息的义务］

(1) 缔约各方应规定适当和有效的法律补救办法,制止任何人明知,或就民事补救而言,有合理根据知道其行为会诱使、促成、便利或包庇对本条约所规定的任何权利的侵犯,而故意实施以下活动:

(i) 未经许可去除或改变任何权利管理的电子信息;

(ii) 未经许可发行、为发行目的进口、广播、向公众传播或提供明知未经许可而被去除或改变权利管理电子信息的表演或以视听录制品录制的表演的复制品。

---

① 关于第13条的议定声明:关于《世界知识产权组织版权条约》(WCT)第10条(涉及限制与例外)的议定声明,亦可比照适用于本条约的第13条(涉及限制和例外)。

② 与第13条相关的关于第15条的议定声明:各方达成共识,本条任何规定均不阻止缔约方采取有效而必要的措施,以确保当视听表演已采用技术措施而受益人有权合法使用该表演时,例如在权利人未对某一具体表演采取能让受益人享受国内法所规定的例外与限制的适当和有效措施的情况下,受益人能享受其国内法中根据第13条作出的例外或限制规定。此外,在不损害录有表演的视听作品的法律保护的情况下,各方达成共识,第15条规定的义务不适用于不受或不再受履行本条约的国内立法保护的表演。

③ 关于第15条的议定声明:"表演者使用的技术措施"一语,与《世界知识产权组织表演和录音制品条约》的情况一样,应作广义的理解,亦指代表表演者实施行为的人,包括其代理人、被许可人或受让人,包括制作者、服务提供者和经适当许可使用表演进行传播或广播的人。

（2）本条中的用语“权利管理信息”系指识别表演者、表演者的表演或对表演拥有任何权利的所有人的信息，或有关使用表演的条款和条件的信息，以及代表此种信息的任何数字或代码，各该项信息均附于以视听录制品录制的表演上。①

## 第17条

［手 续］

享有和行使本条约所规定的权利无须履行任何手续。

## 第18条

［保留和通知］

（1）除第11条第（3）项的规定外，本条约不允许有任何保留。

（2）依第11条第（2）项或第19条第（2）项所作的任何通知，可以在批准书或加入书中提出，通知的生效日期应与本条约对作出通知的国家或政府间组织生效的日期相同。任何此种通知亦可随后提出，但在此情况下，通知应于世界知识产权组织总干事收到通知三个月后或通知中指明的任何更晚的日期生效。

## 第19条

［时间上的适用范围］

（1）缔约各方应对本条约生效之时存在的已录制的表演，以及本条约对缔约各方生效之后进行的所有表演，给予本条约所规定的保护。

（2）尽管有本条第（1）项的规定，缔约方仍可以在向世界知识产权组织总干事交存的通知书中声明，对于本条约对每一缔约方生效之时存在的已录制的表演，将不适用本条约第7条至第11条的规定，或不适用其中的任何一条或多条规定。对于此种缔约方，其他缔约方可以使所述各条的适用仅限于本

---

① 关于第16条的议定声明：关于《世界知识产权组织版权条约》第12条（涉及关于权利管理信息的义务）的议定声明，亦可比照适用于本条约的第16条（涉及关于权利管理信息的义务）。

条约对该缔约方生效之后进行的表演。

(3) 本条约规定的保护不得损害本条约对每一缔约方生效之前实施的任何行为、订立的任何协议或取得的任何权利。

(4) 缔约各方可以在其立法中制定过渡性条款,规定凡在本条约生效之前就某一表演从事合法活动的人,可以在本条约对相应缔约方生效之后,就该同一表演从事与第 5 条和第 7 条至第 11 条所规定的权利范围相符的活动。

## 第 20 条

[关于权利行使的条款]

(1) 缔约各方承诺根据其法律制度采取必要的措施,以确保本条约的适用。

(2) 缔约各方应确保依照其法律可以提供执法程序,以便能采取制止对本条约所规定权利的任何侵权行为的有效行动,包括防止侵权的即时补救和为遏制进一步侵权的补救。

## 第 21 条

[大 会]

(1) (a) 缔约方应设大会。

(b) 每一缔约方应有一名代表出席大会,该代表可由副代表、顾问和专家协助。

(c) 各代表团的费用应由指派它的缔约方负担。大会可以要求世界知识产权组织(以下称为"WIPO")提供财政援助,以便利按照联合国大会既定惯例认为是发展中国家或市场经济转型期国家的缔约方代表团参加。

(2) (a) 大会应处理涉及维护和发展本条约及适用和实施本条约的事项。

(b) 大会应履行依第 23 条第(2)项向其指定的关于接纳某些政府间组织成为本条约缔约方的职能。

(c) 大会应对召开任何修订本条约的外交会议作出决定,并给予世界知识产权组织总干事筹备此种外交会议的必要指示。

(3) (a) 凡属国家的每一缔约方应有一票,并应只能以其自己的名义表决。

(b) 凡属政府间组织的缔约方可以代替其成员国参加表决,其票数与其属本条约缔约方的成员国数目相等。如果此种政府间组织的任何一个成员国行使其表决权,则该组织不得参加表决,反之亦然。

(4) 大会应由总干事召集,如无例外情况,应与世界知识产权组织大会同时同地举行。

(5) 大会应努力通过协商一致作出决定,并应制定自己的议事规则,包括召集特别会议、法定人数的要求,以及按本条约的规定,作出各类决定所需的多数等规则。

## 第22条

[国际局]

与本条约有关的行政工作应由世界知识产权组织国际局履行。

## 第23条

[成为本条约缔约方的资格]

(1) 世界知识产权组织的任何成员国均可以成为本条约的缔约方。

(2) 如果任何政府间组织声明其对于本条约涵盖的事项具有权限和具有约束其所有成员国的立法,并声明其根据其内部程序被正式授权要求成为本条约的缔约方,大会可以决定接纳该政府间组织成为本条约的缔约方。

(3) 欧洲联盟在通过本条约的外交会议上作出上款提及的声明后,可以成为本条约的缔约方。

## 第24条

[本条约规定的权利和义务]

除本条约有任何相反的具体规定以外,每一缔约方均应享有本条约规定的一切权利并承担本条约规定的一切义务。

## 第 25 条

［本条约的签署］

本条约通过后即在世界知识产权组织总部开放以供任何有资格的有关方签署，期限一年。

## 第 26 条

［本条约的生效］

本条约应在第 23 条所指的三十个有资格的有关方交存批准书或加入书三个月之后生效。

## 第 27 条

［成为本条约缔约方的生效日期］

本条约应自下列日期起具有约束力：

(1) 对第 26 条提到的三十个有资格的有关方，自本条约生效之日起；

(2) 对第 23 条提到的每一个其他有资格的有关方，自其向世界知识产权组织总干事交存批准书或加入书之日满三个月起。

## 第 28 条

［退　约］

本条约的任何缔约方均可退出本条约，退约应通知世界知识产权组织总干事。任何退约应于世界知识产权组织总干事收到通知之日起一年后生效。

## 第 29 条

［本条约的语言］

(1) 本条约的签字原件为一份，以汉语、阿拉伯语、英语、法语、俄语和西班牙语签署，各该语种的文本具有同等效力。

(2) 除本条第(1)项提到的语言外，任何其他语言的正式文本须由世界知识产权组织总干事应有关方请求，在与所有有关方磋商之后制定。在本项中，

“有关方”系指涉及其正式语言或正式语言之一的世界知识产权组织任何成员国,并且如果涉及其正式语言之一,亦指欧洲联盟和可以成为本条约缔约方的任何其他政府间组织。

## 第30条

［保存人］

世界知识产权组织总干事为本条约的保存人。

# 关于为盲人、视力障碍者或其他印刷品阅读障碍者获得已出版作品提供便利的马拉喀什条约

本条约由关于缔结一项为视力障碍者和印刷品阅读障碍者获取已发表的作品提供便利的条约的外交会议于2013年6月27日通过。

## 目录*



---

* 本目录是为了方便读者阅读而加，它并没有出现在条约的签字本之中。

## 序　言

缔约各方，

回顾《世界人权宣言》和联合国《残疾人权利公约》宣告的不歧视、机会均等、无障碍以及充分和切实地参与和融入社会的原则，

注意到不利于视力障碍或其他印刷品阅读障碍者全面发展的种种挑战限制了他们的言论自由，包括在与其他人平等的基础上，寻求、接受和传递各种信息和思想的自由，其中包括通过他们自行选择的一切交流形式寻求、接受和传递各种信息和思想的自由，也限制了他们享受受教育的权利和从事研究的机会，

强调版权保护对激励和回报文学与艺术创作的重要性，以及增加机会，使包括视力障碍或其他印刷品阅读障碍者在内的每个人参加社会的文化生活、享受艺术和分享科学进步成果及其产生的利益的重要性，

意识到视力障碍或其他印刷品阅读障碍者为在社会上实现机会均等，在获得已出版的作品方面面临的障碍，还意识到既有必要增加无障碍格式作品的数量，也有必要改善这种作品的流通，

考虑到多数视力障碍或其他印刷品阅读障碍者生活在发展中国家和最不发达国家，

认识到尽管各国的版权法存在不同，但新的信息和通信技术对视力障碍或其他印刷品阅读障碍者的生活产生的积极影响，可以通过加强国际法律框架而得到扩大，

认识到很多成员国已在本国的版权法中为视力障碍或其他印刷品阅读障

碍者规定了限制与例外，但适合他们使用的无障碍格式版作品仍然持续匮乏，还认识到各国使他们无障碍地获得作品的努力需要大量资源，而无障碍格式版不能跨境交换，导致不得不重复这些努力，

认识到权利人在使视力障碍或其他印刷品阅读障碍者无障碍地获得其作品中的重要作用，还认识到，规定适当的限制与例外，特别是在市场无法提供这种以无障碍方式获得作品的机会时，对于使视力障碍或其他印刷品阅读障碍者无障碍地获得作品的重要性，

认识到有必要在作者权利的有效保护与更大的公共利益之间，尤其是与教育、研究和获得信息之间保持平衡，而且这种平衡必须为有效和及时地获得作品提供便利，使视力障碍或其他印刷品阅读障碍者受益，

重申缔约各方根据现有国际版权保护条约承担的义务，以及《保护文学和艺术作品伯尔尼公约》第 9 条第 2 款和其他国际文书中规定的有关限制与例外的三步检验标准的重要性和灵活性，

回顾世界知识产权组织大会 2007 年所通过的旨在确保发展方面的考虑构成该组织工作组成部分的发展议程各项建议的重要性，

认识到国际版权制度的重要性，出于对限制与例外进行协调，为视力障碍或其他印刷品阅读障碍者获得和使用作品提供便利的愿望，

达成协议如下：

## 第 1 条

［与其他公约和条约的关系］

本条约的任何内容均不减损缔约各方相互之间依任何其他条约承担的任何义务，也不损害缔约方依任何其他条约享有的任何权利。

## 第 2 条

［定　义］

在本条约中：

(a)“作品”是指《保护文学和艺术作品伯尔尼公约》第 2 条第 1 款所指的文学和艺术作品，形式为文字、符号和(或)相关图示，不论是已出版的作品，还

是以其他方式通过任何媒介公开提供的作品；[①]

(b)“无障碍格式版”是指采用替代方式或形式，让受益人能够使用作品，包括让受益人能够与无视力障碍或其他印刷品阅读障碍者一样切实可行、舒适地使用作品的作品版本。无障碍格式版为受益人专用，必须尊重原作的完整性，但要适当考虑将作品制成替代性无障碍格式所需要的修改和受益人的无障碍需求；

(c)“被授权实体”是指得到政府授权或承认，以非营利方式向受益人提供教育、指导培训、适应性阅读或信息渠道的实体。被授权实体也包括其主要活动或机构义务之一是向受益人提供相同服务的政府机构或非营利组织。[②]

被授权实体在以下方面制定并遵循自己的做法：

(i) 确定其服务的人为受益人；

(ii) 将无障碍格式版的发行和提供限于受益人和(或)被授权实体；

(iii) 劝阻复制、发行和提供未授权复制件的行为；以及

(iv) 对作品复制件的处理保持应有注意并设置记录，同时根据第 8 条尊重受益人的隐私。

## 第3条

［受益人］

受益人为不论有无任何其他残疾的下列人：

(a) 盲人；

(b) 有视觉缺陷、知觉障碍或阅读障碍的人，无法改善到基本达到无此类缺陷或障碍者的视觉功能，因而无法以与无缺陷或无障碍者基本相同的程度阅读印刷作品；或者[③]

(c) 在其他方面因身体残疾而不能持书或翻书，或者不能集中目光或移动目光进行正常阅读的人。

---

① 关于第 2 条第(a)目的议定声明：各方达成共识，为本条约的目的，该定义包括有声形式的此种作品，例如有声读物。

② 关于第 2 条第(c)目的议定声明：各方达成共识，为本条约的目的，“得到政府承认的实体”可以包括接受政府财政支持，以非营利方式向受益人提供教育、指导培训、适应性阅读或信息渠道的实体。

③ 关于第 3 条第(b)目的议定声明：此处的措辞不意味着“无法改善”必须使用所有可能的医学诊断程序和疗法。

## 第4条
[关于无障碍格式版的国内法限制与例外]

(1)(a) 缔约各方应在其国内版权法中规定对复制权、发行权和《世界知识产权组织版权条约》规定的向公众提供权的限制或例外,以便于向受益人提供无障碍格式版的作品。国内法规定的限制或例外应当允许将作品制成替代性无障碍格式所需要的修改。

(b) 缔约各方为便于受益人获得作品,还可以规定对公开表演权的限制或例外。

(2) 缔约方为执行第4条第1款关于该款所述各项权利的规定,可以在其国内版权法中规定限制或例外,以便:

(a) 在符合下列全部条件时,允许被授权实体在未经版权权利人授权的情况下制作作品的无障碍格式版,从另一被授权实体获得无障碍格式版,以任何方式,包括以非商业性出借或者以有线或无线电子传播的方式将这些无障碍格式版提供给受益人,以及为实现这些目的采取任何中间步骤:

(i) 希望进行上述活动的被授权实体依法有权使用作品或该作品的复制件;

(ii) 作品被转为无障碍格式版,其中可以包括浏览无障碍格式的信息所需要的任何手段,但除了使作品对受益人无障碍所需要的修改之外,未进行其他修改;

(iii) 这种无障碍格式版供受益人专用;并且

(iv) 进行的活动属于非营利性;而且

(b) 受益人依法有权使用作品或该作品的复制件的,受益人或代表其行事的人,包括主要看护人或照顾者,可以制作作品的无障碍格式版供受益人个人使用,也可以通过其他方式帮助受益人制作和使用无障碍格式版。

(3) 缔约方为执行第4条第1款的规定,可以根据第10条和第11条在其国内版权法中规定其他限制或例外。①

---

① 关于第4条第3款的议定声明:各方达成共识,对于视力障碍或其他印刷品阅读障碍者而言,在翻译权方面,本款既不缩小也不扩大《伯尔尼公约》所允许的限制与例外的适用范围。

(4) 缔约方可以将本条规定的限制或例外限于在该市场中无法从商业渠道以合理条件为受益人获得特定无障碍格式的作品。利用这种可能性的缔约方,应在批准、接受或加入本条约时,或者在之后的任何时间,在向世界知识产权组织总干事交存的通知中作出声明。①

(5) 本条规定的限制或例外是否需要支付报酬,由国内法决定。

## 第5条

[无障碍格式版的跨境交换]

(1) 缔约方应规定,如果无障碍格式版系根据限制或例外或者依法制作的,该无障碍格式版可以由一个被授权实体向另一缔约方的受益人或被授权实体发行或提供。②

(2) 缔约方为执行第5条第1款的规定,可以在其国内版权法中规定限制或例外,以便:

(a) 允许被授权实体在未经权利人授权的情况下向另一缔约方的被授权实体发行或提供受益人专用的无障碍格式版;并且

(b) 允许被授权实体在未经权利人授权的情况下根据第2条第(c)目向另一缔约方的受益人发行或提供无障碍格式版。

条件是在发行或提供之前,作为来源方的被授权实体不知道或者没有合理理由知道无障碍格式版将被用于受益人以外的目的。③

(3) 缔约方为执行第5条第1款的规定,可以根据第5条第4款、第10条和第11条在其国内版权法中规定其他限制或例外。

(4) (a) 缔约方的被授权实体依第5条第1款收到无障碍格式版,而且该缔约方不承担《伯尔尼公约》第9条规定的义务的,它将根据其自身的法律制度和做法,确保无障碍格式版仅为该缔约方管辖范围内的受益人复制、发行或提供。

---

① 关于第4条第4款的议定声明:各方达成共识,不得以商业可获得性要求为根据对依本条规定的限制或例外是否符合三步检验标准进行预先判定。

② 关于第5条第1款的议定声明:另外,各方达成共识,本条约的任何内容均不缩小也不扩大任何其他条约规定的专有权的范围。

③ 关于第5条第2款的议定声明:各方达成共识,为直接向另一缔约方的受益人发行或提供无障碍格式版,被授权实体采取进一步措施,确认其正在服务的人是受益人,并按第2条第(c)目所述遵循其自身的做法,可能是适当的。

(b) 被授权实体依第5条第1款发行和提供无障碍格式版,应限于该管辖范围,除非缔约方是《世界知识产权组织版权条约》的缔约方,或者以其他方式将旨在实施本条约的对发行权和向公众提供权的限制与例外限于某些不与作品的正常利用相抵触、也不致不合理地损害权利人合法利益的特殊情况。[①][②]

(c) 本条的任何内容均不影响对何种行为构成发行行为或向公众提供行为的认定。

(5) 本条约的任何内容均不得用于处理权利用尽问题。

## 第6条

[无障碍格式版的进口]

只要缔约方的国内法允许受益人、代表受益人行事的人或被授权实体制作作品的无障碍格式版,该缔约方的国内法也应同样允许其在未经权利人授权的情况下,为受益人的利益进口无障碍格式版。[③]

## 第7条

[关于技术措施的义务]

缔约各方应在必要时采取适当措施,确保在其为制止规避有效的技术措施规定适当的法律保护和有效的法律救济时,这种法律保护不妨碍受益人享受本条约规定的限制与例外。[④]

## 第8条

[尊重隐私]

缔约各方在实施本条约规定的限制与例外时,应努力在与其他人平等的

---

① 关于第5条第4项第(b)目的议定声明:各方达成共识,本条约的任何内容均不要求或意味着缔约方在其依本文书或其他国际条约承担的义务以外采用或适用三步检验标准。

② 关于第5条第4项第(b)目的议定声明:各方达成共识,本条约的任何内容均不对缔约方增加批准或加入《世界知识产权组织版权条约》或遵守其任何规定的任何义务,并且本条约的任何内容均不损害《世界知识产权组织版权条约》中所载的任何权利、限制和例外。

③ 关于第6条的议定声明:各方达成共识,缔约各方在履行其依第6条承担的义务时,享有第4条所规定的相同灵活性。

④ 关于第7条的议定声明:各方达成共识,被授权实体在很多情况下选择在无障碍格式版的制作、发行和提供中采用技术措施,本条的任何内容均不对符合国内法的这种做法造成妨碍。

基础上保护受益人的隐私。

## 第9条

［开展合作为跨境交换提供便利］

(1) 缔约各方应鼓励自愿共享信息，帮助被授权实体互相确认，以努力促进无障碍格式版的跨境交换。世界知识产权组织国际局应为此建立信息联络点。

(2) 缔约各方承诺帮助本方从事第5条规定的各项活动的被授权实体提供与第2条第(c)目所述其各项做法有关的信息，一方面通过在被授权实体之间共享信息，另一方面通过酌情向有关各方和公众提供有关其政策和做法的信息，其中包括与无障碍格式版的跨境交换有关的政策和做法的信息。

(3) 请世界知识产权组织国际局在有与本条约发挥作用有关的信息时，共享这种信息。

(4) 缔约各方承认国际合作与促进国际合作在支持各国努力实现本条约的宗旨和各项目标方面的重要性。①

## 第10条

［关于实施的一般原则］

(1) 缔约各方承诺采取必要措施，确保本条约的适用。

(2) 任何内容均不妨碍缔约各方决定在自身的法律制度和做法中实施本条约各项规定的适当办法。②

(3) 缔约各方为履行其依本条约享有的权利和承担的义务，可以在其国内法律制度和做法中专为受益人规定限制或例外、规定其他限制或例外，或者同时规定二者。这些可以包括根据缔约各方依《伯尔尼公约》、其他国际条约

---

① 关于第9条的议定声明：各方达成共识，第9条不意味着被授权实体的强制登记，也不构成被授权实体从事本条约所承认的各种活动的前提条件；该条规定的是可以开展信息共享，为无障碍格式版的跨境交换提供便利。

② 关于第10条第2款的议定声明：各方达成共识，当作品属于第2条第(a)目规定的作品，包括有声形式的此种作品时，出于制作、发行和向受益人提供无障碍格式版的需要，本条约规定的限制与例外比照适用于相关权利。

和第11条享有的权利和承担的义务，为了受益人的利益，对旨在满足受益人需求的公平做法、公平行为或合理使用进行司法、行政和监管上的认定。

## 第11条

〔关于限制与例外的一般义务〕

缔约方在采取必要措施确保本条约的适用时，可以行使该缔约方依照《伯尔尼公约》、《与贸易有关的知识产权协定》和《世界知识产权组织版权条约》，包括它们的各项解释性协议，所享有的权利，并应遵守其依照这些条约承担的义务，因此，

(a) 依照《伯尔尼公约》第9条第2款，缔约方可以允许在某些特殊情况下复制作品，只要这种复制不与作品的正常利用相抵触也不致不合理地损害作者的合法利益；

(b) 依照《与贸易有关的知识产权协定》第13条，缔约方应将对专有权的限制或例外限于某些不与作品的正常利用相抵触、也不致不合理地损害权利人合法利益的特殊情况；

(c) 依照《世界知识产权组织版权条约》第10条第1款，缔约方在某些不与作品的正常利用相抵触、也不致不合理地损害作者合法利益的特殊情况下，可以对依《世界知识产权组织版权条约》授予作者的权利规定限制或例外；

(d) 依照《世界知识产权组织版权条约》第10条第2款，缔约方在适用《伯尔尼公约》时，应将对权利的任何限制或例外限于某些不与作品的正常利用相抵触、也不致不合理地损害作者合法利益的特殊情况。

## 第12条

〔其他限制与例外〕

(1) 缔约各方承认，缔约方可以依照该缔约方的国际权利和义务，根据该缔约方的经济情况与社会和文化需求，对于最不发达国家，还应考虑其特殊需求、其特定的国际权利和义务及这些权利和义务的灵活性，在其国内法中为受益人实施本条约未规定的其他版权限制与例外。

(2) 本条约不损害国内法为残疾人规定的其他限制与例外。

## 第13条

［大　会］

(1)(a)缔约方应设大会。

(b)每一缔约方应有一名代表出席大会,该代表可以由副代表、顾问和专家协助。

(c)各代表团的费用应由指派它的缔约方负担。大会可以要求世界知识产权组织提供财政援助,为按照联合国大会既定惯例被认为是发展中国家的缔约方或者系市场经济转型期国家的缔约方的代表团参会提供便利。

(2)(a)大会应处理与维护和发展本条约及适用和实施本条约有关的事项。

(b)大会应履行第15条指派给它的关于接纳某些政府间组织为本条约缔约方的职能。

(c)大会应对召开任何修订本条约的外交会议作出决定,并给予世界知识产权组织总干事筹备此种外交会议的必要指示。

(3)(a)凡属国家的每一缔约方应有一票,并只能以其自己的名义表决。

(b)凡属政府间组织的缔约方可以代替其成员国参加表决,其票数与其属本条约缔约方的成员国数目相等。如果此种政府间组织的任何一个成员国行使其表决权,则该组织不得参加表决,反之亦然。

(4)大会应由总干事召集,如无例外情况,应与世界知识产权组织大会同时同地举行。

(5)大会应努力通过协商一致作出决定,并应制定自己的议事规则,包括召集特别会议、法定人数的要求,以及按本条约的规定,作出各类决定所需的多数等规则。

## 第14条

［国际局］

与本条约有关的行政工作应由世界知识产权组织国际局履行。

## 第15条

［成为本条约缔约方的资格］

（1）世界知识产权组织的任何成员国均可以成为本条约的缔约方。

（2）如果任何政府间组织声明其对于本条约涵盖的事项具有权限并自身具有约束其所有成员国的立法，并声明其根据其内部程序被正式授权要求成为本条约的缔约方，大会可以决定接纳该政府间组织成为本条约的缔约方。

（3）欧洲联盟在通过本条约的外交会议上作出上款提及的声明后，可以成为本条约的缔约方。

## 第16条

［本条约规定的权利和义务］

除本条约有任何相反的具体规定以外，每一缔约方均应享有本条约规定的一切权利并承担本条约规定的一切义务。

## 第17条

［本条约的签署］

本条约通过后即在马拉喀什外交会议并随后在世界知识产权组织总部开放给任何有资格的有关方签署，期限一年。

## 第18条

［本条约的生效］

本条约应在二十个第15条所指的有资格的有关方交存批准书或加入书三个月之后生效。

## 第19条

［成为本条约缔约方的生效日期］

本条约应自下列日期起具有约束力：

(a) 对第18条提到的二十个有资格的有关方，自本条约生效之日起；

(b) 对第15条提到的每一个其他有资格的有关方，自其向世界知识产权组织总干事交存批准书或加入书之日满三个月起。

## 第20条

［退　约］

任何缔约方均可以退出本条约，退约应通知世界知识产权组织总干事。任何退约应于世界知识产权组织总干事收到通知之日起一年后生效。

## 第21条

［本条约的语言］

(1) 本条约的签字原件为一份，以汉语、阿拉伯语、英语、法语、俄语和西班牙语签署，各该语种的文本同等作准。

(2) 除第21条第1款提到的语言外，任何其他语言的正式文本须由世界知识产权组织总干事应有关方请求，在与所有有关方磋商之后制定。在本款中，“有关方”系指涉及其正式语言或正式语言之一的世界知识产权组织任何成员国，并且如果涉及其正式语言之一，亦指欧洲联盟和可以成为本条约缔约方的任何其他政府间组织。

## 第22条

［保存人］

世界知识产权组织总干事为本条约的保存人。

# 后　　记

我最终还是决定，以流水账的形式记录下翻译这些文字中发生的事，一是为了对参与了该译丛翻译出版者的辛勤工作，留下一点记忆；二是为了总结自己翻译过程中的心路历程，明晰我自己所走过的路原来是这样的。

2007年我留校工作，一直进行出版领域的研究，偶尔也会涉足到文化产业和数字人文领域。研究让我意识到：如果无法建构"利益均衡的版权法体系"，中国的出版业乃至文化创意产业的健康、持续发展，是难以实现的。意识到这一问题，其实一点也不用刻意和"深刻"，大凡是在文化产业领域谋求发展的企业都有这样的认识。因研究需要，在阅读版权相关研究文献的时候，我脑海中永远挥之不去的一个问题是：为什么动辄七八百页的版权法法条，永远只有几条被反复引用？本引用法条的前后文是什么样的？设定该法条的考量因素是什么？在我的观念里，因为中外制度环境、产业环境乃至技术环境的差异，弄清楚设定该法条的考量因素，往往比知道具体的法条如何规定更有启发意义。

版权法的先行者们曾经翻译过英美等国家的版权法，这为我国版权法的制定起到了重要的借鉴作用。但自20世纪80年代末期以来，因为数字技术浪潮的冲击，西方主要发达资本主义国家的版权法都先后进行了比较系统的调整，以重新建构"符合数字技术时代需求的、利益均衡的版权体系"，并把其看作是关乎文化创意产业发展的关键性、基础性政策。对这些新法条和版权相关文件，我国还缺乏系统的翻译。

面对这种情况，我产生了翻译的冲动。当时我的想法很简单，和有志于此的几个学生一起为完善我国版权法律制度做一点力所能及的事情，即使翻译得不好，让专家来批评，并引起社会对版权法翻译的重视也是好的。后来才发现，版权法的翻译是十分专业的，即使大家很努力，也根本无法胜任这个工作。在这种情况下，幸亏几位翻译者王智丽、王灵丽、杨丽娟、马作鹏等人的加入和付出，才顺利地完成该译丛的初稿。

一天晚上，郑纳新先生给我打来电话，意思是东方出版中心可以出版这套译丛，问我有什么想法。我后来才知道，纳新先生是从我的学生那里知道我正在从事这方面的工作。能有什么想法呢？在学术著作出版需要“缴费”的情况下，法律译丛能入纳新先生的“法眼”，就足以说明他跟我还是有点“臭味相投”。不仅如此，纳新先生还委派东方出版中心十分优秀且富有工作经验的资深编辑张爱民、朱荣所两位先生具体负责该译丛的编辑与出版。团队希望译丛有一个引领性的序言，于是“大胆”地向阎晓宏先生发出邀请，希望他能为我们这次“存在诸多遗憾”的努力作个“序”，我们十分荣幸地得到了阎晓宏先生的肯定答复。

初稿完成后，修订工作持续了两年多的时间，我在上面提到的这些前辈、同仁和朋友，都为尽可能地提高翻译的质量在作着自己的努力。终于，在两位编辑的不断“催促”下，也在原国家新闻出版总署法规司司长王自强、复旦大学法学院教授马忠法等人的审定下，这套译丛才得以定稿。与此同时，我所在的复旦大学新闻学院领导米博华、张涛甫、尹明华、周晔诸先生，以及复旦大学国家文化创新中心孟建先生，都给本译丛的出版予以大力的支持，在此表示衷心的感谢！

我对版权法的了解不深，在翻译完这些重要的版权法文件之后，我深刻认识到这一点。如果研究本身存在“缘分”，我还想继续翻译“一带一路”沿线国家的版权法。当然，我们更期待国内的有识之士尤其是版权研究专家能够牵头翻译，从而为完善我国的版权法体系作出贡献。

张大伟

2019 年 4 月